조조의 재발견

조조의 재발견

중국 전통문학을 발전시킨 시인이자
동한 말년을 지탱해 준 장군 조조

김학주 지음

연암서가

지은이 **김학주**

충북 충주에서 태어나 서울대학교 문리과대학을 졸업하고, 국립 대만대학 중문연구소에서 문학 석사 학위를, 그리고 서울대학교 대학원에서 문학박사 학위를 받았다. 서울대학교 교수로 있으면서 중국어문학회 회장을 역임하였고, 현재 서울대학교 인문대학 명예교수·대한민국 학술원 회원이다.

저서로『중국 문학의 이해』,『중국 고대의 가무희』,『중국 문학사』,『한대의 문인과 시』,『공자의 생애와 사상』,『노자와 도가 사상』,『경극이란 어떤 연극인가』,『거대 중국을 지탱하는 힘: 가난한 백성들과 전통연예』,『장안과 낙양 그리고 북경』 등이 있으며, 역서로는『논어』,『맹자』,『대학』,『중용』,『노자』,『장자』,『열자』,『격몽요결』 등이 있다.

조조의 재발견

2021년 11월 15일 제1판 1쇄 인쇄
2021년 11월 20일 제1판 1쇄 발행

지은이 | 김학주
펴낸이 | 권오상
펴낸곳 | 연암서가

등 록 | 2007년 10월 8일(제396-2007-00107호)
주 소 | 경기도 고양시 일산서구 호수로 896, 402-1101
전 화 | 031-907-3010
팩 스 | 031-912-3012
이메일 | yeonamseoga@naver.com
ISBN 979-11-6087-086-2 93910

값 25,000원

차례

제1장

들어가는 말

필자의 『중국 문학사』(신아사 발행, 1989년 초판)에는 문학사 서술 내용에 세 가지 두드러진 특징이 있다. 그중 하나가 중국 전통문학에 있어서 본격적인 시인에 의한 제대로 된 시의 창작이 동한(東漢, 25-220)[1] 말엽 조조(曹操, 155-220)로부터 시작되고 있고, 중국 문학사상 최초의 문단도 조조에 의하여 이룩되었음을 분명히 하고 있다는 것이다. 그것은 중국의 전통 문학이 바로 조조로부터 본격적인 발전을 시작했음을 뜻하는 것이기 때문에 매우 중요한 사항이다. 둘째 특징은 중국의 전통문학은 북송(北宋, 960-1127)에서 그 발전이 정점을 이루고 있다는 것이다. 이는 중국 전통문학의 중심을 이루는 시를 논할 적에는 예외 없이 당시와 당대의 시인들을 앞머리에 내세우는 일반적인 견해와는 크게 다른 점이다. 이 문

---

1 이 글의 나라 이름, 사람 이름, 임금의 칭호, 어느 해 뒤 괄호 속에 들어 있는 숫자는 나라가 생겨나서 망하기까지와 사람이 태어나서 죽은 해 및 임금 자리에 있던 해를 서기 기년으로 표시하기 위하여 넣은 것이다.

제를 분명히 하기 위하여 필자는 다시 『중국의 북송시대』(신아사, 2018. 1. 20)란 제목의 책을 이미 출간하였다. 셋째 특징은 둘째 특징을 근거로 하여 문학사 시기 구분에 있어서 북송 말년(1127)을 기준으로 하여, 그 이전의 시대는 중국의 전통문학이 이루어져 꾸준히 발전하여 온 '고대 (古代)'이고, 그 이후는 청나라 말년(1911)에 이르기까지 문학이 이전과는 다른 방향으로 발전해 온 '근대(近代)'라고 규정한 것이다.[2] 물론 그 이후 는 '현대(現代)'라는 것은 더 이상 설명이 필요 없다.

앞에 첫째로 든 중국 문학사에 있어서의 조조의 공로는 말할 나위 없 이 위대하다. 중국 전통문학의 발전에 끼친 공로만으로도 조조는 중국 역사상 위대한 인물로 평가받아야 할 것이다. 그러나 조조에 대한 평가 는 옛날부터 매우 들쑥날쑥하다. 조조의 전기로는 중국의 정사(正史)인 이십오사(二十五史) 중의 한 책으로 서진(西晉, 265-317)의 진수(陳壽, 233-297) 가 저술한 『삼국지(三國志)』 권1 위서(魏書) 제1 무제기(武帝紀)의 기록이 가 장 중요하다. 여기의 '무제'는 위나라 무제 조조를 가리킨다. 진수는 조 조를 황제로 받들어 모셔 그를 '태조무황제(太祖武皇帝)'라 부르면서 그의 전기를 무제기라고 한 것이다. 진수는 「무제기」의 끝머리에 총평(總評) 에 해당하는 "평왈(評曰)" 하고 쓴 글에서 조조를 전체적으로 다음과 같 이 평하고 있다.

"한(漢)나라(B.C. 206-A.D. 220) 말엽에 천하가 크게 어지러워지자 호걸들

---

2 이 문제에 관해서는 중국 상해에서 내는 『夏旦學報』(社會科學版, 2002年 第3期)에 「中國文 學史上的"古代"與"近代"」라는 필자의 중국어 논문이 실려 있다. 이 논문은 중국 夏旦大 學의 古籍整理研究所 주최로 2012년 6월 7~8일 夏旦大學에서 개최한 중국 문학사의 '實証與演變'을 주제로 한 國際學術研討會에 발표한 것이다.

이 다 같이 일어났다. 그중에서도 원소(袁紹, ?-202)는 호랑이처럼 온 나라를 노려보며 강성해져서 대적할 자가 없었다. 태조인 조조께서는 시세를 헤아리고 움직이며 계책을 써서 온 세상을 채찍질하게 되었다. 전국(戰國)시대(B.C. 481-B.C. 221)의 신불해(申不害, B.C. 385?-B.C. 337?)와 상앙(商鞅, B.C. 390?-B.C. 338?)의 법술(法術)을 빌리고, 한(漢)나라 한신(韓信, B.C. 231?-B.C. 196)과 진(秦)나라(B.C. 476-B.C. 206) 백기(白起, B.C. 265 전후)의 기발한 책략을 응용하였던 것이다. 관청의 일자리에는 적절한 인재를 배치하고 각자 그의 능력에 따라 일을 시키며, 감정은 자제하고 치밀한 계획을 따랐고 지난날의 나쁜 관계는 염두에 두지도 않았다. 마침내는 조정의 기능을 모두 장악하여 천하의 대업을 성취시킬 수 있었던 것은 오로지 그의 밝은 책략이 누구보다도 뛰어났기 때문이었다. 그러니 조조는 비상한 사람이며 세상에 뛰어난 호걸이라고 할 수 있다."[3]

　여기에 보이는 신불해는 법가(法家)의 대표적인 인물로 전국(戰國)시대 한(韓, B.C. 481-B.C. 230)나라의 재상이 되어 변법(變法)을 시행하여 나라를 잘 다스렸던 사람이고, 상앙도 전국시대 정치가로 진(秦)나라 효공(孝公, B.C. 361-B.C. 338) 밑에서 변법을 시행하여 정치적으로 큰 업적을 올리고 전쟁에도 공을 세워 상군(商君)으로 봉해졌던 사람이다. 한신은 서한(西漢, B.C. 206-A.D. 8)의 고조(B.C. 202-B.C. 195) 유방(劉邦, B.C. 247-B.C. 195) 밑에서 활약한 장군으로 유방이 항우(項羽, B.C. 232-B.C. 202)와 싸워서 이기고

3　『三國志』卷1 魏書 武帝紀; "評曰; 漢末, 天下大亂, 雄豪並起. 而袁紹虎眎四州, 彊盛莫敵. 太祖運籌演謀, 鞭撻宇內, 擥申商之法術, 該韓白之奇策, 官方授材, 各因其器, 矯情任算, 不念舊惡. 終能總御皇機, 克成洪業者, 惟其明略最優也. 抑可謂非常之人, 超世之傑矣."

한나라를 세우는 데 큰 공을 세운 사람이고, 백기는 전국시대 진(秦, B.C. 476-B.C. 221)나라의 장수로 전쟁을 잘하여 진나라를 강성케 하는 데 많은 공을 세운 사람이다. 조조는 이러한 정치가 또는 장군들의 능력을 다 갖추고 있던 위대한 인물이라는 것이다. 그러나 진수는 조조를 높이 떠 받들면서도 그가 사람 죽이기를 좋아하고 남을 잘 믿지 않는 등 조조의 인간성을 좋지 않게 쓴 곳이 있고, 또 매우 중요한 조조의 문학 활동에 대하여는 한 마디 언급도 없다. 다만 『삼국지』 권1 위서 무제기 건안(建安) 25년(220) 대목의 배송지(裴松之, 372-451)의 주에서는 왕침(王沈, 290 전후)의 『위서(魏書)』를 인용하여 이런 말을 하고 있다.

> "(조조는) 그래서 대업을 창조하는 데 있어서 문무(文武)를 아울러 써서, 30여 년 군사를 거느리는 동안 손에서 책을 놓은 일이 없고, 낮에는 무술 계책을 이야기하고 밤이면 경전(經傳)을 연구했으며, 높은 곳에 올라가면 반드시 시를 지었는데 새로운 시가 이루어질 때 마다 악기로 곡을 연주하며 모두 악장을 이루었다."[4]

주를 통해서 조조의 시를 바탕으로 한 문학적 업적과 학술적 성취 및 음악적인 재능이 간단히 설명되고 있다. 『삼국지』의 배송지 주는 책의 글자나 구절에 대한 해석보다도 그 책을 쓴 진수가 다루지 않은 여러 가지 그 대목의 기록과 관계되는 자료를 모아 거기에 쓰인 역사적인 사실을 보충하고 또 다른 이론을 소개하는 형식을 취한 것이어서, 배송지

---

4 『三國志』 卷1 魏書 武帝紀 裴松之 注; "是以剙造大業, 文武並施, 御軍三十餘年, 手不捨書, 晝則講武策, 夜則思經傳, 登高必賦, 及造新詩, 被之管絃, 皆成樂章."

의 주는 그 주 자체가 역사 기록으로 무척 높은 평가를 받고 있다. 그가 주를 쓰면서 인용한 책은 대략 200여 종이나 되는데, 그중에는 지금은 전하여지지 않고 있는 것들도 있고 조조에 관하여 좋지 못한 기록을 하고 있는 자료도 포함되고 있다. 보기를 들면 뒤에 소개할 조조를 비난하고 그의 잘못이나 결점을 들추어낸 오(吳, 222-280)나라 사람이 쓴『조만전(曹瞞傳)』같은 책도 이미 거기에 인용되고 있다.

남조(南朝, 420-589) 송(宋, 420-479)나라의 범엽(范曄, 398-445)이 지은『후한서(後漢書)』권9의 헌제기(獻帝紀)에서는, 조조가 사례교위(司隷校尉)[5]에서 시작하여 기주목(冀州牧)·승상(丞相)[6] 같은 벼슬을 거쳐 위공(魏公)과 위왕(魏王)[7]이 된 것을 기록할 적에 모두 "자기 스스로가 그런 벼슬을 하였다"는 뜻의 "자위(自爲)" 같은 말을 앞에 붙이고 있다.『삼국지』권1 위서 무제기에서 모두 천자가 그런 벼슬을 주고 그런 자리에 앉혔다고 한 것과는 전혀 다르다. 조조는 동한 말 헌제 밑에서 권력을 제멋대로 휘두른 못된 자라고 본 때문이다. 보기를 들면『삼국지』에는 건안(建安) 9년(204)에 그가 기주목에 임명되었을 적에는 "천자가 공(조조)에게 기주목을 맡도록 하였으나, 공은 사양하고 연주(지금의 河南省 동북부에서 山東省 중남부에 걸친 지역)로 돌아갔다.(天子以公領冀州牧, 公讓還兗州.)"고 쓰여 있다. 그러나『후한서』에는 "기주(지금의 河北省 중남부와 河南·山東省 북부 일부에 걸친 지역)를 평정하고 스스로 기주목을 맡았다.(平冀州, 自領冀州牧.)"고 쓰고 있다. 조조에

---

5 司隷校尉는 도읍 지역을 관리하는 地方官이어서 州刺史에 맞먹는다. 또 도읍의 관리들도 감독한다.

6 冀州牧은 冀州를 다스리는 地方長官. 승상은 황제를 보좌하여 나라의 정치를 총괄한다. 서한 초에 생겼는데 동한에 와서는 이 벼슬을 없앴다가 建安 13년(208)에 새로 마련하고 조조가 그 자리를 맡게 된 것이다.

7 魏公과 魏王은 위나라를 다스리는 제후. 公보다도 王은 더욱 독립적인 정치 권한을 지녔다.

대한 기술이 훨씬 삐딱해진 양상이다. 서진(西晉, 265-317)시대 왕침(王沈, 290 전후)의 『위서(魏書)』와 사마표(司馬彪, ?-306)의 『속한서(續漢書)』 등은 조조를 상당히 높게 평가하고 있는 저서이다.

이미 동진(東晉, 317-420) 이전부터 조조를 깎아내리는 학자들이 생겨났다. 조조의 위나라와 싸운 오(吳, 222-280)나라 사람이 쓴 『조만전(曹瞞傳)』, 동진(東晉)의 손성(孫盛, 302?-373?)이 지은 『이동잡어(異同雜語)』, 역시 동진의 습착치(習鑿齒, ?-384)가 지은 『한진춘추(漢晉春秋)』, 남조(南朝) 송(宋, 420-479)나라 사람 유의경(劉義慶, 403-444)이 쓴 『세설신어(世說新語)』 등이 그러한 저서이다. 이상 여러 책들은 『삼국지』 위서 무제기의 배송지 주에 모두 여러 줄이 인용되고 있다. 『조만전』은 조조를 상대로 싸운 오나라 사람이기에 조조를 좋지 않게 쓴 것이 당연하다. '조만'의 만(瞞) 자는 '속인다', '눈이 잘 보이지 않는다'는 따위의 좋지 않은 뜻을 지닌 글자이다. 『조만전』에서는 조조의 어릴 적 이름인 소자(小字)도 아만(阿瞞)이었다고 쓰고 있다. 조조의 이름부터 남을 늘 속이고 모든 것을 올바로 보지 못하는 사람이라는 것을 강조하기 위하여 '조만' '아만'이라고 이름까지 별나게 지어 부르고 있는 것이다. 그러니 여기에 등장하는 조조라는 인물은 비뚤어지고 간악한 인물일 수밖에 없다.

동진에 이르러서는 동한 말엽에서 동진에 이르는 역사를 보는 눈에 정통(正統)이란 개념이 끼어들기 시작하였다. 동진은 강남 한쪽으로 밀려와 있어서 처지가 유비(劉備, 161-223)의 촉(蜀, 221-263)나라와 비슷하다고 여겨져 그들 마음이 촉나라 편으로 끌리기 시작하여 결국은 촉나라의 유비가 한나라 제왕의 혈통을 이은 정통적인 제왕이며 따라서 조조는 반역자라 규정하게 된 것이다. 그리고 북쪽 사람들은 문화적으로 오랑캐이고, 역사상으로 한나라를 뒤이은 것은 위나라가 아니라 진(晉)나라라는 생각을 하게 된 것이다. 따라서 손성과 습착치의 저서는 그러한 시대적인 흐름을 대변하고 있는 책이다. 손성은 동진에서 좌저작랑(佐著作郎)에 비서감(秘書監)[8] 벼슬을 지낸 사람인데 혈통까지 오(吳, 222-280)나라 손권(孫權, 182-252)과 관련이 있어서 조조를 비판하게 되었을 것이다. 습착치의 『한진춘추』는 동한 광무제(光武帝, 25-57)에서 시작하여 서진 민제(愍帝, 313-316)까지의 역사를 다룬 책인데, 촉나라를 정통적인 왕국으로 보고 조조의 위나라는 반역적인 나라로 규정하고 나서 한나라를 계승한 것은 진(晉, 265-420)나라라고 하면서 위나라를 말소시킨 책이다. 습착치는 동진에서 형양태수(榮陽太守)[9] 등의 벼슬을 하였다. 어떻든 여기서부터 조조를 영웅에서 간웅으로 보는 견해가 발전하기 시작하였다.

여기에서 말하는 정통을 내세우는 역사관은 황제를 중심으로 하는 역사관이기도 하다. 따라서 황제에게 충성심이 부족하거나 예절을 제대로 지키지 않는 자라면 누구든 간신이 되지 않을 수가 없다. 조조는 그 자신이 황제 자리에 오르지는 않았지만 그가 죽자마자 뒤를 이은 아들 조비가 황제가 되었다. 그리고 조조가 승상이 되고 위왕(魏王)이 되고, 황제와 비슷한 의장대(儀仗隊)를 거느리게 된 것도 모두 그 자신이 멋대로 한 것이나 다름없다고 여겨졌다. 곧 그는 임금과 신하 사이의 군신지의(君臣之義)를 져버린 인물이 된 것이다. 그러기에 "조조 이야기가 나오기만 하면 황제들은 곧바로 자기의 황관(皇冠)도 땅으로 굴러떨어질 위험이 있다고 느끼게 되었다."[10]고까지 말하고 있다. 따라서 정통주

---

8 著作郎은 동한 때 國史를 저술하던 벼슬자리. 위나라를 거쳐 서진에 와서는 佐著作郎도 생겨났다. 동한 때는 東觀에서 國史를 저술하였는데, 서진에 와서는 秘書省에서 그 일을 맡았고 그곳 책임자가 秘書監이었다.

9 榮陽太守는 榮陽을 다스리는 지방의 최고 行政長官. 榮陽은 지금의 河南省 榮陽縣 동북쪽에 있던 고을 이름.

의 역사관이 유행함에 따라 황제들은 학자와 문인들을 동원하여 조조의 공적을 깎아내리기 시작한 것이다.

당나라(681-907)와 북송(960-1127)을 뒤이어 남쪽 변두리 임안(臨安, 지금의 浙江省 杭州市)으로 밀려가 자리를 잡은 남송시대(1127-1279)에 이르러서는 유비의 촉나라를 정통을 이은 왕조로 보고 조조의 위나라를 완전히 내치게 되었다. 이 때문에 남송의 주희(朱熹, 1130-1200)는 그의 『통감강목(通鑑綱目)』에서 한나라를 뒤이은 연대를 기록할 적에 위나라 황제의 연호를 쓰던 방법을 버리고 촉나라 유비인 소열제(昭烈帝, 221-223)의 연호인 장무(章武)에서 시작되는 촉나라 연호로 한나라를 이은 연대를 기록하고 있다. 이때 북쪽의 여진족 금(金, 1115-1234)나라에서는 조조의 위나라를 정통으로 내세우며 남송의 그러한 태도를 맹렬히 비난하였다. 그러나 시인 육유(陸游, 1125-1210)도 "나라의 운명은 한나라가 다시 일어나게 되어 있어, 하늘의 뜻은 크게 조조 같은 자를 치고 있다.(邦命中興漢, 天心大討曹.)"[11]라는 유명한 시구를 남기고 있다. 남송의 진회(秦檜)를 비롯한 비겁한 자들은 금나라에 굴복하였으나 백성들은 크게 반발하여 민간에는 조조를 내치는 기운이 더욱 크게 퍼졌다. 이런 흐름이 이어지면서 남송·금·원(1206-1368)시대 민간에는 위·촉·오의 세 나라 사이의 다툼을 주제로 하고 조조를 간사한 영웅으로 내세우는 놀이가 유행하게 되었다. 원대의 잡극이 유행하고 원나라에서 『삼국지평화(三國志評話)』가 나오면서 조조의 평가는 더욱 무너졌다. 이를 이어 결정적으로 조조를 좋지 않은 간사한 인간으로 만들어 놓은 것은 명(1368-1661) 대의 나관중

10 이상 翦伯贊 「應該替曹操恢復名譽-從'赤壁之戰'說到曹操」(『曹操論集』, 北京: 三聯書店, 1262).
11 陸游의 『劍南詩稿』卷42에 실린 「得建業倅鄭覺民書」시의 첫 구절임.

(羅貫中, 1330?-1400?)이 지었다는 소설 『삼국지연의(三國志演義)』이다. 이 소설에서는 유비가 한 왕조의 혈통을 이어받은 정통적인 왕조라는 전제 아래 조조는 신하이면서도 왕실을 배반한 간사한 반역자라고 이야기를 엮어가고 있다. 그 뒤로 중국의 민간에는 『삼국지연의』의 이야기를 주제로 한 경희(京戲)를 비롯한 여러 가지 민간연예의 공연이 성행하여, 그 영향으로 중국 사람들은 거의 모두가 조조를 간웅 곧 간사한 영웅이라 단정하게 되었다. 궈모뤄(郭沫若, 1892-1978)도 그의 논문에서 다음과 같은 말을 하고 있다.

> "특히 『삼국연의』와 무대예술의 표현을 거치면서 조조는 간신의 한 전형으로 고정되어 버렸다. 얼굴을 새하얗게 화장한 아주 못된 놈으로. 그래서 세 살배기 아이까지도 모두 조조를 무척 미워한다."[12]

따라서 조조는 중국에서 그의 정치적 및 군사적인 업적은 말할 것도 없고 문학적인 업적뿐만 아니라 그의 인간성까지도 제대로 평가받지 못하여 왔다. 『삼국연의』란 소설의 허구로부터 벗어난 학자들도 조조를 보는 눈은 공정하지 않았다. 중화민국 이래로 중국에서 가장 널리 쓰이는 사전인 『사해(辭海)』에 실린 조조에 대한 기록을 보더라도 그의 장군으로서의 활동 등은 소개하고 있지만 그에 대해 올바른 기록을 못하고 있다. 아래에 『사해』 조조 대목의 기록을 그대로 인용한다.

---

12 郭沫若 「中國農民起義的歷史發展過程…序〈蔡文姬〉」; "特別經過『三國演義』和舞臺藝術的形容化, 把曹操固定成爲了一個奸臣的典型～一個大白臉的大壞蛋. 連三歲的小孩子都在痛恨曹操." 여기에서 "얼굴을 새하얗게 화장한"이라고 형용한 것은 京戲에서 曹操의 얼굴을 하얀 색깔을 써서 간신 모습으로 화장한 것을 말한다.

"동한의 패국(沛國)¹³ 초(譙, 지금의 安徽省 亳州市) 사람이다. 본래의 성은 하후(夏侯)인데, 아버지 조숭(曹嵩, ?-193)이 환관인 조등(曹騰)의 양자로 들어갔기 때문에 '조'라는 성으로 바뀌었다. 자는 맹덕(孟德)이고 어릴 때 이름은 아만(阿瞞)이었다. 뛰어난 재주가 있었고 술책을 많이 썼다. 나이 20에 효렴(孝廉)으로 천거되어 낭(郎)¹⁴이 되었다. 이어서 군사를 일으켜 황건적(黃巾賊)을 치고, 동탁(董卓, 137-192)을 쳐부순 뒤 헌제(獻帝, 190-220)를 자기의 본거지인 허(許, 지금의 河南省 許昌縣 동쪽 지역)로 맞아들였다. 다시 원술(袁術, ?-199)을 멸하고 원소(袁紹, ?-202)를 깨트린 뒤 스스로 승상(丞相)¹⁵이 되고 대장군(大將軍)¹⁶이 된 다음 위공(魏公)으로 봉해진다. 그 뒤에 또 구석(九錫)¹⁷이 내려지고 위왕(魏王)으로 추대되었다. 뒤에 낙양(洛陽)에서 죽었고 시호(諡號)¹⁸를 무(武)라 하였다. 그의 아들 조비(曹丕, 187-226)가 한나라를 빼앗은 뒤 무제(武帝)라 높여 부르게 되었다."¹⁹

---

13 沛國은 지금의 安徽省 濉溪縣 서북쪽 일대에 있던 나라 이름.

14 孝廉의 孝는 부모님께 효도한다는 뜻이고, 廉은 몸가짐이 맑고 깨끗하며 올바르다는 뜻이다. 孝廉은 한대에 인구 20만을 단위로 한 고을(郡·國)에서 나라에 유능한 인재를 뽑아 올리던 제도이다. 郎은 郎官으로 郎中令 밑에 소속된 縣의 令·丞·尉 등으로 진급할 수 있는 벼슬자리이다.

15 丞相은 皇帝를 보좌하여 나라의 정치를 하는 최고의 벼슬.

16 大將軍은 將軍 최고의 지위로 三公보다도 윗자리였다.

17 九錫은 옛날 천자가 공이 많은 제후들에게 하사하던 수레와 말·의복·활과 화살 같은 것 아홉 종류의 물품임.

18 諡號는 죽은 자의 행적에 따라 임금이 내려주는 칭호임.

19 曹操; "東漢沛國譙人. 本姓夏侯, 父嵩, 爲宦官曹騰養子, 因冒曹姓. 字孟德, 小字阿瞞. 有雄才, 多權詐. 年二十擧孝廉爲郎, 尋起兵擊黃巾, 討董卓, 迎獻帝於許都. 復滅袁術, 破袁紹, 自爲丞相, 拜大將軍, 封魏公, 旋又加九錫, 推魏王. 後卒於洛陽, 諡武. 及子丕篡漢, 追尊爲武帝."

그러나 조조는 학문과 문학을 좋아하여 창을 들고 싸우는 중에도 책을 늘 곁에 두고 있었고, 낮에는 군사적인 일에 몰두하다가도 밤이면 늘 경전(經傳)을 공부한 사람이다. 그리고 산 같은 데 올라가서는 반드시 시를 읊고 시가 이루어지면 악기로 반주를 하며 직접 그것을 노래했다 한다.[20] 그것은 조조가 한대에 유행한 노래의 가사인 악부(樂府)의 형식을 빌려 시를 쓰기 시작했기 때문이다. 그는 중국 문학사상 처음으로 사회에 대한 지식인의 책임을 각성하고 올바른 문인 의식을 가지고 새로운 시와 글을 쓰기 시작한 사람이다. 그의 문학을 아들 조비와 조식(曹植, 192-232)이 뒤이었고, 또 그들 부자 밑으로 건안칠자(建安七子)라고 불리는 시인들을 비롯하여 많은 문인들이 모여들어 함께 문학 활동을 하여 이른바 건안문단(建安文壇)이 이루어졌다. '건안'은 동한 말 헌제의 연호(196-220)이다. 그러니 조조는 중국 문학사상 가장 먼저 본격적으로 올바른 시를 쓰기 시작한 시인이고, 처음으로 문단을 조성하여 중국의 전통문학을 발전시킨 문인이다. 그처럼 좋은 시를 쓴 시인이 간사한 인간일 수는 절대로 없다.

이미 수많은 『중국 문학사』가 나왔지만 중국 문학사상 문인에 의한 본격적인 작품 창작의 발전과 처음으로 문단을 형성시켜 중국의 전통문학을 본격적으로 발전시킨 것을 분명히 조조의 공로로 돌리고 있는 책은 아직도 발견할 수가 없는 실정이다. 모두들 조조가 좋은 시를 썼다는 이야기만 하고 넘어가고 있다. 조조가 활약한 동한 말 헌제의 건안(建安) 연간(196-220) 이전에도 중국에는 수많은 문학작품이 전해지고

---

20 『三國志』卷1 魏書 武帝紀 二十五年條 裵松之 注; "『魏書』曰; 太祖… 是以剏造大業, 文武並施. 御軍三十餘年, 手不捨書, 晝則講武策, 夜則思經傳, 登高必賦, 及造新詩, 被之管絃, 皆成樂章."

있다. 그리고 작품을 쓴 작가들도 여럿 있었다. 보기를 들면 서주(西周, B.C. 1046-B.C. 771)시대에는 『시경(詩經)』과 『서경(書經)』이 있었고, 동주(東周, B.C. 771-B.C. 250)시대에 와서는 남쪽 초(楚)나라에 굴원(屈原, B.C. 339?-B.C. 278?)이 지었다는 『초사(楚辭)』가 전해지고 있고, 제자백가(諸子百家)들이 많은 글을 써서 남기고 있다. 한(漢, B.C. 206-A.D. 220)대로 들어와서는 『초사』를 이어받아 발전한 부(賦)의 창작이 크게 성행하여, 서한(西漢, B.C. 206-A.D. 8)시대에는 가의(賈誼, B.C. 200-B.C. 168)·매승(枚乘, ?-B.C. 141)·사마상여(司馬相如, B.C. 179-B.C. 117)·양웅(揚雄, B.C. 53-A.D. 18) 등이 좋은 부를 지었고, 동한(東漢, 25-220)시대에는 반고(班固, 32-92)·장형(張衡, 78-139) 등 수많은 빼어난 작품을 남긴 작가들이 나왔다. 산문도 서한시대에는 『사기(史記)』를 쓴 사마천(司馬遷, B.C. 145?-B.C. 86?)을 비롯하여 『신론(新論)』을 쓴 환담(桓譚, B.C. 20?-A.D. 56) 등 많은 사람들이 명저를 남겼고, 동한시대에는 『한서(漢書)』를 쓴 반고와 『논형(論衡)』을 쓴 왕충(王充, 27-100?)을 비롯하여 수많은 사람들이 좋은 저술을 남겼다.

한대에는 『시경』의 전통을 이어받아 민간에는 노래로 부르던 여러 가지 악부시(樂府詩)와 작자를 알 수 없는 고시십구수(古詩十九首) 등이 남아 전해지고 있다. 그리고 서한시대에는 매승과 이연년(李延年, ?-B.C. 87)이 시를 썼고 이릉(李陵, ?-B.C. 74)과 소무(蘇武, B.C. 143?-B.C. 60)도 시를 지어 주고받았다. 동한에 가서는 반고·장형·채옹(蔡邕, 132-192)·역염(酈炎, 150-177) 등 많은 좋은 시를 남긴 작가들이 알려져 있다. 민간에는 빼어난 악부시도 여러 편이 전해지고 있었다.

그러나 조조 이전의 시나 부 같은 작품은 작자가 어떤 뚜렷한 목표를 추구하기 위하여 창작한 것이 아니라 우연히 각별한 일이나 물건을 보고 또는 남의 부탁을 받고 지은 것이다. 작가가 자진하여 지은 작품도 문학을 위해서가 아니라 자신의 영달이나 이익을 위하는 것 같은 특별한 목적을 추구하기 위하여 이루어진 것이 대부분이다. 따라서 한 대의 이름이 알려진 많은 유명한 부나 시의 작가들 중에도 윗사람에게 아부하거나 출세를 위하여 작품을 지은 사람들이 적지 않다. 따라서 건안 이전의 시인이나 부의 작가들은 현대의 문학 개념을 바탕으로 볼 적에 제대로 된 문인이나 시인이라고 볼 수는 없는 실정이다. 다만 산문에서는 사마천의 『사기』와 반고의 『한서』처럼 한 시대의 역사를 쓴다든가 환담의 『신론』과 왕충의 『논형』처럼 자기의 사상 또는 생각을 써서 저술의 뚜렷한 목표를 보여주고 있는 훌륭한 저술이 전해지고 있으나 그들도 인간이나 세상을 위하려는 문인으로서의 각성은 부족하다.

한대의 부 작가로 가장 대가라고 알려진 사마상여는 『한서(漢書)』 예문지(藝文志)에 그의 작품이 29편 있다고 기록되어 있으나 지금은 대여섯 편밖에 전하지 않고 있다. 그가 제후인 양효왕(梁孝王) 밑에 있으면서 「자허부(子虛賦)」를 지었는데 한나라 무제(武帝, B.C. 141-B.C. 87)가 그걸 읽고 좋아하자, 그는 "그 부는 제후의 일을 읊은 것"이니 "이젠 천자에 관한 부를 짓겠습니다." 하고는 「상림부(上林賦)」를 지어 올렸다. 무제는 그 부를 읽고 기뻐서 사마상여를 낭(郞) 벼슬에 임명한다. 그 밖에 「대인부(大人賦)」는 천자가 신선을 좋아함을 알고 제왕다운 신선을 노래하여 천자에게 아부한 작품이다. 또 「장문부(長門賦)」는 무제의 진황후(陳皇后)가 천자의 총애를 잃고 장문궁(長門宮)에 밀려나 있었는데, 사마상여에게 황금 백 근(斤)을 주고 부탁하여 지은 작품이라 한다. 그 덕분에 진황후는 무제의 사랑을 다시 찾았다 한다. 결국 그의 부 작품은 모두 황제에게 아부하거나 자신의 영달을 위해서 지은 것들이다. 양웅의 「감천부(甘泉賦)」·「하동부(河東賦)」·「교렵부(校獵賦)」 등도 모두 황제인 성제(成帝, B.C.

32-B.C. 7)를 따라다니며 지은 것이다. 그런데 『한서(漢書)』 양웅전을 보면 뒤에 가서 양웅은 자신이 부의 작가가 된 것을 후회하였다. 그는 부를 지을 적에 글 내용에 무언가를 풍자(諷刺)하는 뜻을 살리려고 하였는데, "이런 것[21]을 두고 볼 것 같으면 부로는 무엇을 권해보았자 효과가 없음이 분명하다. 그리고 순우곤(淳于髡)이나 우맹(優孟) 같은 놀이를 하는 광대와 매우 흡사해서 법도를 따라서 현명한 사람이나 군자들이 할 시부(詩賦)의 올바름이 아니라고 여겼다. 이에 집어치우고 다시는 부를 짓지 않았다."[22]는 기록이 있다. 당시 사람들이 시나 부를 짓는 행위는 광대들이 임금이나 귀족들 앞에서 재주를 부리던 것과 크게 다를 바가 없었다는 것이다. 그래도 양웅의 시대에 와서는 유학의 발전에 따라 학자들이 스스로 세상에 대한 지식인의 책임을 어느 정도 자각하기 시작하였기 때문에 양웅은 부를 짓는 자신의 행동에 대하여 반성을 하게 되었던 것이다.

한편 동한의 중기 이후로는 황제의 통제력이 약해져서 황후의 친척들인 외척과 내시들인 환관이 나라의 권력을 잡고 멋대로 흔들어서 세상은 매우 어지러웠다. 그러나 지식인들의 사회생활은 오히려 자유로워서 학문이 크게 발달하였다. 한편 황제들은 자기 밑에서 일할 사람들을 기르기 위하여 교육기관을 크게 확장하였다. 중앙에는 태학(太學)을 설치하고 지방 고을인 주(州)와 군(郡)에도 모두 학교를 설립하였다. 순제(順帝, 125-144) 때에는 태학생이 3만여 명으로 늘어났고, 영제(靈帝, 168-

---

21 司馬相如가 漢 武帝에게 神仙術을 믿리하게 하려고 「大人賦」를 지어 올렸던 일을 가리킴. 아래 '주' 참조 바람.

22 『漢書』揚雄傳; "往時武帝好神仙, 相如上大人賦, 欲以風, 帝反縹縹有凌雲之志. 由是言之, 賦勸而不止明矣. 又頗似俳優淳于髡優孟之徒, 非法度所存, 賢人君子詩賦之正也. 於是輟不復爲."

189) 때에는 다시 중앙에 홍도문학(鴻都門學)이라는 학교를 설치하는 등 교육기관을 더욱 늘렸다. 정부뿐만 아니라 개인도 학생들을 모아 가르치어 양후(楊厚, 71-153) 같은 사람에게는 그에게 등록되어 있는 학생들이 3천여 명이 넘었다 한다.[23] 실은 『후한서(後漢書)』 유림전(儒林傳)을 보면 동한시대의 선비들 중에는 그들 밑에 글을 배우려고 모여든 학생들이 수천 명이 더 되었다는 기록이 있는 사람들이 정공(丁恭)·위응(魏應)·채현(蔡玄) 등 여러 명이다. 동한시대의 교육과 학문의 성행을 알기에 충분한 기록이다. 이에 지식인들 자신도 사회에 대한 자기의 책임을 자각하기 시작한 것이다.

이러한 동한의 정치적 혼란 속에서도 지식인들의 각성이 이어지면서 그들은 태학생들과 함께 집단적으로 환관들을 비판하다가 '당고(黨錮)의 화'를 두 번이나 당하였다. 이러한 재난도 지식인들을 더욱 자극하여 사회에 대한 그들의 각성을 촉진시켰다. 그러한 흐름은 조조에 이르러 무르익었다. 조조는 인간과 세상의 혼란을 제대로 바라보면서 자기의 사상과 감정을 시와 글에 담아 쓰기 시작한 것이다. 그리고 그의 아들 손자와 그들을 중심으로 모여든 여러 문인들이 조조의 문학을 계승 발전시켜 중국 전통문학이 본격적으로 발전하게 되는 것이다. 조조는 빼어난 능력을 바탕으로 나라를 다스리는 정치가요 나라를 위기에서 구하는 장군으로도 활약하였으나 더 중요한 것은 세상과 백성들을 생각하면서 시를 쓰고 글을 쓰기 시작하였다는 것이다. 앞에서도 간단히 언급하였지만 필자의 관심은 중국 고전문학에 가장 크게 기울어지고 있으므로 여기에서는 뒤의 제9장에서 제10장에 걸쳐 조조가 뛰어

---

23 『後漢書』 卷30 上 楊厚傳; "歸家修黃老, 教授門生, 上名錄者三千餘人."

난 시인이며 중국 고전문학의 창작과 발전을 가장 먼저 선도한 위대한 문학자임을 밝히는데 무엇보다도 큰 힘을 기울일 것이다.

이러한 시인이 비뚤어진 인간일 수가 없다. 이 때문에 여기에서는 그의 문학 업적을 논하기에 앞서서 동한의 정치와 사회 정황을 간단히 서술한 뒤, 조조의 출신과 사람됨에서 시작하여 그의 일생 경력과 동한을 위하여 활약한 장군으로서의 업적 등을 논할 것이다. 역시 동한이란 나라를 위한 것이었지만 그의 학술적인 업적과 정치가로서의 공적 등은 별도로 논하여 그의 장군으로서의 업적을 뒷받침할 것이다. 그리고 유비(劉備, 161-223)의 촉(蜀, 221-263)나라 및 손권(孫權, 182-252)의 오(吳, 222-280)나라와 공존한 삼국 관계도 다시 정리할 예정이다. 이들 삼국 관계는 정사인 『삼국지』뿐만이 아니라 소설 『삼국지』를 통해서도 사실을 벗어난 특수한 관계로 기록되어 전해지고 있기 때문이다.

조조는 세상을 생각하고 백성들을 위하는 마음을 가지고 훌륭한 시를 썼다. 그리고 망해가는 동한을 위해서 장군으로서도 큰 공헌을 하였다. 그리고 정치가로서는 백성들을 위하는 마음을 바탕으로 어지러운 나라를 잘 다스렸다. 그런 사람이 간사한 인간일 수가 없다. 이 때문에 근래에 와서는 조조에 대한 평가가 갈수록 달라지고 있다. 장병린(章炳麟, 1869-1936)이 「위무제송(魏武帝頌)」을 써서 조조의 공로를 칭송한 이래, 루쉰(魯迅, 1881-1936)이 「위진 풍도 및 문장과 약과 술의 관계(魏晉風度及文章與藥及酒之關係)」란 글에서 조조를 긍정적으로 평가하였다. 루쉰은 문학사적인 면에서도 조조를 "문장을 개조한 조사(改造文章的祖師)"라고 높이 평가하고 있다. 중화인민공화국에 들어와서는 마오쩌둥(毛澤東, 1893-1976) 주석이 조조를 매우 높이 평가하는 바람에, 궈모뤄(郭沫若, 1892-1978)·젠복짠(翦伯贊, 1818-1968) 등 많은 학자들이 그 뒤를 따랐다.

마오쩌둥 주석은 중난하이(中南海)의 거처 장서 중에 네 가지 종류의 각각 다른 『고시원(古詩源)』 판본과 『위무제위문제시주(魏武帝魏文帝詩注)』를 소장하고 있었는데, 그 두 종류의 책에 실린 조조의 중요한 시에는 여러 군데 동그라미가 많이 그려져 있었다고 한다. 그리고 1930년대에 쓴 「중국 혁명전쟁의 전략문제(中國革命戰爭的戰略問題)」·「지구전을 논함(論持久戰)」 등의 글에서는 조조가 적은 병력으로 많은 병력을 거느린 원소(袁紹)를 쳐부순 '관도(官渡)의 전투'와 그의 장군으로서의 능력을 높이 평가하고 있다 한다.[24] 마오 주석의 조조에 대한 깊은 관심을 증명하기 위하여 「베이다이허(北戴河)」를 읊은 마오 주석의 사(詞) 「낭도사(浪淘沙)」 한 수를 아래에 소개한다.

큰 비가 황하 북쪽 일대 지역에 내리는데,
흰 물결이 하늘에 닿을 듯이 치는 속에,
친황다오(秦皇島) 저쪽에 고기잡이배가 떠 있네.
한 편의 한없이 넓은 바다는 아무것도 보이지 않으니
어느 쪽으로 가야 할지 알 수가 있겠는가?

옛날 일은 천 년이 지나갔는데도,
위나라 무제(武帝)는 말채찍을 휘두르며,
"동쪽으로 갈석산(碣石山)에 올라" 명시를 남겼네.
스산한 가을바람은 지금도 불고 있는데
인간 세상은 다 바뀌었네.

---

24 邱復興 『曹操今論』(北京大學出版社, 2003. 5) 第八章 七節 의거.

大雨落幽燕, 白浪滔天, 秦皇島外打魚船.

一片汪洋都不見, 知向誰邊?

往事越千年, 魏武揮鞭, 東臨碣石有遺篇.

蕭瑟秋風今又是, 換了人間.

　　'베이다이허'는 발해만(渤海灣) 중간 바닷가에 있는 작은 도시이고 '친황다오'는 역시 랴오닝(遼寧)의 바로 그 위쪽 바닷가에 있는 도시이다. 이 도시들은 베이징(北京) 바로 옆 탕산(唐山)에 속하는 베이징으로부터 가까운 거리에 있다. 1954년에 마오쩌둥은 정식으로 국가주석이 된 다음 베이다이허를 지나다가 옛날 이 고장에서 활약한 조조를 생각하면서 이 사를 읊은 것이다. 사에 인용된 "동쪽으로 갈석산(碣石山)에 올라"는 조조의 「보출동서문행(步出東西門行)」 시의 첫수인 「관창해(觀滄海)」의 첫 구절이다. 이 시는 뒤의 '제9장 조조의 문학'에 전편이 번역 인용되어 있으니 참고 바란다. 그리고 「보출동서문행」을 「갈석편(碣石篇)」이라 불렀다고도 한다. 조조의 이 시는 건안(建安) 12년(207)에 동북쪽에서 분란을 일으키고 있는 오랑캐인 오환족(烏桓族)을 치러 갈 적에 부른 노래이다. 한나라에 반역을 꾀하던 원소(袁紹, ?-202)를 조조가 쳐서 멸했는데 그는 전부터 중국의 북쪽 변경을 수시로 침략하여 약탈하고 많은 백성들을 잡아가 노예로 부리기도 하던 오환족과 내통하고 있었다. 이 때문에 살아남은 원소의 두 아들 원담(袁譚, ?-205)과 원상(袁尙, ?-207)이 오환족한테로 도망가 수시로 오랑캐들과 함께 한나라를 침범하였다. 이에 조조는 직접 군사를 이끌고 나가 험난한 땅과 추위 등을 극복하며 어려운 싸움을 거듭한 끝에 이들을 평정하여 이후 중원의 동북 지역을 오랫동안 평화롭게 하였다. 국가주석이 된 마오쩌둥은 이러한 옛날의 조조의 위대한 활약을 생각하면서 자신도 반역자들을 모두 없애고 태평스러운 나라를 건설할 것을 꿈꾸면서 이 시를 읊었을 것이다.

1950년 1월 25일자 신문『광명일보(光明日報)』에 궈모뤄는「채문희의 〈호가십팔박〉에 대하여 이야기함(談蔡文姬的〈胡笳十八拍〉)」[25]이란 글을 실었는데, 조조에 대하여 무척 높은 평가를 한 글이었다. 그 뒤에도「조조를 위하여 이전의 평판을 뒤집다(替曹操翻案)」·「중국 농민 기의의 역사 발전 과정-서〈채문희〉(中國農民起義的歷史發展過程-序〈蔡文姬〉」 등의 글을 연이어 발표하였다. 다만 중국 인민공화국에서 가장 큰 문제는 황건적(黃巾賊)을 농민들이 나라의 부정을 보고 참을 수가 없어서 이를 쳐 없애려고 '의롭게 들고 일어난' 기의(起義)로 보고 있다는 것이다. 보기를 들면 룽성(戎笙)은「황건과 조조(黃巾與曹操)」에서 "황건기의는 중국 봉건사회 초기의 농민운동이었다."[26]는 정의 아래 이론을 전개하고 있고, 양콴(楊寬)은「황건기의와 조조의 출세를 논함(論黃巾起義與曹操起家)」이란 논문의 첫 절 제목을 "황건은 우리나라 역사상 첫 번째의 조직이 되어 있고 계획이 서 있고 목적이 있는 농민기의였는데, 거기에 한 가지 종교적 선전활동과 조직을 이용하는 방식을 처음으로 개발하였음(黃巾是我國歷史上第一次有組織有計劃有目的的農民起義, 開創了一套利用宗教的宣傳活動和組織方式)"[27]이라고 길게 붙여놓고 이론을 전개하고 있다. 장각(張角, ?-184)의 태평도(太平道)나 장로(張魯, ?-216)의 천사도(天師道)도 농민운동과 연관 아래 이해하고 있는 것이다. 이 때문에 지금의 중국에서는 적(賊)자를 붙

---

25 여기의 蔡文姬는 이름이 蔡琰이며, 이 글의 '제7장 조조를 바탕으로 발전한 건안 문학'의 '5) 여류시인 蔡琰'에는「胡笳十八拍」에 대해서도 논하고 있으니 참고 바람.

26 戎笙「黃巾與曹操」(『曹操論集』, 北京: 三聯書店); "黃巾起義是中國封建社會早期的農民運動."

27 『曹操論集』(北京: 三聯書店) 所載.

인 '황건적'이란 말은 전혀 쓰지 않고 농민기의(農民起義) 또는 황건기의(黃巾起義)·황건운동(黃巾運動)이란 말을 쓰고 있다. 따라서 황건적을 친 공로로 출세하기 시작하고 황건적을 쳐서 자신의 세력을 쌓은 조조를 간단히 올바른 일을 한 사람으로 보기가 힘들어지게 된 것이다. 조조는 농민들이 '의롭게 들고 일어난 것'을 무찌른 자이기 때문이다. 따라서 1962년 베이징(北京)의 삼련서점(三聯書店)에서 신중국의 대표적인 조조 평론에 관한 글을 모아 『조조론집(曹操論集)』이란 책을 내고 있는데(1960년 1월) 거기에 담긴 논문 30여 편 중 제목만 보아도 거기에 '황건' 또는 '농민기의'란 말이 들어 있는 글이 여섯 편이나 있다. 현대 중국에서 조조를 논하고 평가하는데 황건적의 존재가 얼마나 중요한 문제가 되고 있는가를 알기에 충분하다.

귀모뤄의 경우 조조는 겉으로 볼 적에는 농민운동으로 일어난 황건의 기의를 쳐서 막은 장본인이지만은, 크게 볼 때 조조는 황건이 기의한 목표를 이루지 못하게 한 것이 아니라 황건 기의의 목적을 살려서 그 운동을 조직화한 인물이라는 주장을 하고 있다. 그런 바탕 위에 조조는 동한의 정치와 농촌 경제를 위하여 크게 공헌하였고 많은 반역자들을 정벌하여 동한을 유지시킨 인물이며, 중국의 전통문학도 크게 발전시킨 위에 인간성도 비뚤어진 사람이 아니라고 주장하고 있다. 누가 보아도 황건적과 조조의 관계는 받아들이기 어려운 이론이다.

그 밖에 귀모뤄의 조조와 채문희의 관계에 대한 이해에도 문제가 있다고 본다. 그는 「채문희의 〈호가십팔박〉에 대하여 이야기함」에서 "채문희의 일생을 통해서 조조의 위대함을 발견할 수가 있다. 그녀는 조조가 구출해 준 것이다."[28]라고 말하고 있다. 이는 난리 통에 채문희가 중국 땅으로 들어온 오랑캐인 남흉노(南匈奴) 군인들에게 잡혀가 그들의 좌

26

현왕(左賢王)의 부인이 되어 아들을 두 명 낳고 잘살고 있었는데, 조조와 친하게 지내던 채문희의 아버지이며 문학자인 채옹(蔡邕, 132-192)에게 자식이 없는 것을 걱정하여 그의 후손을 이어주려고 조조는 좌현왕에게 사신을 보내어 많은 돈을 주고 교섭하여 12년이나 남흉노 땅에 살고 있던 채문희를 중국으로 다시 데려온 것을 말한다. 채문희는 이름이 채염(蔡琰)이고 '문희'는 자이다.[28][29] 조조는 채문희를 데려올 적에 좌현왕에게 대가로 돈이나 재물도 많이 주었을 뿐만 아니라 무력으로 협박도 하였을 것이다. 이러한 채문희를 남흉노로부터 다시 중국으로 데려온 것을 조조의 잘못이라 볼 수는 없지만 조조의 위대한 업적이라 보는 것은 순전히 중국인의 입장만을 들어낸 것이라고 여겨진다. 채문희가 쓴 「호가십팔박」을 보면 채문희가 아들 두 명을 떼어놓고 남흉노 땅을 떠나오는 슬픔이 애절하게 묻어나고 있다. 그리고 좌현왕도 채문희를 놓아주기 싫었을 것이다. 채문희는 중국으로 돌아와 동사(董祀)라는 자에게 다시 시집을 갔는데 그 결혼생활은 전혀 행복하지 않았다. 『후한서(後漢書)』에 실린 그녀의 전기를 보면, 결혼 후의 생활은 남편 동사가 둔전도위(屯田都尉)[30]로 있었는데 법을 어겨 사형을 당하게 되자 채문희가 봉두난발을 하고 조조 앞으로 걸어 나와 사죄를 하여 목숨만을 간신히 살려내는 이야기만이 쓰여 있다.[31] 귀모뤄의 주장 중 "채문희의 일생을 통해서 조조의 위대함을 발견할 수가 있다."는 말만은 특히 이해하기가 어렵다.

---

28 郭沫若 「談蔡文姬的〈胡笳十八拍〉」; "從蔡文姬的一生可以看出曹操的偉大. 她是曹操把 她拯救了的."

29 蔡文姬에 대해서는 뒤의 '제7장 5) 여류시인 蔡琰' 대목을 참조 바람.

30 屯田都尉는 屯田을 관리하는 벼슬. 제9장 4) 屯田制의 시행 및 수리사업 참조 바람.

31 『後漢書』 卷84 列女傳 董祀妻傳; "祀爲屯田都尉, 犯法當死, 文姬詣曹操請之. … 及文姬 進, 蓬首徒行, 叩頭請罪."

귀모뤄와 같은 해 2월 19일자 『광명일보』에는 젠복짠(翦伯贊, 1898-1968)이 「응당히 조조를 위하여 명예를 회복시켜 주어야 한다(應該替曹操恢復名譽)」라는 글을 써서 귀모뤄의 주장을 뒷받침하였다. 그러자 조조의 평가 문제가 전국의 사학계를 자극하여 같은 해 7월 말까지 신문에 발표된 조조를 논하는 문장이 130편 전후에 이르렀다 한다.[32] 그리고 베이징(北京)의 삼련서점(三聯書店)에서는 귀모뤄·젠복짠 등 30여 명의 그때 나온 대표적인 조조 평론에 관한 글을 모아 『조조론집(曹操論集)』이라는 제명 아래 책을 발간하고 있다. 현대 신중국에 와서는 조조에 대한 평가의 대세가 긍정적인 방향으로 기울고 있음을 알려주는 책이다.

현대 중국의 조조 문제를 이야기하다 보니 문화대혁명 시기의 일이 생각난다. 문화대혁명 후기에는 이른바 〈평법비유(評法批儒)〉 운동이 일어나 옛날 법가(法家)는 높이 평가해 주고 유가(儒家)는 철저히 내치는 분위기였다. 이때 조조는 대 법가이며 무신론자인데다가 유물주의자이고 철저히 유가사상을 반대한 투사라고 크게 받들어졌었다. 이는 문화대혁명이 끝나자 함께 사라진 한때 반짝 빛났던 재미있는 일의 하나이다.

그러나 조조에 대한 평가는 아직도 여러 면에서 문제가 적지 않다. 이 책의 제목인 『조조의 재발견』이라는 말에는 조조에 대한 평가를 모든 면에서 새롭고 바르게 하겠다는 필자의 뜻이 실려 있다. 따라서 먼저 조조의 출생부터 그의 일생 경력을 올바로 따지며, 조조와 그의 아들 손자들의 사람됨에 대하여 올바른 평가를 하려고 노력하였다. 그와 아들 손자들이 모두 무척 바르고 훌륭한 인간성의 소유자들임을 밝힌

---

32 『曹操論集』(北京: 三聯書店, 1960. 1) 「編輯者的話」 참조.

것이다. 그리고 한나라를 위하여 장군으로서 올린 공적을 밝힌 뒤 그가 동한과 위나라를 다스리면서 올린 정치가로서의 여러 가지 업적도 올바로 드러내려고 노력하였다. 그러나 이 책에서는 무엇보다도 조조의 문학 활동을 제대로 평가하는 데 가장 큰 무게를 두었다. 특히 그가 시를 중심으로 하여 본격적인 문학 창작을 처음으로 시작하여 중국에 처음으로 문단을 형성시킨 실황을 밝히는 데 가장 큰 힘을 기울였다. 이 것은 중국 문학사상 조조가 전통문학의 발전을 유발한 문인임을 뜻한다. 이 책에 '재발견'이라는 제명을 붙이게 된 가장 중요한 이유이다. 끝머리 제12장에 쓴 위나라에 촉·오 두 나라를 합쳐 '삼국'이라 부르는 이들 관계를 쓴 부분은 부수적인 것이라 보기 쉽지만 역시 위나라의 정통성을 확정하려는 '재발견'에 해당하는 글이다. 이 '재발견'이 조조에 대한 평가를 올바로 세우게 되기를 절실히 바란다.

제2장

동한東漢의 정치 사회 정황

서한(西漢, B.C. 206-A.D. 8)을 뒤이어 신(新, 9-23)나라가 들어선 다음 다시 1년 동안 버텼던 갱시(更始, 24) 정권을 정리하고 광무제(光武帝, 25-57) 유수(劉秀, 5-57)는 동한(25-220)을 세웠다. 광무제는 곧 자신의 권력을 든든히 하기 위하여 지주들을 자기 주위로 끌어들이고 공신들을 중히 썼다. 그 결과 동한의 정치는 호족과 지주들이 정치적인 특권을 누리게 된다. 따라서 이들 중에는 수억(數億)의 자산과 많은 넓은 땅을 차지하고 천 명을 넘는 하녀와 하인을 부리는 사람들이 많았다. 이러한 호족과 지주들을 중심으로 하는 정치는 명제(明帝, 58-75)와 장제(章帝, 76-88)에 이르기까지는 그대로 잘 이어졌다. 그러나 장제가 죽고 나이 겨우 열 살이 된 화제(和帝, 88-105)가 뒤를 잇게 되자 자연이 나라의 정치를 황제의 어머니인 모후(母后)가 돌봐주게 되었고 따라서 모후의 집안사람들인 외척(外戚)들의 세력이 무척 강해졌다. 화제 이후로는 계속 어린 임금이 뒤를 잇게 되어 그런 현상은 계속 이어졌다. 그러나 외척들이 조정의 중요한 관직을 모두 차지하고 나라의 정치를 멋대로 하는 중에, 황제의 나이가 들게 되면 스스로 정치권력을 되찾으려고 곁에 있는 환관들의 힘을 빌려 외척들을 몰아내는 일이 벌어지게 되었다. 그 뒤로는 다시 환관들이 나라의 권세를 잡게 되었다. 이에 동한 말엽은 외척과 환관이 지배하는 세상이 되었다. 외척과 환관은 함께 힘을 합쳐 권력을 휘두르기도 하고 서로의 이익을 위하여 서로 대립하는 등 여러 가지 어지러운 혼란의 국면을 연출하게 된다.

장제 이후의 외척과 환관의 실정을 살펴보자. 장화(章和) 2년(88)에 장제가 죽은 뒤 나이 겨우 10세의 화제(和帝)가 황제 자리에 오르게 되자 황제의 어머니인 두태후(竇太后)가 나라의 정치를 돌보아 주게 되었다. 두태후는 그의 오빠 두헌(竇憲, ?-92)을 시중(侍中)[1] 자리에 앉히고 나라의 정권을 장악한다. 그리고 두씨 집안의 부자와 형제들로 조정의 벼슬자리를 가득 채우고 높은 직위는 그들이 모두 차지한다. 지방 고을을 다스리는 장관인 자사(刺史)나 수령(守令)도 대부분이 그 집안사람들로 채워진다. 형식상 인후하다는 늙은 신하 등표(鄧彪)를 태부(太傅)[2] 자리에 앉히고 밖으로 내리는 명령이나 황제에게 아뢰는 말은 모두 그로 하여금 행사하도록 한다. 그런 방법으로 외척이 나라의 정권을 멋대로 주물렀다. 그러나 황제의 나이가 좀 더 들게 되자 이러한 실정에 불만을 품게 되었다. 곧 화제(和帝)는 환관인 정중(鄭衆, ?-114)과 밀모하여 영원(永元) 4년(92)에 두헌 형제에게 압력을 가하여 스스로 자살토록 하고 그의 일당들의 벼슬을 모두 빼앗고 처벌을 하였다. 정중은 그 공로로 대장추(大

---

1 侍中은 황제를 따라다니며 여러 가지 일을 함께 의논하여 처리하던 벼슬임.

2 太傅는 임금을 보필하는 벼슬자리인데, 동한 때에는 나라의 정치 일에도 참여하였다.

長秋)[3]가 되고 소향후(鄛鄕侯)에 봉해진다. 이로부터 환관들도 직접 정치에 끼어들게 된다.

원흥(元興) 원년(105)에 화제가 죽은 뒤에는 태어난 지 100여 일 되는 상제(殤帝, 106)가 즉위하는데 다시 등태후(鄧太后)가 나라를 다스리게 된다. 상제가 두 살 되면서 죽자 그 뒤를 13세의 안제(安帝, 107-125)로 잇게 하는데, 등태후는 대장군인 그의 오빠 등즐(鄧騭, ?-121)과 멋대로 정권을 휘두른다. 그들은 환관을 모두 물리치지 않고 양진(楊震, ?-124) 같은 뛰어난 사람들을 기용하여 사대부들의 지지를 받았다. 그러나 등태후가 죽자(121년) 안제의 유모 왕성(王聖, ?-125)이 환관 이윤(李閏, ?-125)·강경(江京, ?-125) 등과 짜고 등씨의 세력을 모두 몰아내었다. 그리고 이윤과 강경은 중상시(中常侍)[4]가 되고, 강경은 대장추(大長秋)도 겸하였다. 이와 동시에 염황후(閻皇后)와 그의 오빠 염현(閻顯, ?-125)을 중심으로 한 외척의 세력도 커져, 외척과 환관이 함께 나라의 정치를 주무르게 되었다.

연광(延光) 4년(125)에 안제가 조상의 능을 찾아가다가 죽자, 염황후와 염현은 급히 도성으로 돌아와 어린 북향후(北鄕侯)를 황제 자리에 앉혔는데 이가 소제(少帝, 125)이다. 정권을 잡은 염황후는 안제가 의지하던 환관과 왕성 등을 죽이고 몰아내었다. 그러나 황제가 자리에 오른 지 200여 일만에 병으로 죽었다. 그러자 정의파의 환관 손정(孫程, ?-132)이 여러 동지들 18명과 손을 잡고 염현을 죽이고 외척들을 몰아내면서 강경도 죽이고 전에 황태자(皇太子) 자리에서 쫓겨나 있던 11세의 제음왕

---

3 大長秋는 皇后의 侍從官으로 皇后의 뜻을 따라 宮中 일을 관리하는데, 대부분 환관이 맡았다.

4 中常侍는 황제의 侍從官으로 황제의 명령을 전달하고 문서를 관리하는 일을 맡았다. 동한 때에는 대부분 환관이 맡은 벼슬임.

(濟陰王)을 황제로 모셨는데 그가 순제(順帝, 125-144)이다. 손정 등 19명의 환관은 모두 왕후(王侯)로 봉해지고 조정의 관직을 차지하게 되었으며 이때부터 환관은 높은 벼슬을 양자에게 물려줄 수도 있게 되었다. 환관의 세력이 무척 커진 것이다. 그러나 순제의 양황후(梁皇后)의 아버지 양상(梁商, ?-141)이 대장군(大將軍)이 되면서 양씨 집안사람들 여러 명이 왕후에 봉해지고 많은 사람들이 고급관리 및 장군이 되었다. 곧 양상은 죽고 아들 양기(梁冀, ?-159)가 뒤를 이었는데 그는 환관과도 손을 잡고 정권을 휘둘렀다.

건강(建康) 원년(144)에 순제가 죽은 뒤 겨우 두 살의 충제(沖帝, 145 재위)가 뒤를 이었는데, 황제가 된 지 반년 만에 죽자 양기는 8세 되는 질제(質帝, 146 재위)로 뒤를 잇게 하였다. 그런데 질제는 어렸지만 영리하여 양기가 멋대로 행동하는 것을 보고 '날뛰는 장군'이란 뜻의 "발호장군(跋扈將軍)"이란 말로 양기를 불렀다. 양기는 이를 듣고 화가 나서 사람을 시켜 질제를 독살하고 다시 15세의 환제(桓帝, 146-167)로 뒤를 이었다. 양기의 권세는 날로 더해가서 황제보다도 더 세어져서 황제의 말이나 행동도 모두 양기의 뜻에 의하여 좌우될 정도였다. 양기가 정권을 휘두른 20여 년 동안에 양씨 집안에서는 모두 7명이 왕후(王侯)로 봉해지고, 3인의 황후, 6명의 귀인(貴人)[5], 2인의 대장군이 나왔으며, 3인이 공주에게 장가들었고, 여자들 중 7인이 군(君)의 칭호와 함께 식읍(食邑)을 받았으며, 그 밖에 경(卿)·장(將)·윤(尹)·교(校) 등이 붙는 벼슬자리에 오른 사람은 57명이나 되었다. 외척의 세력이 얼마나 강하였는가를 알려주는 사실이다.

---

5 貴人은 宮中에서 皇后 다음가는 자리의 여자임.

연희(延熹) 2년(159) 양황후가 죽자 환제는 환관 선초(單超, ?-260) 등과 모의한 뒤 군대를 동원하여 양기를 공격하자 궁지에 몰린 양기는 자살하였다. 그러자 높은 지위에 있던 양씨 집안사람들 수십 명의 목을 베고 300명이 넘는 자들을 벼슬자리에서 내어 몰아 갑자기 조정이 텅 비는 지경이 되었다. 그 공로로 환관 선초 등 5명은 왕후로 봉해지고, 환관 후람(侯覽, ?-172) 같은 자도 양기를 치는데 좋은 의견을 말했다고 하여 왕후로 봉해졌다. 그 밖에도 여러 명의 환관들이 왕후로 봉해지고 높은 벼슬자리에 앉거나 지방 고을의 장관으로 임명되었다. 환관들은 이때부터 조정의 벼슬도 겸하여 할 수 있게 되고, 처와 첩도 거느렸고, 양자도 들일 수 있게 되고, 자기 양자들에게 자신의 벼슬도 물려줄 수 있게 되었다.

영강(永康) 원년(167)에 환제가 죽자, 두태후(竇太后)는 그의 아버지 두무(竇武, ?-168)와 손을 잡고 12세의 영제(靈帝, 168-188 재위)로 뒤를 잇게 한다. 두무는 대장군(大將軍)이 되어 멋대로 정권을 주무르게 된다. 그러자 건녕(建寧) 원년(168)에 그는 태부(太傅)인 진번(陳蕃, ?-168)과 꾀하여 환관들을 쳐 없애려 하였는데, 그 비밀 모의가 환관들에게 탄로되어 환관 조절(曹節, ?-181)과 왕보(王甫) 등이 손을 써서 거짓 칙명으로 군대를 동원하여 두무와 진번 등을 공격하자, 몰리게 된 두무는 자살을 하고 진번도 그들과 싸우다가 희생되었다. 그리고 그들 집안 사람들과 가까웠던 사람들도 모두 적절한 형벌을 받게 되었다. 그 뒤 조절은 그의 심복 12명과 함께 왕후로 봉해지고 그들 집안의 부형과 자제들도 모두 높은 벼슬자리에 올랐다. 조절이 죽은 뒤에는 장양(張讓, ?-189)과 조충(趙忠, ?-189) 등 12명의 환관이 정권을 멋대로 휘두르게 되었다. 이에 황제인 영제는 허수아비가 되어 황제 스스로 환관들에게 몸을 낮추는 형편이 되었다.『후한서』권78 환자열전에 실린 장양전(張讓傳)을 보면 이런 기록이 있다.

"영제 때에 장양(張讓)과 조충(趙忠)은 나란히 중상시(中常侍)로 옮겨지고 열후(列侯)에 봉해졌다. …… 영제는 늘 말하기를 '장양은 나의 아버지이고, 조충은 나의 어머니이다.'라고 하였다. 환관들은 뜻을 이루어 꺼리고 두려워할 일이 없게 되어 모두가 집을 짓되 궁실을 본떴다."[6]

장양과 조충은 환관으로 중상시가 되어 온갖 못된 짓을 하면서 권세를 부리고 호화로운 생활을 하다가 영제가 죽은 해에 하나는 잡혀서 처형되고, 다른 하나는 도망치다 몰려 투신자살하고 만다. 어떻든 동한 말엽은 이런 못된 환관을 황제가 아버지 어머니처럼 모시던 세상이다.

이 때문에 이들 외척과 환관은 멋대로 횡포를 부리게 된다. 예를 들면 장제(章帝) 때의 외척으로 시중(侍中) 지위에 있던 두헌(竇憲)은 명제(明帝)의 딸 심수공주(沁水公主)의 정원과 토지를 권세로 위압하여 헐값으로 빼앗아 차지하였다. 뒤에 그 사실이 장제에게 알려져 황제에게 혼이 나고 다시 땅을 되돌려주었지만,[7] 그 뒤 화제(和帝) 때에 가서는 그는 더욱 멋대로 행동한다.

충제(沖帝)를 이어 질제(質帝)를 모신 외척 양기(梁冀, ?-159)의 경우를 보기로 하자. 양기는 대장군이 되어 나라의 권세를 자기 멋대로 휘두르며

---

6 『後漢書』卷78 宦者列傳 張讓傳; "靈帝時, 讓·忠並遷中常侍, 封列侯. … (帝)常云; 張常侍是我公, 趙常侍是我母. 宦官得志, 無所憚畏, 並起第宅, 擬則宮室."

7 『後漢書』卷23 竇憲傳; "憲侍宮披聲勢, 遂以賤直請奪沁水公主園田. … 後發覺, 帝大怒. …憲大震懼, 皇后爲毀 服深謝, 良久乃得解, 使以田還主."

부를 쌓았다. 양기는 낙양 주위에 사방 둘레 천 리가 넘는 땅을 차지하고 그곳에 극도로 호화로운 집을 짓고 살면서 정원을 딴 세상처럼 가꾸고 그 속에 기이한 새와 짐승들을 길으며 많은 기녀들을 거느리고 풍악을 울리며 즐겼다. 그리고 둘레가 수십 리도 더 되는, 토끼를 방목하고 사냥을 즐기는 토끼정원 같은 것이 있었는데, 외부 사람들은 마음대로 가까이 가지도 못하였다 한다. 그리고 양기는 민간의 여인들 수천 명을 잡아다가 하녀로 부렸는데, 그는 이들이 '자원하여 팔려온 자들'이라 하였다 한다. 그가 긁어모은 돈과 재산은 헤아릴 수도 없이 많아서, 뒤에 그가 죽은 뒤 그 고을의 관리가 그의 집 재물을 거두어다가 팔아서 얻은 돈이 30여억이나 되었는데 그 돈을 모두 나라에 바쳤다 한다. 이는 전국에서 거두어들이는 일 년 세금의 반 정도가 되는 액수였다 한다.[8]

환제(桓帝)의 연희(延熹) 2년(159)에 권세를 부리던 양기와 그와 가까운 사람들을 모두 죽인 환관 선초(單超, ?~160) 등 다섯 명이 나라의 정치를 멋대로 하게 된 뒤로 환관들의 횡포는 외척 못지않게 심해졌다. 환관들의 횡포가 심해지자 결국 '당고(黨錮)의 화'라고 하는 특수한 사건이 두 번이나 일어나게 된다. 이때 특히 환관에 대하여는 서로 싸우던 외척들뿐만 아니라 동한을 지배해오던 세족(世族)과 지주(地主) 및 지식인들도 각별히 불만을 품게 되었다. 이 시절 나라의 도읍이나 지방 모두 학교에서 공부하는 유생(儒生)들은 집단을 이루고 있어서 특히 이들은 환관의 횡포에 대하여 집단적인 항의를 하게 되었다. 결국 환제(桓帝)와 영

---

8 『後漢書』卷34 梁冀傳; "冀乃大起第舍,… 柱壁雕鏤, 加以銅漆, 窗牖皆有綺疎青瑣,… 金玉珠璣, 異方珍怪, 充積臧室.… 又廣開園囿,… 奇禽馴獸, 飛走其間.… 多從倡伎, 鳴鍾吹管.… 又多拓林苑, 禁同王家,… 周旋封域, 殆將千里. 又起兎苑於河南城西, 經亘數十里.… 或取良人, 悉爲奴婢, 至數千人, 名曰自賣人.… 收冀財貨, 縣官斥賣, 合三十餘萬萬, 以充王府, 用減天下稅租之半."

제(靈帝) 때에는 지식인과 학생들이 집단적으로 환관들을 공격하며 당시의 정치를 비판하다가 결국은 환관들로부터 '당고'라 부르는 큰 화를 당하게 된다.

동한 환제 때에 사례교위(司隷校尉) 이응(李膺, 110-169)과 태위(太尉) 진번(陳蕃, ?-167)이 우두머리가 되어, 도읍의 태학생과 지방의 학생들 3만여 명을 동원하여 나라의 정치를 비평하며 환관들을 반대하는 투쟁을 시작하였다. 연희(延熹) 연간(158-166) 초기에 지방의 현령(縣令)으로 있으면서 못된 짓을 일삼던 장삭(張朔)이란 자가 이응의 처벌이 두려워 형인 대환관 장양(張讓, ?-189)의 집으로 가 숨어있었는데 이응은 그런 정보를 입수하고 직접 부하를 이끌고 가서 그를 잡아 사형에 처하였다. 그 밖에도 관리들을 감독하는 사례교위인 이응은 법을 어기며 권세를 멋대로 부리는 환관들을 모두 잡아 용서 없이 처형하였다. 연희 9년(166)에 환관들은 이러한 이응에 대하여 두려워하는 한편 큰 반감을 지니게 되어 이응이 도당을 이루어 못된 짓을 한다고 무고하여 그를 감옥에 잡아넣었다.[9] 이때 태위인 진번은 이응은 죄 없는 올바른 사람이라는 상소문을 황제에게 올렸다.[10] 그러자 환관들은 이응 일파의 사람들이 태학생들과 무리를 이루어 "조정을 비방하고 풍속을 어지럽히고 있다."고 고발하였다. 환제는 이 환관들의 고발에 따라 이응 등 200여 명을 잡아 옥에 가두었다. 환제의 부인인 두황후(竇皇后)의 아버지 두무(竇武, ?-168) 등이 나서서 이들을 변호해 주어 그들은 다음 해에야 사면되어 고향으로 돌아갈 수는 있었다. 그러나 그들은 평생 동안 금고(禁錮) 당하고 지내어

---

9 『後漢書』卷67 黨錮列傳 李膺傳 의거.
10 『後漢書』卷66 陳蕃傳 의거.

벼슬을 할 수가 없었다. 흔히 중국 역사상 이를 '제1차 당고(黨錮) 사건'
이라 한다.[11]

　환제가 죽고(166) 열세 살의 영제(靈帝, 168-189)가 즉위하자 황태후 두
씨(竇氏)가 나라의 정치를 돌봐주게 되었다. 황태후의 아버지 두무(竇武,
?-168)는 대장군 자리에 있으면서 앞에서 논술한 '제1차 당고의 화' 사건
때 옥에 갇혔다가 추방당한 이응·진번 등을 불러내어 그들과 손을 잡
고 지식인들의 힘을 빌려 못된 환관들을 밀어내는 일에 착수하였다. 그
러나 환관들의 세력이 너무나 강하여 쉽사리 손을 댈 수가 없었다. 최후
로 환관들을 전멸시키려고 황제에게 올린 상소문이 환관들 손에 들어
가자 크게 놀란 환관들은 건녕(建寧) 원년(168)에 중상시 조절(曹節, ?-181)
이 주동이 되어 먼저 두무와 진번을 공격하여 죽이고 그의 온 가족들
도 처형하였다. 두태후도 몰아내었다.[12] 그리고도 계속 환관들은 지식
인들이 무리를 지어 못된 짓을 하고 있다고 황제에게 아뢰었다. 열네 살
의 영제는 이들의 말을 따라 건녕(建寧) 2년(169)에는 영을 내려 이응 등
이들과 연관이 있는 당인(黨人) 100여 명을 잡아 죽이고 6,7백 명을 잡아
가두거나 멀리 몰아내었다. 희평(熹平) 원년(172)에는 환관들이 다시 태학
생 1,000여 명을 체포하였다. 그리고 희평 5년(176)에는 환관들이 영제
를 움직여 지식인들의 제자들이나 그들 밑의 관리 및 부자와 형제들을
모두 금고(禁錮)에 처한다는 칙명을 내리게 하였다. 이것이 이른바 제2차
당고(黨錮) 사건이다.[13] 이 '두 번째 당고의 화'까지 이러한 '당고'는 10여

---

11 『後漢書』卷8 孝靈帝紀, 同 卷67 黨錮列傳 참조. 黨錮는 部黨을 이루어 좋지 못한 짓을
　　하다가 여러 명이 한꺼번에 잡혀가 형벌을 받는 것을 뜻하는 말임.

12 『後漢書』卷69 竇武傳 의거.

13 『後漢書』卷67 黨錮列傳 참조.

년에 걸쳐 이어지다가 중평(中平) 원년(184)에 황건적(黃巾賊)의 반란이 일어나는 바람에 잠잠해졌다.[14]

그러나 반대로 홍농왕(弘農王, 189) 때에는 환관 장양(張讓, ?-189) 등이 외척으로 태위(太尉)의 자리에 있던 하진(何進, ?-189)을 해쳤는데, 바로 뒤에 원소(袁紹, ?-202)가 군대를 이끌고 궁전으로 들어가 모든 환관들을 한 명도 남기지 않고 모두 잡아 죽인다. 이때 2,000여 명이 넘는 환관을 죽였다 한다.[15]

황건적의 난은 동한 후기에 일어나 나라를 뒤흔들었던 또 하나의 큰 사건이었다. 동한 만년에 정치가 어지러워지자 기주(冀州)의 거록(鉅鹿, 지금의 河北省 寧晉縣 서남쪽) 사람 장각(張角, ?-184)이 황로도(黃老道)의 『태평경(太平經)』을 이용하고 중황태을신(中黃太乙神)을 받들면서[16] 자신을 대현량사(大賢良師)라 일컬으며 태평도(太平道)라는 종교를 시작하였다. 부적(符籍)과 약수와 주문(呪文)으로 사람들의 병을 고쳐주었는데 많은 병자들이 병을 고쳤다는 소문이 나서 백성들 중에 신자들이 늘어났다. 그러자 장각은 제자들을 길러 사방으로 파견하여 전파한 결과 광화(光和) 연간(178-183)에 이르자 전국의 신자가 10여만 명으로 늘었다. 그러자 전국을 36방(方)으로 나누어 조직을 강화하고 모든 방마다 영도자인 거사(渠師)를 두어 전국의 조직을 동원할 수 있게 하였다. 중평(中平) 원년(184)이 되자 "창천은 이미 죽었고 황천이 일어서게 되었다.(蒼天已死, 黃天當立.)"는 등의 요언을 퍼뜨려 '황로도'를 받드는 자신들이 세상을 지배하게 될 것임을 암시하는 말로 민심을 흉흉하게 했다. 푸른 하늘이란 뜻의 '창

---

14 『後漢書』卷8 孝靈帝紀.

15 『後漢書』卷69 竇武傳 및 『三國志』卷6 魏書 袁紹列傳 의거.

16 『三國志』卷1 魏書 武帝紀 裴松之 注引 王沈 『魏書』.

천'은 옛날 중국 사람들은 하나님이나 같은 뜻의 말로 썼고, 누런 하늘이란 뜻의 '황천'은 자기들이 내세우는 중황태을신(中黃太乙神) 곧 새로운 하나님을 뜻하는 말이다. 장각은 농민이 중심을 이룬 전국의 태평도 신자들을 동원하여 들고 일어나 나라를 뒤집으려 하였다. 그러나 장각의 제자 한 명이 이 사실을 먼저 정부에 밀고하여, 조정에서는 명을 내려 장각과 관계가 있는 자들을 전국 각지에서 찾아 일천여 명을 급히 잡아 죽였다. 장각은 자기의 계획이 탄로가 난 것을 알자 즉시 서둘러 전국에 봉기하라는 명령을 내렸다. 이들은 자기네 표시로 머리에 노란 수건인 황건을 둘렀기 때문에 이들을 황건(黃巾)적이라 부르게 된 것이다. 그들은 사람을 죽여 하늘에 제사를 지내면서, 장각은 천공장군(天公將軍), 장각의 동생 장보(張寶)는 지공장군(地公將軍), 장보의 동생 장량(張梁)은 인공장군(人公將軍)이라 부르며 기세를 올렸다. 손이 닿는 곳의 관청은 모두 불태우고 약탈을 멋대로 하여 전국의 고을 관리들은 모두 도망을 치는 형편이었다. 십여 일 만에 온 천하가 어지러워지고 도성이 진동하는 형편이 되었다.[17]

초기의 황건적의 위세는 급격히 신장하여 대단한 세력이었다. 그러나 이들의 주력은 농민들이라 전투 경험이 부족하여 동한의 영제가 파견한 정부군에 의하여 평정되기 시작하였다. 이때 조조도 정부군을 이끌고 나가 황건적을 토벌하여 공을 세웠던 것이다. 현 중국에서는 조조의 업적을 긍정적으로 보는 경향이 뚜렷해지고 있으나 다만 그가 농민들의 기의(起義)인 황건적을 평정한 것이 문제가 되고 있다. 8월에 장각이 병으로 죽어 동생 장량(張梁)이 뒤를 이어 황건적을 지휘하였으나 그

---

17 이상 『後漢書』卷71 皇甫嵩傳 의거.

도 정부군에게 대패 당하였다. 같은 해에 장수(張脩)가 이끄는 오두미도
(五斗米道)도 파군(巴郡, 지금의 四川省 重慶市)을 중심으로 일어나 정부군과 싸
웠다.[18]

　장수(?-219)의 오두미도는 후세의 도가에서 교주로 떠받드는 장릉(張
陵, 또는 張道陵, 84-156)이 더 유명하다. 장릉은 동한 순제(順帝, 125-144) 때에
촉군(蜀郡, 지금의 四川省 成都)에서 오두미도의 한 수령으로 24개 거점을 마
련하고 세력을 크게 확장시켰다. 그는 노자의 『도덕경(道德經)』을 주요
경전으로 삼고 그 고장의 무귀(巫鬼) 신앙을 가미하여 농민들을 주요 대
상으로 하여 종교를 퍼뜨렸다. 그 종교에 들어오는 사람은 먼저 '다섯
말의 쌀(五斗米)'을 바치게 하였기 때문에 오두미도라는 말이 생겨났고
천사도(天師道)라고도 불렀다. 장릉이 죽은 뒤, 아들을 거쳐 손자 장로(張
魯) 때에는 황건적으로 다시 일어나는 형세였고, 헌제의 초평 2년(191)에
는 장로가 장수(張脩)와 연합하여 한중(漢中)의 태수를 죽이고 그곳의 무
장 세력을 모두 쳐 없앤 뒤 그곳을 점령하였다. 그 뒤 장로는 장수를 죽
이고 그 부하도 모두 차지한 뒤, 세력을 넓혀 한중을 중심으로 하여 지
금의 섬서(陝西)성 남부로부터 사천(四川)성 북부에 이르는 광대한 지역
을 차지하고 스스로 왕이 되어 나라를 세웠다. 장로는 오두미도를 바탕
으로 하여 농민을 위하는 정책을 펴서 일부 백성들의 지지를 얻기도 하
였다. 그러나 결국 조조 군대의 공격을 받고 조조에게 항복하고 만 것
이다.

　장로는 조조의 공격을 받고 전세가 불리해졌을 때 그의 부하들이 곡

---

18 『後漢書』 卷8 靈帝紀 裴松之 注: "『劉艾紀』曰; 時巴郡巫人張脩療病, 愈者雇以米五斗,
　　號爲'五斗米師'."

식과 보물이 저장되어 있는 창고에 불을 질러 태워버리고 도망가려고 하였다. 그때 장로는 "창고의 보물은 나라에 되돌려주어야 할 나라의 물건"이라고 하며 창고에 봉인(封印)을 하고 건드리지 못하게 하였다.[19] 조조는 장로의 그러한 마음 가짐을 높이 사 항복해 온 장로와 그의 다섯 명의 아들을 모두 열후(列侯)로 봉해주고 후한 대우를 하였다.

영제의 중평(中平) 원년(184) 황건적의 난이 일어나면서 각 지방의 유력자들은 자기 지방의 안전을 유지하려고 자기 세력을 늘리기 시작하였다. 영제의 말년(189) 동탁(董卓, 139- 192)이 난을 일으키자 여러 고을의 유력자들이 그를 치기 위하여 함께 의병을 일으키면서 여러 지방의 장군들이 자기의 세력을 확장시킨다. 기주(冀州, 지금의 河北省 중남부 및 河南省과 山東省 북부에 걸친 지역) · 청주(青州, 지금의 山東省 북부 지역) · 유주(幽州, 지금의 北京市, 河北省 북부, 遼寧省 남부에 걸쳐 있던 지역) · 병주(幷州, 지금의 山西 · 內蒙古 지역과 河北省 일부 지역에 걸친 지역)를 근거로 한 원소(袁紹, ?-202)를 비롯하여, 유주(幽州)를 근거로 했던 공손찬(公孫瓚, ?-199), 형주(荊州, 지금의 湖北省 · 湖南省과 河南 · 貴州 · 廣東 · 廣西의 일부 지역에 걸쳐 있던 지역)에 뿌리를 두었던 유표(劉表, ?-208), 서주(徐州, 지금의 江蘇省 북부, 山東省 남부, 安徽省 동부에 걸쳐 있던 지역)와 양주(揚州, 지금의 安徽省과 江蘇省 남부에서 江蘇 · 福建 · 浙江 · 河南 · 廣東 등 여러 성 일부에 걸쳐 있던 지역)를 근거로 한 원술(袁術, ?-199) 등[20] 무척 많다. 이들은 세력이 강해지면서 온 천하까지 넘보는 반역자로 발전한다. 조조는 중평(中平) 원년(184) 기도위(騎都尉)[21]가 되어 황건적을 쳐서 장군의 면모를 과시한 후로는 활약을 계속하여 헌제(獻帝)의 초평(初平) 3년(192)에는 청주(青州)의 황건적을

---

19 『三國志』卷8 魏書 張魯傳.

20 『後漢書』卷73-75에 이들의 전기가 있다.

21 騎都尉는 황제를 호위하는 騎兵들을 통솔하는 武官임.

쳐서 30여 만의 병력을 자기 밑으로 끌어들여 그의 병력이 크게 확장된다. 그리고 건안(建安) 원년(196) 헌제를 자기의 근거지인 허(許, 지금의 河南省 許昌縣 동쪽)로 모신 다음에는 조조는 대장군[22]이 되어 동한과 헌제를 지키기 위하여 여러 반역자를 정벌해야만 했으므로 이후로는 장군으로서의 활약이 더욱 두드러지게 된다.

이처럼 여러 장군들이 서로 싸우고 나라가 어지러워지자 백성들의 삶은 극도로 어려워졌다. 『삼국지』 권1 위서 무제기의 흥평(興平) 원년(194)에 기록만 보더라도 조조가 복양(濮陽, 지금의 山東省 濮陽市 서남 지역)에 나와 주둔하고 있는 여포(呂布, ?-198)를 공격하다 어려운 싸움을 백여 일 계속하고 있을 적에 "메뚜기 떼가 생겨나고 백성들은 크게 굶주리게 되었고, 여포도 양식이 떨어져 각기 물러갔다."[23] 하였고, 뒤이어 "이 해엔 곡식일 곡(斛, 10斗)에 50여만 전(錢)이나 나갔고, 사람들이 서로 잡아먹는 형편이라 관리와 병사를 새로 모집하는 일을 하지 못하였다."[24]는 기록도 있다. 그리고 같은 책 건안(建安) 원년(196)의 배송지(裴松之) 주에는 다음과 같은 『위서(魏書)』의 말을 인용하고 있다.

"거친 혼란을 당한 이래로 모두가 양식이 부족했다. 여러 군대들이 한꺼번에 일어났지만 일 년을 넘길 계책조차 없었다. 배가 고프면 약탈을 하고 배가 부르면 나머지를 버리며, 와해되고 떨어져 나가 적군이 없는데도 스스로 무너지는 자들이 이루 헤아릴 수도 없이 많았다.

---

22 大將軍은 將軍 최고의 지위로 三公보다도 위여서 동한 때에는 권력가들이 차지했던 벼슬이다.

23 『三國志』卷1 魏書 武帝紀; "興平元年,… 與布相守百餘日, 蝗蟲起, 百姓大餓, 布糧食亦盡, 各引去."

24 上同; "是歲穀一斛五十餘萬錢, 人相食, 乃罷吏兵新募者."

원소(袁紹)는 황하 북쪽 지역에 주둔하면서 군인들이 뽕나무 오디를 따서 끼니를 때웠다. 원술(袁術)은 강수(江水)와 회수(淮水) 지역에 주둔하면서 군인들이 창포 뿌리를 먹거나 달팽이를 잡아먹어야 하였다. 백성들은 서로 잡아먹게 되어 고을과 마을이 텅 빈 듯이 쓸쓸하게 되었다."25

　이 시대 동한의 백성들은 먹고 살아가기도 무척 어려운 지경이었다. 그러나 이때 조조는 동한의 헌제를 모시고 나라를 다스려야 하였고, 뒤에는 위공(魏公) 및 위왕(魏王)이 되었으므로 자기의 위나라도 다스려야만 하였다. 이런 어려운 시기에 나라를 잘 이끌었기 때문에 조조는 위대한 정치가로도 발전한 것이다.26

　한편 어지러운 중에도 나라에 공부를 하는 유생들이 크게 늘어나고, 또 공부를 하는 사람들이 '당고의 화' 같은 희생을 치르는 중에 지식인들은 국가와 사회에서 자기가 해야 할 일에 대하여 책임감 같은 것까지도 더욱 확고하게 의식하게 되었다. 동한시대에 정치와 사회는 어지러웠지만 지식인들은 올바른 자기 자신을 찾아 세상에 대한 의무를 자각하기 시작하였다. 곧 동한 말엽의 세상은 조조 같은 위대한 인물이 나올 수 있는 터전이 마련되어 가고 있었던 것이다.

---

25 『三國志』卷1 魏書 武帝紀 裴松之 注: "『魏書』曰; 自遭荒亂, 率乏糧穀. 諸軍並起, 無終歲之計. 饑則寇略, 飽則棄餘, 瓦解流離, 無敵自破者不可勝數. 袁紹之在河北, 軍人仰食桑椹. 袁術在江淮, 取給蒲蠃. 民人相食, 州里蕭條."

26 『三國志』卷1 魏書 武帝紀 참조.

제3장

조조의 할아버지와 아버지 및
조조의 출생

진수(陳壽, 233-299)의 『삼국지(三國志)』 권1 위서(魏書) 무제기(武帝紀)를 보면
앞머리에 조조와 그의 선대에 대하여 다음과 같은 간단한 기록이 있을
따름이다.

> "태조(太祖) 무황제(武皇帝, 곧 조조임)는 패국(沛國)의 초(譙, 지금의 安徽省 毫州
> 市) 사람이다. 성은 조(曹), 이름은 조(操)이고, 자는 맹덕(孟德)이며 한나
> 라 상국(相國)이었던 조참(曹參)의 후손이다. 환제(桓帝, 146-167)시대에
> 조등(曹騰)이 중상시(中常侍)에 대장추(大長秋)가 되고 비정후(費亭侯)에
> 봉해졌다. 양자 조숭(曹嵩, ?-193)은 벼슬을 태위(太尉)[1]까지 하였는데,
> 그의 출생과 경력을 잘 알 수가 없으며, 조숭이 조조를 낳았다."[2]

---

[1] 太尉는 전국 최고의 군을 통솔하는 장관. 동한 때에는 司徒·司空과 함께 三公이라 불렀다.

조조는 할아버지가 왕실에서 일하던 내시인 환관이고 아버지는 그 환관의 양자라는 것이다. 얼핏 듣기에 조조는 그의 핏줄부터가 별로 좋지 않은 사람인 것 같다. 그러나 동한 말엽의 사정은 우리의 상식과 다른 세상이었다. 앞 장에서 이미 논하였지만 동한의 후기는 외척과 환관이 나라의 정치를 주무른 시대이다. 특히 조조가 태어나서 자란 환제(桓帝, 146-167)와 영제(靈帝, 168-189)의 시대는 환관 전성의 시기였다. 조조는 그러한 환관 전성의 시대에 환관의 집안에 태어났던 것이다. 그는 출생경력도 일반 사람들의 생각과는 전혀 다르고 그가 생활한 시대가 각별하기에 그의 일생도 보통 사람들과는 크게 다를 수밖에 없었던 것 같다.

이미 앞에서 설명한 것처럼 동한에 들어와 제4대 황제 화제(和帝, 88-105)가 열 살에 황제가 된 이후로는 계속 모든 황제들이 어린 나이에 임금 자리에 올랐다. 황제들이 어렸기 때문에 모든 나라 일을 어머니인 황태후가 돌보아 주어야 하였고, 또 조정의 중요한 벼슬자리는 모두 황태후의 부형과 친족들인 외척(外戚)이 차지하게 되었다. 다만 마지막 헌제 때에는 권력이 강한 자들이 서로 싸우게 된 세상이라 외척이 아닌 권력자들이 나라의 정치도 지배하였다. 동한 제3대 황제인 장제 이후로는 여섯 명의 황태후(皇太后)가 연이어 나라의 정치를 농단했다.

그러나 황제의 나이가 들어 직접 나라의 정치를 할 수 있게 되어 나랏일에 손을 대기 시작하면 외척의 횡포가 너무 심하다는 것을 바로 느끼게 된다. 이에 황제는 외척의 세력을 견제하고 일을 올바로 처리하기

---

2 『三國志』卷1 魏書 武帝紀; "太祖武皇帝, 沛國譙人也. 姓曹, 諱操, 字孟德, 漢相國參之後. 桓帝世, 曹騰爲中常侍大長秋, 封費亭侯. 養子嵩嗣, 官至太尉, 莫能知其出生本末. 嵩生太祖."

위하여 자기 옆에서 일하는 불알이 없는 남자 관리 곧 내시인 환관(宦官)들[3]의 힘을 빌리게 되었다. 한나라는 진(秦)나라의 제도를 따라 중상시(中常侍)라는 벼슬을 두었는데, 늘 황제 곁에서 궁전 안의 사무를 처리하고 나라의 중요한 일에도 직접 참여하는 벼슬이다. 동한의 황제들은 처음부터 환관들을 이 자리에 계속 임명하였다. 이를 바탕으로 동한에 들어와서는 환관들이 조정에서 차지하는 비중이 날로 늘어났다. 곧 나라의 모든 정치 명령은 환관인 중상시를 통하여 내려지게 되었다. 다행히도 안제 때의 등태후는 교양이 있는 재색(才色)을 겸비한 인물이었고, 그 옆에서는 오빠인 등즐(鄧騭, ?-121)과 환관인 정중(鄭衆, ?-114)·채륜(蔡倫, 62?-121) 및 선비인 양진(楊震, ?-124) 같은 뛰어난 인물들이 잘 보좌하여, 가뭄과 장마가 해마다 들고 밖의 나라들이 쉴 새 없이 침공하는 어려운 시국이었지만 이를 잘 견뎌냈다. 환관 중에도 처음에는 곧은 인물들이 있었다. 장제(章帝)가 죽고 화제(和帝)가 즉위한 뒤 두태후(竇太后)가 오빠인 두헌(竇憲, ?-92)을 비롯한 외척들과 함께 나라의 권력을 멋대로 휘두를 때에 환관인 정중(鄭衆)이 중상시 자리에 있었다. 그는 위험을 무릅쓰고 두씨 집안사람들과 다투며 그들의 부정을 막기에 힘썼다. 화제는 그에게 대장추(大長秋)라는 특별히 높은 벼슬을 내리고 더욱 그를 신임하여 소향후(鄛鄉侯)에 봉하고 식읍(食邑) 1,500호(戶)를 내려주었다.[4] 그러나 이것이 환관들을 왕후(王侯)로 봉해주어 권세를 크게 부리게 하는 발단이 되고 만다. 환관 채륜은 종이의 발명자로 유명하나 정중과 같은

---

3 옛날 황제들은 여자들을 좋아하여 궁전 안에는 수많은 미녀들을 모아놓았으므로, 이 미녀들을 보호하기 위하여 궁전에서 일하는 남자 관리들은 모두 거세를 했는데 이들을 內侍 또는 宦官이라 불렀다.

4 『後漢書』卷78 宦者列傳 鄭衆傳.

시대에 화제 아래 중상시였다. 그는 박학하고 성실하며 곧은 사람으로 황제에게도 늘 바른말을 한 사람이다. 그러나 안제(安帝) 때에 황제가 채륜에게 전에 두태후의 뜻을 따라 안제의 할머니를 해친 죄를 추궁하자 그는 스스로 독약을 먹고 죽은 인물이다.[5] 어떻든 이 두 환관은 어려운 환경 속에서도 자기 몸을 곧게 지킨 인물이다.

그러나 환관들도 점차 자기들의 세력을 늘리기 위하여 외척들과 싸우면서 포악한 짓을 일삼게 된다. 그 뒤로 안제의 염황후(閻皇后) 일족과 손을 잡은 환관 강경(江京, ?-125)이 중상시(中常侍)에 대장추(大長秋)를 겸하게 되자 그는 자기의 패거리를 모은 다음 그들과 함께 멋대로 나랏일을 주무르게 된다. 그 뒤로는 외척과 환관이 황제 또는 모후(母后)를 등에 업고 정권을 잡으려고 서로 싸우는 어지러운 정치가 이어진다. 이미 화제 때에도 환관 정중(鄭衆) 등이 모의하여 외척 두헌(竇憲)과 그의 일당을 몰아내었다. 안제 때에는 등태후가 죽자 환관 강경(江京) 등이 외척 등즐(鄧騭) 등을 몰아낸 일이 있다. 안제가 죽은 뒤 환관 손정(孫程, ?-132) 등이 나라의 정치를 멋대로 주무르던 염황후의 오빠인 염현(閻顯, ?-125)과 강경을 몰아내고 밀려나 있던 태자를 옹립하여 순제(順帝)로 모신다. 이 공로로 손정을 비롯한 19명의 환관에게 제각기 후작(侯爵)이 내려지고 식읍(食邑)도 하사받게 된다. 이로부터 동한은 명실공히 환관정치의 시대로 돌입한다.[6]

그 뒤로 환제(桓帝)는 막강한 권력을 휘두르던 외척인 양기(梁冀, ?-159)가 모신 황제였으나 나이가 들면서 외척의 횡포를 좋지 않게 보기 시작

---

5 以上『後漢書』卷78 宦者列傳 鄭衆傳 및 蔡倫傳 參照.
6 『後漢書』卷78 宦者列傳 孫程傳.

하였다. 결국 연희(延熹) 2년(159) 양황후(梁皇后)가 병으로 죽는 것을 계기로 서른 살에 가까워진 환제는 환관들과 모의를 한 끝에 환관 선초(單超, ?-160) 등의 힘을 빌려 하루아침에 양기와 그의 일파를 모두 잡아 옥에 가두고 처형하였다. 양씨 일파를 권좌에서 몰아내는 데 공을 세운 다섯 명의 환관들은 모두 하루아침에 왕후(王侯)로 봉해져서 세상에서는 그들을 오후(五侯)라 불렀고 이로부터 동한은 환관들의 천국 같은 모양으로 변하였다. 선초는 신풍후(新豊侯)로 봉해지고 식읍(食邑) 2만 호(戶)를 하사받았고, 다른 환관들도 왕후로 봉해지면서 식읍 1만 수천 호를 각각 내려받았다. 다음 해에 선초가 병이 들어 위독해지자 환제는 사신을 보내 위문을 하고 거기장군(車騎將軍) 벼슬을 내려주었으며 그가 죽자 관 속에 넣을 옥그릇이며 장례 지낼 물건들을 보내주어 격식이 높은 장례를 치르도록 해주었다. 그리고 다른 환관들도 호화로운 저택을 마련하고 수많은 양가의 미녀들을 첩으로 거느리며 양자를 맞아들여 자기의 지위를 세습할 수 있도록 하였다.[7]

이미 앞에서 언급한 것처럼 지식인들과 태학생들이 그러한 환관들의 횡포를 비판하자 환제 말엽과 영제 때에는 지식인들과 태학생을 대대적으로 탄압하는 이른바 '당고의 화'라는 대 사건을 두 번에 걸쳐 일으키기도 하였다. 동한은 범엽(范曄, 398-445)이 『후한서(後漢書)』 권78 환자열전(宦者列傳)의 서(序)에서 지적하고 있듯이 "임금들이 환관에게서 시작하여 환관으로 말미암아 끝난" 곧 모든 임금들이 처음에는 환관들을 좋아하고 그들을 의지하다가 마침내는 환관에 의하여 망해버린 왕조임을 지적하고 있다. 조조가 태어난 환제(桓帝)의 영수(永壽) 원년(155)은

---

7 이상 『後漢書』 卷78 宦者列傳 및 單超傳 참조.

이상 대략 살펴본 바와 같이 환관의 전성시대였다. 조조가 14세(建寧 元年, 168)이던 때로부터 황제 자리에 올라 35세(中平 六年, 189)가 된 해에 죽은 영제(靈帝) 때에는 환관의 세력이 더욱 강하였다.

조조의 할아버지 조등은 이처럼 환관이 나라의 정권을 멋대로 휘두르던 환관 전성시대에 환관으로 조정에 들어가 중상시(中常侍)에 대장추(大長秋)라는 높은 벼슬을 하였고, 순제(順帝)로부터 시작하여 네 황제를 섬겼으나 잘못을 저지른 일 없이 나랏일을 잘 처리하여 비정후(費亭侯)에 봉해지기도 했던 인물이다.[8] 그처럼 높은 지위에 있으면서 올바른 일을 많이 한 환관이 할아버지라면 환관의 집안에 태어났다고 해서 나쁜 집안 출생이라 할 수는 없다.

조조의 아버지가 환관의 양자(養子)라고 해서 간단히 시원찮은 집안 출신이라고 단언하는 이들이 많다. 그러나 높은 자리에 있던 환관이라면 시원찮은 혈통의 사람을 자기 양자로 맞아들이지 않았을 것이다. 또 조조의 조상을 두고도 여러 가지 논의가 분분하지만 환관의 양자인 경우 조상이 분명치 않을 것은 당연하고 또 그것은 중요하지도 않은 일이라 여겨진다.

확실한 조조의 조상은 환관인 할아버지 조등(曹騰)부터이다. 『후한서』 권78 환자열전(宦者列傳)에 조등의 전기가 있다. 조조의 증조부인 조등의 아버지는 조절(曹節)이란 사람인데 『삼국지』 위서(魏書) 권1 무제기(武帝紀)의 배송지(裴松之) 주에 인용하고 있는 사마표(司馬彪, ?-306)의 『속한서(續漢書)』의 기록에는 조조의 선대들에 대하여 좀 더 자세한 내용이 적혀 있다. 그 기록에는 조조의 증조부인 조절이 그가 살던 고장에서 인후함

---

8 『後漢書』卷68 宦者列傳 曹騰傳.

으로 사람들의 존경을 받았다고 다음과 같은 실화를 소개하며 칭송하고 있다.

> "조등의 아버지 조절은 자가 원위(元偉)인데 본시 인후하기로 이름이 났었다. 이웃 사람 중에 돼지를 잃은 사람이 있었는데, 조절의 집에서 기르는 돼지를 보고 비슷하다 하여 집으로 찾아가 추궁하였는데 조절은 그와 다투지 않고 순순히 자기네 돼지를 내주었다. 뒤에 잃어버렸던 돼지가 스스로 집으로 되돌아오자 돼지 주인은 크게 송구하여 가져갔던 돼지를 되돌려주며 조절에게 사과하였다. 조절은 웃으면서 그 돼지를 받아들였다. 이로부터 그 고장 사람들이 존경하며 탄복하였다."[9]

조절에게는 네 명의 아들이 있었는데 그중 막내가 조등이라 한다. 사마표의 『속한서(續漢書)』에는 이어서 다음과 같은 조등의 전기가 실려 있다.

"조등은 자가 계흥(季興)이며 젊었을 적에 황문종관(黃門從官)[10]이 되었다. 영녕(永寧) 원년(120)에 등태후(鄧太后)가 황문령(黃門令)에게 영을 내려 황문종관 중에서 나이 젊고 온순하며 착실한 자를 골라 황태자서(皇太子書)[11]로 근무하게 하라고 하였는데, 조등이 그때 뽑혔다. 태자는 각별히

---

9 司馬彪 『續漢書』: "騰父節, 字元偉, 素以仁厚稱. 鄰人有亡豕者, 與節豕相類, 詣門認之. 節不與爭. 後所亡豕自還其家, 家主人大慚, 送所認豕, 幷辭謝節. 節笑而受之. 由是鄕黨貴歎焉."
10 黃門은 宮中의 여러 가지 일을 처리하는 관서, 거기에는 黃門侍郞·黃門令·小黃門 같은 벼슬자리가 있었다.

조등과 친애하게 되어, 먹고 마시고 물건을 내려주는 일을 보통 사람들과는 다르게 대우하였다. 태자가 순제(順帝, 125-144)로 즉위하자 조등은 소황문(小黃門)이 되었고 곧 중상시(中常侍)에 대장추(大長秋)로 옮겨졌다.

조등은 궁전으로 들어가 30여 년 동안 일하면서 황제들 넷을 연이어 섬겼지만 잘못 하는 일이 전혀 없었다. 그는 현명하고 능력 있는 사람을 위로 추천하기를 좋아하였고, 끝내 남을 욕하거나 해치는 일이 없었다. 그가 위에 추천한 사람으로 진류(陳留, 지금의 河南省 開封市 동남쪽)의 우방(虞放)·변소(邊韶), 남양(南陽, 지금의 河南省 南陽市)의 연고(延固)·장온(張溫), 홍농(弘農, 지금의 河南省 靈寶縣 남쪽)의 장환(張奐), 영천(潁川, 지금의 河南省 禹縣)의 당계전(堂谿典) 등이 있는데, 모두 직위가 공경(公卿)에 이르렀으나 자신이 잘한다고 뽐내는 일이 없었다.

그때 촉군(蜀郡, 지금의 四川省 成都市)의 태수(太守)가 계리(計吏)[12]를 시켜 조등에게 뇌물을 보냈는데, 익주자사(益州刺史) 종호(种暠)가 함곡관(函谷關)에서 그 일에 관계되는 편지를 구하였다. 종호는 태수에게 그 편지를 전해주면서 아울러 조등이 안에서는 신하 노릇을 하면서 밖으로는 다른 사람들과 사귀며 해서는 안 될 짓을 하고 있으니 벼슬을 빼앗고 죄를 다스려야 한다고 상주하였다. 그러나 황제는 "편지는 밖으로부터 온 것이고 조등의 편지가 나간 것이 아니니 그의 죄가 아니다."라고 하면서 종호의 상주를 잠재웠다. 조등도 그 일을 마음에 두지 않고 늘 종호를 칭찬하며, 종호는 임금님을 섬기는 임무를 잘 처리한다고 하였다. 종호는 뒤에 사도(司徒)[13]가 되었는데, 사람들에게 늘 말하였다. '지금 내

---

11 皇太子書는 皇太子의 공부를 돕는 관리임.
12 計吏는 고을의 회계를 관리하던 관리임.
13 司徒는 三公 중의 한 사람으로 나라의 교육에 관한 책임을 졌음.

자신이 공(公)이 되어 있는 것은 바로 조등의 은덕이오.' 조등의 일 처리
는 모두 이와 같았다.

　뒤에 환제(桓帝)가 황제 자리에 올라 조등은 이전 황제의 옛 신하이고
충성과 효성이 두드러진다고 하여 비정후(費亭侯)로 봉하여지고, 벼슬이
더 보태어지고 특진하였다. 태화(太和) 3년(229)에 조등은 고황제(高皇帝)
로 추존되었다."[14]

　이와 비슷한 기록이 『후한서』 권78의 환자열전(宦者列傳)에 들어있는
조등의 전기에도 보인다. 조등은 매우 훌륭한 환관이다. 그가 추천하여
벼슬을 하고 공경(公卿)의 지위에 오른 사람들도 여러 명이다. 남을 이처
럼 도와주기는 하였지만 남을 욕하거나 해친 일은 없는 사람이다. 그리
고 익주자사(益州刺史) 종호(种暠)가 조등의 잘못을 찾아 황제에게 조등을
처벌해 달라고 상주한 일이 있지만, 조등은 그 일을 개의치 않고 늘 종
호를 밀어주어 뒤에 종호는 출세하여 사도(司徒)가 되자, 늘 사람들에게
늘 말하였다. '지금 내 자신이 공(公)이 되어 있는 것은 바로 조등의 은덕
이오.' 그는 매우 바르고 너그러운 사람이었다. 끝머리에 "태화(太和) 3년
(229)에 조등은 고황제(高皇帝)로 추존되었다."고 한 것은 조조의 뒤를 이
은 문제(220-226) 다음의 명제(明帝, 226-239)에 의하여 이루어진 일이다.

14　司馬彪 『續漢書』; "騰字季興, 少除黃門從官. 永寧元年, 鄧太后詔黃門令, 選中黃門從官,
　　年少溫謹者, 配皇太子書, 騰應其選. 太子特親愛騰, 飮食賞賜與衆異. 順帝卽位, 爲小黃
　　門, 遷至中常侍大長秋. 在省闥三十餘年, 歷事四帝, 未嘗有過. 好進達賢能, 終無所毀傷.
　　其所稱薦, 若陳留虞放・邊韶, 南陽延固・張溫, 弘農張奐, 穎川堂谿典等, 皆致位公卿, 而
　　不伐其善. 蜀郡太守因計吏修敬于騰, 益州刺史种暠于函谷關搜得其箋, 上太守, 幷奏騰
　　內臣外交, 所不當爲, 請免官治罪. 帝曰: 箋自外來, 騰書不出, 非其罪也. 乃寢暠奏, 騰不
　　以介意, 常稱嘆暠, 以爲暠得事上之節. 暠後爲司徒, 語人曰: 今日爲公, 乃曹常侍恩也. 桓
　　帝卽位, 以騰先帝舊臣, 忠孝彰著, 封費亭侯, 加位特進. 太和三年, 追尊騰曰高皇帝."

앞에 이야기한 것처럼 순제의 양가(陽嘉) 4년(135)에 환관들에게 양자를 드리는 것이 허락되고 작위(爵位)를 받은 다음 그것을 다시 세습할 수 있도록 허락되었기 때문에, 조등도 자신의 양자를 맞아드렸다. 양자를 언제 맞아드렸는지는 알 수 없으나 그 양자가 조조의 아버지 조숭(曹嵩, ?-193)이다. 조숭에 대하여는 『삼국지』 권1 위서 무제기(武帝紀)에 조등을 간단히 소개한 뒤 "양자 조숭이 뒤를 이었는데 벼슬은 태위(太尉)에 이르렀고, 그의 출생 전말에 대하여는 잘 알 수가 없다."[15]고 간단히 쓰고 있다. 그러나 뒤의 홍평(興平) 원년(194)에는 다음과 같은 기록이 있다.

> "봄에 조조는 서주(徐州, 지금의 江蘇省 북부와 山東省 남부에서 安徽省 동쪽에 걸친 지역)로부터 돌아왔다. 전에 조조의 아버지 조숭이 벼슬을 그만 둔 뒤 초(譙, 지금의 安徽省 亳州市, 조조의 근거지였음)로 돌아와 있다가 '동탁(董卓)의 난'을 피하여 낭야(瑯琊, 지금의 山東省 臨沂市 북쪽)로 가 있었는데 도겸(陶謙, 132-194)에게 죽임을 당하였다. 그러므로 조조는 동쪽을 정벌하여 복수하는 데 뜻을 두고 있었던 것이다."[16]

이는 조조가 서주목(徐州牧)이던 도겸을 정벌하고 돌아온 사실을 설명한 대목이다. 조조가 "동쪽을 정벌하여 복수하는 데 뜻을 두고 있었다."고 한 것은, 서주는 지금의 안휘(安徽)성의 조조의 본거지인 초(譙)로부터 동쪽에 있는 도시이기 때문이다. 낭야는 서주의 한 고을이다. 바로 그

---

15 『三國志』 卷1 魏書 武帝紀; "養子嵩嗣, 官至太尉, 莫能審其出生本末."

16 『三國志』 卷1 魏書 武帝紀; "興平元年春, 太祖自徐州還. 初, 太祖父嵩, 去官後還譙, 董卓之亂, 避難瑯邪, 爲陶謙所害. 故太祖志在復讎東伐."

전 해에 조조의 아버지 조숭이 도겸에게 죽임을 당하였기 때문에 조조는 서주목인 도겸을 정벌하고 이 해 봄에 돌아왔던 것이다. 조조는 이해(194)에 다시 도겸을 정벌하여 크게 격파하는데, 도겸은 이때 병으로 죽게 된다.[17]

다시 사마표(司馬彪)의 『속한서(續漢書)』에는 조숭에 대하여 다음과 같이 쓰고 있다.

> "조숭은 자가 거고(巨高)이며 성격이 착실하고 신중하며 늘 충성을 다하고 효도를 잘 지켰다. 사례교위(司隷校尉) 벼슬을 하다가 영제(靈帝, 168-189 재위) 때에 뽑혀 대사농(大司農)·대홍려(大鴻臚)[18] 벼슬을 하였고 최열(崔烈)을 뒤이어 태위(太尉)가 되었다. 황초(黃初) 원년(220)에는 조숭을 태황제(太皇帝)로 추존하였다."[19]

조조의 아버지 조숭은 "성격이 착실하고 신중하며 늘 충성을 다하고 효도를 잘 지킨" 훌륭한 사람이다. 벼슬은 사례교위에서 시작하여 대사농 등을 거쳐 재상격인 태위(太尉)가 되었다. 태황제로 추존된 황초 원년은 조조를 뒤이은 조비(曹丕)가 문제(文帝) 자리에 오른 첫해이다. 조숭이 거지 출신이라고 욕한 사람도 있는데[20], 모두 조조를 간사한 인간으로

---

17 『三國志』卷8 魏書 陶謙傳.
18 大司農은 나라의 농업을 주관하는 벼슬, 大鴻臚는 나라의 손님을 접대하는 일을 하는 벼슬자리임.
19 司馬彪 『續漢書』; "嵩字巨高, 質性敦愼, 所在忠孝. 爲司隷校尉, 靈帝擢拜大司農, 大鴻臚, 代崔烈爲太尉. 黃初元年, 推尊嵩曰太皇帝."
20 建安五年(200), 曹操가 袁紹를 칠 때 袁紹 밑에 있던 建安七子 중의 한 사람인 陳琳이 쓴 「討操檄文」.

만들기 위하여 지어낸 말일 것이다. 조숭의 태위 벼슬은 돈 일억만(一億萬)을 주고 산 것이라고도 알려지고 있다.[21] 동한 영제를 전후한 시대는 벼슬을 돈을 받고 파는 습속이 널리 퍼져 있어서 그도 그의 양아버지에게 돈이 많아 벼슬을 샀다는 것이다. 그러나 나라의 최고 벼슬인 태위라는 자리까지 돈을 받고 팔았다는 것은 믿기 어려운 일이다. 이미 조숭은 상당히 높은 벼슬자리에 승진하여 있었고 또 아버지 조등의 작위도 곧 이어받을 수도 있었기 때문에 그런 부정을 저지르지 않았을 것으로 믿는다. 그리고 아들 조조도 이미 영제 초기에 효렴(孝廉)으로 천거되어 낭(郞)이 된 뒤, 낙양북부위(洛陽北部尉)·돈구령(頓丘令)·의랑(議郞)[22]·기도위(騎都尉)·제남상(濟南相) 등을 역임하고 있다. 조조의 할아버지 조등은 당시의 뛰어난 환관이어서 혈통이 좋은 집안의 자식을 양자로 받아들였을 것이며, 양자로 받아들인 다음 글도 많이 가르쳤을 것이다. 아버지가 훌륭한 덕분에 문무겸전(文武兼全)한 조조 같은 아들이 나올 수가 있었을 것이다.

특히 조조가 15세이던 영제의 건녕(建寧) 2년(169) 이른바 제2차 당고(黨錮)의 화가 일어났던 해부터 조조가 35세가 되던 영제가 죽은 중평(中平) 6년(189)에 이르는 20년 동안은 환관들의 세력이 극도에 다다랐던 시대이다. 중평 4년(187)에 조조의 아버지 조숭이 삼공(三公) 중의 하나이며 나라의 군대를 총지휘하는 태위(太尉) 벼슬을 하였다는 것은 전혀 이상할 것이 없는 일이다.

그리고 그의 집안사람들도 많은 사람들이 중앙과 지방에서 높은 벼

---

21 『後漢書』 卷68 宦者列傳 曹騰傳; "嵩靈帝時貨賂中官及輸西園錢一億萬, 故位至太尉."
22 議郞은 나라의 중요한 일을 論議하던 벼슬로, 한나라 때에는 특히 賢良하고 행실이 바른 사람을 임명하였다.

슬을 하였다. 조조와 함께 군사를 이끌고 큰 공을 세운 사촌동생 조인(曹仁, 168-223)의 경우 그의 할아버지 조포(曹褒, 曹騰의 동생)는 영천태수(潁川太守) 벼슬을 하였고, 아버지 조치(曹熾)는 시중(侍中)과 장수교위(長水校尉)[23]를 역임하고 진후(陳侯)에 봉해졌었다. 역시 조조를 많이 도와준 다른 사촌동생 조홍(曹洪)의 경우는 그의 큰아버지 조정(曹鼎)의 벼슬이 상서령(尙書令)이어서 조홍을 기춘장(蘄春長)에 임명하기도 하였다. 조정의 사촌인 조유(曹瑜)는 위장군(衛將軍) 벼슬을 하였다. 조조의 집안 조카인 조휴(曹休)는 할아버지 조상(曹嘗)이 오군태수(吳郡太守)의 벼슬을 하고 있다.[24]

1970년대에 박주(亳州, 安徽省)에서 고고학자들이 조씨(曹氏)네 가족 묘지를 발굴하였는데, 거기에서 많은 문물과 글자가 새겨진 전(甎)이 나왔다. 그중 원보갱(元寶坑)의 1호 묘(墓)에서는 글자가 새겨져 있는 전이 145개나 나왔는데, 그 속의 제10호 전에서는 "조등자계흥(曹騰字季興)"이라 새겨진 글자가 발견되었고, 제12·13호 전에서는 조숭(曹嵩, ?-193)과 형제이며 조인의 아버지인 조치(曹熾, 侍中과 長水校尉 등의 벼슬을 지냄)라는 이름이 발견되었으며, 제16호 전에서는 역시 조숭의 형제인 조정(曹鼎, 尙書令 벼슬을 지냄)의 이름이 발견되었고, 다시 제20호 전에서는 같은 집안 사람에 틀림이 없는 조란(曹鸞)이란 이름이 발견되었다.[25] 이것은 봉건 사회에 있어서 묘주들이 상당히 높은 통치계급이 있었음을 알려주는 사실이다.

또 조인의 동생 조순(曹純)은 매우 집안이 부유하였고 집에서 부리는

---

23 長水校尉는 陝西省에 흐르는 長水 근처의 胡騎를 거느리던 장수.
24 이상 『三國志』 卷九 魏書 諸夏侯曹傳의 曹仁傳과 曹洪傳 및 曹休傳에 각각 보이는 裵松之 注에 引用한 『魏書』 및 注者의 기록 의거.
25 이상 考古學的 發掘記錄은 張亞新 著 『曹操大傳』 第一章 二節의 기록 의거.

하인과 하녀가 백여 명이나 되었다 한다.[26] 조조의 사촌동생인 조홍(曹洪)은 재산이 조조보다도 많았고 집안에 거느리고 있는 가병(家兵)도 일천여 명을 넘었다 한다.[27] 이상을 참고하면 조조는 할아버지가 비록 환관이고 아버지는 그 환관의 양자라고는 하지만, 그의 집안은 나라에서 상당히 높은 지위를 차지한 이들이 많았고 또 매우 부유하고도 번성하였음을 알게 된다.

『삼국지』권1 위서 무제기의 배송지(裴松之)가 쓴 주에는 오(吳, 222-280)나라 사람이 쓴 『조만전(曹瞞傳)』과 진(晉, 265-316)나라 사람 곽반(郭頒)의 『세어(世語)』를 인용하여 다음과 같은 말을 하고 있다.

> "조숭은 하후(夏侯) 집안의 아들로 하후돈(夏侯惇, 198 전후)의 숙부이다. 조조는 하후돈과 사촌 형제였다."[28]

뒤에 원(元, 1206-1368)나라 사람 호삼성(胡三省)도 『자치통감(自治通鑒)』주에서 "조씨는 하후씨로부터 나왔다.(曹氏, 夏侯氏之出也.)"라고 말하고 있다. 결국 조숭은 본시 성이 '하후'였는데, 조등의 양자가 된 뒤에 성을 조씨로 바꾸었다는 것이다. 그러나 조조는 자기 딸 청하공주(淸河公主)를 자기 밑에서 장수인 사마(司馬)로 여러 고장을 따라다니며 많은 공을 세운 하후돈의 아들 하후무(夏侯楙)에게 시집보내고, 역시 조조의 신임을 받

---

26 『三國志』卷9 魏書 諸夏侯曹傳 曹純傳 裴松之 注 引; "『英雄記』曰; 純… 承父業, 富於財, 僮僕人客以百數."

27 『三國志』卷9 魏書 諸夏侯曹傳 曹洪傳; "始, 洪家富而性吝嗇." 同 裴松之 注 引; "『魏略』曰; 洪曾率領家兵千餘人,… 于時譙令平洪貲財與公家等, 太祖曰; 我家貲那得如子廉(曹洪의 字)耶?"

28 "嵩, 夏侯氏之子, 夏侯惇之叔父. 太祖于惇爲從父兄弟."

으며 많은 활약을 한 하후연(夏侯淵, ?-219)의 아들 하후형(夏侯衡)도 조조의 동생의 딸과 결혼하였다. 진수도 『삼국지』권9 제하후조전(諸夏侯曹傳) 끝머리 "평왈(評曰)"에서 "하후씨와 조씨는 대를 이어 혼인을 하였다.(夏侯曹氏, 世爲婚姻.)"고 말하고 있다. 옛날 관습으로 같은 성의 남녀는 결혼하지 않았고, 또 정식 역사책에는 조숭의 본래 성이 하후씨였다고 기록한 책이 없어서 이 기록은 많은 사람들이 사실이 아닐 것이라 생각하고 있다. 그러나 조씨와 하후씨가 밀접한 관련이 있었음에는 틀림이 없다. 환관을 좋지 않게 보고 또 조조를 간사한 영웅으로 평가하려는 노력이 조조의 전기는 물론 그의 아버지와 할아버지에 대한 일까지도 되도록 좋지 않은 방향으로 쓰도록 만든 것으로 여겨진다.

조조는 환제의 영수(永壽) 원년(155) 환관들이 외척과 다투면서도 나라의 정치를 마음대로 주무르던 시절에 권세가 대단한 환관의 집안에 태어났다. 앞에서 이미 이야기한 것처럼 안제(安帝, 107-125)가 죽은 뒤 환관 손정(孫程, ?-132) 등이 나라의 권세를 멋대로 휘두르던 염황후(閻皇后)의 오빠인 염현(閻顯, ?-125)과 환관인 강경(江京, ?-125)을 몰아내고 태자를 옹립하여 순제(順帝, 125-144)로 모신 공로로 손정을 비롯한 19명의 환관은 제각기 후왕(侯王)으로 봉해지고 식읍(食邑)을 하사받았다. 이로부터 동한은 명실공히 환관정치의 시대로 돌입한다. 그리고 뒤이어 조조가 태어나는 해까지 충제(沖帝, 144-145)와 질제(質帝, 145-146)를 거쳐 환제(桓帝, 146-167)로 이어진 동한의 실정은 무척 어지러웠음을 알 수 있다. 그리고 조조가 태어난 해에는 나라의 수도인 낙양(洛陽)에 장마가 져서 그 남쪽 남양(南陽) 지방(지금의 河南省 서남부 지역)엔 물난리가 났고, 촉군(蜀郡, 지금의 四川省 成都市)에는 산사태로 야단이 나는 등 자연재해도 심하였다. 사방에 흉년이 들어 백성들은 먹고살기도 편치 않았다. 그 시대 사람들은 자연의 재해나 이변은 모두 이 세상에 일어나게 될 사건의 조짐을 뜻하는 것이라 믿었기 때문에 이런 재난들은 특히 민심을 불안하게 하고 있었다.

조조는 이처럼 어지러운 세상에 그 시대 나라의 정권을 멋대로 휘두르던 내시인 환관의 양자의 아들로 태어난 것이다. 그에 관한 비교적 객관적인 전기는 중국에서 정사로 받아들여지고 있는 서진(西晉, 265-317)의 진수(陳壽, 233-299)가 쓴 『삼국지(三國志)』이다. 『삼국지』는 『위서(魏書)』 30권, 『촉서(蜀書)』 15권, 『오서(吳書)』 20권으로 되어 있다. 조조에 관한 기록은 『위서』 권1의 무제기(武帝紀)가 기본을 이룬다. 그리고 지금 통행되고 있는 간본에는 남조(南朝, 420-589) 송(宋, 420-479)나라 사람 배송지(裴松之, 372-451)가 쓴 주석이 붙어 있는데, 그의 주는 글자나 구절의 뜻을 풀이하는 것보다도 진수가 『삼국지』를 쓰는데 참조하지 않은 여러 가지 다른 역사 자료들을 모아 그 시대의 기록에 대한 역사적인 사실을 보충하고, 또 진수가 쓴 것과는 다른 글들을 소개하는 데 힘을 기울이고 있다. 배송지의 주에는 지금은 전하고 있지 않은 자료의 인용이 적지 않아서 그 자체로도 매우 중요한 가치를 지니고 있다. 그의 무제기의 주석만 보아도 20여 종류의 책이 인용되고 있는데 대부분이 위(220-265)와 서진(西晉, 265-317) 및 동진(東晉, 317-420)시대 학자들의 저술이다. 그중 왕침(王沈, 290 전후)의 『위서(魏書)』와 사마표(司馬彪, ?-306)의 『속한서(續漢書)』는 어느 정도 조조의 업적에 대하여 긍정적인 평가를 하고 있지만, 나머지 손성(孫盛, 302?-373?)의 『이동잡어(異同雜語)』나 오(吳, 222-280)나라 사람이 쓴 『조만전(曹瞞傳)』 같은 데서는 모두 조조를 좋지 못한 사람으로 다루고 있다. 특히 앞에서도 언급하였지만 동진(東晉) 이후로는 나라에 대한 정통(正統) 개념까지 보태어져 습착치(習鑿齒, ?-384)처럼 유비

60

의 촉(蜀)나라를 한 나라의 정통을 이은 나라로 보고 위나라는 반역적인 나라라 하여 조조를 간웅(奸雄)으로 판단하는 풍조가 일반화된다. 따라서 그 이후로는 조조 삼부자의 문집이나 작품 등도 제대로 전해지지 않게 되고 그들에 대한 역사 자료도 없어지는 경향을 보이게 된다.

제4장

조조의 일생 경력

조조(155-220)가 태어난 해는 동한 환제(桓帝)의 영수(永壽) 원년(155)으로
이미 앞에서 다룬 것처럼 세상이 무척 어지러운 중국역사상 전형적인
난세였다. 나라의 정치는 외척과 환관들이 권력을 휘두르며 멋대로 다
스려 백성들의 삶은 말이 아니었다. 거기에 천재지변까지 자주 일어나
중국 여러 지방에는 살 곳을 잃고 떠돌아다니는 농민들이 무척 많았다.
『후한서(後漢書)』 권7 환제기(桓帝紀)의 조조가 태어난 영수 원년(155)의 기
록만 보아도 2월에 "낙양(洛陽)과 기주(冀州)에는 흉년이 들어 사람들이
서로 잡아먹었다."[1]는 기록이 보이는 정도이다. 그리고 농민들의 반란
도 여러 지방에서 끊임없이 일어났고, 사방의 오랑캐들도 자주 변방 지
역을 침략하였다. 이러한 조조가 태어날 적의 시대상은 비범하고 복잡
한 그의 생애를 예고한 것만 같다. 지금까지도 그가 학자 또는 정치가

---

1   『後漢書』卷7 桓帝紀; "二月, 司隷冀州飢, 人相食." 注; "司隷, 州, 卽洛陽."

와 장군으로 이룩한 공적을 보면서도 그에 대한 사람들의 평가는 일정치 않다. 그를 우습게 보는 이들도 있고 위대한 인물로 보는 이들도 있다. 이에 대하여는 다음 장에 더 자세히 논할 것이다.

조조를 우습게 보는 까닭의 하나로 그가 내시의 손자로 태어났다는 사실을 들고 있지만, 이미 앞에서 설명했듯이 동한의 후기는 특히 환관들이 나라의 권세를 쥐고 휘둘렀던 시대이다. 그의 할아버지 조등은 환관으로 나라의 가장 높은 벼슬을 하였지만 행실이 바르고 훌륭한 사람이었다. 조조는 권세를 지닌 매우 부유한 가정에 태어났기 때문에 어릴 적부터 매우 자유롭고 거리낌 없이 행동하는 성격의 소유자로 자랐던 것 같다. 『삼국지(三國志)』 권1 위서(魏書) 무제기(武帝紀)에는 그의 어릴 적 일에 대하여 간단히 이렇게 기록하고 있을 따름이다.

"조조는 어려서부터 기지(機智)가 뛰어나 술수(術數)를 쓸 줄 알고 협기(俠氣)도 있었으나, 행실이 방탕하여 할 일을 제대로 하지 않았다. 그러므로 세상 사람들은 특출한 사람으로 보지 않았다. 오직 양(梁)나라(지금의 河南省 商丘市 남쪽)의 교현(橋玄, 109-183)과 남양(南陽, 지금의 河南省 南陽市)의 하옹(何顒, ?-190)만이 달랐다. 교현은 조조에게 말하였다. '천하가 어지러워질 것인데, 하늘의 운명을 타고난 재사가 아니면 구제할 수가 없을 것이다. 세상을 편안케 해줄 사람은 바로 당신일 것이오!'"[2]

그의 어릴 적 일도 그를 간교하게 보이려는 쪽의 기록만이 남아있는

---

2 『三國志』卷1 魏書 武帝紀; "太祖少機警, 有權數而任俠, 放蕩不治行業. 故世人未知奇也. 唯梁國橋玄, 南陽何顒異焉. 玄謂太祖曰; 天下將亂, 非命世之才, 不能濟也. 能安之者, 其在君乎!"

것 같다. 여기에 보이는 교현과 하옹이 조조를 보고 한 이야기는 뒤에 다시 자세히 논할 것이다. 조조는 어렸을 적 이름이 아만(阿瞞)이라 널리 알려져 있는데, 이는 조조의 위나라와 싸우던 오나라 사람이 지은 『조만전(曹瞞傳)』을 근거로 한 것이다. '만(瞞)'은 '속임' 또는 '눈이 어두움'의 뜻이니 조조를 욕하려고 후세 사람들이 일부러 그의 이름을 '아만' 또는 '조만'이라 지어주었을 것이다. 그가 젊었을 적부터 협기(俠氣)가 많았고 방탕하면서도 꾀와 재주가 많았다는 이야기는 유의경(劉義慶, 403-444)이 지은 『세설신어(世說新語)』 등에 여러 가지 실례가 전해지고 있다. 보기로 『세설신어』 제27 가휼(假譎)편에 보이는 글을 소개한다.

"조조는 젊었을 적에 일찍부터 원소(袁紹, ?-202)와 어울려 멋대로 놀기를 좋아하였다. 한 번은 두 사람이 결혼식을 올리고 있는 것을 발견하고는 그 주인집 마당 안으로 슬며시 밤[3]인데도 들어가 "도적이야!" 하고 소리 지르자 결혼식장에 있던 사람들이 모두 나와서 둘러보았다. 그 틈에 조조는 안으로 들어가 칼을 빼들고 신부를 위협하며 장난쳤다. 원소와 함께 되돌아 나오다가 길을 잃고 나무 가시덩굴 속에 빠져 원소는 움직이지를 못하였다. 조조가 다시 "도적놈 여기 있다!"고 크게 소리치자, 원소는 급박하여 스스로 죽을힘을 다하여 뛰쳐나와서 마침내 둘이 함께 도망칠 수가 있었다."[4]

---

3 중국에서 옛날에는 저녁때 結婚式을 올려 '婚'字는 시집을 가는 女子와 '저녁'이란 뜻의 '昏'자가 합쳐져 이루어진 것이다.

4 劉義慶 『世說新語』假譎篇; "魏武少時, 嘗與袁紹好爲遊俠. 觀人新婚, 因潛入主人園中, 夜叫呼云; 有偸兒賊! 靑廬中人皆出觀, 魏武乃入, 抽刃劫新婦. 與紹還出, 失道墜枳棘中, 紹不能得動, 復大叫云; 偸兒在此! 紹惶迫, 自擲出, 遂以俱免."

이 일화는 북송 이방(李昉) 등이 편찬한『태평광기(太平廣記)』에도 인용되어 있다. 조조의 어릴 적의 친구인 원소는 다 같이 권세도 있고 부유한 집안의 아이들이었기 때문에 그들은 보통 사람들로서는 생각하지도 못할 괴상한 짓까지도 할 수 있었던 것 같다. 심지어 그들은 함께 어울리면 사람들이 비웃을 무슨 짓이든 할 수가 있었던 것 같다. 그런 중에도 위의 이야기는 조조가 원소보다도 교지(巧智)가 한층 더 빼어나고 담대하다는 것을 알려주는 일화이다.

　『삼국지』권1 위서 무제기의 배송지 주에는『조만전(曹瞞傳)』의 다음과 같은 이야기도 인용되어 있다.

　　"조조는 어릴 적에 매를 날리며 개를 몰고 놀면서 말할 수도 없이 방종하게 행동하였다. 그의 작은 아버지는 조조의 아버지 조숭에게 아들의 그러한 사실을 자주 알려주었다. 조조는 이를 귀찮게 여기고 있었는데, 어느 날 조조는 작은아버지를 길에서 만나자 얼굴 모습을 찡그리고 입을 비뚤어지게 하였다. 작은아버지는 그 모습을 보고 이상하게 여겨져 이게 어찌된 일이냐고 물었다. 조조는 "갑자기 중풍에 걸린 것 같아요!"하고 대답하였다. 작은아버지는 조숭에게 달려가 이 사실을 알렸다. 조조의 아버지는 깜짝 놀라 곧 조조를 불러들여 보니 조조의 모습은 이전과 똑같았다. 조조의 아버지가 물었다. '네 작은 아버지가 말하기를 네가 중풍에 걸렸다고 하던데 벌써 다 나은 거냐?' 조조가 대답하였다. '애초부터 중풍에 걸린 적은 없어요! 다만 작은아버지의 사랑을 잃어서 이젠 없는 말까지 하는가 봐요!' 이에 조조의 아버지는 의심을 품게 되었다. 이 뒤로부터 조조의 작은아버지의 하는 말을 그의 아버지는 전혀 믿지 않게 되었다. 조조는 이에 더욱 멋대로 행동하게 되었다."**5**

    조조가 뛰어나게 간교함을 알려주는 일화이다. 다시『삼국지집해(三國志集解)』권1에는 유소(劉昭)의『유동전(幼童傳)』을 인용하여, 조조가 열 살 때 초수(譙水)에서 목욕을 하다가 교룡(蛟龍)을 만나 물리치고, 뒤에 다시 어른이 큰 교룡을 만나 도망쳐 나오자 조조는 자기가 교룡을 물리친 이야기를 하며 그 어른을 비웃어서 사람들이 모두 놀라고 기특하게 여겼다는 이야기가 기록되어 있다. 또 손성(孫盛, 302?-373?)의『이동잡어(異同雜語)』에는 조조가 소년 시절에 밤에 권력을 잡고 있던 중상시(中常侍) 장양(張讓, ?-189)의 집에 창을 들고 들어갔다가 장양에게 들키자 창을 휘두르며 담을 뛰어넘어 도망쳤다는 이야기가 기록되어 있다. 그리고 끝머리에 "재주와 무예가 뛰어나 아무도 그를 해칠 수가 없었다."**6**는 말을 하고 있다. 소년이 강물 속에서 교룡을 만나 물리쳤다는 이야기며, 권력을 휘두르던 환관 장양이 무기를 들고 밤에 자기 집으로 넘어 들어온 아이를 그대로 놓아주었다는 일 모두 믿기 어려운 일이다. 조조에 관하여는 어린 시절부터 사실보다도 지어낸 이야기가 더 많이 전해지고 있는 것 같다.

    『세설신어』제14 용지(容止)편을 보면 조조는 스스로 "모습이 누추해서 외국 사람들에게 멋지게 보일 수가 없다."**7**고 생각하였다고 쓰고 있

---

5 『三國志』卷1 魏書 武帝紀 裴松之 注: "『曹瞞傳』云; 太祖(曹操)少好飛鷹走狗, 游蕩無度, 其叔父數言之於嵩(曹操父). 太祖患之, 後逢叔父於路, 乃陽敗面喎口. 叔父怪而問其故, 太祖曰; 卒中惡風. 叔父以告嵩. 嵩驚愕, 呼太祖, 太祖口貌如故. 嵩問曰; 叔父言汝中風, 已差乎? 太祖曰; 初不中風, 但失愛於叔父, 故見罔耳! 嵩乃疑焉. 自後叔父有所告, 嵩終不復信, 太祖於是益得肆意矣."

6 孫盛『異同雜語』; "才武絶人, 莫之能害."

7 『世說新語』; "自以形陋, 不足雄遠國."

고, 또 그 주에는 『위씨춘추(魏氏春秋)』의 "조조는 모습이 짧고 작았지만 신명(神明)이 밝게 들어났다."[8] 고 한 말을 인용하고 있다. 『세설신어』에서는 흉노(匈奴)의 사자가 왔을 때 조조는 스스로 "모습이 누추해서 외국 사람들에게 멋지게 보일 수가 없다." 생각하고 자기 대신 다른 사람을 임금 자리에 앉히고 자신은 칼을 들고 상 옆에 서서 사신을 마중하였다고 쓰고 있다. 모두 조조를 좋지 않게 보려는 사람들이 지어낸 말일 것이다.

만약 조조의 외모가 그처럼 형편없는 모습이었다면 어려서부터 사람을 잘 알아보기로 유명한 사람들이 조조를 만나보고는 그처럼 뛰어난 인물이 될 것이라고 칭찬했을 리가 없다. 다음에는 유명한 사람들이 조조를 만나보고 하였다는 이야기들을 살펴보려 한다. 조조를 간웅으로 다룬 소설인 『삼국연의』 제1회 연도원호걸삼결의, 참황건영웅수립공(宴桃園豪傑三結義, 斬黃巾英雄首立功)에는 조조를 소개하면서 위에서 언급한 조조와 그의 작은 아버지 및 조숭 사이의 이야기를 하고 나서, 조조가 어렸던 시절 유명한 사람들이 조조를 만나보고 한 다음과 같은 이야기를 쓰고 있다.

당시의 사람 교현(橋玄, 109-183)은 조조를 보고서 이렇게 말하였다. "천하가 어지러워지고 있으니 세상에 대한 하늘의 명을 받은 재사(才士)가 아니면 구제하는 수가 없소. 세상을 안정시킬 수 있는 일은 당신에게 달려 있소!"[9] 남양(南陽)의 하옹(何顒, ?-190)이 조조를 보고 말하였다. "한 나라 왕실이 망해가고 있는데, 천하를 안정시킬 사람은 반드시 이 사

---

8 『魏氏春秋』: "武王姿貌短小, 而神明英發."
9 『三國志演義』第一回: "橋玄謂操曰: 天下將亂, 非命世之才不能濟, 能安者, 其在君乎!"

람일 것이다."¹⁰ 조조가 허소(許劭)라는 사람을 만났을 적에 그는 이렇게 말하였다는 말도 전해지고 있다. "당신은 잘 다스려지는 세상에서는 유능한 신하이고, 어지러운 세상에서는 간사한 영웅이 될 것이다."¹¹

조조를 좋지 않은 인물로 만든 『삼국연의』에서도 이런 이야기를 하고 있으니 조조는 어렸을 적부터 외모도 뛰어난 인물이었음에 틀림이 없다. 이러한 조조의 젊었을 적 인상에 관한 이야기는 이 밖에 『삼국지』 권1 위서 무제기(武帝紀)를 비롯하여 『후한서(後漢書)』 권51 교현전(橋玄傳) 등 여러 곳에 보인다. 그러면 이제는 소설이 아닌 역사적인 기록에 보이는 조조의 관상을 보고 조조의 장래를 예언하였다는 교현·하옹·허소 같은 사람들의 이야기를 살펴보자.

교현은 환제(桓帝, 146-167) 때부터 벼슬을 하기 시작하여 영제(靈帝, 168-189) 때에는 하남윤(河南尹)에서 사공(司空)과 사도(司徒) 및 상서령(尚書令)을 거쳐 태위(太尉)의 자리에까지 올랐던 인물이다. 곧 그 시대의 가장 높은 벼슬자리를 차지했던 인물이다. 『후한서』 권51 교현전에는 이런 말이 보인다.

> "본시 조조가 미천했을 적에 사람들은 그에 대하여 아는 사람이 없었다. 한 번은 교현을 찾아가 뵈었는데, 교현이 그를 보고는 특이해서 말하였다. '지금 천하가 어지러워지고 있는데 백성들을 편안히 해줄 사람은 바로 당신이오!' 조조는 늘 그가 자기를 알아준 데 대하여 감격하였다."¹²

---

10 『三國志演義』第一回; "南陽何顒見操言; 漢室將亡, 安天下者, 必此人也."
11 『三國志演義』第一回; "汝南許劭, 有知人之名.···又問, 劭曰; 子治世之能臣, 亂世之奸雄."

앞에서도 인용한 「위서」 무제기에 달린 배송지의 주에도 다음과 같은 『위서(魏書)』의 기록을 인용하고 있다.

"태위 교현은 세상에서 사람을 잘 알아보는 것으로 유명하였다. 조조를 만나보고는 그를 기이하게 여기고 말하였다. '나는 천하의 명사들을 많이 만나보았으나, 선생 같은 분은 보지 못하였소! 선생은 몸을 잘 간수해 주십시오. 나는 늙었어요. 바라건대 내 처자들도 잘 돌보아 주십시오!' 이로부터 조조에 대한 명성이 더욱 커졌다."[13]

교현이 젊은 조조의 모습을 보고, 조조는 앞으로 자기 처자들을 부탁해도 좋을 정도로 위대한 일을 할 큰 인물이 될 것임을 알아보았던 것이다. 이어서 배송지는 그곳 주에서 다음과 같은 『세어(世語)』의 기록을 인용하고 있다.

"교현이 조조에게 말하였다. '선생은 아직 이름이 알려지지 않았으니 허자장(許子將)과 사귀는 게 좋겠습니다.' 조조가 허자장을 찾아가자 허자장이 받아주어 그로부터 이름이 알려지게 되었다."[14]

여기의 허자장은 앞에 보인 허소(許劭)이다. 허소의 자가 자장이다. 다

---

12 『後漢書』卷 51 橋玄傳; "初, 曹操微時, 人莫知焉. 嘗往候玄, 玄見而異焉, 謂曰; 今天下將亂, 安生民者其在君乎! 操常感其知己."

13 『三國志』卷1 魏書 武帝紀 裴松之 注; "太尉橋玄, 世名知人. 睹太祖而異之曰; 吾見天下名士多矣, 未有若君者也! 君善自持. 吾老矣, 願以妻子爲託. 由是聲名益重."

14 『三國志』卷1 魏書 武帝紀 裴松之 注; "玄謂太祖曰; 君未有名, 可交許子將. 太祖乃造子將, 子將納焉, 由是知名."

시 배송지는 그의 주에 진(晉)나라 손성(孫盛)의 『이동잡어(異同雜語)』에 보이는 다음과 같은 말을 이어서 인용하고도 있다.

"전에 허자장에게 조조가 물은 일이 있다. '저는 어떤 사람입니까?' 허자장이 대답하지 않자, 그가 굳이 거듭 물으니 허자장이 마지못해 대답하였다. '당신은 세상이 잘 다스려질 때는 유능한 신하이겠지만, 어지러운 세상에서는 간사한 영웅이 될 것이오!' 조조는 크게 웃었다."**15**

허소가 조조를 평한 말은 앞에 인용한 소설 『삼국연의』의 기록에도 보였다. 모두 조조를 "어지러운 세상에서는 간사한 영웅이 될 것(亂世之奸雄)"이라 말하고 있지만 『후한서』 권68의 허소전(許劭傳)에서는 "어지러운 세상에서는 영웅이 될 것(亂世之英雄)"이라 말하고 있다. 진나라 때의 손성으로부터 조조의 평가가 나빠지기 시작하여 "어지러운 세상의 영웅"이 "어지러운 세상의 간사한 영웅"으로 바뀐 것 같다. 본시의 영(英)자를 간(奸)자로 바꾼 것이다.

뒤에 조조는 중평(中平) 원년(184) 기도위(騎都尉)가 되어 황건적을 토벌한 이래로, 초평 3년(192)에는 청주(靑州)의 황건적을 크게 무찌르고 다음해에는 흑산(黑山)의 적병들도 정벌하였다. 건안 원년(196)에는 헌제를 자신의 근거지인 허(許)로 모시어 그곳을 동한의 수도로 만들고, 동시에 원소(袁紹, ?-202)를 비롯하여 원술(袁術, ?-199)·여포(呂布, ?-198) 등 수많은 반역적인 장수들을 정벌하여 힘이 약한 동한을 지켜낸다. 건안 4년(199)

---

15 上同; "太祖嘗私入中常侍張讓室. 讓覺之, 乃舞手戟于庭, 逾垣而出. 才武絶人, 莫之能害. 博覽群書, 特好兵法, 抄集諸家兵法, 名曰『接要』, 又注『孫武』十三篇, 皆傳于世. 嘗問許子將, 我如何人? 子將不答. 固問之, 子將曰; 子治世之能臣, 亂世之奸雄. 太祖大笑."

에 유비(劉備, 161-223)가 배반하자 그를 여러 번 정벌한 다음 건안 7년 (202)에는 자신의 본거지인 초(譙, 지금의 安徽省 亳州市)로 돌아오게 된다. 그 때 그는 그 근처 수양(睢陽, 지금의 河南省 商丘縣 남쪽)을 지나다가 그곳에 죽은 교현(橋玄, 109-183)의 묘소가 있다는 사실을 알고 그를 제사 지내는 제문(祭文)을 쓴 뒤 제물과 함께 아래 사람에게 들려 보내어 그를 제사 지내도록 하였다. 그때 조조가 쓴 교현의 제문을 아래에 인용한다.

"돌아가신 태위 교공께서는 밝은 덕을 널리 펴시고 사람들을 두루 사랑하고 널리 포용하셨습니다. 나라에서는 그분의 밝은 교훈을 생각하고 선비들은 그분의 훌륭한 뜻을 잊지 못하고 있습니다. 영혼은 저세상에 몸은 땅속에 묻히셨으니 아득히 바라보기만 할 뿐입니다. 저는 어린 나이에 교공을 찾아뵈었는데, 특히 어리석고 못난 모습의 저를 대군(大君)께서는 잘 받아들여 주시어 영예가 더해지고 평판이 좋아졌던 것은 모두 교공께서 장려하고 도와준 덕분입니다. 마치 공자께서 스스로 자기는 안연(顏淵)만 못하다고 말하고, 한나라 때 이생(李生)이 가복(賈復)의 재능이 뛰어나다고 탄복했던 일과 같습니다. '선비는 자기를 알아주는 사람을 위하여 목숨을 바친다'고 하였는데, 저는 그 말을 잊지 않고 간직하고 있습니다.
또한 오래 전에 서약했던 '돌아가신 뒤 묘지 곁을 지나게 되었을 적에 술과 닭을 들고 가서 인사들이지 않는다면, 수레가 얼마 더 가지 않아 반드시 배가 아파질 것이다.'라고 한 말을 따르겠습니다. 비록 잠깐 장난치고 웃으며 한 말이었지만 지극히 친하고 돈독한 상대가 아니었다면 어찌 그런 말을 할 수가 있었겠습니까? 교공의 영혼이 분노하여 저에게 병이 나게 할까 하여 하는 말이 아닙니다. 옛날 생각을 다시 떠올려 생각해 보니 처창해집니다. 명을 받들어 동쪽을 정벌하고 고향으로 돌아와 머물면서 북녘땅을 바라보다가 교공의 묘지가 생각났습니다. 간단한 제물을 마련하여 바치오니 교공께서 잘 들어주시기 바랍니다!"[16]

조조가 이처럼 뒤에 제문을 써서 교현의 무덤에 제사를 지낸 것을 보면 앞의 어린 조조의 모습을 보고 교현이 했다는 말은 거짓이 아님이 분명하다. 한나라 때에 태위(太尉)는 승상과 맞먹는 벼슬로 나라의 군대를 전문적으로 장악하였으며, 삼공(三公) 중에서도 권세가 가장 셌던 자리이다. 그런 벼슬자리를 역임한 교현이 어린 조조를 보고 허튼소리를 하였을 리가 없다.

하옹(何顒, ?-190)은 젊었을 적에 낙양으로 가 태학에서 공부하였는데 그때부터 뛰어난 인물로 이름을 날렸고, 특히 의리가 강한 사람이었다. 한 번은 그와 절친한 친구의 아버지가 작고하여 조문을 갔는데, 친구인 상주가 "아버지의 원수가 한 명 있는데 원수를 갚지 못하고 돌아가셨다."고 하면서 슬프게 울고 있었다. 하옹은 친구를 위하여 즉시 가서 그 원수 놈의 머리를 잘라다가 친구 아버지 묘 앞에 바치면서 제사를 지내주어 주변 사람들을 모두 탄복하게 하였다 한다.

---

16 『三國志』卷1 魏書 武帝紀 裴松之 注; "「褒賞令」載公祀文曰: 故太尉橋公, 誕敷明德, 泛愛博容. 國念明訓, 士思令謨. 靈幽體弱, 邈哉晞矣! 吾以幼年, 逮升堂室, 特以頑鄙之姿, 爲大君子所納. 增榮益觀, 皆由獎助. 猶仲尼稱不如顏淵, 李生之厚嘆賈復. 士死知己, 懷此無忘. 又承從容約誓之言; 殂逝之後, 路有經由, 不以斗酒隻鷄過相沃酹, 車過三步, 腹痛勿怪. 雖臨時戲笑之言, 非至親篤好, 胡肯爲此辭乎? 匪謂靈忿, 能詒己疾. 舊懷惟顧, 念之凄愴. 奉命東征, 屯次鄕里, 北望貴土, 乃心陵墓. 裁致薄奠, 公其尙饗!"『後漢書』卷51 橋玄傳에도 비슷한 曹操의 祭文이 실려 있음.

하옹은 벼슬살이를 하면서 행동이 청렴한 태위(太尉) 진번(陳蕃, ?-181)과 사례교위(司隷校尉) 이응(李膺, 110-169) 등과 친하게 지냈는데, 영제(靈帝)의 건녕(建寧) 2년(169)에 환관들에 의하여 제2차 '당고(黨錮)의 화'가 일어나 그들이 모두 죽임을 당하거나 형벌을 받게 되자 화가 자기에게도 미칠까 겁이 나 이름도 숨기고 시골로 도망을 쳤다. 이때 하옹은 몰래 낙양으로 숨어 들어가 그곳에 있던 원소와 세상일을 의논하였는데 이때 조조를 만났다 한다. 하옹은 조조를 만나본 뒤 "한나라가 망해가고 있는데 천하를 안정시킬 사람은 틀림없이 이 사람이다."라고 말했다 한다.[17] 이로 말미암아 지식인들 사이에 조조의 명성이 널리 알려졌다 한다. 조조가 젊었을 적 일이다. 하옹은 '당고의 화'가 끝난 뒤 다시 들어와 사공부(司空府)에서 벼슬을 하였는데 동탁(董卓, 137-192)이 정권을 잡자 사공(司空) 순상(荀爽, 128-191) 및 사도(司徒) 왕윤(王允, 137-192)과 손을 잡고 동탁을 제거하려고 모의를 한 일이 있었고, 뒤에 다른 일로 동탁에게 연루되어 울분 속에 죽었다 한다.[18]

또 『후한서』 권67 당고열전(黨錮列傳)의 이응전(李膺傳)에 붙어 있는 이응의 아들로 동평상(東平相) 벼슬을 한 이찬(李瓚)의 전기를 보면 이런 기록이 보인다.

"전에 조조가 미천할 적에 이찬은 그의 재능을 특이하게 보고 죽기 전에 아들 이선(李宣) 등에게 말하였다. '시국은 어지러워질 것인데, 천하의 영웅으로는 조조보다 뛰어난 사람이 없다. 장막(張邈, ?-195)은 나와

---

17 『後漢書』卷67 黨錮列傳 何顒傳; "漢家將亡, 安天下者必此人也."
18 『後漢書』卷67 黨錮列傳 何顒傳 참조.

친하고 원소(袁紹, ?-202)는 너희들 외가 집안이지만 그렇다 하더라도 너희들은 의지하지 말고 꼭 조조를 가까이하라!' 여러 아들들이 그 말을 따라서 모두가 어지러운 세상을 잘 지낼 수가 있었다."[19]

이를 보더라도 조조는 어렸을 적부터 비범한 사람이었음에 틀림이 없다. 조조는 젊었을 적에는 원소(袁紹)와 친하게 사귀고 있었다. 마침 원소의 어머니가 작고하여 조조는 친한 친구였던 왕준(王儁, 132-196)과 함께 조문을 갔다. 이때 원 씨네 집안은 4대를 두고 사도(司徒)나 사공(司空) 또는 태위(太尉)라는 이른바 삼공(三公)의 벼슬을 역임한 대단히 유명한 집안이었다. 따라서 원씨 집안의 장례는 무척이나 호사스러웠고 조문을 오는 사람들이 3만 명을 넘었다. 원소는 동생 원술(袁術, ?-199)과 함께 상주의 일을 보고 있었다. 이때 조조는 자기의 감정을 다스리지 못하고 슬며시 왕준에게 이렇게 말하였다. "지금 천하는 어지러워져 가고만 있는데, 난리를 일으킬 자는 반드시 이들 두 놈일 것이오! 천하를 편안히 구제하고 백성들의 불행을 없애고자 한다면 이 두 녀석을 먼저 없애버리지 않으면 안 될 것이오!" 왕준은 그 말을 듣고 매우 감격하는 듯이 말하였다. "당신 말이 옳소! 그렇지만 천하를 편안히 구제할 수 있는 사람은 당신 말고 또 누가 있겠소?" 말을 마치자 두 사람은 서로를 쳐다보며 크게 웃었다 한다. 왕준은 "밖으로는 조용하면서도 안으로는 밝은(外靜而內明)" 사람인데 평생토록 벼슬은 하지 않았다 한다.[20]

조조의 어릴 적 일에 관한 기록은 이상과 같은 여러 가지 이야기가

---

19 『後漢書』卷67 黨錮列傳 李膺傳; "膺子瓚, 位至東平相. 初, 曹操微時, 瓚異其才, 將沒, 謂子宣等曰; 時將亂矣, 天下英雄無過曹操. 張孟卓(邈)與我善, 袁本初(紹)汝外親, 雖爾勿依, 必歸曹氏. 諸子從之, 幷免于亂世."

전해질 뿐, 자세한 기록은 전해지는 것이 없다. 그러나 이상의 간단한 이야기들을 통해서도 대체로 그는 어릴 적부터 겉모습과 몸가짐으로 사람들에게 매우 뛰어난 특출한 아이임을 인정받았다는 사실을 알 수 있다.

이미 언급한 것처럼 조조의 할아버지 조등(曹騰)은 환관이었지만 중상시(中常侍)로 있다가 환제(桓帝) 때에는 비정후(費亭侯)에 대장추(大長秋)를 겸하게 되었고, 아버지 조숭(曹嵩, ?-193)은 영제(靈帝) 때에 사례교위(司隷校尉)에 대사농(大司農)이라는 요직에 있다가 조조가 33세가 되던 중평(中平) 4년(187)에는 태위(太尉)라는 재상급의 높은 자리로 올라간 사람이다. 조조의 할아버지가 환관이라는 것부터 시작하여 조조는 키가 작고 못났고 성질은 교활하여 어릴 적부터 나쁜 짓을 많이 하였다고 조조를 욕하고 있지만, 실은 권세가이고 부유한 가정에 태어나 훌륭한 할아버지와 아버지 밑에서 올바른 교육을 받고 자유롭게 자란 사람임이 분명하다. 조조는 어려서부터 공부도 많이 하고 책도 많이 읽어 좋은 시도 많이 짓고 글도 많이 썼다. 『수서(隋書)』 경적지(經籍志)에는 『위무제집(魏武帝集)』 26권 등이 실려 있으니 많은 글을 썼던 것 같으나 그의 글은 많이 없어지고 제대로 전하지 않고 있다. 지금은 후세 학자들이 모아서 편찬한 『조조집(曹操集)』[21]에 남아 전하는 그의 글이 보존되어 있다.

세상이 어지러운 터라 조조는 실력으로 나라를 지탱하고 세상을 바

---

20 『三國志』卷1 魏書 武帝紀 裴松之 注: "皇甫謐 『逸士傳』曰: 汝南王儁, 字子文,…. 公(曹操)之爲布衣, 特愛儁, 儁亦稱公有治世之具. 及袁紹與弟術喪母, 歸葬汝南, 儁與公會之, 會者三萬人. 公於外密語儁曰: 天下將亂, 爲亂魁者必此二人也. 欲濟天下, 爲百姓請命, 不先誅此二者, 亂今作矣! 儁曰; 如卿之言, 濟天下者, 舍卿復誰? 相對而笑. 儁爲人外靜而內明, 不應州郡三府之命."

21 최근의 것으로는 中華書局의 1974年 刊行本이 있다.

로잡기 위하여 시를 쓰고 공부를 하는 틈틈이 병서(兵書)도 공부하고 많이 읽으면서 무술도 갈고닦았다. 『삼국지』 위서 무제기의 배송지 주에는 『위서(魏書)』의 다음과 같은 기록을 인용하고 있다.

"태조는 스스로 천하를 다스리면서 여러 못된 자들을 쳐 없앴는데, 군대를 지휘하여 전쟁에 임할 적에는 대체로 손자(孫子)와 오자(吳子)의 병법을 따라서 사정에 따라 기발한 술책을 써서 적을 속여서 승리를 거두는 변화가 귀신같았다. 스스로 『병서(兵書)』 10만여 자를 저술하여, 여러 장수들이 정벌을 할 적에는 모두 새로 지은 책을 근거로 일을 처리하였다. 전쟁을 하게 되면 손으로 지휘를 하였는데, 명령을 따르는 자는 이길 수가 있었고 지시를 어기는 자는 패배하였다."[22]

곧 조조는 "『병서』 10만여 자"의 대저를 썼다는 것이다. 다시 배송지는 같은 곳에 동진(東晉) 손성(孫盛)의 『이동잡어(異同雜語)』를 인용하여 다음과 같은 말을 하고 있다.

"(태조는) 무예가 뛰어나서 아무도 그를 해칠 수가 없었다. 많은 책을 널리 읽었는데 특히 병법을 좋아하여 여러 사람들의 병법을 모아 엮어 『접요(接要)』라 하였고 『손무(孫武)』 13편에도 주를 달았는데 모두 세상에 전해지고 있다."[23]

---

22 『三國志』 卷1 魏書 武帝紀 裵松之 注; "『魏書』 曰:太祖自統御海內, 芟夷羣醜, 其行軍用師大較依孫吳之法, 而因事設奇, 譎敵制勝, 變化如神. 自作 『兵書』 十萬餘言, 諸將征伐, 皆以新書從事. 臨事又手爲節度, 從令者克捷, 違敎者負敗."
23 孫盛 『異同雜語』; "才武絶人, 莫之能害. 博覽群書, 特好兵法. 抄集諸家兵法, 名曰 『接要』, 又注 『孫武』 十三篇, 皆傳于世."

곧 조조는 병법을 좋아하여 『접요』라는 책을 편찬하고 『손무』13편의 주를 달았다는 것이다. 그 밖에 당(唐)나라 위징(魏徵, 580~643) 등이 지은 『수서(隋書)』 경적지(經籍志)에는 『손자병법(孫子兵法)』의 위무제(魏武帝) 주 2권·위무제 찬(撰) 『병서접요(兵書接要)』10권 등 조조가 병서에 대하여 주를 달고 저술한 책이 모두 여덟 가지나 수록되어 있다. 조조가 얼마나 병법을 열심히 연구하였는가 알 수 있는 일이다. 그러나 그 뒤 북송(北宋) 주복(朱服) 등이 편찬한 『무경칠서(武經七書)』 중에 조조가 『손자(孫子)』에 주를 붙인 책 한 가지를 뽑아 넣은 덕에 그 『손자주』한 권만이 전해지고 있을 뿐이다. 『손자병법』의 본문은 모두 6,000자에 가까운 분량인데 조조의 주는 모두 316조목의 3,082자로 이루어진 내용[24]이나, 조조의 주는 한 글자나 한 구절을 해석하는 방식이 아니라 『손자병법』의 중요한 대목의 뜻을 보충 설명하거나 새로운 해설 또는 올바른 뜻을 밝히는 등의 작업을 한 매우 뛰어난 주해서이다. 『수서』 경적지 등에 보이는 『병서접요(兵書接要)』나 『병서요론(兵書要論)』 등의 병법에 대한 해설서나 자신의 『손무제병법(孫武帝兵法)』 같은 저서가 전하지 않고 있는 것이 애석하다. 병법에 관한 그의 글로는 『태평어람(太平御覽)』 권270에 보이는 「손자서(孫子序)」와 같은 책 권357에 보이는 『병서요략(兵書要略)』의 잔구가 한 구절 남아 전할 뿐이다. 어떻든 조조는 뛰어난 병법의 연구가이고 전략이 빼어난 장수로 발전하였음을 알 수 있다.

조조는 체력도 좋았고 활도 매우 잘 쏘았다. 『삼국지』 위서 무제기의 배송지 주에서는 『위서』를 인용하여 이런 말도 하고 있다.

---

24 邱復興 『曹操今論』(北京大學出版社, 2003. 5) 의거.

"(조조는) 재주와 힘이 남보다 뛰어나서 날아가는 새를 활로 쏘아 잡고 맨손으로 사나운 짐승을 잡았다. 전에 남피(南皮, 지금의 河北省 南皮縣)에서는 하루에 꿩 예순세 마리를 활로 쏘아 잡은 일이 있다."[25]

그 밖에도 조조는 여러 가지 재주가 많았다.『삼국지』위서 무제기의 배송지의 주에서는 장화(張華)의『박물지(博物志)』를 인용하여 조조의 다재다능함을 이렇게 이야기하고 있다.

"한나라 시대에 안평(安平)의 최원(崔瑗)과 그의 아들 최식(崔寔) 및 홍농(弘農)의 장지(張芝)와 그의 동생 장창(張昶)은 모두 초서(草書)를 잘 썼는데 조조는 그들과 맞먹는 실력이었다. 환담(桓譚)과 채옹(蔡邕)은 음악을 잘하였고, 풍익(馮翊)의 산자도(山子道)와 왕구진(王九眞) 곽개(郭凱) 등은 바둑을 잘 두었는데 조조는 모두 이들과 능력이 비슷하였다."[26]

조조는 이처럼 붓글씨도 잘 썼고 음악의 재능도 뛰어났으며 바둑도 잘 두었다. 여기에 보이는 환담(桓譚, B.C. 20?-A.D. 56)은『신론(新論)』의 저자로 동한 초기의 철학가이며 경학가로 알려져 있으나, 그의 아버지는 음악을 관장하는 태악령(太樂令)을 지냈고 "환담은 아버지 덕에 낭(郎)에 임명되었는데, 음악을 좋아하였고 금을 잘 탔다."[27] 채옹(蔡邕, 132-192)도 동

---

25 『三國志』卷1 魏書 武帝紀 裴松之 注; "『魏書』曰; 太祖… 才力絶人, 手射飛鳥, 躬禽猛獸. 嘗于南皮一日射雉獲六十三頭.'

26 『三國志』卷1 魏書 武帝紀 裴松之 注; "張華『博物志』曰; 漢世, 安平崔瑗, 瑗子寔, 弘農張芝, 芝弟昶並善草書, 而太祖亞之. 桓譚·蔡邕善音樂, 馮翊山子道·王九眞·郭凱等, 善圍棊, 太祖皆與埒能.'

27 『後漢書』卷28 桓譚傳; "父成帝時爲太樂令, 譚以父任爲郎, 因好音律, 善鼓琴.'

한 말의 문학가로 알려져 있으나, "음악을 잘하였고", "금을 잘 탄" 사람[28]이었다. 다시 배송지는 『위서(魏書)』를 인용하여, 조조는 "산에 올라가서는 반드시 시를 읊었고 새로운 시를 지으면 악기로 반주를 하며 모두 악장을 이루었다."[29]고 하였다. 조조는 새로운 시를 지을 때 한나라에 유행하던 민가인 악부(樂府)를 본떴기 때문이다. 그리고 그가 음악에도 정통하였기 때문에 노래의 가사인 악부의 형식으로 새로운 시를 지을 수도 있었던 것이다. 건안 15년(219)에 조조는 자기 본거지인 업(鄴)으로 돌아가 그곳에 동작대(銅雀臺)를 세우고 그 위에서 노래와 춤을 즐겼다. 남조(南朝. 317-589)의 왕승건(王僧虔)은 청상악(淸商樂)을 논하면서 "지금의 청상악은 실은 동작대에서 발전한 것이니, 위씨 집안의 삼조(三祖, 조조와 아들 손자)는 풍류를 이해했던 사람들이다."[30]라고 말하고 있다.

그리고 남조(南朝) 유견오(庾肩吾)의 『서품(書品)』과 당나라 장회관(張懷瓘)의 『서단(書斷)』 같은 서예 평론서에서 모두 조조의 서예를 초서(草書)를 중심으로 하여 상당히 높은 수준으로 평가하고 있다. 장회관의 『서단』에서는 조조의 아들 조식도 글씨를 잘 썼다고 말하고 있다.

조조는 제대로 교육을 받고 자랐을 뿐만 아니라 매우 뛰어난 체력에 여러 가지 재능을 다 갖춘 인재였음을 알 수 있다. 그리고 조조는 보통 패국(沛國)의 초(譙) 사람이라고 하지만 조조의 할아버지와 아버지가 모두 조정의 요직을 맡고 있었기 때문에 실은 동한의 도읍인 낙양에서 태어나 그곳에서 자랐을 것이다. 그곳은 할아버지 조등의 고향이어서 그

---

28 『後漢書』 卷60 蔡邕傳: "(邕)妙操音律" "善鼓琴."

29 『三國志』 卷1 魏書 武帝紀 裴松之 注: "『魏書』曰:… 登高必賦, 及造新詩, 被之管絃, 皆成樂章."

30 『宋書』 樂志: "今之淸商, 實由銅雀. 魏氏三祖, 風流可懷."

의 집안은 그곳을 계속 그들의 고향처럼 여겼고, 조조가 장군으로 활동을 할 적에도 그곳을 많은 경우 근거지로 활용하였다.

이제는 진수(陳壽)의 『삼국지』 권1 위서 무제기를 중심으로 하여 조조 일생의 활약상을 정리해 보겠다. 이 책에는 앞에서 이야기한 교현의 조조에 대한 예언을 간단히 쓴 뒤 "나이 20세에 효렴(孝廉)으로 천거되어 낭(郎)에 임명된다."는 기록이 이어진다. 곧 동한 영제(靈帝, 168-189 재위)의 희평(熹平) 3년(174), 조조가 20세 되는 해에 그가 살던 고을에서 효렴(孝廉)으로 천거되어 곧 낭(郎)에 임명된 것이다. 여기에서 조조의 관리 생활이 시작된다.[31] '효렴'이란 서한 무제(武帝, B.C. 141-B.C. 87)시대에 시행된 제도로 여러 고을에서 각각 유능한 젊은 인재를 뽑아 올리도록 한 제도이다. 그 사실을 기록한 『한서(漢書)』의 주에 따르면 "효는 부모를 잘 섬기는 사람이고, 렴은 몸가짐이 청결하고 반듯한 사람을 뜻한다."[32]고 하였다. 그 뒤로 효렴을 대우하는 방법에는 변화가 있었지만 동한시대에도 인구 20만 명을 한 단위로 하여 여러 군국(郡國)에서 각각 일 년에 한 사람, 훌륭하다고 할 만한 사람을 효렴으로 천거하도록 하는 찰거제도(察擧制度)가 시행되고 있었다. 인구가 20만 명이 되지 못하는 군국에서는 2년에 한 명을 천거하였다. 한 대에는 큰 공로를 세운 사람을 왕후(王侯)로 봉해줄 적에 일부의 고을인 군현(郡縣)을 분봉(分封)하여 사람들은 이를 군국이라 불렀다. 따라서 군국 밑에는 다시 많은 현(縣)이 붙어 있었다. 그리고 '낭'은 낭관(郎官)으로 낭중령(郎中令)에 예속된 관리이며, 한

---

31 이하 근거를 밝히지 않고 쓴 曹操의 일생 경력은 『三國志』 卷1 魏書 武帝紀를 바탕으로 한 것임.

32 『漢書』 武帝紀; "元光元年(134) 冬十一月, 初令郡國擧孝廉." 注; "孝, 謂善事父母者; 廉, 謂淸潔有廉隅者."

나라 때에는 어떤 집안의 자식에게 벼슬을 주거나 군국에서 자기 고을의 훌륭한 젊은이를 '효렴'이나 현량(賢良)으로 추천하면 먼저 '낭'으로 임명되었다. '낭'에는 직책에 따라 의랑(議郞)·중랑(中郞)·시랑(侍郞)·낭중(郞中) 등이 있었는데 정원이 없고 많을 적에는 천 명이 넘는 낭관이 있었다.[33] 낭관으로 근무한 뒤에는 성적에 따라 조정 안의 여러 가지 벼슬과 조정 밖 현(縣)의 령(令)·승(丞)·위(尉)로 임명되는 매우 좋은 벼슬자리였다. 이 유능한 인재를 추천하는 제도는 그 뒤로도 과거제도가 자리 잡기 직전까지 7, 8백 년 동안 이어졌다. 전국의 한 고을에서 재능과 덕망을 모두 갖춘 사람을 여러 모로 검토하여 벼슬할 수 있는 사람을 뽑는 것이기 때문에 매우 좋은 제도라고 할 수 있다. 조조가 20세에 '효렴'으로 천거되었다는 것은 그가 어릴 적부터 간교하고 나쁜 짓을 일삼으며 자란 사람이 아니었음을 말해준다. 조조는 20세 이전부터 그의 고장에서 벼슬을 제대로 할 여러 가지 능력을 갖춘 위에 부모에게 효도를 잘하고 몸가짐도 바르고 깨끗하다는 인정을 받고 있었기 때문에 효렴으로 추천될 수가 있었던 것이다.

조조는 그 뒤 곧 벼슬할 능력을 평가받을 여유도 없이 바로 낙양(洛陽)의 북부위(北部尉)가 된다. 위(尉)란 벼슬은 현령(縣令) 밑에서 군대 일을 돌보거나 도적 같은 나쁜 짓을 한 자들을 잡고 그런 자들을 처벌하며 치안에 관계되는 일을 하는 낮은 관리이다. 『후한서(後漢書)』백관지(百官志)에는 "큰 현에는 두 명, 작은 현에는 한 명의 위를 둔다." 하였으나, 장안이나 낙양 같은 큰 현에는 동·서·남·북의 네 위가 있었다. 조조는 그 네 명의 위 중의 북부위가 된 것이다. 조조는 낙양현의 북부위

---

33 『漢書』百官公卿表序 의거.

로 취임하자 자기 관할 땅 안 사방에 있는 문을 다시 고치어 문 양편에
10여 개의 다섯 가지 빛깔의 몽둥이를 매달아 놓은 다음 법도에 어긋나
는 짓을 한 자가 있다면 그자의 지위 고하를 막론하고 그 문을 지날 때
잡아서 몽둥이로 때려죽이도록 하였다. 얼마 뒤 영제의 총애를 받고 있
는 환관 건석(蹇碩)의 작은아버지가 낙양의 문을 지나다가 법을 어겼다
하여 잡혀서 그 몽둥이에 맞아 죽었다. 이에 그 고장에는 법을 어기는
자가 없어지고 치안이 잘 유지되었다고 한다. 현의 낮은 관리가 권세를
떨치고 있는 환관의 숙부를 법을 어겼다 하여 몽둥이로 때려죽인 이 사
건은 한동안 낙양을 떠들썩하게 만들었다.[34]

희평(熹平) 6년(177); 조조 23세 때 여러 사람의 추천으로 돈구현(頓丘縣,
지금의 河南省 淸豊縣 서남 지역)의 현령(縣令)이 되었다가 곧 의랑(議郞)으로 승
진한다. 의랑이란 벼슬은 조정의 하는 일에 대하여 논의할 수 있는 곧
황제의 정치고문 역할을 하는 높고 중요한 벼슬자리이다. 23세의 젊은
나이에 조정에 의랑으로 불려 들어갔다는 것은 조조의 재능이 널리 인
정받았음을 뜻하는 일이다.

광화(光和) 원년(178); 영제(靈帝)는 환관의 참언을 믿고 황후 송씨(宋氏)
를 밀어내어 황후는 울분 속에 죽는다. 이때 영제는 황후의 아버지와
형제 등 온 가족을 처벌하였는데,[35] 조조도 그 가족과 먼 인척 관계가
되기 때문에 벼슬자리에서 쫓겨나 그의 고향인 초(譙)로 돌아온다.

광화 2년(179); 24세 때 변씨(卞氏)를 첩으로 맞는데, 그가 문제(文帝) 조

---

34 『三國志』卷1 魏書 武帝紀 裴松之 注: "『曹瞞傳』曰: 太祖初入尉廨, 繕治四門. 造五色棒,
懸門左右各十餘枚, 有犯禁者, 不避豪彊, 皆棒殺之. 後數月, 靈帝愛幸小黃門蹇碩叔父夜
行, 卽殺之. 京師斂迹, 莫敢犯者."
35 『後漢書』卷8 靈帝紀 의거.

비(曹丕, 187-226)와 진사왕(陳思王) 조식(曹植, 192-232)의 어머니이다. 뒤에 조조가 정부인(丁夫人)과 떨어져서 변씨가 자연스럽게 정실부인 자리로 올라간다. 『삼국지』 권5 위서 후비전(后妃傳)에 변황후는 본시 창가(倡家) 곧 기녀(妓女) 출신이라고 하였지만, 조조가 왕후로 책봉(策封)할 적에는 "부인 변씨는 여러 자식들을 잘 기른 어머니의 덕이 있는 사람"이라 칭찬하고 있다.[36] 그리고 그곳의 배송지의 주에는 『위서(魏書)』를 인용하여 변황후는 나라의 비용이 부족할까 걱정하며 궁전의 식사를 간소하게 하여 채식과 잡곡밥을 먹었고 고기는 멀리하였으며, 여러 가지 금이나 은 같은 것으로 만든 그릇은 모두 멀리하였다고 하였다. 무척 검소한 황후였다.[37]

광화 3년(180); 동한의 영제는 『상서(尙書)』·『모시(毛詩)』·『좌전(左傳)』·『곡량춘추(穀梁春秋)』의 네 가지 유교 경전(經傳) 중 한 가지에라도 정통한 사람을 각각 한 사람씩 천거토록 하여 그들을 의랑(議郞)에 임명하였는데,[38] 조조는 경전을 공부한 덕에 이때 다시 의랑이 되었다. 이때 나라는 선비족(鮮卑族)을 비롯한 외족의 침입이 잦고, 재해에 폭동도 연이어 일어나 백성들은 안정된 생활을 못 하는데, 조정에서는 외척과 환관이 권력을 다투며 서로 싸우기에 바쁜 실정이었다.

광화 4년(181); 전에 대장군 두무(竇武. ?-168)와 태부(太傅) 진번(陳蕃. ?-168) 같은 곧은 사람들이 못된 짓을 일삼는 환관들을 몰아내려다가 도리어 화를 당한 일이 있었다. 조조는 의랑의 신분으로 이들의 과거 일

---

36 『三國志』 卷5 魏書 后妃傳; "武宣卞皇后,…本倡家.… 拜爲王后, 策曰; 夫人卞氏, 撫養諸子, 有母儀之德."
37 『三國志』 卷5 魏書 后妃傳 裴松之 注; "『魏書』曰; 后以國用不足, 減損御食, 諸金銀器物皆去之." 又; "太后左右, 菜食粟飯, 無魚肉. 其儉如此."
38 『後漢書』 卷8 靈帝紀 의거.

을 예로 들면서 간사한 자들이 조정에 가득하고 바르고 착한 사람들은 화를 당하고 있는 현실을 바로잡아야 한다는 절절한 뜻의 상서를 영제에게 올렸으나 받아들여지지 않았다.[39]

광화 5년(182); 조조는 다시 나라의 삼공(三公, 곧 太尉·司空·司徒)이 외척과 환관들의 눈치나 보며 그들의 불법을 눈감아주고 있음을 고발하는 상서를 올렸다. 영제도 이에 동의하였으나 이를 바로잡지는 못하였다.[40]

중평(中平) 원년(184); 2월에 황건적(黃巾賊)이 기주(冀州, 지금의 河北省 중남부 및 河南과 山東 두 省 북부 일부 지역)·영천(潁川, 지금의 河南省 禹縣 지역)·남양(南陽, 지금의 河南省 南陽市)의 세 지역을 중심으로 반란을 일으켜 기세가 대단하였다.[41] 이에 헌제는 장군들을 동원하여 폭동을 진압하였다. 조조는 기도위(騎都尉)[42]라는 직책으로 정부군에 들어가 영천 지역의 황건적을 정벌하여 공을 세웠다.[43] 조조는 기도위에 임명되어 황건적을 소탕하면서 이미 앞에서 논술한 것처럼 학문뿐만이 아니라 병법도 연구하기에 힘써서 많은 책도 썼다. 여러 가지 병법의 주석(注釋)을 쓴 위에 자신의『병법』1권도 쓴 것으로 알려져 있으나 다 없어지고『손자병법(孫子兵法)』에 주를 단 책만이 비교적 완정하게 전해지고 있다.

황건적의 난은 이 시대에 큰 사건이었기에 여기에서 황건적에 대하여 설명할 필요가 있을 것 같다. 본시 동한 영제(靈帝)의 희평(熹平) 연간(172-178)에 기주(冀州) 거록군(巨鹿郡, 지금의 河北省 寧晉縣 남쪽 지역) 사람인 장

---

39 『三國志』卷1 魏書 武帝紀 裵松之 注 引『魏書』.
40 上同.
41 『後漢書』卷8 靈帝紀.『三國志』卷1 魏書 武帝紀에는 "光和末, 黃巾起. 拜騎都尉, 討潁川賊."이라 쓰고 있다.
42 騎都尉는 皇帝를 護衛하고 羽林騎兵을 統率하는 武官임.
43 『自治通鑑』卷58,『後漢書』卷71 皇甫嵩傳.

각(張角, ?-184)이 황제(黃帝)와 노자(老子)를 받들면서『태평경(太平經)』을 중심 경전으로 삼아 태평도(太平道)라 부르는 도교 일파의 종교를 시작하였다.『태평경』은 음양오행(陰陽五行)을 바탕으로 나라를 다스리는 도리를 설명하며, 재물을 풀어 가난한 사람들을 구제하고 일하지 않고 잘 사는 것을 반대하는 등 복잡한 내용으로 이루어진 책이다. 지금은 도교의 경전으로 57권의 책이 전한다. 장각은 이 경전을 내세워 지배자와 지주들이 백성들의 것을 약탈하는 습성을 반대하며 공평한 다스림을 펼 것을 주장하여 대중들의 지지를 이끌어냈다. 광화(光和) 연간(178-183)에는 태평도의 신자 수십만이 여러 지방에서 활동하게 되었는데, 장각은 이들을 36방(方)으로 나누어 조직하고 각 방은 장군이라 부르는 지휘자의 지시에 따라 움직이게 하였다. 그는 갑자(甲子)년인 중편원년(184)에 "푸른 하늘은 이미 죽고 누런 하늘이 일어선다. 갑자년이야말로 천하의 크게 길한 시기이다.(蒼天已死, 黃天當立, 歲在甲子, 天下大吉.)"라는 구호를 내세우고 신자들을 이끌고 반란을 일으켰다. 이 반란군은 머리에 누런 수건을 둘러 표시를 삼았기 때문에 곧 황건적(黃巾賊)이라 부르게 되었다. 그들은 여러 곳의 관청을 불태우고 관리들을 잡아 죽이며 행패를 부렸다. 그러나 정부군의 꾸준한 공격을 받아 황건적은 결국 패멸하게 된다. 그러나 장각이 정부군과 싸우는 중에 병이 나서 죽자, 그 뒤를 장량(張梁)이 뒤이어 지휘를 맞게 된다. 그러나 8월에 황건적은 정부군을 맞아 용감히 싸웠으나, 밤에 정부군의 야습을 받고 장량과 3만여 명의 적군들이 싸우다가 죽고 나머지 5만여 명은 강물에 뛰어들어 죽었다.

그 뒤로도 황건적의 남은 세력은 각지에서 준동하였다. 중평 2년(185)에는 흑산(黑山, 지금의 河南省 浚縣 서북쪽 太行山脈 중의 산, 산과 바위가 검푸러서 붙여진 이름)을 중심으로 하는 지역에 황건적이 일어나 여러 지방의 인원을 모두 합치면 100만 명에 달할 정도로 세력이 커졌다. 조조는 이들을 평정하여 그 공로로 제남(濟南, 지금의 山東省 안에 자리 잡은 國[44]임)의 상(相)이 된다. '상'이란 10여 현(縣)이 속해있는 한 군국(郡國)을 다스리는 장관으로 황제가 임명한다. 제남에는 그 밑에 10여 개의 현(縣)이 있었다. 조조는 20세에 벼슬을 하기 시작하여 30세에는 한 지방의 대 관원이 된 것이다. 중평(中平) 5년(188)과 초평(初平) 2년(191)·초평 3년에 청주(青州)를 중심으로 하여 일어났던 황건적의 반란이 가장 컸다. 청주는 제남에 소속된 고을 중의 하나이다. 어떻든 황건적이 반란을 일으키는 동안 동한 왕조는 큰 혼란에 빠졌었다. 필자는 이들을 황건적이라 부르고 있지만 지금의 중국에서는 황건기의(黃巾起義) 또는 농민기의(農民起義) 등으로 부르지 황건적이란 용어는 절대로 쓰지 않는다. 그들을 반란을 일으킨 적도(賊徒)라 보지 않고 백성들을 위하여 의롭게 일어난 기의자(起義者)로 보고 있는 것이다.

또 다른 도교 계열의 종교인 오두미도(五斗米道)도 중평(中平) 원년(184)에 파군(巴郡, 지금의 四川省 重慶市)을 중심으로 장수(張修)의 지휘 아래 황건적을 따라 반란을 일으켰다. 태평도라는 종교의 발전은 오두미도라는 역시 도교 계열의 종교의 영향을 받은 것이어서 오두미도는 황건적의 반란에 동조하였던 것이다. 오두미도에 대하여는 건안(建安) 16년(211)의 조조의 활동을 소개할 적에 다시 설명할 것이다.

중평 4년(187) 조조가 33세가 될 무렵에는 동군(東郡, 지금의 河南省 濮陽市 서남쪽)의 태수(太守)로 임명되었으나, 무슨 까닭인지 병을 핑계로 벼슬을

---

44 國은 옛날에는 諸侯가 다스리는 한 나라였으나, 東漢에 와서는 郡이나 비슷한 행정단위로 변한다. 따라서 그곳을 지배하는 相은 정부에서 임명하는 官吏여서 郡을 다스리는 太守와 비슷하였다. 濟南은 지금의 山東省 章丘縣의 서쪽 지역에 있었다.

사퇴하고 고향 초(譙)로 다시 돌아온다. 동군태수는 제남상과 비슷한 지위의 벼슬이다. 조조는 고향으로 돌아와 책을 읽는 데 힘쓰고 틈틈이 사냥을 하면서 깨끗한 나날을 보냈다.[45] 이 해에 그의 아들 문제(文帝) 조비(曹丕, 187-226)가 태어나고, 아버지 조숭(曹嵩, ?-193)은 대사농(大司農)에서 재상 자리인 태위(太尉)에 오른다.

중평 5년(188); 기주(冀州, 지금의 河北省 중남부로부터 河南·山東省 북부 일부에 걸친 지역)의 자사(刺史) 왕분(王芬, ?-188)의 무리가 여러 호걸들과 손잡고 황제인 영제를 몰아내고 합비후(合肥侯)를 황제로 세우려는 반역을 꾀하면서 조조에게 자기들 계획에 합류할 것을 요청하였으나 거절하였다. 이해 8월 동한의 조정에서는 나라가 더욱 어지러워지자 서원팔교위(西園八校尉)라는 근위(近衛)의 무관(武官)을 새로 두었는데, 이때 조조는 그중의 한 명인 전군교위(典軍校尉)로 취임하였다. 이때 앞에 보인 환관인 소황문(小黃門) 건석(蹇碩, ?-189)은 상군교위(上軍校尉), 호분중랑장(虎賁中郎將)이던 원소(袁紹, ?-202)는 중군교위(中軍校尉)에 임명되었다.

이해부터 시작하여 다음 해에 이르는 사이에 서하군(西河郡, 지금의 山西省 서북부에서 內蒙古自治區와 陝西省 일부 지역에 걸친 지역)·여남(汝南, 지금의 河南省 平輿縣 북쪽 지역)·익주(益州, 지금의 四川省에서 陝西·甘肅·湖北·貴州·雲南 등 省에 걸친 지역)·청주(靑州, 지금의 山東省 동북부 지역) 등지를 중심으로 황건적이 일어나는데, 청주의 황건적은 전성기에는 수백만 명에 이르는 세력이었다. 뒤에 조조는 이들을 쳐서 공로도 세우고 그들 잔당을 수하에 넣어 자기 세력도 크게 키운다.

---

45 『三國志』卷1 魏書 武帝紀 裴松之 注; "『魏書』曰; …輒告歸鄕里, 築室城外, 春夏習讀書傳, 秋冬弋獵, 以自娛樂."

중평 6년(189); 영제(靈帝, 168-189)가 병으로 죽고 어린 아들 홍농왕(弘農王, 189)이 뒤를 이었다. 나라의 정치는 태후(太后)가 맡았다. 태후의 오빠인 대장군(大將軍) 하진(何進, ?-189)은 원소를 좌군교위(佐軍校尉)로 승진시키고 그와 모의하여 이 기회에 권세를 휘두르는 건석 등의 환관들을 제거하려 하면서 조조에게 협력을 요청하였으나 조조는 그들을 따르지 않았다. 하진은 자기의 계획을 추진하다가 실패하여 오히려 환관들에게 죽임을 당하게 된다. 그때 조조의 어릴 적 친구로 함께 못된 장난을 많이 쳤다는 원소는 군사들을 이끌고 궁중으로 쳐들어가 궁중에 불을 지르고 환관들을 모조리 잡아 죽였다. 이때 잡혀 죽은 환관이 2,000명이 넘는다 한다.[46] 하진은 반대 세력을 물리치려고 전장군(前將軍)인 동탁(董卓, 137-192)을 낙양으로 불러들이고 바로 죽어버렸다. 그러나 낙양으로 들어온 동탁은 황제인 홍농왕을 황제 자리에서 끌어 내리고 아홉 살의 아우 진류왕(陳留王)을 그 자리에 앉히는데 그가 동한의 마지막 황제인 헌제(獻帝, 190-220)이다. 동탁은 다음 해에 태후와 홍농왕을 죽여 버린다.[47]

나라의 권세를 잡은 동탁은 조조를 효기교위(驍騎校尉)로 승진시키고 일을 함께할 것을 요구하였다. 그러나 조조는 불순한 동탁의 의도를 알아차리고 그의 제의를 거절한 다음 신변의 위험을 느끼고 자기의 고향 초(譙)로 도망쳤다. 소설『삼국연의』제4회「폐한제진류천위(廢漢帝陳留踐位), 모동적맹덕헌도(謀董賊孟德獻刀)」를 보면 조조가 이때 도망치는 도중에 자기 아버지와 의형제 관계에 있는 여백사(呂伯奢) 집에 들렀다가 그

---

46 『後漢書』卷69 何進傳.

47 『後漢書』卷72 董卓傳.

집안사람들을 모조리 죽여 버리는 잔인한 행위를 쓴 이야기가 있다. 이 사건의 사실 여부는 뒤에 다시 상세히 논하게 될 것이다.[48] 그해 12월에 조조는 진류(陳留, 지금의 河南省 開封市 동남 지역)로 가서 동탁을 친다는 명분을 내걸고 자기 집 재산을 털어 의병을 모집하여 5,000명을 그의 밑에 거느리게 된다.[49]

헌제의 초평(初平) 원년(190); 조조가 36세 되는 해이다. 정월에 후장군(後將軍) 원술(袁術, ?-199)·기주목(冀州牧) 한복(韓馥, ?-191)·예주자사(豫州刺史) 공주(孔伷)·연주자사(兗州刺史) 유대(劉岱, ?-191)·하내태수(河內太守) 왕광(王匡)·발해태수(渤海太守)로 있던 원소(袁紹, ?-202)·진류태수(陳留太守) 장막(張邈, ?-195)·동군태수(東郡太守) 교모(橋瑁, ?-190)·산양태수(山陽太守) 원유(袁遺)·기도위(騎都尉) 포신(鮑信) 등이 각각 수만의 군사를 거느리고 동탁을 함께 치자는 뜻으로 일어나 동맹을 맺었다. 그리고 원소를 맹주(盟主)로 모셨다. 조조는 분무장군(奮武將軍)으로 의병을 이끌고 이에 참여하였다.

동탁은 의병들이 일어났다는 말을 듣고는 동한의 수도를 장안으로 옮기기로 하고 낙양을 철저히 불태우고 파괴하였다. 그 결과 낙양 주위로 200리 안에는 "가옥이 하나도 없게 되고 닭이나 개도 다시는 볼 수 없게 되었다."[50] 조조의 아들 조식(曹植, 192-232)이 태어나기도 전의 일인데, 여러 해 뒤 그가 읊은 「송응씨시(送應氏詩)」 두 수 중의 첫째 시에는 그 시절 낙양의 참상이 잘 그려져 있다. 그 시를 소개한다.

　　걸어서 북망산 비탈을 오르며

---

48 뒤의 「제4장 조조의 사람됨과 그의 아들 손자들」 참조 바람.

49 『三國志』卷1 魏書 武帝紀 裴松之 注 引 『世語』.

50 『後漢書』卷72 董卓傳; "室屋蕩盡, 無復鷄犬."

멀리 낙양의 산들 바라보니,

낙양은 어찌하여 이렇게 적막한가?

궁실은 모두 불에 타 버렸네.

담장들은 다 무너져 버리고

가시덤불만이 위로 뻗어 하늘에 닿아 있네.

옛날 노인들은 보이지 않고

새로운 젊은이들만 보이네.

옆으로 발을 옮겨도 갈 길은 없고

거친 들판에는 밭이라고는 없네.

집 떠나 오랫동안 돌아오지 않아서

한길인지 샛길인지 분별 못하겠네.

들판은 어찌 이토록 쓸쓸한가?

천리 사방 인기척 없네.

우리가 평생 살아온 것 생각하니

기가 막혀 말이 나오지 않네.

步登北邙阪, 遙望洛陽山.

洛陽何寂寞? 宮室盡燒焚.

垣牆皆頓擗, 荊棘上參天.

不見舊耆老, 但覩新少年.

側足無行徑, 荒疇不復田.

游子久不歸, 不識陌與阡.

中野何蕭條? 千里無人煙.

念我平生親, 氣結不能言.

시인이 송별하는 '응씨'란 응창(應瑒, ?-217)과 응거(應璩, 190-252)의 형제로 모두 조조 부자 밑에서 시를 지으며 지내던 이들이다. 조식은 동탁이 낙양을 불태운 뒤 2년 지나 태어났으니, 이 시는 적어도 다시 20년은 지났을 때 지은 시일 것이다. 세월이 그토록 흘렀고 동한의 황제가 그대로 살아있는데도 그 나라의 수도였던 낙양은 그처럼 처참한 광경이었다.

동탁은 수도를 장안으로 옮긴 다음 황제인 헌제를 장안으로 보낸다. 다시 장안이 동한의 수도가 되었던 셈이다. 함께 의병을 일으켜 동탁을 치려고 일어나 연합한 다른 장수들은 이러한 동탁의 위세에 겁먹고 움직이려 들지 않았다. 조조는 홀로 그대로 있을 수가 없다면서 쳐들어가 형양(滎陽, 지금의 河南省 滎陽縣 동북 지역)의 변수(汴水) 근처에서 동탁의 군대와 싸웠으나 뜻대로 되지 않아 패하였다. 조조 자신도 화살을 맞고 타고 있던 말도 부상을 당하여 매우 위험한 처지에 빠졌었는데 사촌동생 조홍(曹洪)이 자기 말을 조조에게 넘겨주어 밤이 되자 도망칠 수가 있었다. 뒤로 물러나온 뒤에도 조조는 대역적을 그대로 두고 볼 수 없다면서 군사들을 모집하면서 적은 군대를 이끌고 위험한 처지를 극복하며 계속 싸웠으나 뜻대로 되지 않았다. 조조는 고향 초(譙)로 물러나 군대를 다시 정비하는 수밖에 없었다.

이때 원소는 다른 장수와 함께 유주목(幽州牧) 유우(劉虞)를 황제로 모시자고 조조에게 제의하였으나 거절하였고, 그들의 모의는 뜻대로 되지 않았다.[51]

초평 2년(191); 동탁(董卓)은 태사(太師)가 되어 여러 왕후(王侯)들을 지배

---

51 『三國志』卷1 魏書 武帝紀 裵松之 注 引『魏書』.

하는 위치에 있었으나, 원소의 사촌 아우로 예주목(豫州牧)이던 원술(袁術, ?-199) 밑에 있던 손견(孫堅, 156-192)이 군사를 이끌고 낙양으로 쳐들어 가 동탁을 공격하였다. 동탁은 패하여 장안으로 도망하였다.[52] 여러 장 수들은 치려던 동탁이 싸움에 패하여 장안으로 도망치자, 모두가 제각 기 딴마음을 먹고 자기 세력을 키우는 일에만 혈안이 된다. 소설『삼국 연의』의 주역들도 이 무렵 자리를 잡기 시작한다. 유비(劉備, 161-223)는 관우(關羽, ?-219)와 장비(張飛)를 거느리고 공손찬(公孫瓚, ?-199) 밑의 평원 상(平原相)이 되었다. 손견이 죽은 뒤에 큰아들 손책(孫策, 175-200)이 뒤를 잇게 되는데, 손책은 손권(孫權, 182-252)의 형이다.[53]

혹산(黑山, 지금의 河南省 浚縣 서북 지역)의 황건적 10여 만이 위군(魏郡, 지금의 河北省 臨漳縣 서남 지역)과 동군(東郡, 지금의 河南省 濮陽市 서남 지역)을 공격해 오 자 조조는 군사를 이끌고 동군으로 출격하여 이들을 쳐부수었다. 조조 는 그곳의 동군태수(東郡太守)가 되어 동무양(東武陽, 지금의 山東省 莘縣 남쪽 지 역)을 다스리게 되었다. 조조의 근거지가 이루어진 것이다. 원소 밑에 있던 순욱(荀彧, 163-212)이 조조 밑으로 들어와 사마(司馬)가 되어 중요한 모사(謀士) 노릇을 하게 된다. 그리고 그는 순유(荀攸, 157-214)와 종요(鍾 繇)·희지재(戲志才)·곽가(郭嘉, ?-207) 같은 인재들도 조조의 막료로 끌어 들인다. 또 동군의 동아(東阿, 지금의 山東省 陽谷縣 동북 지역) 사람 정욱(程昱)도 끌어들여 현령(縣令)으로 삼아 역시 뒤에는 조조를 위하여 크게 활약하 게 된다. 그 밖에 이건(李乾)이 수천 명의 무리들을 이끌고 와서 조조의 군대에 합쳐지고, 그의 조카 이전(李典)은 가족과 아래 수천 집안사람들

52 『後漢書』卷9 孝獻帝紀.

53 『三國志』吳書·蜀書.

도합 13,000여 명의 무장 집단을 이끌고 와서 조조에게 붙었다. 장수 전위(典韋, ?-197)도 조조 군대의 하후돈(夏侯惇, 198 전후) 밑으로 들어왔다. 이에 조조의 병력이 크게 늘어났다.

초평 3년(192); 조조가 38세 되는 해이다. 조조는 돈구(頓丘, 지금의 河南省 淸豐縣 서남 지역)에 군대의 근거를 두고 있었는데, 흑산의 황건적이 동무 양을 공격해 왔으나 조조가 모두 물리쳤다. 그리고 조조는 황건적을 치면서 아울러 흉노(匈奴)들도 크게 쳐부쉈다.

이때 동탁 밑에 있던 사도(司徒) 왕윤(王允, 137-192)과 여포(呂布, ?-198)가 손을 잡고 궁전 안에서 동탁을 죽인다. 그러자 동탁의 부하인 이각(李傕, ?-198)과 곽범(郭氾, ?-197)이 장안으로 쳐들어가 왕윤을 죽이고 여포의 군대를 쳐부수었다. 여포는 동쪽으로 도망하여 원소 밑으로 들어가고, 장안은 이각과 곽범이 차지하게 되었다.

다시 백만 명이나 되는 청주(靑州, 지금의 山東省 동북부 지역)의 황건적이 연주(兗州, 지금의 河南省 동북부에서 山東省 중남부에 걸친 지역)를 공격하여 연주목(兗州牧) 유대(劉岱)를 죽여 버리자 진궁(陳宮, ?-198)을 비롯한 그 지방 명사들이 동군에 있는 조조를 연주목으로 모셨다.[54] 조조가 38세 되던 해인데 한 주(州)의 정치와 군대를 다스리는 큰 권한을 거머쥐게 된 것이다. 임시로 연주목이 된 조조는 군대를 거느리고 출전하여 이들 황건적을 쳐서 항복을 받았는데, 이때 100여 만의 백성들이 조조 밑으로 들어오고 30여만의 황건적이 조조의 군대로 편입되었다. 이후 이들은 조조의 중심 병력으로 변하게 되어 그들을 청주병(靑州兵)이라 불렀고, 조조의 군사력은 크게 강화되었다. 조조는 반란자들도 항복해 오면 이들을 잘 다스

---

54 『三國志』卷1 魏書 武帝紀 裵松之 注 引『世語』.

려 모두 자기 밑에 두고 자기를 따라 활동하도록 하였다. 이는 다른 장군들이 황건적을 정벌한 뒤에 항복한 황건적을 처리하는 방법과는 크게 다른 것이었다. 예를 들면 원소(袁紹, ?-202)는 초평 4년(192)에 간독(干毒)이 이끄는 흑산(黑山)의 황건적을 "5일 동안 포위 공격하여 그들을 격파하고, 간독과 그의 부하 일만여 명의 목을 베었다. 원소는 북쪽 산으로 그들을 찾아 추격하여 좌자장팔(左髭丈八) 등 여러 적병들의 목을 모두 베었다. 또 그들의 장수 여러 명과 수만 명의 목을 모두 자르고 그들이 머물던 마을 사람들도 모두 죽였다."[55]고 한다. 공손찬(公孫瓚, ?-199)의 경우에는 초평 2년(190)에 "청주(靑州, 지금의 山東省 동북 지역)와 서주(徐州, 지금의 江蘇省 북부 지역)의 황건적 30만 명을 동광(東光, 지금의 河北省 縣 이름) 남쪽에서 맞아 공격하여 크게 쳐부수고 3만여 명의 그들의 목을 베었다. 황건적은 그들의 수레와 물자 수만 량(兩)을 버리고 도망쳐 황하를 건너려 하였다. 공손찬은 그들이 반쯤 건넜을 때 공격하여 적의 군대를 다시 크게 무찔러 죽은 자가 수만 명에 이르고 그들의 흘린 피가 강물을 붉게 물들였다."[56]고 하였다. 다른 장수들은 이처럼 황건적을 무찌른 다음에도 철저히 그들 나머지 세력을 찾아 잔인하게 모두 죽여 버렸다. 그러나 조조는 이들에 비하여 훨씬 인자하여 항복해 온 황건적을 죽여 버리지 않고 이들을 달래어 모두 자기 부하로 받아들였다. 조조는 현명하여 항복해 온 적군을 두고도 그들을 되살려 먼 뒷날까지 대비할 수가

---

55 『後漢書』卷74 上 袁紹傳; "(討黑山賊干毒)圍攻五日, 破之, 斬毒及其衆萬餘級. 紹遂尋山北行, 進擊諸賊左髭丈八等, 皆斬之. 又擊劉石 · 靑牛角 · 黃龍 · 左校 · 郭大賢 · 李大目 · 于氐根等, 復斬數萬級, 皆屠其屯壁."

56 『後漢書』卷73 公孫瓚傳; "初平二年, 靑 · 徐黃巾三十萬衆入勃海界, 欲與黑山合. 瓚率步騎二萬人, 逆擊於東光南, 大破之, 斬首三萬餘級. 賊棄其車重數萬兩, 奔走度河. 瓚因其半濟薄之, 賊復大破, 死者數萬, 流血丹水."

있었던 것이다. 이 해에 조조의 작은 아들로 시를 잘 지은 조식(曹植, 192-232)이 태어났다.

　초평 4년(193); 연주목이 된 조조는 군대를 견성(鄄城, 지금의 山東省 鄄城縣 북부 지역)에 두고 있었는데, 봉구(封丘, 지금의 河南省 封丘縣)의 원술(袁術, ?-199)이 흑산(黑山)의 황건적 잔당 및 남흉노(南匈奴)와 내통하고 있는 것을 보고 그를 계속 추격하며 격파하였다.[57] 조조의 아버지 조숭(曹嵩, ?-193)은 벼슬을 버리고 고향 초(譙)로 가 있다가 동탁의 난을 피하여 낭야(瑯邪, 지금의 山東省 臨沂市 북쪽 지역)에 가 있었는데, 서주목(徐州牧) 도겸(陶謙, 132-194)의 병사들이 재물을 빼앗으려고 잡아 죽였다.[58] 이에 조조는 그 원수를 갚으려고 이 해 가을부터 다음 해(194) 봄에 이르기까지 도겸의 서주(徐州, 지금의 江蘇省 북부와 山東省 남부 및 安徽省 동부의 일부 지역) 지방 여러 고을을 공략하였다. 『후한서』 권73 도겸전 같은 데에는 이때 조조의 군대가 "남녀 수십만 명을 죽이고 개나 닭도 남기지 않아 사수(泗水)가 막혀 흐르지 못할 정도였다."는 등의 잔인한 전쟁을 하였다고 쓰고 있다. 그러나 아무래도 조조를 나쁜 인물로 만들기 위하여 과장된 표현을 하고 있는 것 같다.

　흥평(興平) 원년(194); 조조가 연주(兗州)를 비운 사이 수하의 진류태수(陳留太守) 장막(張邈, ?-195)과 진궁(陳宮, ?-198)이 여포(呂布, ?-198)를 연주목(兗州牧)으로 모시고 배반하였다.[59] 이에 조조는 자기 내부에 일어난 적과 싸우느라고 큰 타격을 입는다. 조조는 여포와의 싸움에 져 근거지인 연주(兗州)를 잃는다. 다행히 견성(鄄城, 지금의 山東省 鄄城縣 북쪽 지역)과 동

---

57 『三國志』 卷1 魏書 武帝紀.

58 『三國志』 卷1 魏書 武帝紀 裴松之 注 引 『世語』 및 韋曜 『吳書』 참조.

59 『三國志』 卷7 魏書 呂布傳.

아현(東阿縣, 지금의 山東省 陽谷縣 동북 지역) 및 범현(范縣, 지금의 山東省 壽張縣 서쪽 지역)은 보전할 수가 있었다. 이 해 겨울 도겸이 병으로 죽고 유비(劉備, 161-223)가 대신 서주목(徐州牧)이 된다. 또 손책(孫策, 175-200)은 아버지 손견(孫堅, 156-192)이 남긴 부하들을 이끌고 장강(長江)을 건너가 강동(江東) 지역(長江 하류 남쪽의 江蘇·浙江·安徽의 세 省에 걸친 지역을 가리킴)을 근거로 삼는다.

홍평(興平) 2년(195); 조조는 진용을 가다듬고 여포(呂布, ?-198)와 진궁(陳宮, ?-198)의 무리를 공격하여 크게 승리를 거둔다. 여포는 서주의 유비에게로 도망쳤다. 다시 장막(張邈)을 옹구(雍丘, 지금의 河南省 杞縣)에서 포위 공격하였는데, 장막은 자기 부하의 손에 죽었다.[60] 조조는 한나라 왕조를 위하려는 자세여서 헌제는 조조를 연주목(兗州牧)에 임명하였다. 조조는 연주의 고을을 차지하고 있던 장막의 아우 장초(張超)와 장막의 집안사람들을 잡아 완전히 없애버리고 연주 일대를 장악하였다.[61]

동탁은 죽었지만 장안을 차지한 이각(李催, ?-198)과 곽사(郭汜, ?-197)가 권력을 휘두르게 되었다. 이각은 스스로 거기장군(車騎將軍), 곽사는 후장군(後將軍) 등 대장군 다음가는 고급 무관이 되어 서로 세를 과시하였다. 그러나 그들은 황제인 헌제를 서로 자기가 모시려고 다른 여러 장군들과 장안 안팎에서 수개월을 두고 싸우면서 장안 일대를 큰 혼란 속에 몰아넣었다. 이 해 7월에 동한의 헌제는 낙양으로 도읍을 옮기려고 장안을 떠났으나 이들이 서로 싸우는 사이에 크게 어려움을 겪는다. 겨우 목숨만 건져 난관을 겪으면서 이들을 피해 다니게 된다.

건안(建安) 원년(196); 봄부터 연주목으로 있던 조조는 헌제를 낙양으

---

60 『三國志』卷7 魏書 呂布傳; "邈詣袁術請救未至, 自爲其兵所殺."

61 『三國志』卷1 魏書 武帝紀; "十二月, 雍丘潰, (張)超自殺, 夷邈三族."

로부터 자신의 근거지인 허(許, 지금의 河南省 許昌市 동쪽)로 모시려 하여, 원소(袁紹)와 통하고 있는 낙양 부근의 황건적 10여만 명을 격파하였다. 이에 조조의 세력은 연주(兗州, 지금의 河南省 동북부에서 山東省 중남부에 걸친 지역)로부터 예주(豫州, 지금의 河南省 중부와 동부로부터 山東·江蘇·安徽성 일부에 걸친 지역)에 이르게 된다. 이때 조조 이외의 여러 장군들은 황제인 헌제를 받들어 모시려는 사람이 하나도 없었다. 헌제도 그것을 알고 조조를 건덕장군(建德將軍)에 임명했다가 다시 진동장군(鎭東將軍)으로 승진시키고 다시 그의 아버지의 작위(爵位)인 비정후(費亭侯)에 봉해주게 된다.

여러 곳을 전전하다가 안읍(安邑, 지금의 山西省 夏縣 서북 지역)에 머물던 헌제는 이 해 7월에야 장양(張楊, ?-198)과 양봉(楊奉) 및 한섬(韓暹)의 도움으로 마침내 낙양으로 돌아올 수가 있었다. 그러나 궁전은 완전히 타버려 거처할 곳도 마땅치 않았고 식량도 제대로 조달되지 않았다. 장양은 낙양에 헌제를 모실 궁전을 짓고는 거기에 자기 이름을 붙여 '양안전(楊安殿)'이라 부르게 하며 세를 과시하였다.[62] 장양과 한섬 및 양봉 모두 황제에 대한 충성심이 약하여 헌제의 낙양 생활은 여전히 어렵고 혼란스러웠다.

8월에는 조조가 군사를 이끌고 낙양으로 들어오자 한섬은 도망을 쳤다. 헌제는 조조를 사례교위(司隸校尉)[63]에 임명했다가 다시 행정부(行政府)의 우두머리인 녹상서사(錄尙書事)에 앉혔다.

9월에 조조는 헌제를 자기의 세력 아래 있는 낙양 동쪽의 허(許, 지금의 河南省 許昌縣 동쪽 지역)로 모셔 '허'는 동한 제국 최후의 수도가 되었다. 조

---

62 『後漢書』卷72 董卓傳; "七月, 帝還至洛陽, 幸楊安殿. 張楊以爲己功, 故因以楊名殿."
63 司隸校尉; 都邑 지역을 관리하는 地方官. 州의 刺史와 맞먹는 벼슬. 아울러 그는 都邑 관리들의 監督權도 지녔다.

조는 대장군이 되고 또 무평후(武平侯)에 봉해졌다. 헌제는 원소(袁紹)를 태위(太尉)에 임명하려 하였으나 그는 조조보다 지위가 낮은 것이 싫어서 사양하였다. 이때 원소의 병력이 조조보다 훨씬 강하였다. 이에 조조는 대장군의 자리를 원소에게 넘겨주고 자신은 사공(司空)에 거기장군(車騎將軍)[64]을 겸하였다. 그리고 이해에 유비(161-223)는 원술(袁術, ?-199)과 다투는 중에 여포(呂布, ?-198)의 급습을 받아 조조 밑으로 들어왔다. 조조는 유비를 예주목(豫州牧)에 임명하고 여포에 대비하도록 하였다.

그리고 조조는 황제의 신임을 얻은 다음 정치적인 능력도 발휘한다. 동한의 도읍이 된 '허'라는 고장에 황제를 모시고 보니, 오랜 내전으로 세상이 어지러운데다가 가뭄까지 겹쳐 식량이 모자라고 치안도 불안하였다. 이러한 여러 가지 문제를 해결하기 위하여 조조는 '허' 지방에 둔전(屯田)의 제도를 시행하기로 한다. 둔전의 제도라는 것은 서한의 무제(武帝, B.C. 141-B.C. 87)가 처음으로 시행했던 것으로, 변경을 지키는 군사들이 전쟁이 없을 적에는 근처의 땅에 농사를 지어 군대의 식량을 자급자족하게 하던 제도이다. 조조는 오랜 내란으로 소유주가 없게 된 땅을 공전(公田)이라 하고 병사들과 농민들에게 빌려주어 경작하도록 하였다. 그리고 휘하의 유능한 부하를 둔전도위(屯田都尉)와 전농중랑장(典農中郞將) 등에 임명하고 '둔전'의 일을 맡도록 하였다. 1년 정도 이 제도를 시행하자 허 지역에서는 100만 곡(斛)의 곡식을 수확하고 몇 년이 지나자 현(縣)에는 창고에 곡식이 가득 찼다.[65] 그리고 백성들도 잘살게 되었

---

64 司空은 三公 중의 하나로 나라의 建設과 水利를 主管하였다. 車騎將軍은 大將軍 다음가는 고급 武臣이다.

65 『三國志』卷1 魏書 武帝紀 裴松之 注; "『魏書』曰; 是歲乃募民屯田許下, 得穀百萬斛. 於是州郡列置田官, 所在積穀."『三國志』卷16 魏書 任峻傳; "以峻爲典農中郞將, 數年中所在積穀, 倉廩皆滿." 1斛은 10斗임.

다. 뒤에 조조는 이 제도를 자기 지배 아래 들어온 다른 지방에도 계속 시행하여 중원 지역의 농업경제를 크게 발전시킨다.[66]

조조가 연주(兗州)와 예주(豫州)를 근거로 삼고 활동하고 있을 적에 전국 각지에는 아래와 같은 여러 사람들이 제각기 한 지역을 차지하고 세력을 키우며 자기의 욕망을 추구하고 있었다.

원소(袁紹, ?-202)는 조조와 어릴 적부터 친구였으나 뒤에 반역을 꾀한 자로, 기주(冀州, 지금의 河北省 중남부에서 河南·山東省 북부 일부 땅에 걸친 지역)를 근거로 차지하고 있어서 지역이 넓을 뿐 아니라 아래의 병력도 조조보다 훨씬 강세였다. 그러나 결국은 조조에게 패멸한다.[67]

공손찬(公孫瓚, ?-199)은 헌제의 초평 2년(191) 유비를 평원상(平原相)으로 밀어주어 그 밑에 관우(關羽)와 장비(張飛) 같은 명장이 모여들어 세력을 키우게 한 일이 있다. 그때 그는 유주(幽州, 지금의 北京市와 河北省 북부 및 遼寧省 남부 일부분에 걸친 지역)를 근거로 야망을 이루려 하고 있었다. 그러나 조조와 원소를 등지고 행동하다가 원소에게 패하여 자살하고 말았다.[68]

도겸(陶謙, 132-194)은 서주(徐州, 지금의 江蘇省 북부와 山東省 남부 및 安徽성 동부 일부 땅에 걸친 지역)를 근거로 세력을 장악하고 있었다. 그러나 초평 4년(193)에 조조의 아버지가 그의 부하들 손에 죽었기 때문에 조조의 맹렬한 공격을 받았다. 다음 해 도겸이 죽자 유비가 서주목(徐州牧)이 된다. 그러나 그는 여포(呂布)에게 그곳에서 쫓겨나고, 다시 곧 서주는 원술(袁術, ?-199)의 손으로 들어간다.[69]

---

66 뒤의 「제9장 조조의 정치와 재정상의 업적 3. 둔전제의 시행 및 수리사업」 참조 바람.
67 『三國志』卷6 魏書 袁紹傳.
68 『三國志』卷8 魏書 公孫瓚傳.
69 『三國志』卷8 魏書 陶謙傳.

유표(劉表, ?-208)는 형주(荊州, 지금의 湖北省과 湖南省 및 河南·貴州·廣東·廣西 여러 省 일부 땅에 걸쳐 있던 지역)를 차지하고 있었으나 자기 스스로가 한나라 왕실의 혈통을 계승한 자라 생각하고 행동하여 결국은 조조에게 멸망당하였다.[70]

원술(袁術, ?-199)은 서주와 양주(揚州)의 일부 지역(지금의 安徽省 淮河 하류 일대의 지역)을 근거로 세력을 키우고 있었다. 뒤에 조조에게 멸망당하였고, 양주는 손책(孫策)에게로 돌아갔다.[71]

유언(劉焉, ?-194)은 익주(益州, 지금의 四川省 및 陝西·甘肅·湖北·貴州·雲南의 여러 省 일부 땅에 걸친 지역)를 근거로 세력을 키우고 있었다. 그의 아들 유장(劉璋, ?-219) 대에 이르러 유비에게 멸망당하였다.[72]

마초(馬超, 176-222)와 한수(韓遂, ?-215)는 양주(涼州, 지금의 甘肅省·寧夏省과 靑海省 및 內蒙古 땅 일부에 걸친 지역)에 뿌리를 박고 세력을 키우고 있었다. 그들은 뒤에 조조에게 멸망당한다.[73]

손책(孫策, 175-200)은 강동(江東, 지금의 長江 하류 남쪽 江蘇·浙江·安徽 여러 성에 걸친 지역) 지역을 차지하고 세를 부풀리고 있었다.[74]

건안 초기는 이상과 같은 여러 사람들이 조조 못지않은 세력을 가지고 멋대로 자기 욕망을 추구하고 있던 복잡한 시대였다. 그러나 조조는 헌제를 자기의 근거지로 모신 다음에는 실제로 황제와 같은 역할을 하면서 반역을 꾀하는 강자들을 모두 정벌하여 동한의 목숨 줄을 유지

---

70 『三國志』卷6 魏書 劉表傳.

71 『三國志』卷6 魏書 袁術傳.

72 『三國志』卷31 蜀書 劉焉傳.

73 『三國志』卷1 魏書 武帝紀.

74 『三國志』卷46 吳書 孫破虜討逆傳.

시켜 준다.

건안 2년(197); 조조는 유표(劉表, ?-208)를 따라 그에게 적대하는 완(宛, 지금의 河南省 南陽市)의 장수(張繡)를 공격하여 항복을 받았다. 장수는 장안을 차지하고 권력을 휘두르던 이각(李傕) 및 곽범(郭氾)과 어울리던 삼촌 장제(張濟)가 싸우다가 죽자 그의 세력을 물려받은 것인데, 조조가 장제의 처를 첩으로 받아들인 데 대하여 불만을 갖고 있었다.[75] 그런데 조조가 다시 자기의 빼어난 장군인 호거아(胡車兒)를 많은 돈을 써서 자기 편으로 끌어들이자, 장수는 조조가 자기 사람을 이용하여 자기를 없애버리려 하는 것 아닌가 하고 의심하였다. 조조는 그가 자기에게 불만을 품고 있음을 알고 그를 없앨 계책을 세웠다. 그러나 장수는 조조의 계책을 미리 알아차리고 먼저 반란을 일으켰다.[76] 조조는 아무런 대비도 없이 반란을 당하여 공격을 받고 자신도 화살을 맞은 위에, 큰아들 조앙(曹昂)과 동생의 아들 조안민(曹安民)도 희생되었다. 그러나 조조는 이때 자기의 장군 전위(典韋)가 조조를 위하여 용감히 싸우다가 죽은 것을 무척 애통해하였다.[77] 다시 장수와 싸워 그해 겨울에야 그를 격파하고 자기의 근거지인 허(許)로 돌아왔다.

원술(袁術, ?-199)이 수춘(壽春, 지금의 安徽省 壽縣)에서 스스로 황제 자리에 오르자, 조조는 그를 공격하여 멀리 몰아내었다. 연말에 장수가 유표(劉表, ?-208)와 함께 다시 침략하여 조조는 남쪽으로 나가 그들을 공격하였다. 이해에 조조는 정부인 정(丁) 씨와 헤어져 조비(曹丕) 등을 낳은 변(卞)

---

75 『三國志』卷8 魏書 張繡傳: "太祖納濟妻, 繡恨之."

76 『三國志』卷8 魏書 張繡傳 裵松之 注: "『傳子』曰: 繡有所親胡車兒, 勇冠其軍. 太祖愛其驍健, 手以金與之. 繡聞而疑太祖欲因左右刺之, 遂反."

77 『三國志』卷18 魏書 典韋傳: "太祖退住舞陰, 聞韋死, 爲流涕, 募閒取其喪, 親自臨哭之, 遣歸葬襄邑."

씨가 정부인이 된다.

건안 3년(198); 조조는 다시 장수(張繡)를 공격하여 쳐부수었다. 유표(劉表)가 장수를 구해주려고 나서자 힘든 처지에 놓였으나 결국은 그들을 크게 격파하고 허(許)로 돌아왔다. 가을에 여포(呂布, ?-198)가 패(沛)에 있는 유비(161-223)를 공격하여 유비는 홀로 조조에게 도망 온다. 조조는 유비를 그대로 예주목(豫州牧)으로 대우한다. 다시 유비가 조조의 도움으로 나가서 여포와 싸웠으나 또 패하였다.[78] 이에 조조는 직접 출전하여 여포를 하비(下邳, 지금의 江蘇省 睢寧縣 서북)에서 포위 공격하여 그를 사로잡아 죽인다.

건안 4년(199); 조조가 여포를 칠 때 대사마(大司馬)로 조조를 돕다가 휘하의 장수에게 살해된 장양(張楊, ?-198) 휘하의 장수로 있던 휴고(睢固, ?-199)가 역시 배반을 하고 부하를 이끌고 반역을 하는 원소(袁紹)에게 투항하였다. 원소는 공손찬(公孫瓚, ?-199)을 멸하고 네 개의 주를 차지한 뒤, 맏아들 원담(袁譚, ?-205)에게는 청주(青州), 둘째 아들 원희(袁熙, ?-207)에게는 유주(幽州), 생질 고간(高幹, ?-206)에게는 병주(并州)를 다스리도록 맡기고 요동(遼東)의 오랑캐 오환(烏丸)의 선우(單于)와 내통하여 황하 이북에 튼튼한 점령지를 다졌다. 그리고 원소는 휴고에게 사견(射犬, 지금의 河南省 沁陽縣 동북 지역)을 점유하게 하였는데, 사견이란 곳은 황하 북쪽 기슭의 요지여서 조조는 그대로 보고만 있을 수가 없었다. 조조가 공격해 오자 휴고는 휘하의 장수 설홍(薛洪)과 유상(繆尚)에게 사견을 지키게 하고 자신은 북쪽으로 원소에게 구원병을 요청하러 갔다. 그러나 중간에 조조의 군대를 만나 싸우다 패하여 휴고는 죽고 만다. 그리고 사견을 포위

---

78 『後漢書』卷75 呂布傳.

공격하자 그곳을 지키던 설홍과 유상은 부하를 거느리고 조조에게 항복하였다. 조조는 항복해 온 이들을 모두 열후(列侯)로 봉해주었다.

이때 원소는 넓은 땅과 10여 만의 군사를 거느리고 조조의 근거지인 허(許)를 공격하려 하고 있었다. 가을에 조조는 원소가 차지하고 있는 여러 지역을 공격하고 돌아온다. 겨울에 장수(張繡)가 부하를 이끌고 와서 항복하자 그를 열후로 봉해준다. 그리고 조조는 직접 군대를 거느리고 관도(官渡, 지금의 河南省 中牟縣 동북 지역)에 주둔하여 원소와 황하를 사이에 두고 대치한다.

헌제와 가까운 외척으로 거기장군(車騎將軍)인 동승(董承, ?-200)이 유비 (161-223)와 모의를 하여 조조를 죽여 버리려 하였다. 그러나 일이 조조에게 먼저 발각되자 유비는 원소(袁紹) 밑으로 도망가서, 관우(關羽, ?-219)를 하비(下邳)에 두고 조조에게 저항하도록 한다.

건안 5년(200); 조조 46세. 거기장군(車騎將軍) 동승(董承)과 몇몇 친구들이 조조를 죽이려고 모의하다가 그 사실이 발각되어, 조조는 동승의 무리를 모두 잡아 죽이고 그들의 삼족(三族)을 멸하였다. 그리고 직접 군사를 이끌고 가서 유비를 격파하고 그의 처자들을 사로잡았다. 다시 하비를 공격하여 관우도 사로잡았는데, 조조는 관우를 잘 대우하였다. 유비는 원소의 아들 원담(袁譚)이 자사(刺史)로 있는 청주(靑州)로 도망쳤다.

연초에 원소는 조조를 치려고 결심을 하고 모든 고을에 진림(陳琳, ?-217)이 쓴 조조를 공격하는 격문(檄文)을 돌렸다. 그 격문에는 조조의 할아버지와 아버지를 마구 욕하고 조조도 못된 인간임을 쓴 글이었음은 앞에서 이미 언급하였다. 2월에 원소는 먼저 군대를 내보내어 백마 (白馬, 지금의 河南省 滑縣 동쪽)에 있는 조조의 군대를 공격하였는데, 조조 밑에서 편장군(偏將軍)으로 있던 관우가 선봉으로 나가 이들을 물리쳤다.

백마의 전투에서 승리한 다음 조조의 군대는 황하를 건너 철수하는 낌새를 보이며 연진(延津, 지금의 河南省 新鄕市 동남쪽)으로 왔다. 원소는 문추(文醜)와 유비에게 오륙천 명의 기병을 이끌고 이들을 추격하게 하였다. 조조는 방심하고 있는 듯이 보이다가 이들을 급습하여 장수 문추를 잡아 죽이며 적을 크게 무찔렀다. 그리고 조조는 군대를 황하 남쪽의 관도(官渡)에 집결시켰다. 관우는 조조가 자기를 후하게 대접해 준 은혜에 보답하였다 생각하고 다시 의리를 지키기 위하여 유비에게로 도망쳐 돌아갔다.[79]

8월이 되자 원소가 10만의 대군을 이끌고 공격해 왔다. 관도를 지키는 조조의 군대는 만 명 정도여서 이들을 맞아 두어 달에 걸쳐 여러 번 어려운 싸움을 되풀이하였다. 10월에 원소는 대량의 양식을 날라 오게 하면서 휘하의 장수 순우경(淳于瓊)에게 1만여 명의 군사를 이끌고 이를 호송토록 하였다. 이 사실을 전해 들은 조조는 직접 5,000의 부하를 이끌고 이들을 치러 나섰다. 새벽에 조조의 군대는 적을 급습하였다. 원소는 이들을 지원하라고 기병대를 보냈으나 조조의 군대는 적은 수로도 용감히 싸워서 이들을 쳐부수고 장수 순우경(淳于瓊)도 죽였다. 한편 원소는 조조가 군대를 이끌고 밖으로 나간 것을 알고 직접 군사를 이끌고 조조의 본진이 있는 관도를 공격하였다. 원소의 군대가 활을 비가 쏟아지듯 쏘아대며 공격해 오자 조조의 군대는 무척 두려워 떨었다. 조조도 후퇴하려 하였으나 순욱(荀彧)의 건의를 따라 다시 군사들을 격려하여 원소의 군대를 공격하여 승리하게 된다. 이 전투를 할때 조조는 다음과 같은 영을 내리고 있다.

---

[79] 『三國志』卷36 蜀書 關羽傳.

『좌전(左傳)』에 말한 대로 돌쇠뇌가 움직이면 북을 울리고 전진하라!

『傳』言；霹動而鼓！[80]

　건안 5년 9월 관도에서 조조가 원소와 싸울 적에, 공격하는 원소의 군대는 흙으로 산을 높이 쌓고 그 위에 나무로 크고 높은 받침대를 세운 다음 병사들이 그 위에서 활로 공격하여 조조의 병사들은 자유롭게 움직일 수가 없었다. 병사들이 두려워 떨자 조조는 영을 내려 새로운 무기인 '돌쇠뇌'를 만들게 하고, 돌쇠뇌로 적을 반격하도록 하였던 것이다. 한자 霹(괴)를 돌쇠뇌라 번역하였는데, 이것은 큰 돌을 멀리 쏘아 날릴 수 있는 기계다. 조조의 군대는 조조의 영대로 돌쇠뇌를 만들어 활을 쏘아대는 흙산 위의 적에게 돌을 날려 보내며 전진 공격하여 이 관도의 싸움을 승리로 이끄는 계기가 되었다. 그리고 싸우는 도중에 군량을 호송하던 장수 순우경이 조조에게 패하여 죽었다는 소식이 전해지자 원소의 부대는 더욱 사기를 상실하고 패하게 되어 모두가 항복하였다.

　이때 원소와 그의 아들 원담(袁譚, ?-205)은 부하들을 모두 버리고 황하 북쪽으로 도망쳤다. 조조는 원소의 대군을 격파한 승리에 고무돼 바로 동한 헌제에게 원소의 대군을 무찔렀다는 상소문을 올리고 있다.[81] 이 '관도의 싸움'의 승리는 조조의 병력을 크게 키워주는 결정적인 계기가 된다. 원소가 지니고 있던 군용물자와 보물과 함께 그의 군사들을 모두 자기 휘하로 거둬들였기 때문이다. 그리고 지금의 하북(河北)과 산동

---

80 『太平御覽』卷337 引 『魏武本紀』曰；上與袁紹軍于官渡, 賊射營中, 行者皆被甲, 衆皆恐. 上令；『傳』言；霹動而鼓. 『說文』曰；霹, 發石車也. 乃造發石車.

81 『三國志』卷1 魏書 武帝紀 裴松之 注에 『獻帝起居注』를 인용하여 曹操의 上疏文을 싣고 있음.

(山東)의 두 성에 걸쳐 있던 기주(冀州)와 산서(山西)성의 일부를 자기 지역으로 더 차지하게 되었다. 조조의 생애는 관도의 싸움에서 승리한 무렵을 계기로 크게 달라진다. 이전까지는 적은 병력을 거느리고 황건적과 반란자 동탁 및 여포 등을 쳐서 동한 왕실을 보호하느라고 사력을 다해 온 시절이고, 그 이후로는 확실한 대군을 거느린 장군으로 죽을 때까지 반란자들을 크게 물리치며 동한의 헌제를 끝까지 흔들림 없이 황제 자리에 앉아있게 한 시기가 된다. 따라서 헌제를 보호하고 있는 그의 지위도 그 뒤로 크게 높아지기 시작한다. 건안 13년에는 나라를 다스리는 승상(丞相)이 되고, 건안 18년에는 위나라를 다스리는 제후인 위공(魏公)에 봉해지고, 건안 21년에는 위나라의 격을 한 층 높여주어 위왕(魏王)이 되어 위세를 과시하다가 건안 25년(220)에 66세로 일생을 마친다. 뒤에 다시 자세히 이야기하겠지만 아들 조비(曹조)가 그의 뒤를 이어 위나라 왕이 되는데, 동한의 헌제가 바로 그의 황제 자리를 왕이 된 조비에게 물려주어, 그는 위나라 황제인 문제(文帝)가 되고 아버지 조조는 무제(武帝)로 높여주게 된다.

그리고 오나라 손책(175-200)은 조조가 원소와 다투고 있는 사이에 조조의 근거지인 허(許)를 습격하려 하였으나 자객에게 죽임을 당하여 손권(182-252)이 뒤를 잇게 된다.

건안 6년(201)으로 다시 돌아간다. 이해에 조조가 원소의 나머지 세력을 소탕하고 남쪽으로 유비를 공격하자 유비는 유표(劉表, ?-208)에게로 도망쳤다.

건안 7년(202); 조조 48세. 정월에 조조는 고향 초(譙)로 돌아와 자신이 의병을 일으켜 싸우는 중에 전사한 많은 사람들의 후손 문제와 유족들의 생활문제 및 자제들의 교육 문제 등을 해결하기 위한 영(令)을 내렸다. 원소는 여름에 병으로 죽었으나 아들 원담(袁譚, ?-205)과 원상(袁尙, ?-207)이 남아 있어 이들을 쳤다. 이들 형제는 마음이 잘 맞지 않아 조조에게 어려운 적이 되지 못하였다. 다른 한 편으로 군대를 보내어 남흉노(南匈奴)도 포위 공격하여 투항시켰다.

건안 8년(203); 봄에 다시 원담과 원상을 공격하여 크게 무찌르자 이들 모두 밤중에 도망쳤다.

가을에는 젊은이들의 교육을 위하여 각 현(縣)의 500호(戶)마다 교관(校官)을 두고 우수한 자제들을 뽑아 교육시킨다는 영을 내렸다. 원소를 없애버리고 기주(冀州, 지금의 河北省 중남부에서 河南省 및 山東省 북부에 걸쳐 있는 지역)를 자기 지배 아래 넣은 뒤에는 백성들을 편히 살 수 있도록 해주기 위하여 조세(租稅)를 줄여주는 등의 여러 가지 새로운 정책을 편다.

원담과 원상이 서로 싸우기 시작하여 원담이 몰리게 되자 조조가 그를 구해주어 결국은 자기 편으로 만들었다.

건안 9년(204); 조조는 업(鄴, 지금의 河北省 臨漳縣 서남 지역)을 중심으로 여러 곳에 진을 치고 있는 원상의 무리들을 공격하였다. 가을에는 원상이 업을 방위하려고 왔으나 조조가 그를 포위하고 공격하자 패하여 도망쳤다. 영을 내려 새로운 세제(稅制)를 발표하고 전란에 시달리는 황하 북쪽 지방의 백성들에게는 일 년간의 세금을 면제해 주었다. 헌제는 조조를 기주목(冀州牧)으로 삼는다. 조조가 업을 포위 공격할 때 원담은 반역적인 행동을 하여 조조가 그를 치려 하자 달아났다.

건안 10년(205); 조조 51세. 하북(河北)의 원담을 공격하여 죽이고 청주(靑州)와 기주(冀州) 전역을 완전히 장악한다. 조조가 원담을 죽인 다음 길거리에 그의 목을 내걸고 "감히 이 자를 위하여 곡하는 자는 그의 처자들까지도 처벌할 것이다.(敢哭之者, 戮及妻子.)"라는 엄한 영을 내리고 있다.[82] 조조가 원소를 친 뒤에도 반역을 계속하는 그의 자식들인 원담과 원상(袁尚)·원희(袁熙)를 정벌하는 데 얼마나 애를 먹었는가 알려주는 영이다. 그리고 조조는 곧 그의 군대 근거지를 원소가 오랫동안 도사리고 있던 업(鄴)으로 옮긴다. 그리고 영을 내려 개인적인 파당을 만들어 자기들끼리 어울리며 근거 없이 남을 비난하는 짓을 하지 못하도록 하였다.

원소의 나머지 두 아들 원상(?-207)과 원희(?-207)는 자신의 대장들이 반기를 들고 일어나 요서(遼西, 지금의 遼寧省 義縣 서쪽 지역)의 오환족(烏桓族)이 있는 곳으로 도망쳤다. 이때 오환족은 국경 안으로 침입하여 요동(遼東, 지금의 遼寧省 遼陽市 북쪽 지역)과 요서 및 우북평(右北平, 지금의 河北省 豐潤縣 동쪽 지역) 3군(郡)을 차지하고 약탈을 일삼고 있었다. 흑산(黑山)의 황건적 나머지 세력이 조조에게 와서 투항하였다. 가을에는 다시 출동하여 오환족을 쳐서 국경 밖으로 쫓아내었다. 그리고 다시 세상의 풍속과 질서를 바로잡는 영을 내렸다.

건안 11년(206); 정월에 업(鄴)에서 북쪽으로 도망쳐 저항하던 원소의 외조카 고간(高幹, ?-206)을 쳐서 병주(幷州, 지금의 山西省과 內蒙古自治區 및 河北省 일부에 걸쳐 있던 지역)를 제압하였다. 가을에는 동쪽의 해적을 정벌하였다. 오환족이 유주(幽州, 지금의 北京市와 河北省 북부 및 遼寧省 남부에 걸쳐 있던 지역)를 침략했을 적에 원소는 그들과 야합하여 그들을 도왔으므로, 그의 아들 원상 형제는 오환족이 있는 곳으로 도망왔던 것이다. 이에 조조는 이들을 정벌하려고 미리 하북(河北) 일대에 평로거(平虜渠)와 천주거(泉州渠) 같은 운하를 개설하여 군대와 군대 식량의 운송을 원활하게 할 수 있도록 준비한다.

---

82 『三國志』卷11 魏書 王脩傳 裴松之 注에 인용된 『傅子』에 실려 있음.

건안 12년(207); 봄에 조조는 영을 내려 자기가 "의병을 일으켜 반란자들을 모두 물리칠 수 있던 것은 휘하 모든 현명한 사람들의 공로다."라고 하면서 공로가 있는 신하 20여 명을 모두 열후(列侯)로 봉하고 나머지 사람들에게도 공로의 차등에 따라 모두에게 벼슬이나 상을 내려주었다. 그리고 조조는 다시 영을 내려 왕후로서 자기의 봉지(封地)에서 거둬들이는 조세(租稅)를 자기 밑에서 애쓴 장수와 관원들에게 나누어 주기로 한다.

다시 원소의 세력을 소멸하고 오환족의 침략을 격퇴하여 북쪽 지역을 안정시키려고 오환족 정벌에 나섰다. 조조는 오환의 중심 근거지인 유성(柳城, 지금의 遼寧省 朝陽 남쪽)을 곧장 공격하여 오환군 포로 20여 만 명을 사로잡고 그들의 수령인 답돈(蹋頓)까지 잡아 죽였다. 원소의 아들인 원상(袁尚)과 원희(袁熙)는 요동(遼東)으로 도망쳤으나 죽임을 당한다. 이 싸움을 끝내고 돌아오는 길에 갈석산(碣石山, 지금의 河北省 秦皇島 부근)을 지나다가 바다를 바라보며 흥이 나서 그의 유명한 시 「관창해(觀滄海)」[83]라는 명편을 남기게 된다. 이 덕분에 오랜 세월 이민족의 지배 아래 시달려온 동북(東北) 변경의 백성들이 평화로운 세상을 맞게 된다. 이해에 유비는 명장 제갈량(諸葛亮, 181-234)을 자기 밑으로 맞아들인다.

건안 13년(208); 조조 54세로 승상(丞相)이 된다. 7월에 조조는 20만에 가까운 대군을 거느리고 남쪽의 유표(劉表)를 정벌하려고 나섰다. 마침 형주(荊州)의 유표가 병으로 죽고 아들 유종(劉琮)이 뒤를 잇고, 유비(劉備)는 그 휘하의 고을 번(樊, 지금의 湖北省 襄樊市)을 차지하고 있었다. 9월에 조

---

83 「步出夏門行」 시의 제2수로 뒤의 「제9장 조조의 문학 2) 조조의 사언시」에 인용되고 있으니 참조 바람.

조가 남쪽으로 정벌을 나서자 유종은 바로 항복하였고, 유비는 공격을 받고 동쪽으로 도망쳤다. 남쪽의 장강의 유역까지 내려온 조조는 양양(襄陽)과 강릉(江陵)의 넓은 땅(지금의 湖北省 일대)을 차지한 다음 남쪽의 손권(孫權)을 치려 하였다. 유비는 하구(夏口, 지금의 湖北省 漢口)로 와 있다가 제갈량의 권유로 손권과 손을 잡고 장강을 거슬러 올라가 조조의 대군과 대치하게 되었다. 손권과 유비의 연합군은 적벽(赤壁, 지금의 湖北省 嘉魚縣 동북)에서 조조의 군대와 싸우게 되었다. 조조의 군대는 물 위에서 싸워본 경험이 없어서 대비가 시원치 않았고, 한편 손권의 장수 주유(周瑜, 175-210)는 조조의 대함대를 향하여 불로 공격을 펼쳤는데 운 좋게 강한 동남풍이 불어주어 조조의 군함들은 모두 큰 불길에 휩싸여 사람이고 말이고 모두 물에 빠져 죽게 되었다. 이에 조조는 몇몇 장군에게 강릉(江陵)과 양양(襄陽)을 지키게 하고 자신은 군대를 이끌고 북쪽으로 도망하였다. 이 '적벽의 대전'은 조조 군대의 완패였다.[84]

이로써 손권은 강남 양주(揚州) 지역(지금의 江西省에서 福建省에 걸친 지역)에 기반을 튼튼히 하게 되고, 유비는 형주(荊州, 지금의 湖南省에서 湖北省에 걸친 땅)를 발판으로 촉(蜀) 땅 익주(益州, 지금의 四川省)로 발전하게 되어, 이로부터 이른바 세 나라인 삼국이 서로 싸우는 유명한 정세를 전개시키게 된다.

조조는 적벽의 싸움에서 패한 다음 북쪽 초(譙)로 돌아와 다시 세력을 규합하였다. 이 해 겨울에는 남쪽 손권이 10만의 대군을 동원하여 합비(合肥, 지금의 安徽省 合肥市)를 포위 공격하였다. 조조는 합비를 잃을까 걱정되어 즉시 적의 포위를 풀기 위하여 군대를 파견하였는데, 손권은 싸워보지도 않고 포위를 풀고 돌아갔다.

---

84 『三國志』卷9 吳書 周瑜傳 및 司馬光『資治通鑑』

건안 14년(209); 조조는 수군 없이는 손권과 제대로 싸울 수가 없다고 생각하고, 초(譙)에서 가벼운 배를 만들고 수군을 훈련시켰다. 새로운 수군 부대가 이루어지자 7월에는 직접 군대를 이끌고 합비로 출동하여 그곳의 수비군과 합세하였다. 이어서 회남(淮南) 지역(지금의 安徽省 일대)을 제압하고, 그곳에서도 둔전(屯田)제도를 시행한다.

건안 15년(210); 현명한 인재를 구하여 쓰려고 조조는 현명한 인재를 구한다는 영(令)을 내렸다. 실지로 조조는 원소의 밑에서 자기를 욕하는 격문(檄文)을 쓴 진림(陳琳, ?-217) 같은 사람도 그의 재주를 인정하고 뒤에 자기 밑으로 받아들이고 있다. 12월에는 승상 자리에 있는 자기에게 헌제가 내려준 무평(武平, 지금의 河南省 고을)과 양하(陽夏, 지금의 河南省 고을)·자(柘, 지금의 河南省 柘縣 북쪽 지역)·고(苦, 지금의 河南省 고을)의 네 현(縣)의 영지(領地) 중 1만 호(戶)인 무평 한 현만을 받고 나머지 세 현은 사양한다는 자기의 뜻을 밝히는 영을 세상에 널리 편다.[85] 자기는 동한의 왕실을 위협할 정도의 큰 세력을 차지하지는 않겠다는 뜻을 스스로 밝힌 것이다. 겨울엔 업(鄴)에 동작대(銅雀臺)를 건설한다. 다시 건안 18년에는 금호대(金虎臺), 그 뒤에 다시 빙정대(冰井臺)를 건설하여 그 위를 복도로 연결하여 놓고 삼대(三臺)라 불렀다. 조조는 특히 노래와 춤과 함께 여자를 좋아하여 이들 삼대 위에서 기녀들을 불러 노래 부르고 춤을 추게 하면서 잔치를 즐겼다. 심지어 건안 25년(220) 그가 죽기 직전에 유언으로 내린 영에도 이런 대목이 보인다. 조조가 얼마나 기녀들의 노래와 춤을 좋아했는가를 알기에 좋은 글이라 그 일부분을 아래에 인용한다.

---

85 이 대목은 『三國志』 卷1 魏書 武帝紀 裵松之 注에 인용한 『魏武故事』의 기록 의거.

… 내가 죽은 뒤에는… 업(鄴)의 서쪽 언덕 위에 장사지내되… 금이나 옥 같은 보물은 함께 묻지 말아라. 나의 첩과 기녀들은 모두 고생을 하였으므로 동작대에서 지내도록 하고 그들을 잘 대우해 주기 바란다. 동작대 위에 여섯 자의 상을 차려놓은 다음 고운 삼베 장막을 쳐놓고 아침저녁으로 말린 고기와 말린 과자 같은 것을 올려라. 매월 초하루와 보름날에는 아침부터 한낮에 이르기까지 늘 장막 앞에서 노래 부르고 춤을 추도록 하라. 너희들은 때때로 동작대에 올라가 내 서쪽 언덕의 묘를 바라보도록 하라.[86]

건안 16년(211); 맏아들 조비(曹丕, 187-226)를 오관중랑장(五官中郎將)[87]을 겸하여 승상부(丞相副)에 임명하였다. 3월에는 군대를 파견하여 한중(漢中, 지금의 陝西省 漢中市 동쪽 지역)의 오두미도(五斗米道)의 두목인 장로(張魯, ?-216)를 공격하였다.

앞의 중평 원년(184)에 일어난 황건적의 난을 다루면서 오두미도에 대해서는 건안 16년 대목에서 다시 설명하겠다고 하였다. 오두미도는 동한 순제(順帝, 125-144) 때에 장릉(張陵, 또는 張道陵, 84-156)이 촉군(蜀郡, 지금의 四川省 成都)에서 조직한 종교다. 노자의 『도덕경』을 주요 경전으로 삼으며 그 지방의 무귀(巫鬼) 신앙도 끌어들여 주로 농민들에게 전파하였다. 신자가 되려면 다섯 말의 쌀(五斗米)을 보시해야 했으므로 오두미도라 불리게 되었다. 장릉은 후세에 도가에서 교주의 한 분으로 받들어 모시

---

86 『曹操集』(中華書局 1974년 板本)「遺令」; … 吾死之後,… 葬于鄴之西岡上,… 無藏金玉珍寶. 吾婢妾與伎人皆勤苦, 使著銅雀臺, 善待之. 于臺堂上安六尺床, 施繐帳, 朝晡上脯糒之屬. 月旦十五日, 自朝至午, 輒向帳中作伎樂. 汝等時時登銅雀臺, 望吾西陵墓田.(이 「遺令」은 여러 책에 분산되어 실려 있고 글도 서로 달라서, 中華書局에서 모아 정리해 놓은 것을 따랐음.)

87 五官中郎將; 皇帝의 侍衛들을 거느리고 皇帝와 都邑의 안전을 책임지는 벼슬임.

게 된다. 이 종교는 곧 관중(關中)과 함양(咸陽) 일대를 중심으로 퍼지며 장릉을 천사(天師)라 부르면서 천사도(天師道)라고 불리게 되었다. 장릉이 죽은 뒤에는 아들 장형(張衡)에 이어 손자 장로(張魯, ?-216)가 그 일을 계승하게 된다. 장로는 어려움을 극복하며 한중(漢中, 지금의 陝西省 漢中市 동쪽 지역)을 중심으로 하여 지금의 섬서성 남부로부터 사천성(四川省) 북부에 이르는 넓은 지역에 그의 세력을 펴고 버텼다. 그러나 건안 20년(215)에 결국은 조조의 공격에 굴복하고 투항하였다. 그러나 서진(西晉) 이후로는 오두미도가 여러 갈래로 분파하여 남과 북의 천사도 및 정일도(正一道) 등이 이루어지게 된다.

조조가 건안 13년(208)에 적벽의 싸움에서 패하고 북쪽으로 돌아와 가장 힘을 기울인 것은 관서(關西) 지방(지금의 函谷關 서쪽 지역)을 점유하고 있는 세력을 정비하여 자신의 세력을 공고히 하는 것이었다. 당시 관서 지방은 마초(馬超, 176-226)와 한수(韓遂, ?-215)가 점유하고 있었다. 그들은 건안 5년(200) '관도의 싸움'이 있은 무렵에는 겉으로 조조에게 굴복하는 체하였으나 계속 자기들의 실력을 바탕으로 자기 멋대로 행동하고 있었다.[88] 이때 마초와 한수는 다른 자들까지 자기 편으로 끌어들인 다음 10만이 넘는 세력으로 조조에게 반기를 들었다. 이에 건안 16년(211) 조조는 먼저 사촌동생 조인(曹仁, 168-223)을 보내어 그들을 치게 하였으나 만족 못 하고 7월에는 조조가 57세의 나이로 직접 서쪽으로 출정하여 반역을 일삼던 마초와 한수를 정벌하여 관중(關中) 지방(지금의 函谷關 서쪽, 陝西·甘肅·寧夏·內蒙古 등의 省에 걸친 지역)을 평정하였다.

건안 17년(212); 마초의 나머지 세력이 남전(藍田, 지금의 陝西省 고을)을 차

---

88 『三國志』卷21 魏書 衛覬傳 裵松之 注 引『魏書』참조.

지하고 있어서 조조는 군대를 보내어 이들을 정벌하였다. 조조가 손권을 공격하자, 유비는 이 틈을 타 성도(成都, 지금의 四川省)를 엿보다가 결국은 2년 뒤 익주목(益州牧)인 유장(劉璋, ?-219)을 공격하고 성도로 들어가 자신이 익주목이 되어 그곳을 자기의 거점으로 삼는다.[89]

건안 18년(213); 조조 59세. 손권을 1개월 넘게 치고 업(鄴)으로 돌아온다. 5월 기주(冀州) 10군(郡)을 식읍(食邑)으로 내려받고, 위공(魏公)의 칭호가 내려져 정식으로 위(魏)나라가 출발한다. 그리고 헌제는 조조에게 '찬배불명(贊拜不名, 관원이 이름을 부르지 않아도 황제를 찾아갈 수 있는 것)', '입조불추(入朝不趨, 황제가 있는 조정안으로 들어와서 종종걸음을 하지 않아도 됨)', '검리상전(劍履上殿, 칼을 차고 신발을 신고 궁전 안으로 들어올 수 있는 것)' 등의 신하로서는 누릴 수 없는 파격적인 특권도 내려주었다. 조조는 위나라에 상서(尙書)·시중(侍中)·육경(六卿) 같은 황제의 조정을 본뜬 벼슬자리를 마련하고, 위나라의 사직(社稷)과 종묘(宗廟)도 세웠다. 이에 조조는 황제와 똑같은 권세와 형식을 다 갖출 수가 있게 된 것이다. 그리고 세 딸을 귀인(貴人, 둘째 부인)으로 헌제에게 바쳤다. 마초(馬超, 176-222)가 오랑캐들과 손을 잡고 반역적인 짓을 하고 있어서 하후연(夏侯淵, ?-219)을 보내어 토벌하였다.

건안 19년(214); 연초에 밑의 장수들을 시켜 오랑캐들과 손을 잡고 있는 마초와 한수를 쳐서 멀리 쫓아내었다. 3월에 헌제는 위공인 조조를 여러 후왕(侯王)들의 윗자리에 올려주고, 왕이 쓰는 금 도장과 붉은 도장을 매다는 끈과 왕이 쓰는 원유관(遠遊冠)을 내려주었다. 7월엔 손권을 공격하였다. 10월에는 30여 년 농서(隴西, 지금의 甘肅省 狄道縣 서남 지역)에서 자리 잡고 세력을 키운 뒤 스스로 왕을 자칭한 송건(宋建)을 쳐서 죽였

89 『三國志』卷32 蜀書 先主傳.

다. 11월에는 황후(皇后) 복씨(伏氏)가 자기 아버지 복완(伏完)과 모의하여 조조를 제거하려다가 발각되어, 오히려 두 명의 황태자를 비롯하여 그의 집안사람들까지 모두 함께 조조에게 잡혀 죽는다.

건안 20년(215); 조조는 귀인으로 있는 세 딸 중의 중간 딸을 헌제의 황후로 삼는다. 직접 군대를 이끌고 오두미도(五斗米道)를 바탕으로 서쪽 한중(漢中, 지금의 陝西省 漢中市 동쪽 지역)에 자리 잡고 있는 장로(張魯, ?-216)를 다시 공격하여 크게 격파하여 항복을 받는다. 그러나 그가 공격을 받았을 때 부하들이 곡식과 보물이 저장된 창고를 불태우려 하자 장로는 "창고의 물건은 나라의 것"이라고 하면서 창고에 봉인(封印)을 하고 불을 붙이지 못하게 하였다. 조조는 이러한 장로의 행동을 높이 평가하고, 항복한 장로와 함께 그의 다섯 아들 모두를 열후(列侯)로 봉해주고 대우를 정중히 해주었다. 조조의 아량이 느껴진다.

이 전쟁에서 조조의 참모인 승상주부(丞相主簿)로 있던 사마의(司馬懿, 179-251)가 활약하여 두각을 나타낸다. 사마의는 몇 년 전에 조조 밑으로 들어왔는데 지략이 뛰어나고 군사적인 재능이 많은 인물이었다. 문제(文帝, 220-226 재위) 조비 시대에 와서는 대장군(大將軍) 및 태위(太尉) 등의 요직을 맡아 군대를 통솔하였고, 촉나라 제갈량(諸葛亮, 181-234)의 침공을 여러 번 잘 물리쳐 그의 명성을 더욱 높였다. 그리고 명제(明帝, 226-239) 조예(曹叡)가 죽고 제왕(齊王, 239-249) 조방(曹芳)이 자리를 잇자 그의 손자 사마염(司馬炎, 236-290)이 정변을 일으켜 위나라의 정권을 완전히 잡은 뒤 위나라 황제를 밀어내고 새로운 서진(西晉, 265-317)이란 나라를 세워 그 자신이 서진의 무제(武帝, 265-290)가 된다.

건안 21년(216); 봄에 조조는 한중으로부터 업(鄴, 지금의 河北省 臨漳縣 서남 지역)으로 돌아왔는데, 5월에 헌제는 조조를 위왕(魏王)으로 높여주었다.

그러자 오랑캐인 오환(烏桓)족과 흉노(匈奴)족의 임금인 선우(單于)들이 줄지어 위왕(魏王)의 나라로 내조하였다. 10월에는 또다시 손권을 정벌하고 돌아왔다.

건안 22년(217); 헌제는 조조에게 천자의 깃발을 내려주고, 출입하는 행렬을 천자처럼 할 수 있도록 허락하였다. 조조는 조비(曹丕)를 태자로 세우고, 천자의 모양새를 갖추었다.

건안 23년(218); 정월에 태의령(大醫令)[90] 길본(吉本)과 소부(少府)[91] 경기(耿紀) 및 사직(司直)[92] 위황(韋晃) 등이 반란을 일으켜 도읍인 허를 공격하였으나 이들을 모두 제압하였다. 가을에는 서쪽의 유비를 정벌하였다. 겨울에는 사촌동생 조인(曹仁, 168-223)에게 명하여 관우(關羽)와 완(宛, 지금의 河南省 南陽市)의 반란자를 쳤다.

건안 24년(219); 정월에 조인이 완(宛)의 반란을 제압하고 반란자의 목을 베었다. 봄에는 유비와 싸웠으나 뜻대로 되지 않자 군을 이끌고 장안으로 돌아왔다. 유비는 한중 지역을 차지하고 한중왕(漢中王)이 되었다. 가을에는 부인 변(卞)씨를 왕후로 삼았다. 관우는 조조 밑의 번성(樊城, 지금의 湖北省 襄樊市)을 포위 공격하였으나 조조 밑의 장군 사마의(司馬懿)가 손권과 손을 잡고 관우를 반격하여 무찌른다. 그리고 손권은 조조에게 굴복하고 그의 밑으로 들어왔다.

건안 25년(220); 조조 66세. 정월에 손권은 관우를 쳐 그의 목을 베어 그 목을 조조에게 바친다. 조조는 정월에 낙양으로 돌아와 병으로 죽는다. 『삼국지』 권1 위서의 무제기에는 다음과 같은 조조가 죽기 직전에

---

90 太醫令은 여러 관원들의 병을 치료하는 벼슬아치.

91 少府는 宮中에서 쓰는 옷과 음식 보물 등을 다루는 관리임.

92 司直은 丞相을 보좌하여 不法을 처리하는 관리임.

내린 「유령(遺令)」이 실려 있다.

> "천하가 아직도 안정되지 못하고 있으니 옛날 예법을 따라서는 안 된
> 다. 장례가 끝나면 바로 모두 상복을 벗어라. 여러 고장을 지키고 있
> 는 장병들은 모두 자기의 자리를 떠나서는 안 된다. 관리들은 각각 자
> 기의 직무를 수행하고 있어야 한다. 평시에 입던 옷으로 염(殮)하라.
> 금이나 옥이나 진귀한 보배 같은 것은 무덤 속에 묻지 마라."[93]

또 「무덤 속에 넣는 옷상자에 적음(題識送終衣奩)」이란 글에는 다음과
같이 적혀 있었다고 한다.

> "내가 죽거든 그때에 염(殮)을 하거라. 금이나 구슬과 보석 및 쇠붙이
> 같은 물건은 하나라도 관에 넣어서는 안 된다."[94]

조조가 얼마나 청렴하고 어지러운 세상을 생각하면서 살았는지를 잘
알려주는 글이다. 조조가 죽은 해 10월에 동한의 헌제는 모든 사람들의
뜻이 위나라로 가 있다고 단정하고 여러 신하들과 함께 종묘에 찾아가
제사를 지낸 뒤 겸어사대부(兼御史大夫) 장음(張音)으로 하여금 황제의 깃
발과 도장을 갖고 가서 황제 자리를 위나라 조비에게 물려주도록 하였
다.[95] 이에 조조의 아들 조비가 정식으로 동한을 이은 위나라의 황제 문
제(文帝)가 되고, 조조는 무제(武帝)로 높여진다.

---

93 『三國志』卷1 魏書 武帝紀; "遺令曰; 天下尙未安定, 未得遵古也. 葬畢, 皆除服. 其將兵
屯戍者, 皆不得離屯部, 有司各率乃職, 斂以時服, 無藏金玉珍寶."
94 「題識送終衣奩」; "有不諱, 隨時以斂. 金珥珠玉銅鐵之物, 一不得送."(『通典』79卷)

조조의 밑에서 시인으로 활약한 사람 중 유습(繆襲, 186-245)에게는 조조 평생의 장군 또는 위나라 임금으로서의 위대한 공적을 읊은 악부시(樂府詩)인 위고취곡(魏鼓吹曲) 십이수(十二首)[96]가 있는데, 다음과 같은 열두 수이다. 조조의 업적을 이해하는 데 좋은 자료가 된다고 여겨져 여기에 소개한다. 첫째 시는 「초지평(楚之平)」인데 동한 말엽 환제(桓帝)·영제(靈帝) 때부터 나라가 극도로 혼란하고 여러 장군들이 서로 다투어 나라가 망해가고 있었는데, 조조라는 위대한 장군이 나와 세상을 바로잡고 나라를 안정시킨 위대한 전체적인 공적을 읊고 있다. 둘째는 「전형양(戰滎陽)」으로 초평(初平) 원년(190)에 강하고 포악한 동탁(董卓)의 군대와 형양(滎陽)에서 어려운 싸움을 하면서 나라를 안정시켰던 일을 읊고 있다. 셋째 시 「획여포(獲呂布)」는 흥평(興平) 2년(195)에 여포(呂布)와 진궁(陳宮)을 쳐서 천하에 세력을 확보한 것을 읊고 있다. 넷째는 「극관도(克官渡)」인데 건안 5년(200)에 백마(白馬)·연진(延津)의 싸움에 이어 '관도(官渡)의 전투'에서 세력이 큰 원소(袁紹)를 대파하는 데 큰 공로를 세운 것을 노래하고 있다. 다섯째 시는 「구방(舊邦)」으로 건안 7년(202) 조조가 초(譙)로 돌아와 영을 내려 전사한 사병들과 그 가족들을 잘 돌봐주도록 했던 일을 노래하고 있다. 여섯째는 「정무공(定武功)」으로 건안 9년(204)에 원소(袁紹)의 아들 원상(袁尙)을 쳐서 승리하여 업(鄴)을 탈환함으로 천하를 안정시킬 위나라의 기틀을 든든히 하였음을 읊고 있다. 일곱째 시는 「도류성(屠柳城)」으로 건안 12년(207)에 원상(袁尙)이 오랑캐 오환족(烏桓族)이

---

95 『三國志』卷2 魏書 文帝紀; "漢帝以衆望在魏, 乃召羣公卿士, 告祠高廟, 使兼御史大夫張音, 持節奉璽綬禪位, 冊曰; '咨爾魏王,… 敬遜爾位, 於戱! 天之曆數在爾躬, 允執其中, 天祿永終. 君其祗順大禮, 饗茲萬國, 以肅承天命.'"

96 『全漢三國晉南北朝詩』全三國詩 卷三에 실림.

있는 곳으로 도망가 저항하고 있었는데 유성(柳城)에서 그들을 쳐서 오랑캐 선우(單于)를 잡아 죽여 북쪽 지역을 안정시킨 공로를 노래하고 있다. 여덟째는 「평남형(平南荊)」인데 건안 13년(208)에 형주(荊州)에서 항거하다가 죽은 유표(劉表)의 아들 유종(劉琮)을 쳐서 양양(襄陽)에서 항복을 받고, 번성(樊城)에서 항거하던 유비(劉備)는 남쪽으로 쫓아버린 일을 노래하고 있다. 아홉째는 「평관중(平關中)」으로 건안 16년(211)에 관서(關西) 지방을 정벌하여 한수(韓遂)와 마초(馬超)를 쳐서 장안을 중심으로 한 '관중' 지역을 완전히 장악하게 된 일을 노래한 것이다. 열째 시는 「응제기(應帝期)」인데 건안 25년(220)에 조조가 죽고 조비(曹丕)가 뒤를 잇자 동한의 헌제가 황제 자리를 조비에게 넘겨주어 그는 위나라 문제(文帝)가 되고, 위나라가 정식으로 천자의 나라가 되어 천하를 다스리게 된 것을 칭송하는 노래이다. 열한 번째는 「옹희(邕熙)」로 위나라가 정식으로 천자의 나라가 된 다음 황제와 신하들의 뜻이 잘 화합하고 정치적인 업적이 온 천하에 빛나게 되었음을 노래한 것이다. 끝머리 시인 「태화(太和)」는 태화(太和) 원년(227)에 문제의 뒤를 명제(明帝)가 이어받아 위나라가 천하를 태평스럽게 잘 다스리게 되었음을 칭송한 노래이다. 밑의 시인이 이러한 시를 쓰고 있다는 것은 조조가 주변 사람들의 신망과 존경을 받고 있었음을 뜻한다고 할 수 있다.

여기에는 보기로 건안 5년(200)의 일을 읊은 「극관도」와 건안 12년(207)의 싸움을 노래한 「도류성」 두 수만을 소개한다.

「관도의 싸움에서 이김(克官渡)」

원소(袁紹)와 관도(官渡)에서 싸워 이긴 전투는 백마(白馬)에서 시작되

었는데,

쓰러진 시체와 흐르는 피가 들판을 덮었네.

개떼 양떼같이 적은 많은데

우리 군대는 매우 적었네.

적은 모래 언덕 옆에 있는데 바람은 휘몰아쳐,

전투는 하는 대로 불리하고 병사들은 부상만 당했네.

오늘 이기지 못하니 뒤에 무얼 또 바라겠는가?

적이 흙으로 쌓은 산이며 땅굴 모두 당해낼 수 없을 것 같았는데,

마침내 이겨내고 크게 승리하여 중원(中原) 땅을 진동시켰네.

적의 성을 점령하고 고을을 차지하니

신통한 무공(武功)이 마침내 밝혀졌네.

克紹官渡由白馬, 僵屍流血被原野.

賊衆如犬羊, 王師尙寡,

沙塯傍, 風飛揚,

轉戰不利士卒傷, 今日不勝後何望?

土山地道不可當, 卒勝大捷震冀方.

屠城破邑, 神武遂章.

「유성을 공략함(屠柳城)」

유성을 공략하였는데

공략이 정말로 어려웠네.

농새(隴塞)를 넘어가도
길은 끝이 없고,
북쪽으로 강평(岡平)을 넘어가니
오직 슬픈 바람 소리만이 들려 정말 가슴 시렸네.
그러나 오환족(烏桓族) 우두머리 답돈(蹋頓)의 머리 자르고
마침내 백랑산(白狼山)에 올라가,
신통한 무공을 바다 저쪽 나라들까지 두려워하게 하니
영영 북쪽 돌아볼 걱정 없게 되었네.

屠柳城, 功誠難.
越度隴塞, 路漫漫,
北踰岡平, 但聞悲風正酸.
蹋頓授首, 遂登白狼山,
神武慹海外, 永無北顧患.

제5장

조조의 사람됨과
그의 아들 손자들

건안 13년(208)의 유명한 '적벽(赤壁)의 싸움'에서 조조의 대군이 손권(孫
權)과 유비(劉備)의 연합군에게 크게 패한 이후로, 소설 『삼국연의』 덕분
에 크게 알려진 것처럼 세상이 크게 조조(155-220)의 위(魏, 220-265)나라,
유비의 촉(蜀, 221-263)나라, 손권의 오(吳, 222-280)나라의 삼국으로 갈라져
다투게 된다. 그러나 이 중에서도 정식으로 한나라의 황제로부터 황제
자리를 물려받은 정통의 왕조는 조조의 위나라이다. 조조가 어지러운
중에도 나라와 백성들을 걱정하고 동한의 헌제를 받들어 나라를 잘 지
탱해 준 지도자였던 덕분에 헌제는 조조가 죽자마자 황제 자리를 자진
하여 조조의 아들 조비(曹丕)에게 넘겨주었다. 조조의 뒤를 이은 그의 아
들 손자들도 모두 전쟁을 좋아하지 않는 황제였던 덕분에 이 세 나라는
서로 대치하면서도 어느 정도 백성들을 위하는 정치를 할 수가 있었다.
따라서 위나라는 황하 유역의 농업 생산을 상당히 회복시켰고, 촉나라
와 오나라는 각기 중국의 서남과 동남 지역을 개발하는 업적을 이루었

다. 한(漢)나라나 당(唐)나라 같은 대제국을 다스리는 황제들처럼 가혹한 정책을 쓰지 않고 나라를 다스린 덕분이다. 그러한 백성들을 위하는 부드러운 정치의 본을 만들어 놓은 것은 조조였다. 그리고 조조의 후계자들은 조조의 뜻을 받들어 나라를 잘 다스렸고, 중국의 전통문학과 학문 발전에도 크게 공헌하였다.

소설 『삼국연의』의 영향으로 위나라 조조는 간사한 영웅으로 알려져 있지만, 조조뿐만이 아니라 그의 아들 손자 모두 학문을 갈고닦고 무술도 익혀 백성을 돌보려고 애쓴 훌륭한 임금들이었다. 어려운 여건 속에서도 나라를 다스리면서 문학과 학문을 발전시키는 일은 간악한 성격의 통치자로서는 불가능한 일이다. 이미 중국의 학자 중에도 루쉰(鲁迅, 1881-1936)을 비롯하여[1] 여러 사람들이 조조가 간악한 장수가 아님을 주장한 이들이 있다. 그런 조류를 타고 조조에 대한 평가는 다행히도 중화인민공화국 시대에 이르러서는 크게 바뀌는 경향을 보이고 있다.

소설 『삼국연의』에서 조조가 거의 처음부터 간웅으로 낙인찍히게 되는 가장 유명한 일화는 제4회(第四回) 「폐한제진류천위, 모동적맹덕헌도 (廢漢帝陳留踐位, 謀董賊孟德獻刀)」에 보인다. 조조는 그때 반역을 꾀하고 있는 동탁(董卓, 137-192)을 죽이려다 실패하고 고향으로 도망가는 도중에 자기 아버지와 의형제 사이인 여백사(呂伯奢)의 집을 찾아가 머물게 되는데, 조조는 여백사에게 신세를 지면서도 먼저 그의 가족 여덟 명을 모두 죽여 버린 뒤 다시 그를 대접하려고 나가서 술을 사오는 여백사마저 죽인다. 먼저 『삼국연의』[2]의 그 대목을 아래에 그대로 옮겨본다.

---

1   鲁迅 「魏晉風度及文章與藥及酒之關係」.
2   清 毛宗崗 修訂 120回本 의거.

사흘 길을 가다가 성고(成皐, 지금의 河南省 滎陽縣 서북 지역) 지방에 이르러 날이 저물어가고 있었다. 조조가 말채찍으로 숲 깊숙이 있는 집을 가리키며 말하였다. "여기에 성은 여(呂)이고 이름은 백사(伯奢)라는 사람이 살고 있는데, 내 아버지와 의형제를 맺은 분입니다. 들어가 집안 소식도 알아보고 하룻밤 묵어가면 어떻겠습니까?" 진궁(陳宮)[3]이 대답하였다. "참 좋지요!" 두 사람은 집 앞에 가서 말에서 내려 들어가 백사를 만났다. 백사가 말하였다. "내가 듣건대 조정에서는 널리 문서를 돌려 당신을 매우 다급히 잡으려 한답니다. 당신 아버지도 이미 진류(陳留, 지금의 河南省 開封市 동남 지역)로 피신하였소. 당신은 어째서 이제 여기로 오게 된 거요?" 조조가 전에 겪은 일을 다 알려주고 "만약 진현령(陳縣令)이 아니었다면 이미 나는 뼈도 못 추리게 되었을 겁니다." 하고 말하자, 백사가 진궁에게 절을 하고 말하였다. "현령님이 아니었다면 제 조카의 조씨 집안은 대가 끊겼을 겁니다. 현령께서 마음 편히 계시다가 오늘 밤엔 초라한 제 집에서 묵으십시오." 말을 마치고 안으로 들어갔다가 한참 뒤에 나와서 진궁에게 말하였다. "이 늙은이 집엔 좋은 술이 없어 서촌(西村)으로 가서 한 통 받아오겠습니다." 말을 마치자 다급히 노새를 타고 나갔다.

조조와 진궁은 한동안 앉아 있다가 갑자기 집 뒤에서 칼을 가는 소리를 들었다. 조조가 말하였다. "여백사는 나와 매우 친한 사이가 아님

---

3 陳宮은 中牟縣의 현령이었다. 曹操는 도망치다가 中牟縣에서 잡혀 현령 앞에 끌려갔다. 현령에게 曹操가 "나는 조상들부터 대대로 漢나라의 벼슬을 해왔으니 나라에 보답할 생각을 하지 않는다면 새 짐승과 무엇이 다르겠습니까? 내가 몸을 굽혀 董卓을 섬긴 것은 기회가 생기면 그를 죽여 나라의 해를 없애버리려고 했기 때문이었습니다. 그러나 일을 이루지 못했습니다. …나는 고향으로 돌아가서 가짜 詔書를 만들어 천하의 제후들과 군사들을 불러모아 董卓을 잡아 죽이는 것이 나의 소원입니다." 이런 말을 듣고 陳宮은 감복하여 벼슬을 팽개치고 曹操와 행동을 같이하려고 나섰다.

니다. 그가 나간 것이 의심스러우니 몰래 가서 엿들어 봅시다." 두 사람이 살며시 집 뒤로 걸어가자 사람의 말소리가 들려왔다. "묶어 놓고 죽이는 것이 어떨까요?" 조조가 말하였다. "그렇지! 지금 만약 먼저 손을 쓰지 않으면 반드시 잡히게 될 거야!" 마침내 진궁과 칼을 빼들고 곧장 들어가 남자 여자를 가리지 않고 모두 한꺼번에 여덟 식구를 다 죽여 버렸다. 부엌으로 찾아 들어가 보니 잡으려는 돼지가 한 마리 묶여 있었다. 진궁이 말하였다. "당신은 의심이 많아 좋은 사람들을 잘못 죽였소!" 다급히 그 집을 나와 말을 타고 떠났다. 가다가 2리도 못 갔을 적에 백사가 나귀 안장 앞에 두 병의 술을 매달고 손에는 과일과 채소를 들고 오다가 소리를 질렀다. "조카와 현령은 어째서 벌써 떠나 가는 거요?" 조조가 말하였다. "죄지은 사람은 오래 머물 수가 없습니다!" 백사가 말하였다. "내가 이미 집 사람들에게 돼지를 한 마리 잡아 대접하라고 일러두었는데, 조카와 현령께선 어째서 하룻밤도 묵지 않소? 바로 말을 되돌립시다." 조조는 거들떠보지도 않고 말에 채찍질을 하고 떠났다. 몇 발자국 가지도 않고 갑자기 칼을 빼들고 돌아가더니 백사에게 소리쳤다. "저기 오는 사람은 누구요?" 백사가 머리를 돌려 바라볼 순간 조조는 칼을 휘둘러 백사를 쳐서 나귀 아래 떨어뜨렸다. 진궁이 크게 놀라서 말하였다. "조금 전엔 잘못 알고 그랬는데, 지금은 무슨 짓이오?" 조조가 말하였다. "백사가 집으로 가서 여러 사람들이 죽은 것을 보면 어찌 가만히 있겠어요? 만약 여러 사람들을 이끌고 추격해 오면 반드시 화를 입을 것입니다." 진궁이 말하였다. "알면서도 일부러 죽이는 것은 크게 의롭지 않소!" 조조가 말하였다. "차라리 내가 세상 사람들을 배반할지언정, 세상 사람들이 나를 배반하게 하여서는 안 됩니다!" 진궁은 입을 다물었다.

이는 영제의 중평(中平) 6년(189)에 일어났다는 사건이다. 이 해 4월 영제(靈帝, 168-189 재위)가 죽자 홍농왕(弘農王, 189)이 뒤를 이었는데 동탁(董卓, 137-192)이 낙양으로 들어와 9월에 홍농왕을 몰아내고 아홉 살의 헌제(獻帝, 189-220)를 황제 자리에 앉힌 뒤 자신은 상국(相國)이 되어 나랏일을 멋대로 주무르며 난폭한 짓도 멋대로 하였다. 『삼국연의』에 의하면 동탁의 신임을 어느 정도 얻고 있는 효기교위(驍騎校尉) 조조는 동탁을 찔러 죽이겠다고 나랏일을 걱정하는 왕윤(王允, 137-192)에게서 칠보도(七寶刀)를 빌려 가지고 다음날 상부(相府)로 동탁을 찾아간다. 옆에 여포(呂布, ?-198)가 동탁을 모시고 있었는데, 마침 동탁이 여포에게 서량(西涼)에서 보내온 좋은 말을 한 필 조조에게 주고자 하니 몰고 오라고 내보낸다. 조조는 기회가 왔다고 생각하고 보도를 빼들고 기다리고 있는데, 동탁이 피곤하여 옆으로 누웠다. 조조가 막 동탁을 찌르려 하는데 뜻밖에도 동탁이 앞에 걸린 거울에 칼을 빼든 조조가 비친 것을 보고 무슨 짓이냐고 놀라서 소리쳤다. 마침 이때 여포도 말을 몰고 문밖에 도착하였다. 조조는 "제게 보도가 한 자루 있어서 재상님께 바치려 했습니다." 하고 둘러대었다. 동탁은 칠보(七寶)가 박힌 칼이 좋아서 여포에게 그 칼을 받아 잘 간수하도록 하였다. 조조는 여포가 몰고 온 말을 타고 바로 도망쳤다. 그러나 여포와 동탁이 모두 조조의 행동을 의심하였다. 이때 마침 이유(李儒)가 와서, 의심이 나면 바로 그를 불러보자고 하였다. 동탁이 불러서 바로 돌아오면 나쁜 마음이 없었던 것이지만, 오지 않으면 해칠 마음이 있었던 것이라 하였다. 즉시 조조에게 병졸을 보냈지만 조조는 이미 말을 타고 동문을 거쳐 달아난 뒤였다. 이에 동탁은 전국에 공문과 조조의 도상(圖像)을 돌리고 조조를 잡아들이라고 하였다. 그를 잡은 자에게는 상으로 천금(千金)을 내리고 만호(萬戶)의 열후에 봉해주되, 그를 숨겨주는 자는 같은 죄로 처벌하겠다고 하였다.

그러나 실제의 조조의 전기를 살펴보면 『삼국연의』의 이야기와는 매우 다르다.

첫째, 조조는 동탁의 반역에 가담하지 아니하고 고향으로 도망가서 군대를 소집하여 실력으로 그를 비롯한 많은 반역적인 장군들을 쳐서 나라와 백성들을 평화롭게 하려는 큰 뜻을 품은 사람이었다. 그가 간악한 자였다면 권세를 쥐고 있는 동탁의 비위를 건드리는 짓을 하지는 않았을 것이다. 그리고 소설에서처럼 자기를 희생하며 동탁을 찔러 죽이려 하지도 않았을 것이다.

둘째, 조조가 고향으로 도망치는 도중 중모현(中牟縣, 지금의 河南省 中牟縣 동쪽 지역)에서 관원에게 잡힌다. 그러나 그곳의 현령(縣令)인 진궁(陳宮)은 조조를 심문하다가 조조의 나라를 걱정하는 충성심에 감동되어, 조조를 잡아가면 받게 될 많은 상금과 만호후(萬戶侯)라는 큰 벼슬도 거들떠보지 않은 위에, 현령이라는 벼슬과 노모와 처자를 돌보는 일 등을 모두 버리고 조조와 뜻을 같이하려고 함께 험난한 길에 오른다. 그런 진궁과 행동을 함께하기 시작하면서 바로 이와 같은 야비한 살인 행위를 저지를 수가 있을까?

셋째, 자기 아버지와 의형제 집이니 들어가 하룻밤 묵어 가자고 해 들어간 집인데, 그 아버지의 의형제인 여백사가 "이 늙은이 집엔 좋은 술이 없어 서촌(西村)으로 가서 술을 한 통 받아오겠습니다."라고 말하고 집을 나간 뒤, 집안 뒷뜰에서 칼을 숫돌에 가는 소리가 난다고 해서 "여백사는 나와 매우 친한 사이가 아닙니다. 그가 나간 것이 의심스러우니 몰래 가서 엿들어 봅시다." 하고 말하며 슬며시 가서 그들의 하는 말을 엿듣는다는 것은 처음부터 조조를 야비한 인물로 만들기 위해서인 것 같다.

넷째, 자기 아버지의 의형제 집안 뒷뜰에서 숫돌에 칼을 갈고 있다고 하여 그들의 거동을 더 살펴보지도 않고 바로 그 칼로 자기를 죽이려 한다고 단정했다는 것은 아무래도 비약인 것 같다. 그리고 집안사람들이 칼을 갈면서 "묶어 놓고 죽이는 것이 어떨까요?"라는 말을 했다고 하여 그들이 자기를 먼저 잡아 묶은 다음 죽이려 한다고 단정했다는 것도 이상하다. 집안 사람들 중에 무술에 뛰어난 조조를 잡아 묶을 수 있는 능력을 지닌 자가 있었을까? 그리고 범인을 잡아 묶었으면 칼로 찔러 죽이지 않고 산 채로 관에 인도하는 것이 상식이다. 그렇게 하는 편이 공로도 더 크게 인정받을 것이기 때문이다.

다섯째, 조조와 동행하는 진궁은 중모현의 현령으로 있다가 도망 중인 반역죄인을 잡아 심문하는 중에 조조가 나라를 위하여 반역을 꾀하는 동탁을 죽이려다 실패하여 죄인이 되었고, 고향으로 돌아가 의군(義軍)을 일으켜 동탁 같은 반역자들을 치고 나라를 위하여 일하려는 의인임을 알게 되었다. 진궁은 즉시 현령이란 벼슬을 버리고 모든 위험을 무릅쓰고 조조와 행동을 같이하였으니, 의인이라 불러도 좋을 사람이다. 그런 사람이 사실도 확인하지 않고 조조와 함께 칼을 빼들고 여백사 집안의 남녀를 가리지 않고 가족 여덟 명을 다 죽여 버렸다는 것은 앞뒤가 맞지 않는 이야기이다.

여섯째, 그 집 가족을 모두 죽이고 도망치다가 자기들을 위하여 술을 두 병 사서 노새를 타고 돌아오는 여백사를 만나자 그는 자기들을 대접하기 위하여 돼지를 잡고 좋은 술을 사 가지고 돌아오고 있다는 것을 분명히 알고도 여백사 뒤를 쫓아가 칼로 찔러 죽인다. 조조가 자신에게 은혜를 베푸는 자기 아버지의 의형제를 죽여 버린다는 것은 상상하기도 어려운 일이다.

『삼국지』권1 위서 무제기의 배송지(裵松之) 주에는 이에 대한 역사적인 기록을 세 가지 인용하고 있는데 모두 이에 대한 기록 내용이 서로 다르다.

먼저 왕침(王沈)의 『위서(魏書)』를 인용하여 이렇게 말하고 있다. "말 탄 사람 여러 명을 거느리고 전부터 잘 아는 성고(成皐)의 여백사 집을 들르게 되었는데, 여백사는 집에 없고 그의 아들과 손님들이 조조를 위협하여 그의 말과 물건을 빼앗았다. 이에 조조는 칼을 들고 몇 사람을 쳐 죽였다."[4]

곽반(郭頒)의 『세어(世語)』의 인용은 다음과 같다. "조조가 여백사 집을 들렀는데 여백사는 밖에 나가고 다섯 명의 아들들은 모두 집에 있어서 주인의 예를 갖추어 손님을 잘 대접하였다. 조조는 스스로가 동탁의 명령을 위반하고 있으므로 그들이 자기를 잡으려 한다고 의심하고 칼을 들고 밤에 집안의 여덟 명을 죽이고 떠나갔다."[5]

다시 손성(孫盛)의 다음과 같은 『잡기(雜記)』의 기록을 인용하고 있다. "조조는 그 집안에서 나는 식기 소리를 듣고 자기를 잡으려 한다고 의심을 하고 마침내 밤에 그들을 죽여 버렸다. 그리고 나서는 슬퍼하면서 '나는 남들을 해칠지언정 남들은 나를 해치지 못한다.'고 하면서 마침내 떠나갔다."[6]

---

[4] "『魏書』曰; … 從數騎過故人成皐呂伯奢, 伯奢不在, 其子與賓客共劫太祖, 取馬及物. 太祖手刃擊殺數人."

[5] "『世語』曰; 太祖過伯奢, 伯奢出行, 五子皆在, 備賓主禮. 太祖自以背卓命, 疑其圖己, 手劍夜殺八人而去."

[6] "孫盛『雜記』曰; 太祖聞其食器聲, 以爲圖己, 遂夜殺之. 旣而悽愴曰; 寧我負人, 毋人負我! 遂行."

이 기록들도 모두 서로 다르고 사실로 믿기 어려운 내용이다. 『위서』의 "그의 아들과 손님들이 조조를 위협하여 그의 말과 물건을 빼앗았다. 이에 조조는 칼을 들고 몇 사람을 쳐 죽였다."는 대목, 『세어』의 "다섯 명의 아들들은… 예를 갖추어 손님을 잘 대접하였다. 조조는… 그들이 자기를 잡으려 한다고 의심하고 칼을 들고 밤에 집안의 여덟 명을 죽이고 떠나갔다."는 기록, 『잡기』의 "조조는 그 집안에서 나는 식기 소리를 듣고 자기를 잡으려 한다고 의심을 하고 마침내 밤에 그들을 죽여버렸다."는 대목 등이 모두 사실 같지 않다.

『삼국연의』의 제66회 관운장단도부회, 복황후위국연생(關雲長單刀赴會, 伏皇后爲國捐生)의 복황후(伏皇后)를 죽이는 대목도 살펴보자. 이는 건안 19년(214)에 일어났던 일이다.

"어느 날 조조가 칼을 차고 궁중으로 들어갔는데, 헌제는 마치 복황후와 함께 앉아 있었다. 복황후는 조조가 오는 것을 보고는 황급히 일어섰고, 황제는 조조를 보자 계속 두려움에 떨었다. 조조가 말하였다. '손권과 유비가 각각 한 지역에서 권세를 잡고 조정을 존중하지 않으니 어찌하면 좋겠습니까?' 황제가 말하였다. '모두 위공(魏公)께서 처리하시기에 달렸지요.' 조조는 성이 나서 말하였다. '폐하가 하시는 이 말을 밖의 사람들이 듣는다면 오직 내가 임금을 속이고 있다고 여기겠소!' 황제가 말하였다. '위공께서 만약 나를 보좌해 주시겠다면 다행스러운 일이고, 그렇지 않으시다면 은총을 내려 그냥 내버려 두시기 바랍니다.' 조조는 그 말을 듣고 노여운 눈으로 황제를 보면서 성이 난 모습으로 나갔다."

신하와 황제의 대면이나 대화가 아닌 것만 같다. 조조는 이미 대 반역자이다. 조조가 나가자 곁에 있던 사람이 "요새 듣건대 위공은 자신이 황제가 되려고 한다니 곧 황제 자리를 빼앗을 것입니다."하고 말하자 황제와 복황후는 크게 통곡한다. 그리고 복황후는 "저의 아버지 복완(伏完)은 늘 조조를 죽이려는 마음을 갖고 있습니다. 제가 이제 편지를 한 통 써 보내 은밀히 아버지와 일을 꾀하겠습니다."라고 말하고는 편지를 써서 자기 아버지에게 보내어 조조를 죽이려 한다. 그러나 조조는 그런 소문을 미리 듣고 중간에서 편지를 숨겨 들고 왕래한 자를 잡아 복황후와 복완의 편지를 모두 압수한다. 그리고 조조는 직접 군사 3,000명을 이끌고 가서 복완의 집을 포위한 다음 복씨 집안 사람들을 남녀노소 가리지 않고 모두 잡아 옥에 가둔다. 그리고 궁전으로 들어가 복황후를 몽둥이로 때려죽이고 그의 아들들도 모두 죽인다. 그리고 다시 복완과 그의 가족 친척 등 200여 명을 저자에 끌어내어 모두 죽인다. 여기의 조조는 정말 극도로 잔인무도한 인간이다.

그 때문에 심지어 조조를 극악한 대살인자라고 하는 이들도 있다. 실상 조조는 황건적의 토벌에서 시작하여 반역자 동탁(董卓, 137-192)・여포(呂布, ?-198)・원술(袁術, ?-199)・원소(袁紹, ?-202)・유표(劉表, ?-208) 등을 정벌하면서 무수한 사람들을 죽게 한 것은 어쩔 수가 없는 일이었다. 그런데 전쟁의 실상을 기록한 책에 따라 그 성격이 모두 다르다. 보기로 조조가 자기 아버지를 죽인 원수를 갚을 마음을 먹고 초평(初平) 4년(193)에 쳤다는 도겸(陶謙, 132-194)의 경우를 보자. 『삼국지』 권1 위서의 무제기에는 조조가 도겸을 쳐서 다섯 성을 빼앗고 동해(東海)에 이르기까지 땅을 점령하였는데 "거친 곳마다 죽인 자들이 많았다.(所過多所殘戮.)"라고 간단히 쓰고 있다. 그러나 같은 책 「도겸전」에는 조조가 도겸을 정벌하여

"십여 개의 성을 빼앗고 팽성(彭城, 지금의 江蘇省 徐州市)에 이르도록 크게 싸웠다. 도겸의 군대는 패하여 도망쳤는데 죽은 자가 만 명이 넘었고 사수(泗水)가 그 때문에 흐르지 못할 지경이었다."[7]고 하였다. 다시『조만전(曹瞞傳)』에는 이때 "남녀 만 명을 사수에 구덩이를 파고 묻어 죽여 물이 흐르지 못하였다.(坑殺男女萬口于泗水, 水爲不流.)"라고 쓰고 있다. 또『후한서』권73 도겸전에는 "모두 남녀 수십만 명을 죽이고 닭과 개도 남겨놓지 않아 사수가 그 때문에 흐르지 못하였다."[8]고 쓰고 있다. 갈수록 조조를 잔인한 살인자로 만들고 있는 것이다. 조조가 자기 아버지의 원수를 갚겠다고 친 상대라서 후세로 갈수록 이러한 과장이 잘 받아들여졌던 것 같다. 조조가 살인자라고 욕하는 것도 그를 간웅으로 만들기 위하여 지어낸 이야기가 많다고 보아야 할 것이다.

실제로 조조라는 사람은 남들에 대하여 굉장히 너그럽고 사람들의 능력이나 학식을 높이 알아주며 남에 대하여 배려를 많이 하는 사람이었다. 실지로 그러한 사례를 들어 보기로 한다. 먼저 조조와 시인으로 알려진 진림(陳琳, ?-217)과의 관계를 살펴보자.『삼국지』권1 위서 무제기에는 이런 기록이 보인다. 본시 반역자 동탁(董卓)을 치기 위하여 조조와 손을 잡았던 원소(袁紹)가 건안(建安) 원년(196)에 대장군이 되고 세력이 커지자 스스로 황제 행세를 하며, 건안 5년(200)에는 마침내 자기 뜻을 가로막는 조조를 공격하기 시작한다. 이때 원소는 자기 밑에 비서로 있던 진림(陳琳)에게 조조를 토벌하는「격문(檄文)」을 쓰게 하여, 그 격문을 온 세상에 퍼뜨린다. 유명한 '관도(官渡)의 싸움'이 벌어지기 전이다.

---

7 『三國志』卷8 魏書 陶謙傳; "太祖征謙, 攻拔十餘城, 至彭城大戰. 謙兵敗走, 死者萬數, 泗水爲之不流."

8 『後漢書』卷73 陶謙傳; "凡殺男女數十萬人, 鷄犬無餘, 泗水爲之不流."

진림은 이 「격문」에서 조조는 '승냥이와 이리 같은 야심'을 지닌 자인 반면 원소는 한나라 왕실을 되살릴 정의의 형상(形象)이라고 극구 칭찬한 후, 조조의 목을 베어 오는 사람에게는 오천호(戶)의 후작(侯爵)을 봉해주고 상금 오천만(萬)을 준다고 선전하면서, 그의 할아버지와 아버지에 대하여도 다음과 같이 썼다.

> "사공(司空) 조조의 할아버지 조등(曹騰)은 중상시(中常侍) 벼슬을 하였고, 좌관(左悺)·서황(徐璜) 등과 못된 짓을 하며 재물을 탐내어 멋대로 날뛰고 세상을 해치고 백성들을 학대하였다. 아비 조숭(曹嵩)은 거지였는데 양자로 들어가 자라났고, 재물을 이용하여 가짜로 벼슬을 샀으며, 금과 옥을 수레에 싣고 다니며 권세 있는 집안에 뇌물을 돌리고, 나라의 권세를 훔쳐 써서 나라의 질서를 무너뜨렸다. 조조는 지저분한 내시의 집안에서 자라 본시 훌륭한 덕은 없고, 경박하면서도 교활하고 예리하고도 힘을 잘 쓰며, 혼란을 좋아하고 재난을 즐기는 자다."[9]

조조와 관련 없는 사람이 읽어보아도 너무 심하다고 할 수 있을 정도로 조조의 할아버지와 아버지에 대하여 야비한 욕이 될 말을 늘어놓고 있다. 이 진림이 '관도의 싸움'에서 조조가 원소를 무너뜨렸을 적에 조조의 포로가 되었다. 조조는 포로가 된 진림에게 "잘못을 욕한다 하더라도 그것은 나 자신에서 그쳐야지, 어찌하여 위로 나의 아버님과 할아버지까지 욕을 하였느냐?"라고 꾸짖었다. 진림은 위에서 시키는 일이

---

9 『三國志』卷6 魏書 袁紹傳 裴松之 注 引『魏氏春秋』所載 陳琳「討操檄文」; "司空曹操, 祖父騰, 故中常侍, 與左悺徐璜, 並作妖孽, 饕餮放橫, 傷化虐民. 父嵩, 乞匃攜養, 因贓假位. 輿金輦璧, 輸貨權門, 竊盜鼎司, 傾覆重器. 操贅閹遺醜, 本無令德, 慓狡鋒俠, 好亂樂禍."

라 할 수 없이 한 짓이지만 죽을죄를 지었다고 하며 잘못을 빌었다. 그러자 조조는 그의 재주를 높이 평가하여 그대로 그를 자기 밑에 받아들여 서기(書記)의 일을 맡아 보도록 하였다. 그 덕분에 진림은 살아서 공융(孔融, 153-208)·왕찬(王粲, 177-217) 등과 함께 '건안칠자(建安七子)'의 한 사람으로 활약하여 중국의 전통문학 발전에 크게 이바지하며 시인으로 이름을 후세에 남기게 되었다. 조조의 대범하고 너그러운 마음 가짐이 진림이라는 훌륭한 시인을 한 사람 살려냈다고도 할 수 있는 일이다.

건안 9년(204)에는 업(鄴, 지금의 河南省 臨漳縣 서남쪽 지역)에서 끝까지 남아 저항하던 원소(袁紹)의 아들 원상(袁尙, ?-207)을 쳐서 그 지방을 안정시킨 다음 조조는 원소의 무덤을 찾아가 제사를 지내주고 눈물을 흘리며 곡을 하였다. 그리고 원소의 처를 위로하고 그의 집안에서 일하던 사람들과 보물을 되돌려주고, 또 여러 가지 비단과 천을 하사하고 곡식을 내려주었다.[10] 이런 기록을 하고 있는 『삼국지』 권1 위서 무제기의 배송지(裴松之) 주에는 손성(孫盛, 302?-373?)의 말을 인용하여 "원소는 혼란을 틈타 스스로 황제가 되려 한 역적인데 조조가 그런 과분한 은사를 베푼 것은 잘못"임을 지적하고 있다. 원소는 반란자일 뿐만이 아니라 그의 아들들까지도 조조와 싸우며 그를 위험에 빠트리기도 한 나라의 역적들이다. 이 때문에 이미 그의 일생 경력을 다루며 지적했듯이 조조는 원소 부자들을 미워하는 마음도 지니고 있었다. 그러나 조조는 원소가 자기의 어렸을 적의 친구였다는 것도 잊지 않고 있는 것이다. 조조는 그 어릴 적 우정을 잊지 못하고 아직 그의 아들 원상이 살아서 반역을

---

10 『三國志』卷1 魏書 武帝紀; "鄴定, 公臨祀紹墓, 哭之流涕. 慰勞紹妻, 還其家人寶物, 賜雜繒絮, 廩食之."

하며 자기와 싸우고 있는데도 원소의 무덤에 제사를 지내며 곡을 하고 원소의 처를 위로하며 많은 예물을 하사하고 있다. 조조의 이런 행동은 보통 사람으로서는 정말 하기 어려운 일이다.

다시 조조와 적대하고 싸운 유비(劉備, 161-223) 및 그 밑의 명장 관우(關羽, ?-219)와의 관련 일부를 살펴보자. 건안 3년(198) 가을 조조는 여포(呂布)의 공격으로 패하여 도망 온 유비를 예주목(豫州牧)으로 대우를 해주고, 다시 스스로 군대를 이끌고 나가 여포를 하비(下邳, 지금의 江蘇省에 있던 고을)에서 포위한 다음 그를 잡아 죽였다. 그러나 뒤에 유비는 다른 사람의 권유로 딴마음을 먹고 조조를 죽이려 하다가 조조가 그런 움직임을 먼저 알아차리자 유비는 조조의 곁을 떠나 그에게 저항할 준비를 한다. 그리고 자기 밑의 장군 관우에게 명하여 하비를 지키며 조조와 싸우도록 하였다.

건안 5년(200) 조조는 직접 유비를 정벌하여 그의 처자들을 사로잡고 또 하비를 공격하여 관우도 사로잡았다. 조조는 관우의 뛰어난 재주와 의기를 알아보고 죽이지 않고 후한 대우를 하였다. 그해에 앞에서 살펴본 것처럼 원소는 조조 공격을 마음먹고 자기 밑에 있는 진림에게 조조를 치는 「격문」을 쓰게 한 것이다. 이때 원소가 그의 부장(部將)인 안량(顔良)에게 백마(白馬, 지금의 河南省 滑縣 동쪽 지역)의 조조군을 공격하도록 하였는데, 이때 조조 밑에 있던 관우가 공격해 오는 군대 속으로 홀로 말을 타고 달려 들어가 적의 장수 안량을 죽이고 머리를 잘라 들고 돌아온다. 이에 원소의 군대는 기가 죽어 모두 물러나게 된다. 관우는 명장답게 은혜를 베푼 조조를 위하여 자기 목숨을 걸고 싸워 큰 공로를 세운 것이다. 그리고 조조는 관우가 의리가 있는 장수라서 다시 유비에게로 돌아갈 것을 짐작하고 있었지만 그대로 둔다. 결국 관우는 조조에게 후하게 대해준 은혜를 갚았다고 생각하고 작별 인사를 쓴 쪽지를 남겨놓고 유비에게로 도망쳐 간다.[11] 조조는 그처럼 자기에게 대적하는 적군의 장수에게도 너그럽고 바르게 대해준 사람이었다.

건안 24년(219) 유비는 틈을 타서 한중(漢中, 지금의 陝西省 漢中시 동쪽 지역)을 지키고 있던 조조의 장수 하후연(夏侯淵, ?-219)을 공격하였다. 조조는 그를 도우러 나갔으나 병력만 소비하고 물러나와 유비는 이때부터 스스로 한중왕(漢中王)이라 자칭하게 되었다. 이때 형주(荊州, 지금의 湖北·湖南省과 河南·貴州·廣東·廣西 등 성 일부에 걸쳐 있던 지역)에 있던 관우는 조조의 사촌동생 조인(曹仁, 168-223)을 번성(樊城, 지금의 湖北省 襄樊市)에서 포위하였다. 전세가 불리하였으나 조조의 장수 사마의(司馬懿, 179-251)가 손권(孫權, 182-252)과 손을 잡고 협공하여 관우는 번성의 포위를 풀고 도망치다가 임저(臨沮, 지금의 湖北성에 있던 고을 이름)에서 손권의 부하에게 잡혀 아들과 함께 목이 잘렸다.[12] 그 잘린 관우의 목은 조조에게 받쳐졌다 한다. 그리고 조조도 다음 해(220)에 66세의 나이로 죽었다. 조조는 자기에게 대적하는 사람들에게도 늘 여유 있는 태도로 너그럽게 대하였다. 유비와 관우는 조조와 싸우는 적의 장수였음에도 불구하고 조조는 그들을 잡았을 때 죽이지 않았다. 소설 『삼국연의』에 익숙해진 사람들은 조조는 간신이고 유비와 관우는 훌륭한 임금이고 위대한 장군이라 여기고 있을 것이지만 실제로 이들의 관계를 보면 조조가 훨씬 더 위대한 임금이요 훌륭한 장군이다.

앞에서 이미 언급하였지만 조조가 61세 되는 건안 20년(215)에 위공

---

11 『三國志』卷36 蜀書 關羽傳.
12 194) 『三國志』卷36 蜀書 關羽傳.

(魏公) 조조는 오두미도(五斗米道)로 황건적(黃巾賊)을 일으킨 장릉(張陵, 84-156)의 손자 장로(張魯, ?-216)가 서북쪽의 오랑캐들과 어울려 저항을 하고 있어 직접 군사를 이끌고 그를 토벌하러 나갔다. 먼저 오랑캐인 저족(氐族)을 친 다음 다시 장로를 쳐서 항복을 받았다. 장로는 황건적을 일으켜 오랫동안 동한을 괴롭혀 온 반란자들의 우두머리였다. 그러나 그가 공격을 받았을 때 부하들이 곡식과 보물이 저장된 창고를 불태우려 하자 "창고의 물건은 나라의 것"이라고 하면서 창고에 봉인(封印)을 하고 불을 붙이지 못하게 하는 등 훌륭한 행동을 한 것을 조조는 높이 평가하고, 항복한 장로와 함께 그의 다섯 아들 모두를 열후(列侯)로 봉해주고 대우를 정중히 해주었다. 조조는 적이라도 훌륭한 사람은 죽이지 않고 제대로 대접을 하는 올바른 사람이다.

장로를 친 다음 조조 밑에서 크게 활약하게 되는 사마의(司馬懿)가 이 승리의 기세를 몰아 유비의 익주(益州, 지금의 四川省 지역)를 공격하자고 하였다. 그때 조조는 "사람은 만족할 줄 알아야 한다. 이미 농우(隴右, 甘肅省 남부 일대 지역)까지 얻었는데, 또 촉(蜀, 지금의 四川省 지역)까지 바라는가?" 하고 유비를 치지 않았다 한다.[13] 조조는 무조건 전쟁을 벌여 자기 세력이나 나라를 키우려는 욕심을 지닌 못된 장수가 아니었다. 사실은 조조가 소설 『삼국연의』에서 극찬하고 있는 장수 제갈량보다도 훌륭한 인품의 소유자였음이 분명하다.

반역을 하는 원소를 섬기다가 그가 죽자 아들 원담(袁譚, ?-205) 밑에서 별가(別駕) 벼슬을 한 왕수(王脩)의 경우를 보자. 건안 10년(205)에 조조가

---

13 『晉書』卷1 宣帝紀; "漢建安六年,… (司馬懿)從討張魯, 言於魏武曰; 劉備以詐力虜劉璋, 蜀人未附而遠爭江陵, 此機不可失也.… 魏武曰; 人苦無足, 旣得隴右, 復欲得蜀? 言竟不從."

남피(南皮, 지금의 河北省 南皮縣 동북 지역)로 쳐들어가 원담을 죽이고 그의 목을 베어 길거리에 걸어놓은 다음 "감히 이자를 위하여 곡하는 자가 있으면 그의 처자들까지도 처벌하겠다."는 영을 내렸다.[14] 그러나 다른 곳에 가 있던 왕수는 돌아오는 길에 원담이 죽었다는 소식을 듣고 "임금이 없어졌는데 어디로 돌아가야 하느냐?"고 탄식하며 조조에게로 가서 원담의 시체를 거두어 장사지낼 수 있도록 허락해 달라고 애원하였다. 왕수는 원담을 제대로 장사지낼 수만 있다면 자기는 죽어도 한이 없겠노라고 말하였다. 조조는 왕수의 뜻을 갸륵하게 여기고 그대로 들어주었다.[15]

원담이 죽자 그의 휘하 모든 성이 항복하였는데, 오직 낙안(樂安, 지금의 山東省 博興縣 북쪽 지역)의 관통(管統)이란 자만이 굴복하지 않았다. 이에 조조는 왕수에게 가서 관통의 목을 베어 올 것을 명하였다. 왕수는 가서 관통을 잡아 조조 앞으로 끌고 와서는 "이 자는 망한 나라이지만 그 나라의 충신입니다."라고 말하면서 관통의 몸을 묶은 줄을 풀어주면서 임금님께 인사드리라고 하였다. 조조는 그를 기특하게 여기고 용서하여 주었다.[16]

조조가 남피의 원담을 공격하였을 적에 마침 그의 밑에서 벼슬하는 왕수의 집에 들어가 보게 되었다. 집안에 곡식도 별로 많지 않은데 책은 수백 권이나 쌓여 있었다. 그것을 본 조조는 "선비는 공연히 이름이 알려지는 것이 아니로다!"라고 감탄하며, 왕수를 자기 휘하로 끌어들여 사공연(司空掾)에 임명하였는데 곧 그는 사금중랑장(司金中郎將)을 거쳐

---

14 『三國志』卷1 魏書 武帝紀 참고. 이 사실은 앞의 '제4장 조조의 일생 경력'에서도 밝혔음.

15 이 대목 『三國志』卷11 魏書 王脩傳 참고.

16 『三國志』卷1 魏書 武帝紀 참고.

위군(魏郡, 지금의 河北省 臨漳縣 서남 지역)의 태수(太守)로 승진하였다. 왕수는 고을을 다스리면서 강한 자는 억누르고 약한 자를 도와주며 상벌을 분명히 하여 백성들의 칭송을 받았다 한다.[17] 조조는 사람들을 대함에 자기를 적대하는 사람이라 하더라도 그의 인격과 학문을 존중해 주고 그들을 받아들여 주는 무척 너그럽고도 바른 인물이었다.

조조는 적의 장수로 활약하다가 항복해 온 사람이라 하더라도 그가 성의만 보이면 의심하지 않고 그를 자기 휘하 장수로 활용하였다. 보기를 들면 장료(張遼)는 여포(呂布) 밑의 기도위(騎都尉)로 활약하고 있었는데 건안 3년(198) 조조가 하비(下邳)에서 여포를 쳐부쉈을 때 조조에게 항복하였다. 조조는 그에게 중랑장(中郎將)[18] 직위를 내리고 관내후(關內侯)라는 작위까지 주었다. 그러자 그는 조조 밑에서 많은 전공을 세워 비장군(裨將軍)이 되었다. 그 뒤로도 원소를 치고 원담과 원상을 치는 데도 크게 공을 세워 탕구장군(盪寇將軍)이 되고 도정후(都亭侯)로 봉해진 뒤 계속 활약하여 도향후(都鄕侯)라는 작위가 내려지기도 한다.[19] 또 장합(張郃, ?-231)은 원소 밑에 교위(校尉)로 있으면서 많은 공을 세워 영국중랑장(寧國中郎將)까지 되었는데, 건안 5년(200) 관도에서 싸울 때 조조에게 항복하였다. 조조는 그가 항복해 온 것이 기뻐서 그에게 편장군(偏將軍) 벼슬을 내리고 도정후(都亭侯)로 봉하였다. 그러자 원담을 치는 등 많은 전공을 세워 평적장군(平狄將軍)이 되었다. 그 뒤로도 마초와 한수를 치는 등 많은 싸움에 공을 세워 탕구장군(盪寇將軍)이 되었고 마침내는 군주

---

17 이 대목 『三國志』卷11 魏書 王脩傳 참고.

18 中郎將과 뒤에 보이는 裨將軍·盪寇將軍·寧國中郎將·偏將軍·平狄將軍·討逆將軍·義將軍 등 모두 대장군 바로 밑에서 군대를 지휘하는 장군임.

19 『三國志』卷17 魏書 張遼傳 의거.

(軍主)[20]가 되었다.[21] 다시 문빙(文聘)은 본시 유표(劉表, ?-208)의 대장이었는데 건안 13년(208) 유표가 죽고 아들 유종(劉琮)이 부하를 이끌고 조조에게 항복할 때 문빙만은 늦게 도착하였다. 조조가 그에게 늦게 온 까닭을 추궁하자 문빙은 "저는 윗사람을 받들어 제대로 싸우지를 못하여 바로 올 수가 없었다."라고 말하며 눈물을 흘렸다. 그러자 조조는 "그대야말로 충신이다."라며 잘 대우하였다. 그리고 문빙에게 군대를 내주어 유비를 치게 하였다. 그리고 강하태수(江夏太守)에 임명하고 관내후(關內侯)라는 작위도 내려주었다. 그 뒤로도 관우를 치는 싸움 등에서 공을 세워 연수정후(延壽亭侯)에 봉해지고 토역장군(討逆將軍)이라는 벼슬도 내려졌다.[22] 또 방덕(龐悳)은 마초의 장수로 싸움에 많은 공을 세워 중랑장(中郎將) 직위에 도정후(都亭侯)로 봉해졌던 인물이다. 건안 20년(215) 조조가 장로(張魯, ?-216)를 칠 때 방덕은 마초를 따라 장로 밑에 있었다. 장로가 조조에게 항복할 때 방덕도 그의 부하들과 함께 조조에게 항복하였는데, 조조는 전부터 방덕이 용감한 장수라는 것을 알고 있었기 때문에 그를 존중하여 바로 의장군(義將軍)에 임명하고 삼백 호(戶)의 고을을 내려주며 관문정후(關門亭侯)에 봉하여 자기를 위해 일을 하도록 하고 있다.[23] 조조는 이처럼 항복해 온 적군의 장수라 하더라도 자기를 위하여 싸워줄 것을 동의하기만 하면 주저하지 않고 그에게 장군 직책을 내리고 작위까지 봉해주며 자기를 위하여 싸우도록 하였던 것이다. 그 밖에도 조조는 무척 많은 적군의 장수로 활약하다가 항복해 온 사람들을 달

---

20 軍主는 군대의 총 지휘자임.
21 『三國志』卷17 魏書 張郃傳 의거.
22 『三國志』卷18 魏書 文聘傳 의거.
23 『三國志』卷18 魏書 龐悳傳 의거.

래어 자기 밑에 두고 부렸다. 그들이 올린 공적은 무척 크다. 조조의 넓은 아량과 훌륭한 인간성을 알려주는 것이다.

다시 건안(建安) 8년(203) 가을 7월에 조조는 다음과 같은 영을 내리고 있다.

"나라가 어지러워진 지 15년이 되니 지금 사람들은 어짊(仁)과 의로움(義)과 예의를 지키고 남에게 사양하는 풍습을 보지 못하여 나는 매우 그것을 가슴 아파하고 있다. 여러 고을에 영을 내려 모두 학문을 닦게 하되 500호(戶)가 되는 현(縣)에는 교관(校官)을 두어 그 고을의 뛰어난 사람들을 골라 가르치고 공부를 하도록 하여야 한다. 그래야 옛날 임금들의 도가 무너지지 않아 천하에 유익한 일이 될 수 있을 것이다."[24]

"나라가 어지러워진 지 15년"이라 하였는데, 그것은 중평(中平) 6년(189)에 영제(靈帝)가 죽은 다음 홍농왕(弘農王)이 뒤를 이은 시절이다. 그때는 궁중에서 이미 환관과 황제의 외척들이 권력을 다투고 있고 심지어 당고지화(黨錮之禍)가 일어나고 황건적도 세력이 커진 위에 여러 지방에 머무는 장군들이 멋대로 자기 이익을 추구하는 어지러운 세상이었다. 그때 동탁(董卓, 137-192)이 낙양(洛陽)으로 들어가 멋대로 도성을 무너뜨린 다음 홍농왕(弘農王)을 끌어 내리고, 진류왕(陳留王)이던 헌제(獻帝, 190-220)를 황제 자리에 앉힌다. 이에 사방에서 동탁을 타도하려는 군사를 일으키게 되는데, 조조도 동탁을 멀리하고 그를 치는 의병을 일으킨

---

24 『三國志』卷1 魏書 武帝紀; "建安八年, 秋七月, 令曰; 喪亂已來, 十有五年, 後生者不見 仁義禮讓之風, 吾甚傷之. 其令郡國各修文學, 縣滿五百戶置校官, 選其鄉之俊造而敎學 之, 庶幾先王之道不廢, 而有以益于天下."

다. 그처럼 어지럽고 어려운 시국이었는데도 조조는 "어짊(仁)과 의로
움(義)과 예의(禮)와 사양(辭讓)"의 덕을 내세우며 세상에 올바른 도를 이
루려고 백성들의 교육을 강조한 사람이다. 다시 건안 14년(209)에는 다
음과 같은 영을 내리고 있다.

> "근래에 와서는 군대를 자주 동원하고 있는데 간혹 역병에 걸리기도
> 하여 군사들이 죽어서 돌아가지 못하게 되니, 집안에선 식구를 만나
> 지 못하게 된 것을 원망하고 백성들이 떠다니게 되었으니 어찌 어진
> 사람이라면 즐거울 수가 있겠는가? 할 수 없이 하는 거다. 죽은 자들
> 의 집안에 일하는 사람이 없어서 먹고살지 못하는 사람들이 있다면
> 고을의 우두머리는 그들의 식량이 끊이지 않게 하고 관원들은 그들
> 을 도와주고 돌봐주어 내 뜻에 어긋나는 일이 없도록 해주시오."[25]

조조는 "전쟁은 할 수 없이 하는 일"이라 하면서 백성들의 어려운 처
지를 몹시 동정하고 있다. 그리고 백성들의 생활에도 세심한 관심을 보
여주고 있다. 조조는 스스로 "어진 사람"이 되려고 노력한 사람이다. 다
시 같은 책 건안 23년(218)의 기록의 배송지(裴松之) 주에는 다음과 같은
『위서(魏書)』에 실린 무제의 조칙을 인용하고 있다.

> "작년 겨울에 하늘이 역병을 내려 백성들의 피해가 컸는데 밖으로는
> 전쟁까지 일어나 농사를 짓는 밭이 줄어들었으니 나는 매우 이를 격

---

25 『三國志』卷1 魏書 武帝紀 ; "十四年 …令曰; 自頃已來, 軍數征行, 或遇疫氣, 吏士死亡不
歸. 家室怨曠, 百姓流離, 而仁者豈樂之哉? 不得已也. 其令死者, 家無基業, 不能自存者,
縣官勿絶廩, 長吏存恤撫循, 以稱吾意."

정하고 있다. 이에 관리와 백성들 남녀 모두에게 다음과 같이 명을 내리는 바이다. 여자로서 70세가 넘었는데 남편이 없는 자, 열두 살 아래 아이들로 보모나 형제가 없는 자, 눈이 보이지 않는 자, 손을 쓰지 못하는 자, 발로 걷지 못하는 자, 처와 자식 또는 아비와 형도 없고 생업도 없는 자들은 평생토록 관에서 먹여 살린다. 어린아이는 열두 살까지이다. 가난하여 스스로 먹고살 수 없는 자들에게는 식구 수에 따라 양식을 빌려준다. 늙어서 봉양해야 할 90세 이상의 분이 있는 집은 요역(徭役)을 면해주되 한 집에 한 사람에 한한다."[26]

조조는 전쟁으로 어려움에 처한 노인과 아이들 및 장애인 등 생활 능력이 없는 자들을 평생토록 관에서 먹여 살려주어야 한다는 명령을 내리고 있다. 백성들의 복지에도 무척 신경을 쓴 다정다감한 정치가이다. 배송지는 같은 책 건안 25년의 기록에 단 주에 또 『위서(魏書)』에 실린 다음과 같은 조조를 평한 기록을 인용하고 있다.

"그래서 대업(大業)을 이루면서 문무를 아울러 존중하였고, 30여 년 군대를 거느리면서도 손에서 책을 놓지 않았다. 낮에는 군사 정책을 강구하고 밤에는 경전(經傳)을 공부하였다. 높은 산에 올라가서는 반드시 시를 읊었고 새로운 시가 이루어지면 악기로 연주하여 모두 악장(樂章)을 이루었다. 재능과 힘도 남보다 뛰어나서 손수 날아가는 새를

---

26 『三國志』卷1 魏書 裴松之注 引『魏書』: "去冬天降逆癘, 民有凋傷, 軍興於外. 墾田損少, 吾甚慅之. 其令吏民男女, 女年七十以上無夫子, 若年十二以下無父母兄弟, 及目無所見, 手不能作, 足不能行, 而無妻子父兄産業者, 廩食終身. 幼者至十二止. 貧窮不能自贍者, 隨口給貸. 老耄須待養者, 年九十以上, 復不事, 家一人."

활로 쏘아 잡고 사나운 짐승을 직접 잡았다."**27**

　조조는 전쟁보다도 문학과 학문에 관하여 더 많은 관심을 지니고 어진 정치를 하려고 애썼던 사람이다. 북송대의 학자 사마광(司馬光, 1019-1086)은 『자치통감(資治通鑑)』에서 조조에 대하여 다음과 같은 평가를 하고 있다.

> "위나라 왕은 잘 살피어 사람을 알아보아 거짓으로 그를 현혹시키기 어려웠다. 지식이 뛰어나고 재능이 기이하면 미천한 신분을 가리지 않고, 능력을 따라 부려 모두 제대로 임용하였다. 적과 대진을 할 적에도 마음이 편안하고 여유가 있어서 싸우려 하지 않는 것과 같았다. 그러나 기회를 잡아 승리하여 기세가 넘쳐흘렀다. 공로에 따라 대우를 하고 상도 내리되 천금(千金)도 아끼지 않았으며, 공로도 없이 대우를 바라는 자에게는 조금도 내려주지 않았다. 법을 엄격하게 적용하여 범법자는 반드시 처벌하였으며, 간혹 눈물을 흘리며 애원해도 전혀 용서하는 일이 없었다. 성품이 우아하고 검소하며 절약하고 화려한 것을 좋아하지 않았다. 그러므로 여러 간사한 장수들을 쳐내어 세상을 평화롭게 할 수가 있었다."**28**

---

27 『三國志』卷1 魏書; "是以刱造大業, 文武並施. 御軍三十餘年, 手不捨書. 晝則講武策, 夜則思經傳. 登高必賦, 及造新詩, 被之管絃, 皆成樂章. 才力絶人, 手射飛鳥, 躬禽猛獸."

28 『資治通鑑』; "王知人善察, 難眩以僞. 識拔奇才, 不拘微賤, 隨能任使, 皆獲其用. 與敵對陣, 意思安閑, 如不欲戰然. 及至決機乘勝, 氣勢盈溢. 勳勞宜賞, 不吝千金, 無功望施, 分毫不與. 用法峻急, 有犯必戮, 或對之流涕, 然終無所赦. 雅性節儉, 不好華麗. 故能芟刈群雄, 幾平海內."

이미 옛날 역사학자 중에도 조조의 사람됨을 바르게 보고 그의 한나라를 위한 공로도 적지 않게 평가한 학자가 있었다. 건안 25년(220) 조조가 죽은 뒤 아들 조식은 「무제뢰(武帝誄)」의 서문에서 아버지 무제는 온세상을 덕으로 잘 다스리다가 돌아가시자 "온 나라가 눈물을 흘렸고온 백성들이 슬퍼하였다."고 쓰고 있다.[29]

조조의 훌륭한 몸가짐과 공로는 한나라 황제인 헌제까지도 감동시켜조조가 죽고 그의 위나라 임금 자리를 아들 조비가 뒤를 잇자 헌제는 한나라 황제의 자리를 위나라 왕인 조비에게 자진하여 넘겨주어 조비는천하를 다스리는 위나라의 황제인 문제(文帝)가 된다. 『삼국지』 권2 위서문제기(文帝紀)에는 다음과 같은 기록이 있다.

"건안 25년(220) ⋯ 8월 ⋯한나라 황제는 여러 사람들의 신망이 위나라로 기울었다 생각하고 여러 장관들을 불러 모아 종묘에 아뢰는 제사를 지내고 겸어사대부(兼御史大夫) 장음(張音)으로 하여금 부절(符節)을 갖고 옥새(玉璽)를 받들고 가서 황제 자리를 물려주도록 하였다."[30]

이처럼 조조가 죽자마자 한나라의 황제 자리를 헌제가 자진하여 조조의 아들 조비에게 넘겨준 것은, 조비를 천하를 다스릴 황제가 될 만한 훌륭한 인물이라고 판단했기 때문이기도 하겠지만 이미 황제가 이전부터 조비의 아버지인 조조의 사람됨에 크게 감복되어 있었기 때문이다. 조조는 앞에 보인 것처럼 그의 한나라를 위하여 세운 공로에 따

29 曹植「武帝誄」序; "華夏飲淚, 黎庶含悲."
30 『三國志』卷2 魏書 文帝紀; "漢帝以衆望在魏, 乃召羣公卿士, 告祠高廟, 使兼御史大夫 張音, 持節奉璽綬禪位. 冊曰; ⋯改延康爲黃初, 大赦."

라 헌제가 후왕(侯王)에게 내려준 식읍(食邑)도 다 받지 않고 사양하는 사람이었으니 더욱이 황제 자리는 넘겨주려 해도 절대로 받지 않을 사람이라는 것을 헌제는 잘 알고 있었다. 이 때문에 조조가 죽자마자 그의 아버지를 여러 모로 많이 닮은 아들 조비에게 바로 황제 자리를 넘겨주었던 것이다.

이로부터 조비는 위나라 문제가 되고 아버지 조조는 무제라고 높여서 부르게 되었다. 그러니 위나라 임금이야말로 정식으로 천자의 자리를 이어받은 천하를 다스릴 자격을 갖춘 황제이다. 다음 해(221) 유비는 성도(成都)를 도읍으로 나라 이름을 한(漢)이라 하고 제갈량(諸葛亮, 181-234)을 승상으로 임명한 뒤 스스로 황제가 되었다. 그래서 그의 나라는 흔히 촉한(蜀漢)이라 부른다. 한편 손권에게는 위나라 문제가 오왕(吳王)으로 봉해주었으나 곧 다시 다음 해(222)에 스스로 황제가 되어 건업(建業, 지금의 江蘇省 南京市)을 도읍으로 삼고 위나라에 반항을 한다. 그러니 촉나라(221-263)와 오나라(222-280)는 소설 『삼국연의』 때문에 모두 위나라(220-265)와 대등한 나라들이라 생각하고 있지만 실상은 모두 천자에게 반역을 꾀한 나라들인 것이다. 소설 『삼국연의』와 중국 민간에 연출되는 삼국시대 관련 민간의 놀이에서는 모두 조조를 비열하고 간사한 싸움만 잘하는 영웅으로 내세우고 있어서, 중국의 일반 사람들은 옛날부터 역사적인 사실과는 달리 모두 위나라를 간악한 영웅이 다스린 나라라고 믿고 있지만 이는 그릇된 생각이다. 삼국 중 위나라가 정통적인 황제의 나라일 뿐만 아니라, 임금들도 조조에서 시작하여 그의 아들 손자 모두 훌륭한 임금으로 나라도 가장 잘 다스렸으며, 중국의 전통문학과 학술을 발전시키는 업적도 가장 두드러진다. 그리고 조조의 뒤를 이은 그의 아들 손자들도 무력으로 전쟁을 하여 천하를 통일하려고 하지 않았기 때문에 마치 위·촉·오의 세 나라가 대등하게 다투었던 것처럼 보이는 것이다. 어진 위나라 황제들 덕분에 촉나라와 오나라도 비교적 안락하게 나라를 지탱할 수가 있었던 것이다.

다음에는 조조의 아들 손자들은 어떤 인물이었는지 다시 한번 살펴보기로 한다. 옛날의 임금들은 처와 첩을 많이 거느리는 것이 관행이었다. 조조도 15명 이상의 처첩을 거느린 것 같다. 따라서 거기에서 낳은 자녀들도 무척 많을 수밖에 없다. 아들이 25명이고 딸도 여러 명인데 확실한 수가 알려지지 않고 있다.[31] 그러나 처첩 중에서도 가장 중요한 이가 문제(220-226 재위)인 조비(曹丕, 187-226)를 낳은 변황후(卞皇后)와 그 아들들이다. 본시 조조에게는 정실부인으로 정부인(丁夫人)이 있었으나 건안 연간(196-219) 초에 자식이 없던 정부인은 물러나고 변황후가 뒤를 이었다.[32] 변황후는 문제 조비 이외에도 조창(曹彰, ?-223)과 조식(曹植, 192-232) 및 조웅(曹熊, ?-?)의 네 아들을 낳았다. 이 중 조웅은 일찍이 어려서 죽었다. 조창은 장군으로 조조 때부터 아버지를 따라다니며 많은 전공을 세웠는데, 특히 건안 23년(218) 오환족(烏桓族)이 북쪽 대군(代郡, 지금의 山西省 陽高縣 서북 지역)에서 반란을 일으켰을 적에 조창은 효기장군(驍騎將軍)으로 군사를 이끌고 직접 나가 많은 부상을 당하면서도 싸워 그들을 물리쳤다. 이를 보고 선비족(鮮卑族)은 스스로 굴복해 와서 북쪽 지방이 평정되었다. 조조가 죽은 뒤에도 형인 문제는 그를 임성왕(任城王)으로 봉해주었다. 그리고 조식은 시를 짓는 데 뛰어나 뒤에 건안 문학(建安文學)을 논할 때 다시 그에 대하여 자세히 논술할 것이다.

---

31 邱復興 『曹操今論』(北京大學出版社, 2003)의 조사 의거.

32 『三國志』卷5 魏書 后妃傳.

그 밖에도 특출한 아들로 조앙(曹昻, ?-197)과 조충(曹沖 196-208)이 있다. 조앙은 유부인(劉夫人)에게서 낳은 장자이다. 건안 2년(197)에 조조는 유표(劉表, ?-208)를 따라서 자기에게 대적하는 장수(張繡)를 완(宛, 지금의 河南省 南陽市)에서 공격하였는데, 싸움 형세가 불리해져서 진두지휘를 하던 조조는 오른쪽 팔에 부상을 당하고 그가 타고 있던 애마도 여러 군데 화살을 맞았다. 이런 위급한 순간 함께 종군하던 아들 조앙이 자기 말을 아버지에게 내어주어 조조는 위기에서 탈출할 수가 있었다. 그러나 조앙 자신은 그곳에서 적군의 손에 전사하였다. 조조의 정부인인 정씨(丁氏)는 조앙을 자기 자식처럼 사랑하고 있었다. 조조가 그 아들을 자기 대신 죽이고 돌아오자 심하게 항의하고 책망을 한 다음 정부인 자리에서 스스로 물러났다고 한다. 그를 뒤이어 조비의 어머니 변씨(卞氏)가 정부인이 되었다. 조앙이 효성이 지극한 아들이었음에는 틀림이 없다.

조충은 환부인(環夫人)에게서 낳은 아들인데 어려서부터 무척 총명하여 조조의 사랑을 받았다. 한 번은 손권(孫權)이 조조에게 큰 코끼리를 한 마리 바쳤다. 조조는 그 코끼리의 무게를 알고 싶다고 하였으나 휘하의 사람들은 코끼리의 무게를 달 수 있는 방법을 아무도 알지 못하여 모두 입을 다물고 있었다. 이때 열 살도 안 된 조충이 나서서 말하였다. 먼저 가벼운 배를 물에 띄우고 코끼리를 태운 다음 뱃전에 물이 올라온 자리에 표시를 해놓는다. 그리고 다시 배에 돌을 가져다가 뱃전에 표시된 자리까지 물이 올라오도록 싣는다. 그런 뒤에 그 돌의 무게를 하나하나 달아 모두를 합치면 코끼리의 무게가 나올 거라는 것이다. 어른들 모두가 탄복하였다 한다. 또 한 번은 조조가 늘 아껴 쓰는 말안장을 병사에게 잘 보관하라며 맡겼다. 병사는 그 말안장을 창고로 가져가 매달아 두었는데 쥐가 말안장 가죽을 뜯어먹었다 한다. 그 말안장을 맡았던 병사는 당시 조조군의 군법에 따르면 처형될 일이라 생각하고 스스로를 결박하고 자수하러 나왔다. 그러나 이 병사를 먼저 만난 조충은 병사의 사정을 알아보고는 "사흘 뒤 아침에 자수하라"고 권하여 일단 돌려보냈다. 그리고 조충은 사흘 뒤 아침, 자기 저고리에 칼로 구멍을 뚫은 다음 기가 죽은 얼굴 모습을 하고 아버지 조조 앞으로 갔다. 아들 얼굴을 본 조조가 무슨 일이 있었느냐고 물었다. 조충이 대답하였다. "쥐가 옷을 뜯어 먹으면 옷 주인에게는 불길한 일이 일어난다고 들었습니다. 그래서 근심을 하고 있습니다." 그 말을 듣자 조조는 "그건 미신이다. 아무 일도 없을 것이니 걱정하지 마라."라고 말하며 타일렀다. 그때 병사가 와서 맡았던 폐하의 말안장을 쥐가 뜯어먹은 사실을 보고하며 사죄를 하였다. 그러자 조조는 "쥐란 놈이 우리 아들이 입고 있는 옷도 뜯어먹었는데 창고에 둔 말안장 뜯어먹는 거야 어쩔 수도 없는 일 아니겠느냐?"라고 말하며 병사에게 아무런 벌도 주지 않았다 한다. 조충의 기지가 병사가 받아야 할 처벌을 면하게 해주었던 것이다. 그 밖에도 조충 덕분에 목숨을 살린 사람이 여러 명이라 한다. 이런 아들을 조조가 지극히 사랑했을 것은 당연한 일이다. 그러나 건안 13년(208) 조충은 병으로 죽었다. 조조는 이 아들의 죽음을 애통해한 나머지 그 무렵에 죽은 진(甄)씨 집안의 딸과 열세 살의 아들을 합장함으로써 죽은 사람을 결혼시키는 명혼(冥婚)의 의식을 치러주었다고 한다.

조조의 아들 조비(曹丕, 187-226)는 건안 16년(211) 오관중랑장(五官中郎將)[33]에 부승상(副丞相)으로 임명되었는데, 이는 형제들 중 가장 높은 벼슬이었다. 그리고 다시 건안 22년(217)에는 태자가 되었다. 이 때문에

---

33 五官中郎將은 황제를 侍衛하며 도성과 황제의 안전을 책임지는 관리임.

건안 25년(220) 조조가 죽자 조비는 아버지를 뒤이어 한나라 승상(丞相) 및 위왕(魏王)이 되었다. 그리고 앞에서 언급한 것처럼 한나라 헌제는 황제의 자리를 위나라 왕이 된 조비에게 바로 자진하여 넘겨주어 조비는 천하를 다스리는 위나라의 황제인 문제가 된다. 그때 동한 나라는 망해버리고 위나라가 그 뒤를 이어 천하를 다스리는 천자의 나라로 발전한 것이다.

아버지 조조의 뒤를 이어 위나라 황제인 문제가 된 조비도 아버지처럼 학문을 무척 중시하고 백성들을 덕으로 다스리는 훌륭한 정치를 하려고 애쓴 임금이었다.『삼국지』권2 위서 문제기(文帝紀)를 보면 그에 관하여 이렇게 쓰고 있다.

"처음부터 문제는 학문을 좋아하여 저술에 힘써서 자신이 이루어놓은 책이 백 편이나 되었다. 또 여러 학자들로 하여금 경전을 모아 가지고 종류에 따라 분류케 하여 모두가 천여 편이나 되었는데, 이를 『황람(皇覽)』이라 불렀다."**34**

"여름 사월에 태학(太學)을 세우고 오경(五經)으로 시험을 보는 방법을 제정하고, 춘추곡량박사(春秋穀梁博士)를 두었다."**35**

따라서 정치도 학문을 바탕으로 공정하게 하려고 애썼다.『삼국지』위지 문제기를 보면 문제가 궁전의 연못에 사다새(鵜鶘鳥)라는 물새가 날

---

34 『三國志』卷2 魏書 文帝紀; "初, 帝好文學, 以著述爲務, 自所勒成數百篇. 又使諸儒撰集 經傳, 隨類相從, 凡千餘篇, 號曰皇覽."
35 上同; "(黃初五年)夏四月, 立太學, 制五經課試之法, 置春秋穀梁博士."

아든 것을 보고 자신이 휘하에 훌륭한 군자들을 잘 쓰지 못하고 있는 것은 아닌가 하고 깊이 반성하는 다음과 같은 기록이 있다.

"여름 오월에 사다새가 영지지(靈芝池)에 모여든 일이 있었다. 황제가 조칙을 내리셨다. 이건 옛 시인이 말한 연못을 더럽힌 것이다.『시경』 조풍(曹風) 후인(候人) 시에 사다새가 날아든 것을 노래한 것을 두고 '조(曹)나라 공공(恭公)이 군자들은 멀리하고 소인들을 가까이함을 풍자한 것'이라 하였다. 지금 어찌 현명하고 지혜로운 군자가 낮은 자리에 있다는 말인가? 그렇지 않다면 이 새가 어찌하여 날아왔겠는가? 이제 천하의 덕이 있고 재능이 뛰어난 인재들과 행실이 올바른 군자들을 널리 천거하여 조풍(曹風) 시의 풍자에 대응하여야만 할 것이다."[36]

참고로『시경』의「후인(候人)」시를 아래에 소개한다.

저 후인들은, 어깨에도 긴 창 짧은 창 메고 있는데,
저 간사한 자들 중에는, 대부(大夫) 행세하는 자 수백 명이라.
사다새가 어살에서, 날개도 적시지 않네.
저 간사한 자들은, 그들 옷이 행동과 안 어울리네.
사다새가 어살에서, 부리도 적시지 않네.
저 간사한 자들은, 그들 은총이 행동과 안 어울리네.
뭉게뭉게 구름 일더니, 남산에 아침 무지개 떴네.

---

36 上同; "(黃初四年)夏五月, 有鵜鶘鳥集靈芝池. 詔曰; 此詩人所謂汚澤也. 曹詩刺恭公遠君子而近小人, 今豈有賢智之士處于下位乎? 否則此鳥何爲而至? 其博擧天下儁德茂才, 獨行君子, 以答曹人之刺."

어리고 예쁜, 소녀들은 굶주리고 있다네.

彼候人兮, 何戈與祋, 彼其之子, 三百赤芾.
維鵜在梁, 不濡其翼. 彼其之子, 不稱其服.
維鵜在梁, 不濡其味. 彼其之子, 不遂其媾.
薈兮蔚兮, 南山朝隮. 婉兮孌兮, 季女斯飢.

「모시서」에서는 임금이 소인만을 가까이하는 것을 풍자한 시라 하였다. 조(曹)나라 공공(恭公)이 어진 군자는 멀리하고 소인만을 가까이하였다는 것이다. 어진 군자는 낮은 관리인 '후인' 노릇이나 하고, 소인들은 대부 가 되어 떵떵거리고 잘살고 있음을 꼬집은 시라 한다. 위나라 문제는 이 시를 기억하고 날아온 사다새를 보면서 자신을 돌아보며 반성을 한 것이다. 위나라 문제는 아버지와 같이 훌륭한 시인이었고 또 덕으로 나라를 다스리려고 애쓴 황제였다. 전혀 반역자들을 무력으로 쳐서 멸해버리려고 노력하지 않았다.

황초(黃初) 4년(223)에는 조비 문제가 다음과 같은 조칙을 내리고 있다.

"세상이 어지러워진 이래로 전쟁이 끊이지 않아 천하 사람들이 서로 해치고 죽였다. 지금 세상이 처음으로 안정되었는데, 감히 사사로운 일로 복수를 하는 자가 있다면 모두 가족까지도 처벌하겠다."[37]

---

37 『三國志』卷2 魏書 文帝紀; "四年春正月, 詔曰; 喪亂以來, 兵革未戢, 天下之人, 互相殘殺. 今海內初定, 敢有私復讎者, 皆族之."

문제는 전쟁은 물론 사람들 사이의 개인적인 싸움까지도 싫어하여 막으려 하였던 임금이다. 조비가 조조의 뒤를 이어 위나라 왕이 된 건안 25년(220) 5월 산적(山賊)인 정감(鄭甘)과 왕조(王照) 및 노수호(盧水胡)가 부하들을 이끌고 항복해 왔을 적에, 조비는 신하들에게 이런 말을 하고 있다. "전에 나에게 선비족(鮮卑族)을 치도록 하려 하셨으나 내가 명령을 따르지 않았어도 항복해 왔었고, 또 나에게 이번 가을에 노수호를 치게 하고자 하였으되 나는 따르지 않았으나 지금 또 그가 항복하러 왔어요. … 가만히 앉아서 그들의 항복을 받는 것이 그 공을 따지면 군대를 동원하여 그렇게 하는 것보다 크지요."**38** 적이 있다고 해도 되도록 군대를 출동시켜 싸우지 않고 덕으로 그들을 감동시켜 스스로 와서 따르도록 하는 것이 좋다고 조비는 생각하고 있었던 것이다.

다시 조비의 성격을 알려주는 「광릉에 이르러 말 위에서 지음(至廣陵於馬上作)」이란 시가 있다. 이 시는 "황초(黃初) 6년(225) 겨울 시월에 그가 광릉(廣陵, 지금의 江蘇省 揚州)의 옛 성이 있는 장강 가로 가서 군대를 모아놓고 열병(閱兵)을 하는데, 병사들 10여 만 명이 늘어서 있고 깃발은 수백 리에 걸쳐 널려 있었는데", 이런 굉장한 장면을 앞에 두고 지은 시가 이 시라 한다.**39** 여하튼 이 시를 보면 문제인 조비가 전쟁을 대하는 마음가짐이 잘 드러나 있다. 그 시를 아래에 인용한다.

---

38 『三國志』卷2 魏書 文帝紀 裴松之 注;『魏書』曰; 初, 鄭甘王照及盧水胡率其衆來降, 王得降書以示朝曰; "前欲有令吾討鮮卑者, 吾不從而降. 又有欲使吾今秋討盧水胡者, 吾不聽, 今又降. … 徒以爲坐而降之, 其功大於動兵革也."

39 『三國志』卷2 魏書 文帝紀; "(黃初六年)冬十月, 行幸廣陵故城, 臨江觀兵, 戎卒十餘萬, 旌旗數百里." 裴松之 의 注에 『魏書』를 인용하여 이때 이 시를 읊었다고 하며 시를 소개하고 있음.

「광릉에 이르러 말 위에서 지음(至廣陵於馬上作)」

군사들 돌아보며 장강 바라보니

강물은 철렁철렁 흐르고 있네.

창칼은 산의 숲을 이루었고

갑옷은 햇빛에 빛나고 있네.

맹장들은 사나운 마음 품고 있고

사기는 사방으로 뻗치고 있네.

장강의 물이 넓다고 누가 말했던가?

한 갈대 같은 작은 배로도 건너갈 수 있겠네.

싸우지 않고 적군을 굴복시켜

전쟁을 끝내는 것이 현명하고 훌륭한 일일세.

주(周)나라 고공단보(古公亶父)는 기읍에 터전을 잡았는데

실은 그것이 은(殷)나라를 멸하는 시작이었네.

진(晉)나라 맹헌자(孟獻子)는 호뢰(虎牢)에 성을 쌓아

정(鄭)나라 사람들을 두려워 굴복하게 하였네.

한(漢)나라 조충국(趙充國)은 군사들에게 농사를 짓게 하여

서쪽 오랑캐 강족(羌族)을 스스로 멸망하게 하였네.

회수(淮水)와 사수(泗水) 사이에 농업을 장려하고

건물 짓고 서주(徐州) 지역에 도읍을 정하리.

상황을 잘 헤아려 계략을 잘 쓰면

전군이 모두 기뻐하고 편안하리라.

어찌 「동산(東山)」 시에서와 같이

한없이 많은 걱정 근심하게 하랴?

154

觀兵臨江水, 水流何湯湯?

戈矛成山林, 玄甲耀日光.

猛將懷暴怒, 膽氣正縱橫.

誰云江水廣? 一葦可以航.

不戰屈敵鹵, 戢兵稱賢良.

古公宅岐邑, 實始翦殷商.

孟獻營虎牢, 鄭人懼稽顙.

充國務耕殖, 先零自破亡.

興農淮泗間, 築室都徐方.

量宜運權略, 六軍咸悅康.

豈如東山詩, 悠悠多憂傷?

조비가 황제로서 황초(黃初) 6년(225)에 10여 만의 사기가 드높은 정병 (精兵)을 거느리고 그 군사들을 사열하면서 지은 시이다. 그 무렵의 나라 의 분위기는, 조비가 문제가 된 바로 다음 해인 황초 2년에 유비는 스 스로 촉(蜀)나라 황제 자리에 오르고, 다음 해에는 오(吳)나라 손권이 오 왕(吳王)이 되어 말을 듣지 않다가 태화(太和) 3년(229)에 가서는 역시 스 스로 황제가 되는 시국이었다. 그러나 문제 조비는 사기가 드높은 대군 을 거느리고 있으면서도 전쟁을 하여 무력으로 많은 사람들을 죽이며 촉나라와 오나라 같은 반역의 나라들을 쳐서 없앨 생각은 전혀 하지 않 고 있다. 그는 주(周)나라를 세운 고공단보(古公亶父)와 진(晉)나라 맹헌자 (孟獻子) 및 한나라 조충국(趙充國)처럼 덕으로 나라를 잘 다스려 전쟁 없 이 상대방이 스스로 굴복하여 오도록 만들고자 한다. 끝 대목에 보이는 「동산」 시는 『시경』 빈풍(豳風)에 실려 있는 작품으로, 「모시서(毛詩序)」에

주(周)나라 초기에 주공(周公)이 반란을 일으킨 은(殷)나라 본거지인 동쪽 지역을 정벌했을 적에 종군했던 사람이 그때에 집 생각과 노고를 회상하며 읊은 시라 하였다. 주공은 이 동쪽 지방 정벌을 통해서 은나라의 남아 있던 세력을 뿌리 뽑고 새로운 주나라의 터전을 굳건히 잡았다. 주공의 동정은 새로운 주나라의 터전을 굳건히 잡아준 값진 전쟁이었다. 그러나 조비는 그처럼 나라의 기틀을 잡는 계기가 되었던 소중한 전쟁도 종군했던 사람들에게는 많은 근심과 걱정을 안겨주었다는 것을 중히 여기고 있다. 그러니 자신은 되도록 전쟁은 하지 않겠다고 마음먹고 있는 것이다. 땅 좋고 물 좋은 회수(淮水)와 사수(泗水) 사이를 중심으로 농업을 장려하여 흥성케 하고 군대도 잘 운영하여 전군의 병사들이 모두 즐겁고 편안히 잘 지낼 수 있도록 하겠다는 것이다. 조비는 군대를 모아놓고 열병을 하면서도 이런 생각을 하고 있으니 정말 훌륭한 황제이다. 그래서 촉나라와 오나라도 비교적 평화롭게 상당히 오랫동안 나라를 무사히 유지할 수가 있었던 것이다.

그러나 많은 중국의 학자들은 간웅 조조의 아들인 조비는 한나라 황제의 자리를 강제로 빼앗았고, 특히 아버지 조조는 그의 동생 조식을 더 훌륭하다고 생각하고 있으면서도 마지못해 큰아들 조비를 태자로 삼은 것으로 알고 있다. 때문에 조비는 문제가 된 뒤에 조식에게 박해를 가하고 종실의 여러 왕들을 엄격히 관리하였다고 비판하고 있다. 특히 유의경(劉義慶)의 『세설신어(世說新語)』 우회(尤悔)편 같은 데에는 조식의 형인 조창(曹彰)이 황초 4년(223)에 낙양으로 가서 조정으로 들어갔다가 죽었는데, 문제인 조비가 독살하였고, 또 조식도 죽이려 하였다는 등의 험담을 하고 있다. 그러나 조비는 절대로 비뚤어진 인물이 아니었다. 자기 아우를 죽이거나 해칠 사람이 절대로 아니다.

따라서 『삼국지』 위서 문제기(文帝紀)의 마지막에는 "평왈(評日)" 하고 문제에 대하여 다음과 같이 요약하여 평하는 말을 하고 있다.

> "문제는 타고난 자질이 글재주가 있어서 붓을 잡으면 글이 되었고, 많은 공부를 하여 지식을 쌓았으며 재주와 학문을 두루 갖추었다."[40]

그리고 위 글 바로 아래 배송지의 주에서는 조비의 평론집인 『전론(典論)』의 자서(自敍)에서 다음과 같이 자기의 어릴 적 일을 적은 글을 인용하고 있다.

> "내가 나이 다섯 살이 되었을 적에 아버지께서는 세상이 지금 어지럽다 하고 나에게 활쏘기를 가르쳐 여섯 살에는 잘 쏠 줄 알게 되었다. 또 나에게 기마술을 가르쳐 여덟 살에는 말을 타고 활을 쏠 줄 알게 되었다. 그 시대에는 변고가 많았기 때문에 정벌에 나갈 때마다 나도 늘 아버지를 따라 종군하였다."[41]

앞에서 이미 살펴본 것처럼 건안 2년(197)에 조비의 어머니가 다른 형인 조앙(曹昻)이 아버지를 대신하여 전사하였던 전쟁에도 조비는 열한 살의 어린 나이로 그 전쟁에 참여하였다가 말을 달려 적의 손을 벗어나 탈출하였다. 이처럼 조비는 문무를 겸비해 전혀 나무랄 데가 없는 뛰어난 인물이다. 그리고 효성도 뛰어난 인물이다. 그에게는 「단가행(短

---

40 上同: "評日: 文帝天資文藻, 下筆成章, 博聞彊識, 才藝兼該."

41 『三國志』 卷2 魏書 文帝丕: "余五歲, 上以世方擾亂, 教余學射, 六歲而知射. 又敎余騎馬, 八歲而能騎射矣. 以時之多故, 每征, 余常從."

歌行)」이라는 악부체의 시가 있는데 아버지 조조를 흠모하며 지은 시이다. 모두 육해(六解)로 되어 있는데, 아래에 소개한다.

위로 장막을 우러러보다가
아래로 궤연(几筵)을 내려다보네.
쓰시던 물건은 옛날과 다름없는데
쓰시던 분은 계시지 않네.　　　　　　-1해
신령께서는 홀연히
나를 버리고 멀리 떠나셨네.
뵈올 수도 없고 의지할 수도 없으니
눈물만이 줄줄 흘러내리네.　　　　　-2해
메에 메에 하며 돌아다니는 사슴이
풀을 물고 새끼 사슴을 찾네.
펄펄 날아다니는 새는
새끼를 데리고 둥지에 깃들고 있네.　-3해
나만이 홀로 외롭고 쓸쓸하여
이런 여러 가지 걱정 품고 있네.
마음의 시름 크게 쌓였는데도
나를 알아주는 이 하나도 없네.　　　-4해
사람들은 말하기를
시름은 사람을 늙게 만든다네.
아아, 내 흰 머리
얼마나 빨리 생겨나고 있는가?　　　-5해
길게 읊조리며 탄식을 멈추지 않는 것은

내 작고하신 위대한 아버님이 그립기 때문이네.
어진 분은 오래 사신다고 하였는데
어찌하여 그대로 계시지 않는가?　　　 -6해

仰瞻帷幕, 俯察几筵.
其物如故, 其人不存.　　　　　　　一解
神靈倏忽, 棄我遐遷.
靡瞻靡恃, 泣涕連連.　　　　　　　二解
呦呦遊鹿, 銜草鳴麑.
翩翩飛鳥, 挾子巢棲.　　　　　　　三解
我獨孤煢, 懷此百離.
憂心孔疚, 莫我能知.　　　　　　　四解
人亦有言, 憂令人老.
嗟我白髮, 生一何早?　　　　　　　五解
長吟永歎, 懷我聖考.
曰仁者壽, 胡不是保?　　　　　　　六解

　아버지 조조의 궤연에서 아버지의 위대한 은덕을 생각하며 읊은 시이다. 조조가 자신을 뒤이을 태자로 그를 선택한 것은 당연한 일이었다. '제9장 조조와 문학'에서 논하겠지만, 조조는 사언시(四言詩)를 많이 지으며, 그 바탕을 이루는 『시경』의 형식뿐만 아니라 그 문학정신까지도 계승하려고 하였다. 그를 이어 그의 아들들을 비롯한 그를 따르던 문인들도 오언시를 많이 지으면서도 사언시도 지으려고 노력하였다. 문제 조비도 아버지의 뜻을 이어 여기에 인용한 「단가행」 같은 사언시를 지었던 것이다. 이처럼 『시경』의 문학 정신과 형식을 받들어 발전시키려는 태도 때문에 건안시대 시인들의 작품에는 후세 문학평론가들이 말하는 이른바 건안풍골(建安風骨)이 이루어졌을 것이다. 위나라에 문단이 이루어지게 한 것은 말할 것도 없어 조조의 공로이다. 그러나 건안칠자를 비롯하여 모여든 문인들을 직접 이끌어 문학을 크게 발전시킨 것은 조비이다. 조비가 오질(吳質)에게 준 편지 「여오질서(與吳質書)」를 보면 이런 대목이 있다.

> "옛적에 역병(疫病)이 돌아 친구들이 그 재난에 많이 걸려들어 서간(徐幹, 170-217)·진림(陳琳, ?-217)·응창(應瑒, ?-217)·유정(劉楨, ?-217)이 같은 시기에 모두 죽어버렸으니 애통함을 말로 다할 수가 있겠소? 옛날 놀던 곳에서는 길을 갈 적에는 함께 수레를 줄지었고, 멈추게 되면 자리를 함께하고 잠시라도 서로 떨어지는 일이 있었나요? 언제나 술잔이 돌아가면 여러 악기도 함께 연주되었고, 술이 거나해지면 하늘을 우러르며 시를 모두가 읊었지요."[42]

조비는 당시의 문인들과 함께 놀았고 함께 돌아다니고 자리도 늘 함께하며 함께 술도 마시고 함께 시도 지었던 것이다. 그런 중에 건안 22년(217)에 역병이 유행하여 건안칠자 중의 중심인물 네 명이 동시에 죽어버려 그것을 애통해하며 이 편지를 썼다.

동생 조식은 글재주가 뛰어나 아버지 조조의 사랑을 받았던 것은 사

---

42 曹丕「與吳質書」; "昔年疫疾, 親故多離其災, 徐陳應劉, 一時俱逝, 痛可言也? 昔日游處, 行則連輿, 止則接席, 何曾須臾相失? 每至觴酌流行, 絲竹並奏, 酒酣耳熱, 仰而賦詩."

실이다. 그러나 진수(陳壽, 233-297)가 쓴『삼국지』권19 위서(魏書)의 조식의 전기를 보면 그의 성격에 관하여 이렇게 쓰고 있다.

"성격이 단순하고, 형식적인 일을 다스리지 않으며, 수레와 말과 옷장식도 화려한 것을 존중하지 않았다. … 그리고 조식은 자기 성질대로 행동하며 스스로를 꾸며 잘 보이려 하지 않았고, 술 마시는 데 절제를 하지 않았다."[43]

이를 보더라도 조식은 태자의 자리를 탐내고 자기 형과 다툴 성격의 사람이 아니다. 다만 건안 16년(211) 조비가 오관중랑장(五官中郎將)에 부승상(副丞相)이 되고 조식은 평원후(平原侯)로 봉해진 무렵 이후로 그들 밑에 붙어서 시를 짓고 벼슬을 하며 지내던 사람들이 이들 형제 주변에 그룹을 이루어 몰려 붙게 되었다. 조비 주변에는 사마의(司馬懿, 179-251)·진군(陳群)·주삭(朱鑠)·오질(吳質) 같은 '조비의 사우(四友)'라 불리는 사람들이 몰려들었고, 조식에게는 정의(丁儀, ?-220)·정이(丁廙, ?-220)·양수(楊脩, 175-219) 같은 책사(策士)들이 달라붙었다. 이들은 자기네와 가까이 지내고 있는 이들 형제가 모두 아버지 조조의 총애를 받고 있으므로 서로 자기편의 형제를 태자가 되어 조조의 후계자가 되게 하려고 암투를 벌였다. 이들의 암투를 사람들 중에는 두 형제가 직접 싸운 것으로 보기도 하고, 또 조조 부자를 내려치기 위하여 그렇게 주장한 사람들도 있었다.

건안 22년(217)에 조조는 양수(楊脩)라는 사람을 상당히 재능과 계책

---

43 『三國志』卷19 魏書; "性簡易, 不治威儀, 輿馬服飾, 不尙華麗. …而植任性而行, 不自彫勵, 飮酒不節."

이 있는 자라고 여기고 있었지만, 그는 반역자인 원술(袁術, ?-199)의 조카인데다가 아들 조식의 심복으로 형제 사이에 갈등을 조성하는 위험인물이라 생각하고 죄를 씌워 죽였다.[44] 그리고 정의와 정이도 조비가 위나라 임금이 되자 형제 사이의 갈등을 없애려고 바로 죄를 씌워 처형한다. 이 때문에 그 뒤에는 조식을 밀어주던 사람들도 모두 없어져 버려 두 형제 사이에는 갈등이 있을 수가 없게 되었다.

조식의 타고난 성격은 자기 형과 태자 자리를 다툴 사람이 아니었다. 건안 22년(217)에 조식은 말이 끄는 수레를 타고 길을 달려 나가면서 궁전의 사마문(司馬門)을 멋대로 열고 달려 나갔다. 이에 조조는 크게 노하여 책임자인 공거령(公車令)을 죽여 버렸다. 사마문은 궁전의 외문(外門)으로 임금의 허락 없이는 아무나 멋대로 출입할 수 없는 문이었다. 조식의 행동은 태자가 되기를 바라는 사람의 몸가짐이 아니다. 이때 조조는 다음과 같은 두 번의 영을 내리고 있다.

"전에는 조식이 아들 중에서 가장 큰 일을 잘해낼 것이라 생각하고 있었다."

"임치후(臨淄侯)[45] 조식이 사사로이 외출하면서 사마문을 열고 가서 금문(金門)을 지나간 뒤로부터 나는 다른 눈으로 아들을 보게 되었다."[46]

---

44 『三國志』卷19 魏書 陳思王植傳 의거.

45 曹植은 건안 16년(211) 平原侯로 봉해지고 건안 19년에는 다시 臨淄侯로 봉해졌다.

46 『三國志』卷19 魏書 陳思王植傳 裴松之 注; 載令曰; "始者謂子建, 兒中最可定大業." 又令曰; "自臨淄侯植私出, 開司馬門至金門, 令吾異目視此兒矣."

조식 스스로 아버지의 정이 멀어지도록 행동한 것이다. 조비가 태자가 된 것은 당연한 일이었다.

건안 24년(219)에는 조조의 사촌동생인 조인(曹仁, 168-223)이 번성(樊城)에서 남쪽 형주(荊州)에 있던 관우에게 포위당했을 적에 조조는 조식을 구원군의 총지휘관으로 임명하고 번성으로 파견하려 하였다. 그러나 그때 조식은 술에 취하여 있어서 아버지의 명령을 따를 수가 없었다. 조조는 노엽고 화가 나서 조식의 기용을 포기하였다.[47] 조식이 나라를 물려받을 꿈을 가졌다면 그처럼 방탕할 수가 없었을 것이다.『삼국지』위서(魏書)의 주에는 조비가 조식의 실각을 노리고 술을 많이 마시게 하여 아버지 명령을 따르지 못하게 하였다는『위씨춘추(魏氏春秋)』의 기록을 인용하고 있는데, 역시 지어낸 말일 것이다.

조비가 조식에게 일곱 발자국을 걷는 사이에 시를 한 수 지으라고 명하여 지었다는「칠보시(七步詩)」는 이들 관계를 잘 설명해 준다고 하여 유명한 시로 전한다. 아래에 그 시를 소개한다.

> 콩을 삶아 콩국을 만들고,
> 찐 콩을 걸러 콩물을 만드는데,
> 콩깍지는 솥 밑에서 타고 있고
> 콩은 솥 안에서 울고 있네.
> 본시 같은 뿌리에서 자란 것들인데,
> 서로 볶기를 어찌 그리도 심하게 하는가?

---

47 이상 두 이야기,『三國志』卷19 魏書 陳思王植傳 의거.

煮豆持作羹, 漉豉以爲汁.

其在釜下燃, 豆在釜中泣.

本是同根生, 相煎何太急?

　이와는 다른 네 구절로 이루어진 같은 제목 아래 전하는 시도 있다. 앞 세 구절이 "콩을 삶으려고 콩깍지를 태우는데(煮豆然豆其)"라는 한 구절로 줄여져 있고 나머지 세 구절은 같다. 구성으로 보아 오히려 네 구절짜리가 먼저 이루어진 시인 것 같다. 모두 조식의 문집에는 실려 있지 않고 유의경(劉義慶, 403-444)의 『세설신어(世說新語)』 문학(文學)편에 "문제가 조식에게 '일곱 발자국(칠보) 걷는 중에 시를 한 수 지어야지, 짓지 못하면 법으로 처단하겠다.'고 하자 조식이 즉석에서 지은 것이 이 시"라 하였다. 여하튼 모두 후세 사람들이 문제가 된 조비가 자기 아우 조식을 매우 핍박하였다고 주장하기 위하여 꾸며낸 시이고 이야기임에 틀림이 없다. 또 이 시를 짓기 전에 문제가 조식과 함께 수레를 타고 가다가 두 마리의 소가 담 사이에서 싸우고 있는 것을 보았는데, 그중 한 마리는 샘물에 빠져 죽을 수밖에 없는 형편이었다. 이때 문제 조비가 아우 조식에게 명을 내렸다. "말이 백 발자국 걷는 사이에 '죽은 소(死牛)' 시를 짓되, 소·샘·싸움·죽음 같은 말을 써서는 안 된다. 만약 시를 짓지 못하면 네 목을 베겠다!" 그리고 말에 채찍질을 하고 달렸는데 그때 조식은 즉시 오언 팔구의 「사우시(死牛詩)」를 지었다 한다.[48] 이 죽은 소를 읊은 「사우시」는 「칠보시」보다도 더욱 사실이라고 믿어지지 않는 작품이다.

---

48 『太平廣記』卷137 曹植 대목.

어떻든 이 시들은 세상 사람들에게는 재미가 있다 하여 많이 읽히고 있다. 그리고 소설 『삼국연의』 등을 통해서 이 시들은 조비가 자기 친동생에게도 고약하게 군 못된 인간임을 강조하는 자료로 이용되고 있다. 이 시들은 모두 사실이 아닌 후세 사람들이 일부러 만들어낸 것임에 틀림이 없다. 문제 조비며 아우 조식 등 조조의 아들 형제들도 모두 비뚤어진 사람이 아니다. 조식에게는 직접 자기 형과 자리를 함께하며 읊은 시로 「공연(公讌)」, 「시태자좌(侍太子坐)」의 두 수가 있다. 「공연」 시는 건안 연간에 위나라 세자였던 조비와 서원(西園)에서 잔치를 함께하며 지은 시라 한다. 아래에 인용한다.

공자(公子)께서는 손님을 존경하고 사랑하여
연회가 끝나도록 지칠 줄을 모르네.
맑은 밤 서원에 노니는데
나는 듯이 수레가 줄지어 달리네.
밝은 달은 맑은 그림자 비추어 주고
별들은 온 하늘에 번쩍이고 있네.
가을 난초가 긴 언덕을 덮고 있고
푸른 연못에는 붉은 꽃이 만발이네.
물속의 고기들이 맑은 물결 속에 뛰고 있고
예쁜 새들이 높은 나뭇가지 위에서 울고 있네.
청신한 회오리바람이 빨간 수레바퀴 쓸어주니
가벼운 수레는 바람 따라 옮겨가네.
흔들흔들 마음 놓고 있으니
천년이 가도 언제나 이러하기 바라네.

公子敬愛客, 終宴不知疲.
清夜遊西園, 飛蓋相追隨.
明月澄清影, 列宿正參差.
秋蘭被長坂, 朱華冒綠池.
潛魚躍淸波, 好鳥鳴高枝.
神飇接丹轂, 輕輦隨風移.
飄飀放志意, 千秋長若斯.

　조식은 형제의 사이가 나빠서 외롭고 어두운 나날을 보냈기 때문에 쓸쓸하고 암울한 정을 읊은 시들이 많다고 하는 이들이 많은데, 그것은 조식이 떠나간 임을 그리는 여인의 정 같은 것을 시의 주제로 많은 작품을 썼기 때문에 그렇게 볼 수 있을 뿐이다. 조식이 문제 조비가 죽은 뒤에 쓴 「문제뢰(文帝誄)」의 서문을 보면 앞머리에 이런 말이 쓰여 있다.

　"황초(黃初) 7년(226) 5월 7일 황제 문제께서 돌아가셨다. 아아! 슬프도다! 이때 하늘이 진동하고 땅도 놀라서 산이 무너지고 서리가 내리고 해는 햇살이 엷어졌으며 오행(五行)이 제대로 운행되지 않게 되었다. 온 백성들이 한탄을 하고 온 천하가 슬퍼하기를 마치 자기 부모를 잃은 것 같이 하였다."[49]

　조식은 조비의 죽음을 이토록 애통해한 사람이다. 조비와 조식의 형

---

49 曹植「文帝誄」序; "惟黃初七年, 五月七日, 大行皇帝崩. 嗚呼哀哉! 於時天震, 地駭崩山, 隕霜, 陽精薄景, 五緯錯行. 百姓吁嗟, 萬國悲悼, 若喪考妣."

제는 사이가 좋지 않은 사람들이 아니었다. 이 글에서 "오행(五行)이 제대로 운행되지 않게 되었다."는 말은 자연의 모든 질서가 어긋나 제대로 돌아가지 못하게 되었음을 뜻하는 말이다.

건안 25년(220) 조조는 장안에서 낙양으로 돌아올 때 조비의 동생인 아들 조창(曹彰)은 장안에 남겨놓고 왔는데, 낙양에 와서 병이 나자 바로 조창을 불렀다. 그러나 조창이 도착하기 전에 조조가 죽었다.[50] 배송지의 주에는 『위략(魏略)』을 이용하여 이런 말을 하고 있다.

> "조창은 도착하여 임치후(臨菑侯) 조식에게 말하였다. '선왕께서 나를 부르신 것은 너를 태자로 세우시려 하였기 때문이다.' 조식이 대답하였다. '안 됩니다. 원소(袁紹)의 아들 형제들을 보지 못하였소?'"[51]

조창은 조식의 형이다. 조식은 큰 형 조비를 대신하여 태자가 될 뜻을 전혀 갖고 있지 않았다. 그리고 아버지 조조가 자신을 형들 못지않게 자기를 사랑하는 것도 자신에게 뒤를 잇도록 하려는 뜻이 있어서가 아니라 자신의 시 쓰는 재주를 좋아했기 때문임을 잘 알고 있었다.

문제를 뒤이은 조비의 아들 조예(曹叡) 명제(明帝, 226-239)도 학문을 존중하는 점잖은 임금이었다. 『삼국지』권3 위서의 명제기(明帝紀)를 보면 그가 태화(太和) 2년(228)에 내린 조칙에 이런 말이 보인다.

---

50 『三國志』卷19 魏書 曹彰傳; "太祖東還, 以彰行越騎將軍, 留長安. 太祖至洛陽, 得疾, 驛召彰, 未至, 太祖崩."

51 『三國志』卷19 魏書 曹彰傳 裴松之 注; "『魏略』曰; 彰至, 謂臨菑侯植曰; 先王召我者, 欲立汝也. 植曰; 不可! 不見袁氏兄弟乎?"

"학술을 존중하고 학문을 귀중히 여기는 것이 임금으로서 백성을 이
끄는 근본이다."[52]

청룡(青龍) 2년(234)에는 촉나라의 명장 제갈량(諸葛亮, 181-234)이 쳐들
어오자 사마선왕(司馬宣王)이 군대를 이끌고 그를 막으러 나갔다. 여기의
사마선왕은 조조로부터 시작하여 문제·명제·제왕(齊王) 조방(曹芳)까지
섬기며 서진(西晉)이 일어날 기반을 다져놓은 사마의(司馬懿, 179-251)이다.
그때 명제는 사마선왕에게 다음과 같은 명을 내리고 있다.

"다만 성벽을 군건히 하고 단단히 지키면서 그들의 선봉을 무찌르기
만 하라. 그들이 전진할 적에는 뜻대로 되지 않게 하고 후퇴할 적에는
그들과 싸우지 마라. 오래 머물다 보면 식량이 끊어지고 노략질을 해
봐도 얻어지는 것이 없을 것이니 반드시 도망가게 될 것이다."[53]

사마의는 명제의 명령에 따라 제갈량이 여러 날 끈질기게 도전해 왔
지만 오직 방어만 하고 나가 싸우지는 않았다. 제갈량은 공격하다 지쳐
서 병이 나 죽어버렸다. 이에 촉나라 군대는 스스로 물러나는 수밖에
없었다. 위나라 명제의 기본 자세는 전혀 싸움꾼이 아니다. 소설에서는
제갈량을 시도 잘 짓고 전략에도 뛰어난 인물로 크게 내세우고 있지만,
글재주며 사람됨 모두 그는 조조와 그의 아들 손자들에 비해 훨씬 뒤
처지는 사람이다. 위나라 명제도 학문을 중시하고 덕으로 백성들을 다

---

52 『三國志』卷3 魏書 明帝紀 ; "太和二年 …詔曰; 尊儒貴學, 王教之本也."

53 上同; "青龍二年 …但堅壁拒守, 以挫其鋒. 彼進不得志, 退無與戰. 久停則糧盡, 虜掠無
所穫, 則必走矣."

스리려 애쓴 임금이다. 황제의 나라라 하여 옆의 다른 나라를 무력으로 쳐서 천하를 통일하려는 생각은 전혀 없었다. 적의 군대가 쳐들어와도 잘 막아내기만 하면 그만이라 생각하고 있었다. 장안을 거점으로 세상을 힘으로 다스린 황제들과는 근본적으로 다른 사람이다. 그러니 조조와 그의 아들 손자들은 모두 촉나라 유비나 오나라 손권은 물론 『삼국연의』에서 크게 내세우고 있는 제갈량보다도 모든 면에서 훨씬 훌륭한 인물들이었음에 틀림이 없다. 『삼국지』 권3 위서 명제기만 보아도 태화(太和) 2년(228)과 태화 5년에도 제갈량이 군대를 이끌고 위나라를 침략하였지만, 태화 2년에는 우장군(右將軍) 장합(張郃)이 크게 쳐부숴 제갈량이 도망갔고 태화 5년에도 제갈량을 물리쳤다. 임금이 훌륭했던 덕분에 그 휘하의 장수들도 실력을 발휘할 수가 있었던 것이다. 위나라를 뒤이은 서진(西晉, 265-317)이 별로 힘들이지 않고 곧 천하를 통일하게 되는 것도 그 바탕은 위나라에서 닦인 것이었다.

제6장
조조가
한나라를 쉬해 쏠린 공적

조조는 젊어서부터 문무에 뛰어난 인재였고 성품도 무척 곧았다. 앞에서 '조조의 일생 경력'을 논하면서 이미 자세히 다루었지만 조조와 동한에 대해 다시 한번 살펴보기로 한다. 그는 영제(靈帝)의 희평(熹平) 3년 (174) 20세 때 효렴(孝廉)으로 천거되어 낭(郎) 벼슬을 하기 시작한다. '효렴'은 '효도에 뛰어나고 재능과 덕행이 뛰어난 사람'이어서 벼슬할 자격이 있음을 보증하는 것이다. 조조를 누가 추천하였는지 알 수 없지만, 그는 젊어서부터 자기가 사는 고장에서 훌륭한 청년이라는 평판을 받고 있었던 사람임에 틀림이 없다.

조조는 곧 낙양(洛陽)의 북부위(北部尉)가 되었다. '위'는 치안을 맡은 벼슬자리였는데, 그는 임지에 도착하자마자 고을의 사방 문을 손질하고 그 문 옆에 다섯 가지 색깔의 몽둥이 10여 개를 매달아 놓았다. 그리고 누구든 법을 어기는 자가 있으면 그 몽둥이로 쳐서 죽이겠다고 공표하였다. 얼마 뒤 황제가 총애하던 환관의 숙부가 법을 어기고 밤에 지나가자 그를 잡아서 때려죽였다. 권세가의 손윗사람이 법을 어겼다고 처형을 당하자 이 고을에는 감히 법을 어기는 자가 없어져 질서가 잡혔다 한다.[1] 조조가 얼마나 곧은 성품의 소유자였는가 알려주는 일화다.

희평 6년(177)에는 돈구령(頓丘令)이 되었고, 황제의 자문에 응하는 의랑(議郞)이 되었다. 그리고 다음 해 내분에 연루되어 벼슬자리에서 밀려나 고향으로 돌아왔다. 그러나 광화(光和) 3년(180)에는 다시 경전에 능통하다는 이유로 '의랑'에 임명된다. 광화 5년(182)에는 환관과 외척들의 횡포를 규탄하는 상소문을 황제께 올린다.

광화(光和) 말년(183)에 황건적(黃巾賊)이 일어나 나라를 어지럽히자, 조조는 기도위(騎都尉)에 임명되어 영천(潁川, 지금의 河南省 禹縣) 일대의 황건적을 토벌한다. 그 공로로 제남상(濟南相)이 된다. 산동(山東)성의 제남에는 10여 현(縣)이 있었는데, 관리들 중에는 고관과 외척들에게 아부하며 부정한 짓을 일삼는 자들이 많았다. 이에 그중 8명을 파면하였다. 그리고 예제(禮制)에도 없는 제사를 놀이하듯 지내면서 백성들을 어지럽히던 제사를 지내지 못하도록 하기 위하여 그들이 제사를 지내던 사당도 모두 문을 닫게 하였다. 그러자 간악한 자들이 모두 제남에서 도망가 버려 온 고을이 깨끗해졌다고 한다.[2]

그 뒤로 적지 않은 기복이 있었으나 조조는 장군으로 한나라를 위하여 많은 공을 세운다. 덕분에 그의 명성과 지위는 계속 올라간다. 『삼국지』권1 위서 무제기를 보면 헌제(獻帝)의 건안(建安) 원년(196)에는 건덕장군(建德將軍)이 되었다가 다시 진동장군(鎭東將軍)이 되고 비정후(費亭侯)

1   『三國志』卷1 魏書 武帝紀.

2   上同.

로 봉해진다. 9월에는 무평후(武平侯)로 봉해지기도 한다. 계속 공을 쌓아 건안 18년(213) 5월 조조가 59세일 때 천자 헌제는 그를 위공(魏公)으로 봉한다. 그때 헌제가 내린 책명(策命)에 조조를 위공으로 봉하게 된 이유로 다음과 같은 조조가 한나라를 위하여 올린 열한 가지 조조의 공로를 열거하고 있다. 이는 동한의 헌제가 지적한 조조의 공로이니 틀림이 있을 수가 없다.

첫째, "황제 자리를 넘보며 반역을 한 동탁(董卓, 137-192)을 쳐서 왕실을 안정시키는 데 큰 공을 세웠다."

동탁은 영제(靈帝)가 죽고 태자인 소제(少帝)가 황제 자리에 앉았을 때 내분으로 어지러운 낙양으로 들어갔다. 그는 도읍으로 들어간 다음 소제를 황제 자리에서 끌어내리고 홍농왕(弘農王)으로 봉하고 대신 헌제를 그 자리에 앉혔다. 나라의 권세를 움켜쥔 동탁은 조조를 효기교위(驍騎校尉)에 임명하여 함께 일을 도모하려 하였으나 조조는 그 제의를 거절하고 몰래 고향으로 도망쳤다. 동탁이 영제와 하태후(何太后)도 독살하자 초평(初平) 원년(190)에 지방의 여러 장수들이 힘을 합쳐 동탁을 치려고 일어섰다. 그들은 원소(袁紹, ?-202)를 의거한 군대의 맹주(盟主)로 받들어 모시기로 하였다. 그때 조조도 다시 병력을 모아 분무장군(奮武將軍)이 되어 동탁 타도에 나섰다.

동탁은 초평 원년에 도읍을 장안으로 옮긴 뒤 황제도 장안으로 보내고 낙양의 궁전과 집들을 모두 불태워버렸다. 모든 장수들이 동탁의 세력에 눌려 잘 싸우려 들지 않았으나 조조는 어려움을 무릅쓰며 계속 싸웠다. 그는 그러한 공로로 연주목(兗州牧)이 되었고, 초평 3년(192)에는 동탁도 자기 부하들 손에 죽고 말았다.

둘째, "황건적이 일어나 온 나라를 어지럽힐 때 이들을 평정하여 세상을 평안하게 해주었다."

영제의 중평(中平) 원년(184) '황건적의 난'이 일어나자 조조는 기도위 (騎都尉)가 되어 황건적을 정벌하여, 그 공으로 제남상(濟南相)이 된다. 그리고 초평 2년(191)에는 황건적을 친 공로로 동군태수(東郡太守)가 되고, 초평 3년에는 연주목(兗州牧)이 된 다음 청주(靑州)의 황건적을 격파하여 청주의 남녀 100여만 명이 귀순하였고, 병사들 30여만 명이 항복하였다. 조조는 이 중의 정예를 선발하여 청주병(靑州兵)을 조직하였는데, 이들은 조조 군대의 주력부대의 일부가 되었다. 그 뒤로도 흑산(黑山)의 잔당을 쳐서 건안 10년(205)에는 그들을 항복시켰다. 건안 18년(213) 위공(魏公)이 된 뒤에도 서쪽에 남아있던 장로(張魯, ?-216)의 잔당을 친다. 황건적은 기세가 대단하였고 오랫동안 버텼으나 결국은 조조의 공로로 평정될 수가 있었다.

셋째, "한섬(韓暹)과 양봉(楊奉)이 멋대로 위력을 휘둘렀으나 이들을 쳐서 어려움을 극복하고, 마침내는 허(許)로 옮겨와 나의 도읍을 마련해주어 나라를 잘 지탱하도록 해주었다."

흥평(興平) 2년(195) 헌제는 장안으로 억지로 옮겨가 있다가 7월에 낙양으로 다시 돌아갈 것을 결심하고, 낙양으로 출발하자 장안을 장악하고 있던 이각(李傕, ?-198)과 곽사(郭汜, ?-197)는 헌제를 잡으려고 추격병을 보내었다. 조조는 이때 연주목(兗州牧)에 임명되어 하남(河南)의 연주 일대를 근거로 반역을 꾀하던 장막(張邈, ?-195)의 무리들을 쳐부숴 연주 일대를 손아귀에 넣었다.

건안 원년(196) 헌제는 자기를 도우려는 조조를 건덕장군(建德將軍)에서 다시 진동장군(鎭東將軍)에 임명하고 비정후(費亭侯)에 봉하였다. 조조는 그해 정월에 헌제를 모시려고 먼저 조홍(曹洪)을 서쪽으로 파견하였으나 한섬과 양봉 등의 반대로 뜻을 이루지 못하였다. 헌제는 어려움을 극복하고 7월에 간신히 낙양에 도착하였다. 양봉은 헌제를 호위한 공로로 거기장군(車騎將軍)에 임명되어 있었다. 이때 낙양은 동탁에 의하여 완전히 파괴되어 버린지라 헌제 일행은 먹을 것을 구하기조차도 어려웠다. 그러나 8월에는 조조가 군사를 거느리고 반항자들을 물리치고 직접 낙양으로 들어가 헌제를 받들기 시작하였다. 헌제는 조조를 사례교위(司隷校尉)에 임명하고 또 행정부의 우두머리인 녹상서사(錄尙書事) 벼슬을 주었다. 9월에 조조는 바로 준비를 갖추어 자기의 근거지인 허(許)에 궁전을 짓고 도읍을 그곳으로 옮겼다. 이때 양봉이 방해를 하였으나 조조가 그를 치자 남쪽으로 도망가 원술(袁術, ?-199)에게 빌붙었다. 조조는 대장군이 되고 무평후(武平侯)에 봉해졌다. 이에 망해가던 한나라 조정이 안정을 되찾았던 것이다. 이때 뒤에 이야기할 원소(袁紹, ?-202)가 샘을 내자 조조는 '대장군' 자리를 그에게 양보하고 자신은 사공(司空) 벼슬에 거기장군(車騎將軍)을 겸하는 자리에 내려앉았다 한다.

넷째, "원술(袁術, ?-199)이 회남(淮南)에서 멋대로 스스로 황제가 되었을 적에 그를 공격하여 무너뜨렸다."

건안 2년(197) 원술(袁術)이 수춘(壽春, 지금의 安徽省 壽縣)에서 자기 힘만 믿고 멋대로 스스로 황제가 되려 하였다. 연주자사(兗州刺史)였던 조조는 원술을 공격하여 밑의 장수 4명을 사로잡고 군대를 무너뜨려, 원술은 세력을 잃고 회하(淮河)를 건너 북쪽으로 도망하였다.

다섯째, "동쪽으로 출정하여 반역을 꾀하는 여포(呂布, ?-198)를 잡아 죽이고 장수(張繡)를 비롯한 반역자들도 물리쳤다."

건안 3년(198) 유비(劉備, 161-223)의 군대가 반역의 뜻이 있는 여포(呂布, ?-198)와 싸워 거듭 패하자 조조는 직접 동쪽으로 출정하여 여포를 하비

(下邳, 지금의 江蘇省 睢寧縣 서북 지역)에서 포위한 뒤 사로잡아 목을 베었다. 그리고 건안 2년부터 어려운 싸움을 해오던 남쪽에서 반란을 꾀하는 장수(張繡)의 군대를 다음 해에는 결국 크게 무찔렀다. 그리고 동탁(董卓)의 건의장군(建義將軍)으로 여포를 도우려고 왔던 장양(張楊, ?-198)도 잡아 죽이고 흑산군(黑山軍)에 가담하였던 규고(眭固, ?-199)도 처형하였다.

여섯째, "원소(袁紹)가 하늘의 도를 어기고 나라를 위태롭게 했을 적에 관군은 약하여 어찌할 바를 몰랐으나, 조조가 떨치고 일어나 황하의 관도(官渡)에서 반역자들을 크게 무찔러 나라를 구해주었다."

원소는 초평 원년(190) 동탁을 칠 때부터도 반역의 뜻을 품었던 자이다. 그의 세력이 커지면서 반역의 뜻도 더욱 커졌다. 건안 3년(198) 원소는 조조에게 견성(鄄城)으로 도읍을 옮기자는 제의가 들어왔으나 거절하였다. 건안 5년(200)에는 마침내 자기 뜻을 가로막는 조조를 공격하기 시작하였다. 2월에 원소가 백마(白馬)를 공격해 왔으나 물리쳤다. 다시 조조는 적군을 연진(延津)으로 유인하여 싸워서 무찔렀다. 8월에는 황하의 남쪽 관도에 군대를 집결시키고 있을 때 원소의 대군이 다시 공격해 와서 처음에는 무척 고전을 하였다. 그러나 10월에는 원소의 군대를 크게 무찔렀다. 그 뒤로 쫓겨 다니던 원소는 건안 7년(202)에 병으로 죽고 만다.

일곱째, "북쪽 4주(州)를 안정시키고 반역을 하는 원담(袁譚, ?-205)과 고간(高幹, ?-206)의 목을 베었으며, 바다의 도적들을 내쫓고 흑산(黑山)을 평정하였다."

원담은 원소의 아들이다. 그는 '관도의 싸움'(앞 '여섯째' 참조)에서 패하고 아버지와 함께 북쪽으로 도망쳤다. 황하 북쪽 지방에서 자기 아버지 뒤를 이어 세력을 모으고 있는 원담을 건안 10년(204)에 공격하여 잡아 죽이고, 기주(冀州) 일대를 완전히 평정하였다. 건안 11년에 병주(幷州)에서 반역을 꾀하는 원소의 생질인 고간을 쳐서 평정하였다. '흑산'에는 100만이나 되는 '황건적'의 일파인 흑산군(黑山軍)이 있었는데, 초평(初平) 3년 조조는 이들과 여러 번 싸워 이들을 무찔렀다. 초평 4년에는 흑산의 나머지 무리들이 남흉노(南匈奴)와 손을 잡고 난동을 부리고 있는 것을 쳐부숴 북쪽 지방을 안정시켰다. 건안 10년(205) '흑산군' 나머지도 모두 조조에게 항복하였다.

여덟째, "오랑캐족인 오환족(烏桓族)이 세 군(郡)을 차지하고 2세(世)에 걸쳐 소란을 피웠고 원상(袁尙, ?-207)이 그들에게 붙어 국경 북쪽 지역을 차지하고 있었는데 이들을 정벌하여 멸하였다."

오환족은 환제(桓帝, 146-167) 때부터 국경을 넘어 쳐들어와 요동(遼東)·요서(遼西)·우북평(右北平) 세 군(郡)을 차지하고 한나라에 압박을 가하고 있었고, 그들과 결탁했던 원소의 아들 원상(袁尙)과 원희(袁熙, ?-207)도 그들에게 도망하여 세력을 키우고 있었는데, 건안 12년(207) 조조는 어려운 싸움 끝에 이들을 쳐서 없어지게 하여 중국의 동북쪽 국경지대를 안정시켰다.

아홉째, "유표(劉表, ?-208)가 반역의 뜻을 품고 여러 고을을 차지하고 어지럽히자 이를 눌러 안정시켜 주었다."

유표는 헌제의 초평(初平) 원년(190)에 남쪽의 형주목(荊州牧)이 되어 형주에 세력을 확보하고 반역의 뜻을 키워갔다. 건안 6년(201) 조조에게 패한 유비가 유표에게로 도망친 뒤 더욱 세력을 키우며 반역의 뜻을 키웠으나 건안 13년(208) 조조가 남쪽 정벌을 시작하자 유표는 병으로 죽고 그의 아들 유종(劉琮)은 조조에게 항복하였다.

열째, "마초(馬超, 176-222)와 성의(成宜)가 관서(關西) 지방을 거점으로 반역을 꾀하자 그들을 치고 변경의 융적(戎狄)들까지 잘 다스려 주었다."

건안 16년(211) 3월 조조는 군대를 파견하여 섬서(陝西)의 한중(漢中)에서 난을 일삼는 장로(張魯)[3]를 쳤는데 그 지역의 불순한 무리들이 함께 반항하였다. 이에 7월에 조조는 직접 군대를 이끌고 관서(關西)로 쳐들어가 동관(潼關)에서 그에게 항거하는 마초(馬超)를 비롯한 10만의 대군을 쳐부수고 섬서 일대를 평정하였다.

열한 번째, "오랑캐인 선비(鮮卑)와 정령(丁零)족이 조공을 보내고 그들 두목인 선우(單于)가 굴복해 온 것도 그의 공로이다."

선비족과 정령족은 중국 북쪽의 오랑캐 민족이다. 동한 말엽 중국의 변경을 침략하여 중국 땅 안에까지 들어와 동한을 괴롭힌 오랑캐 족속으로 두 종족이 있었다. 하나는 중국의 동북쪽 남흉노(南匈奴)의 옛 땅을 차지하고 있던 유목민족인 오환족(烏桓族)인데 조조가 이들을 쳐서 동북 지방을 안정시켰음은 앞에서(여덟째) 언급하였다. 또 다른 하나는 북흉노(北匈奴) 옛 땅을 차지하고 있던 터키계 유목민족인 선비족이었다. 영제(靈帝, 168-189) 때에는 이들 세력이 강하여 희평(熹平) 6년(177)에는 남쪽으로 쳐들어와 약탈하고 동한 군대를 공격하기도 하였다. 그러나 조조는 동북쪽의 반역자들을 정벌하면서 이들까지 평정하였다. 정령족은 부여(夫餘)·오손(烏孫)과 함께 역시 동북쪽 오랑캐 민족이며 선비족에게 세력이 밀리고 있었다. 건안 21년(216)에 이들의 사자가 한나라로 내조하였다. 조조는 국내의 반역자들뿐만 아니라 틈만 있으면 중원 땅을 침략하여 약탈을 일삼던 북쪽의 오랑캐들까지도 모두 굴복시켜 동한 나라의 안정을 위하여 공헌한 것이다.[4]

---

3 順帝(126-144) 때 五斗米道의 난을 일으킨 張陵의 손자.

4 이상은 『三國志』卷1 魏書 武帝紀의 建安 18年의 기록을 근거로 한 것임.

이상 헌제가 든 한 나라를 위하여 세운 조조의 열한 가지 공로는 대체로 굵직한 것들만을 든 것이다. 조조는 그 뒤로도 스스로 황제가 되어 날뛰는 유비와 손권 같은 자들과 싸우며 한나라를 지켰다. 건안 20년(215)엔 서쪽으로 출정하여 오래 전부터 반항해 오던 장로(張魯)를 쳐서 항복을 받았고, 건안 23년에는 태의령(太醫令) 길본(吉本) 등의 반란을 진압하는 등 한나라를 위하여 많은 공로를 세웠다. 건안 24년에는 유비의 맹장으로 유명한 관우(關羽)도 목이 잘리고, 조조에게 반항하던 오나라 손권도 손을 들고 굴복하여 신하로서 처신하게 된다.

이 밖에도 조조가 쳐서 물리친 한나라의 반역자들은 무척 많다. 그리고 장군의 역할 이외의 공로도 적지 않다. 예를 들면 건안 원년(196) 조조는 헌제를 자기의 근거지인 허(許)로 모시고 동한의 도읍을 안정시켜 놓는다. 그리고 정치 경제적인 면에서도 한나라의 안정을 위하여 크게 공헌한다. 조조가 아니었다면 한나라는 일찍이 다른 장군의 나라가 되었을 것이다. 한나라는 조조라는 훌륭한 장군 덕분에 잘 지탱되었다.

이 때문에 한나라 헌제(獻帝)도 늘 조조의 공로에 보답하려고 노력하였다. 헌제는 건안 원년(196)부터 조조를 더욱 신임하게 되는 것 같다. 이미 앞서 언급했듯이 조조를 2월에 건덕장군(建德將軍)에 임명하고, 6월에는 진동장군(鎭東將軍)에 비정후(費亭侯)로 봉한다. 9월에는 대장군(大將軍)에 또 무평후(武平侯)로 봉해진다. 그때 낙양은 동탁에 의하여 완전히 파괴되어 있었으므로 헌제를 자기의 거점인 허(許)로 옮겨 그곳을 새 수도로 삼는다. 10월에는 대장군 지위를 원소(袁紹)에게 양보하자, 황제는 조조를 사공(司空)에 거기장군(車騎將軍)으로 임명한다. 헌제는 나라의 군대를 이끌고 정치를 돌볼 권한을 지닌 벼슬자리를 조조에게 마련해 주려고 무척 애썼음을 알 수 있다. 조조는 이 뒤로도 유비와 손권을 상대로 싸우면서도 한나라에 반역을 꾀하는 장수(張繡)·원술(袁術)·여포(呂布)·원소(袁紹)와 그의 아들들 및 고간(高幹)·장로(張魯)·길본(吉本) 등을 쳐 없애어 동한을 편안히 지탱케 하였다. 서북 국경 지역에서 침략을 일삼던 오환족을 비롯한 오랑캐들도 모두 물리쳤다.

건안 13년(208) 정월에 조조가 오환족을 친 다음 업(鄴)으로 돌아와 나라의 정치에 전념하자 곧 헌제는 그를 승상(丞相)에 임명한다. 그리고 삼공(三公)의 관직을 없애어 조조는 한나라의 정치 권세를 홀로 차지하게 된다.

건안 15년(210)에 헌제가 조조에게 식읍(食邑) 4현(縣) 3만 호(戶)를 내려주었을 때 조조는 헌제가 내려준 봉읍(封邑) 중 3현은 사양하고 무평(武平)현 1만 호만을 받아들인다.

건안 16년(211) 헌제는 조조가 사양한 2만 호 중에서 1만 5천 호를 떼어 아들 조식(曹植)과 조거(曹據) 및 조표(曹彪)에게 각각 식읍 5천 호씩 나누어준다. 그리고 조비(曹丕)를 오관중랑장(五官中郎將)에 승상부(丞相副)로 임명한다.

건안 17년(212)에 헌제는 조명을 내려 조조는 황제를 뵈려고 조정에 들어올 때 관원은 조조의 이름을 소리쳐 부르지 않도록 하고, 조정에 들어올 적에 다른 대신들처럼 종종걸음을 치지 않아도 되며, 또 그때 칼을 차고 신을 신어도 된다는 특별한 예우를 하기로 하였다. 그리고 하내군(河內郡)에서 세 개 현, 동군(東郡)에서 네 개 현, 거록군(鉅鹿郡)에서 다섯 개 현, 조국(趙國)에서 세 개 현, 도합 15개의 현을 떼어내어 조조의 업(鄴)이 있는 위군(魏郡)에 붙여주어 위군이 무척 커졌다.

건안 18년(213) 헌제는 조조가 기주목(冀州牧)으로 있어 그가 다스리는 기주 지역을 확장시켜 주고, 기주의 10군(郡)을 내려주며 그를 위공(魏公)

에 봉하였다. 승상과 기주목이란 벼슬은 그대로 유지되었다. 그리고 천자가 큰 공을 세운 제후들에게 내려주는 구석(九錫)이라는 수레·말·예복·붉은 활 등 여러 가지 물건도 내려주었다. 그리고 위나라의 여러 가지 왕국으로서의 체제도 갖추어 주었다. 그때 조조는 「양구석표(讓九錫表)」와 「사구석령(辭九錫令)」 등을 올려 사양하는 뜻을 표하고, 봉해주는 땅은 위군(魏郡)만을 받아들였다. 그리고 헌제는 조조의 세 딸을 귀인(貴人, 皇后 바로 아래 지위)으로 받아들인다. 2년이 지나서 그중의 한 딸이 황후가 된다.

건안 21년(216)에 헌제는 다시 조조를 위왕(魏王)으로 높여주고, 이어서 천자와 같은 행동을 할 수 있는 여러 가지 특별한 권한도 내려준다.

조조는 여러 번 헌제가 내려주는 영광과 상여(賞與)를 정중히 거절하였다. 예를 들면 건안 원년(196) 6월에는 낙양으로 돌아가려는 헌제에게 방해가 되는 낙양 근처의 황건적 120여 만을 조조가 격파하자 헌제는 그를 진동장군(鎭東將軍)에 임명하면서 그의 부친의 직위였던 비정후(費亭侯)에 봉해주었다. 조조는 이때 황제에게 「상서양비정후(上書讓費亭侯)」라는 글을 올리고 사양하다가, 황제가 말을 듣지 않자 끝내 「사습비정후표(謝襲費亭侯表)」를 올리고 감사의 뜻을 표하였다. 9월에는 헌제가 낙양에서 도읍을 유지하지 못할 형편이라 자기의 근거지인 허(許)로 황제를 모셔 새로운 도읍을 삼도록 하였다. 이에 조조는 대장군(大將軍)에 임명되고 무평후(武平侯)에 봉해졌다. 그러나 조조는 대장군을 샘내는 원소에게 그 벼슬을 양보하고 자신은 사공(司空)에 거기장군(車騎將軍)이 되는 한편 황제에게 무평후를 사양하는 「상서양증봉무평후(上書讓贈封武平侯)」에 이어 「상서양증봉(上書讓贈封)」의 글을 올렸다. 건안 15년(210) 12월에는 그가 헌제로부터 받은 식읍지(食邑地) 3만 호(戶) 중 무평현(武平縣)의

1만 호를 제외한 양하현(陽夏縣)과 자현(柘縣)·고현(苦縣)의 2만 호는 자기에게 너무 많아서 받지 않겠다는 긴 문장으로 이루어진 「양현자명본지령(讓縣自明本志令)」을 공포하고 있다. 그 글의 끝머리 한 토막을 아래에 인용한다.

"나라를 위해 황제의 명을 받들어 반역자들을 정벌하였는데, 약한 병력으로 강한 자들을 이기고 작은 세력으로 큰 자들을 사로잡았으니, 뜻하는 바대로 되지 않은 일이 없고 마음먹은 대로 되지 않은 적이 없다. 마침내 천하를 평화롭게 하고 황제의 명을 욕되게 하지 않았으니, 이른바 이는 하늘이 한나라 왕실을 도운 것이지 사람의 힘이 아니었다. 그런데 네 현(縣) 삼만 호(戶)의 식읍(食邑)을 봉해주셨으니 무슨 덕이 있다고 이를 감당하겠는가? 세상이 안정되지 못하고 있어서 직위는 사양하지 못하겠으나, 고을의 땅만은 사양해도 될 것이다. 이제 양하(陽夏)와 자(柘)·고(苦)의 세 현의 이만 호는 나라에 반환하고 무평(武平)의 만 호만을 차지하겠다. 그리하여 세상의 비방하는 말을 줄여 나에 대한 책망을 줄이고자 한다."[5]

그리고 조조 스스로 자신이 아니었다면 얼마나 많은 자들이 자기 자신이 황제라 칭하고 천자 노릇을 했을지 알 수 없다고 하였다. 그런데 한편으로 사람들이 막강한 세력을 지닌 조조는 야심을 가지고 있다고

---

5 「述志令」; "奉國威靈, 仗鉞征伐, 推弱以克强, 處小而禽大, 意之所圖, 動無違事, 心之所慮, 何向不濟? 遂蕩平天下, 不辱主命, 可謂天助漢室, 非人力也. 然封兼四縣, 食戶三萬, 何德堪之? 江湖未靜, 不可讓位, 至於邑土, 可得而辭. 今上還陽夏·柘·苦三縣戶二萬, 但食武平萬戶. 且以分損謗議, 少減孤之責也."

말하고 있다는 사실도 알고 있다. 그러니 그 스스로 장군 노릇을 하지 말아야 할 것이다. 그럼에도 자신이 군대 일에서 손을 떼지 못하는 까닭을 같은 「양현자명본지령」에서 다음과 같이 설명하고 있다.

> "내가 멋대로 거느리고 있는 군사들을 간단히 버리고 맡은 직책을 내놓은 다음 무평후(武平侯)의 나라로 돌아간다는 것은 실로 불가한 일이다. 어째서인가? 내가 군대로부터 떠나버리면 사람들이 화를 당하게될 것이 진실로 두렵기 때문이다. 내 자손들이 걱정될 뿐만 아니라 또내가 패하게 되면 곧 국가가 위태로워질 것이기 때문이다."[6]

조조가 죽자 헌제가 황제의 자리를 그의 아들 조비에게 자진하여 바로 물려준 것도 이미 헌제는 조조의 은덕에 크게 감격하고 있었기 때문이다. 헌제는 이미 조조에게 황제 자리를 물려주고 싶은 마음을 가지고있었던 것이다.

조조는 개인적인 출세욕이 강하지 않은 신중하고 바른 사람이었다. 조조가 30세 되던 영제의 중평 원년(184)에는 황건적을 물리친 공으로 제남상(濟南相)이 되고, 중평 4년에는 하북(河北)의 동군(東郡) 태수(太守)가 된다. 이 해에 아버지인 대사농(大司農) 조숭(曹嵩, ?-193)은 태위(太尉)가 된다. 퍽 높은 벼슬이었지만 조조는 동군의 태수 벼슬도 사양하고 고향인 초(譙)로 돌아온다. 중평 5년(188)에는 왕분(王芬, ?-188)의 일당이 영제를 황제 자리에서 끌어내리고 환관들을 타도한 다음 합비후(合肥侯)를 황

---

6 「述志令」; "然欲孤便爾委捐所典兵衆, 以還執事, 歸就武平侯國, 實不可也. 何者? 誠恐己離兵, 爲人所禍也. 既爲子孫計, 又己敗則國家傾危."

제로 모시려는 모의를 하며 조조에게 합세할 것을 요청하였으나 거절하였다. 조조는 다시 전군교위(典軍校尉)로 복직하였는데, 중평 6년 권세가인 태위 하진(何進, ?-189)이 환관들의 세력을 없애버리려고 지방의 세력 있는 장군들을 불러 모으면서 조조에게도 협력을 요청하였으나 역시 거절하였다. 하진의 부름을 따라 자기 군사들을 끌고 온 동탁(董卓)은 황제와 가족을 데리고 낙양으로 들어와 세력을 더 늘린 다음 영제를 끌어내리고 헌제를 황제 자리에 앉힌다. 이때 동탁은 조조에게 효기도위(驍騎都尉) 벼슬을 내리고 모든 일을 함께할 것을 요구하였다. 그러나 조조는 이 제의도 거절하고 동탁 몰래 몇 명의 부하만을 거느리고 고향으로 도망쳐 돌아온다. 이처럼 조조는 굉장히 출세할 수 있는 기회라 하더라도 나라나 세상을 위한 일이 아니라고 생각되면 자신의 위험을 무릅쓰고도 그런 자리로부터 도망을 치고 있다. 조조는 동한 말엽에 무척 어지러운 중에 망해가고 있는 한나라를 끝까지 지탱해 주었던 위대한 공신이다. 그 공로 덕분에 조조가 죽자마자 헌제는 황제의 자리를 그의 아들 조비에게 넘겨주어, 정식으로 위나라가 천자의 나라로 격이 높아졌던 것이다.

이상은 조조가 동한이란 제국을 위하여 올린 공적이지만 아래에 논할 제7장과 제8장은 주로 자신의 위나라를 다스리면서 올린 업적이다. 그러나 조조는 위나라 왕인 동시에 동한의 승상이었으므로 여기에서 논하는 여러 가지 그의 정책은 동한 전국에도 영향을 미쳤다고 보아야 할 것이다. 곧 그의 업적은 위나라에만 국한될 수가 없는 것이다.

제7장

교육의 진흥과 학술의 발전 및
해서체楷書體 한자의 통용

동한(東漢, 25-220)을 뒤이은 위(220-265)나라의 문화적인 가장 위대한 업적은 교육을 크게 진흥시켰다는 것이다. 그리고 교육의 진흥은 결과적으로 중국의 전통학문의 진흥으로 이어지게 된다. 이 점에 대하여는 왕궈웨이(王國維, 1877-1927)가 그의 『관당집림(觀堂集林)』권16 위석경고(魏石經考) 삼(三)에서 조조가 위나라에서 교육을 진흥시킨 사실을 잘 고증하고 있어서, 여기에 그의 글과 그가 이를 고증하기 위하여 인용한 자료들을 다시 인용한다. 이 자료만으로도 조조가 교육의 진흥을 위하여 얼마나 노력하였는가를 알기에 충분하다고 여겨지기 때문이다.

"후한(後漢) 이래로 민간에 고문학(古文學)[1]이 점차 성행하여 관학(官學)과 우열을 다투는 지경에 이르렀다. 위나라 초기에 이르러서는 다시 태학(太學)을 세워서, 정시(正始) 연간(240-248)에 이르게 되자 고문(古文)의 여러 가지 경서(經書)가 대체로 이미 모두 학관(學官)에 세워지게 되

184

었다. 이에 관한 일은 역사 기록에 비록 분명한 글이 없으나 어느 정도 증명할 수 있는 일이다."[2]

"『위략(魏略)』을 살펴보면 황초(黃初) 연간(220-226)에 태학을 처음으로 세웠는데 박사(博士)가 십여 명이었다고 말하고 있다."[3]

"『위지(魏志)』 문제기(文帝紀)에는 황초 5년(224) 여름 4월에 태학을 세우고, 오경(五經)으로 과거를 보는 법을 제정하였으며, 춘추곡량박사(春秋穀梁博士)를 두었다고 하였는데, 위나라 초기의 박사들의 수는 후한 때와 거의 같았고 다만 춘추곡량박사(春秋穀梁博士) 한 사람만을 더 두었던 것 같다. 그러나 그 실제적인 내용을 따져보면 위나라의 학관(學官)에서 세웠던 여러 경전(經傳)은 바로 후한의 것들과는 전혀 달랐다."[4]

---

1 古文學은 곧 古文經學이다. 중국의 經學에는 한대부터 今文과 古文의 차이가 있었다. 秦나라 이전의 漢字體로 쓰인 儒家의 經傳을 古文經, 漢代에 와서 通用되기 시작한 隷書體의 漢字로 쓰인 經傳을 今文經이라 하였다. 古文經은 공자의 옛집을 허물다가 그 집 벽사이에서 발견된 것들과 민간에 전해지던 것들이 있고, 今文經은 서한 초에 이전의 經傳들을 새로 隷書體의 漢字로 옮겨 정리한 것들이다. 그런데 古文과 今文으로 쓰인 經傳은 그 字體만이 서로 다를 뿐만 아니라 거기에 쓰인 글자와 篇章도 다르고 記述 내용인 중요한 名物이나 制度 또는 여러 가지 일에 대한 解釋 등이 서로 다르다. 이 때문에 古文經을 가지고 공부하는 것과 今文經을 가지고 공부하는 것은 經傳 또는 經文에 대한 理解가 서로 달라지는 수밖에 없다. 더구나 서한 武帝 때에는 董仲舒(B.C. 179?-B.C. 104)의 건의에 따라 今文學者만을 뽑아 五經博士를 두어, 이를 바탕으로 封建專制를 강력히 시행하였다. 동한 중엽에 가서야 訓詁를 위주로 하는 鄭玄(127-200) 같은 古文家가 나와 今文學을 누르게 되었다. 이후 위진남북조로부터 청대에 이르기까지 經學에서는 古文家와 今文家가 계속 우열을 다투게 되었다.

2 王國維 『觀堂集林』 卷16 魏石經考 三: " 自後漢以來, 民間古文學漸盛, 至與官學抗行. 逮魏初復立大學, 暨於正始, 古文諸經蓋已盡立於學官. 此事史傳雖無明文, 然可得而微證也."

3 上同: "考魏略: 黃初中大學初立, 有博士十餘人."(『後漢書』儒林傳 注, 『魏志』杜畿傳 注 引用)

"「제왕방기(齊王芳紀)」에는 정시(正始) 6년(245) 12월 신해(辛亥)에 조칙을 내려 이전 사도(司徒) 왕랑(王朗)이 지은 『역전(易傳)』을 학자들로 하여금 과거 시험을 보는 데 쓰도록 하였다(곧 박사(博士)와 오경(五經)으로 과거 시험을 보는 데 쓴 것이다.)고 말하고 있다."[5]

"「왕숙전(王肅傳)」에는 왕숙(195-256)이 상서(尙書)가 되자, 『시경』, 『논어』, 『삼례(三禮)』, 『좌씨해(左氏解)』 및 아버지 왕랑(王朗)이 지은 『역전(易傳)』을 정리 편찬하여 모두 학관에 세웠다고 하였다."[6]

"『위략(魏略)』에 말하기를 한단순(邯鄲淳)이 황초(黃初) 연간(220-226)에 박사가 되었는데, … 서박사(書博士)가 된 것이었다고 하였다."[7]

"위나라 때의 박사로는 한단순(邯鄲淳)(「왕찬전(王粲傳)」의 주에 인용한 『위략(魏略)』), 소림(蘇林)(「유소전(劉劭傳)」의 주에 인용한 『위략』), 장읍(張揖)(『수지(隋志)』) 같은 이들이 있는데, 모두 고금자(古今字)의 뜻에 통하였다."[8]

이상 왕궈웨이의 글에 인용한 자료만 보더라도 위나라에서는 교육

4 上同; "魏志文帝紀言; 黃初五年夏四月, 立大學, 制五經科試之法, 置春秋穀梁博士. 似魏初博士之數, 與後漢略同. 但增置春秋穀梁一家. 然考其實際, 則魏學官所立諸經, 乃與後漢絶異."

5 上同; "齊王芳紀; 正始六年十二月辛亥, 詔故司徒王朗所作易傳, 令學者得以課試(卽博士課試五經 所用)."

6 上同; "王肅傳; 肅爲尙書, 詩論語三禮左氏解, 及撰定父朗所作易傳, 皆立於學官."

7 上同; "魏略言; 淳(邯鄲)於黃初中爲博士. … 而爲書博士."

8 上同; "魏時博士, 如邯鄲淳(王粲傳注引魏略), 如蘇林(劉劭傳注引魏略), 如張揖(隋志), 皆通古今字指者也."

진흥에 매우 힘쓰고 학문을 굉장히 중시하여 학문이 매우 발전했다는 것을 알 수 있다. 고문 경학이 동한보다도 발전하였고, 태학을 세우고 여러 경전에 관한 박사를 두었는데, 그 수가 동한 때보다도 많았던 것 같다. 그러나 학문과 교육을 중시하는 기풍은 동한을 그대로 계승한 것이다. 『후한서』 권8 효령제기(孝靈帝紀)를 보면 희평(熹平) 4년(175)에 영제(168-189 재위)의 업적에 대하여 이런 기록을 하고 있다.

> "여러 학자들에게 명하여 오경(五經)의 본문을 바로잡게 한 뒤, 그것을 돌에 새겨 태학의 문밖에 세웠다."[9]

다시 광화(光和) 3년(180) 기록에는 다음과 같은 말이 보인다.

> "공경들에게 명을 내려 『상서(尙書)』, 『모시(毛詩)』, 『좌씨(左氏)』, 『곡량춘추(穀梁春秋)』에 잘 통하는 사람 한 명씩을 천거케 하여 모든 사람들에게 의랑(議郞) 벼슬을 주었다."[10]

영제가 학문을 중시했음을 알기에 충분한 기록이다. 헌제(189-220)도 『후한서』 권9 효헌제기(孝獻帝紀)를 보면 황건적과 여러 반역자들이 사방에서 난동을 피우는 어지러운 세상인데도, 초평(初平) 4년(193) 9월에는 유생들 40여 명에게 시험을 보게 하여 합격한 자에게는 낭중(郞中)의 벼슬을 주고 다음 성적의 자들은 태자사인(太子舍人)에 임명한다. 그리고

---

9 『後漢書』 卷8 孝靈帝紀: "詔諸儒正五經文字, 刻石立于太學門外."
10 『後漢書』 卷8 孝靈帝紀: "詔公卿擧能通尙書·毛詩·左氏·穀梁春秋各一人, 悉除議郞."

10월에는 태학(太學)에서 예식을 행하는데, 황제가 친히 나가서 그 의식을 구경하고 박사(博士) 이하 여러 사람들에게 그들 지위에 합당한 선물을 하사한다.[11] 건안(建安) 8년(203)에는 공경(公卿)을 이끌고 북쪽 교외로 나가 겨울맞이 의식을 행하면서, 악관(樂官)인 총장(總章)에게 팔일무(八佾舞)를 처음으로 회복시켜 갖추게 하였다.[12] 헌제도 학술과 문화에 대한 관심이 매우 컸다.

『삼국지』권1 위서의 무제기(武帝紀)를 보면 조조는 남쪽으로 가서 유비를 친 다음 건안 7년(202) 초(譙)로 돌아와 내린 영 중에 다음과 같은 말이 있다.

> "내가 의병을 일으킨 이래로 장병들 중에 후손이 끊긴 사람들에게는 그의 친척 중에서 사람을 구하여 뒤를 잇게 하고, 땅을 준 다음 밭을 갈 소도 관에서 줄 것이며, 학교를 설치하여 그들을 가르쳐 주어야 한다."[13]

다시 건안 8년(203) 가을 7월에는 다음과 같은 영을 내리고 있다.

> "내란이 일어난 이래 15년이 되어 젊은이들은 어짊(仁)과 의로움(義)과 예의(禮)와 사양(讓)의 아름다운 풍습을 보지 못하였으니, 나는 그것을 심

---

11 『後漢書』卷9 孝獻帝紀; "九月甲午, 試儒生四十餘人, 上第賜位郎中, 次太子舍人." "冬十月, 太學行禮, 車駕幸永福城門, 臨觀其儀, 賜博士以下各有差."

12 『後漢書』卷9 孝獻帝紀; "公卿初迎冬於北郊, 總章始復備八佾舞." 八佾은 춤추는 사람들이 여덟 줄로 서서 추었기에 붙여진 이름이다. 이 춤은 天子의 樂舞로『論語』八佾篇에 "八佾舞于庭"이라 하였다.

13 『三國志』卷1 魏書 武帝紀; "其擧義兵以來, 將士絶無後者, 求其親戚以後之, 授土田, 官給耕牛, 置學師以敎之."

히 가슴 아프게 여기고 있다. 이에 여러 고을과 지방에서는 모두 학문에 힘쓸 것을 명한다. 500호(戶)가 넘는 현(縣)에서는 교관(校官)을 두고, 그 고장에서 똑똑한 자들을 골라 그곳에서 가르치도록 하라. 옛 훌륭한 임금의 도(道)가 무너지지 않고 천하에 유익하게 될 것을 바라서이다."¹⁴

이 글은 이미 앞의 제4장에도 인용하였다. 조조는 나라를 지키기 위하여 전쟁에 분주하면서도 그러한 내란 중에 희생당한 사람들을 돌보아 줄 적에 심지어 어려운 그들 자손의 교육까지도 신경 썼던 것이다. 곧 지방의 어려운 사람들도 제대로 교육시키려고 애썼다는 것이다. 그 목적은 "젊은이들에게 어짊(仁)과 의로움(義)과 예의(禮)와 사양(讓)의 아름다운 기풍을 고취시키고", "여러 고을과 지방에 모두 문화와 학술을 펴기 위한 것"이었다. 이상 조조가 내린 교육을 장려하는 영은 다음 제9장에서 설명할 건안 원년(196)에 농민을 돕고 군량의 보급을 원활하게 하기 위하여 시행한 둔전제(屯田制)와도 밀접한 관련이 있다. 조조는 농민들의 생활을 향상시키는 데 그치지 않고 그들의 교육도 크게 발전시키려고 하였던 것이다. 조조의 명을 받아 지방 고을로 가서 둔전을 시행한 사람들의 기록을 보면 모두 둔전의 시행과 함께 그 지방에 학교를 세우고 교육에 힘쓴 기록이 있다. 『삼국지』권15 위서의 유복전(劉馥傳)을 보면 유복(?-208)이 조조의 명을 받아 양주자사(揚州刺史)로 동남쪽의 합비(合肥, 지금의 安徽省 合肥市)로 가서 둔전을 잘 시행하여 그곳으로 다른 지방의 유민들이 만 명 가까이 모여들자 "학생들을 모아 학교를 세우고 둔전을

---

14 『三國志』卷1 魏書 武帝紀; "建安八年秋七月…令曰; 喪亂以來十有五年, 後生者不見仁義禮讓之風, 吾甚傷之. 其令郡國各修文學, 縣滿五百戶置校官, 選其鄉之俊造者而教學之. 庶幾先王之道不廢, 而有以益于天下."

더 널리 시행하였다."[15]는 기록이 있다. 다시 같은 책 권16의 두기전(杜畿傳)을 보면 두기는 하동태수(河東太守)가 되어 둔전을 시행한 뒤 "백성들이 부유해졌으니 교육을 하지 않아서는 안 된다고 하면서 겨울이 되자 군사를 정비하고는 또 학당을 개설하고 직접 자신도 경서를 들고 가르치니 고을 사람들이 교화되었다."[16]고 하고 있다. 또 같은 책 권27의 서막전(徐邈傳)에서도 서막이 양주자사(涼州刺史)가 된 뒤 둔전을 시행하여 모두가 풍족하게 되자 "어짊과 의로움으로 이끌며 학당을 세워 밝게 가르치고, 돈을 많이 써 장사지내는 일을 금하고 아무 신에게나 제사 지내는 것을 금하였다."[17]는 기록이 있다. 이처럼 조조는 시골 백성들을 잘살게 해줄 뿐만 아니라 그들을 잘 교육하려고도 노력하였다.

건안 10년(205) 8월 조조는 북쪽의 오랑캐 오환족을 치고 돌아와서 9월에는 다음과 같은 영을 내린다.

"자기들끼리 파벌을 이루어 어울리는 것은 옛 성인들도 미워하신 일이다. 기주의 풍속을 들어보니 아버지와 아들도 파벌이 다르면 서로 욕하고 공격한다고 한다. 이전에 직불의는 형이 없었으나 세상 사람들은 그가 형수를 훔쳤다고 하였다. 제오백어는 세 번이나 부모 없는 여자아이를 데리고 살았는데 사람들은 그가 장인을 때린 자라 하였다.… 이는 모두가 흰 것을 검다고 하며 하늘을 속이고 임금에게 거짓말을 하는 것이다. 나는 풍속을 바로잡고자 하니 이런 일들을 없애지

---

15 『三國志』卷15 魏書 劉馥傳; "建立州治,… 流民越江山而歸者以萬數, 於是聚學生, 立學校, 廣屯田."

16 『三國志』卷16 魏書 杜畿傳; "畿乃曰; 民富矣, 不可不教也. 於是冬月修戎講武, 又開學宮, 親自執經教授, 郡中化之."

17 『三國志』卷27 魏書 徐邈傳; "家家豊足,… 然後率以仁義立學, 明訓, 禁厚葬, 斷淫祀."

못하면 나는 수치스러운 일로 여길 것이다."**18**

그는 교육의 진흥과 함께 세상의 그릇된 풍습도 바로잡고자 했던 것이다. 교육은 사람들을 올바른 길로 이끄는 방편이기에 이는 당연한 일이었다 할 것이다. 앞에 인용한 교육을 진흥시키려고 내린 영 중에도 예의 풍속을 바로잡겠다는 뜻도 함께 표현되어 있었다.

건안 12년(207)에 조조가 다시 오환족을 치고 돌아오는 중에 탁군(涿郡, 지금의 河北省 涿州市)을 지나다가 태수에게 내린 영 중에는 다음과 같은 것이 있다.

"죽은 북중랑장(北中郎將) 노식(盧植)은 천하에 이름이 드러나고 학문에서는 학자들의 스승이 되며 선비들의 모범이 되니 바로 국가의 기둥이라 할 수 있다."**19**

조조가 학문을 무척 중시하였음을 알려주는 말이다. 학문을 존중하면서 나라의 교육에 힘썼던 덕분에 위나라 시대부터 교육과 학문이 가일층 발전하기 시작하였다. 그리고 그의 아들과 손자들도 모두 문학뿐만 아니라 교육과 학문을 중시하는 마음가짐도 그대로 물려받아 발전시켰다.

아들인 문제 조비에 대해서도 『삼국지』권2 위서 문제기(文帝紀)에만

---

18 『三國志』卷1 武帝紀; "令曰: 阿黨比周, 先聖所疾也. 聞冀州俗, 父子異部, 更相毀譽. 昔直不疑無兄, 世人謂之盜嫂. 第五伯魚三娶孤女, 謂之撾婦翁.… 此皆以白爲黑, 欺天罔君者也. 吾欲整齊風俗, 四者不除, 吾以爲羞."

19 『三國志』卷1 魏書 盧毓傳 裴松之 注; 『續漢書』曰: … 故北中郎將盧植, 名著海內, 學爲儒宗, 士之楷模, 乃國之楨幹也."

도 이를 증명할 여러 가지 기록이 보인다. 문제(220-226 재위)의 황초(黃初) 2년(221)에는 조서를 내려 공자는 "온 세상의 위대한 성인(大聖)이며, 영원한 스승(師表)"임을 역설하고 나서, 공자를 영원히 제사 지내도록 하기 위해 이런 명령을 내리고 있다.

"의랑(議郎) 공선(孔羨)을 종성후(宗聖侯)로 봉하고 오백 호(戶)의 고을을 내려 공자의 제사를 받들도록 한다. 노(魯) 고을에 명하여 낡은 공묘(孔廟)를 수리하도록 하고 백 호(戶)의 관리를 두어 그곳을 수위(守衛)하도록 한다. 또 그 외부에 넓은 집을 마련하여 학자들이 이용하도록 한다."[20]

황초 5년(224)에는 또 "태학을 세우고, 오경(五經)으로 시험을 보아 관리를 뽑는 법을 제정하고, 춘추곡량박사(春秋穀梁博士)를 두었다."[21]고 하였다. 그리고 마지막에는 다음과 같은 말을 하고 있다.

"처음부터 문제는 학문을 좋아하여 책의 저술로 일을 삼아서, 스스로 간행한 책이 백 편이나 된다. 또 여러 학자들로 하여금 경전(經傳)을 편찬토록 하여, 서로 관계가 있는 것들 천여 편을 모아 『황람(皇覽)』이라 불렀다."[22]

---

20 "議郎孔羨爲宗聖侯, 邑百戶, 奉孔子祀. 令魯郡修其舊廟, 置百戶吏卒, 以守衛之. 又於其外廣爲室屋, 以居學者."

21 "立太學, 制五經課試之法, 置春秋穀梁博士." 앞에 인용한 王國維의 글에도 이 말은 언급되고 있음.

22 "初帝好文學, 以著述爲務, 自所勒成垂百篇. 又使諸儒撰集經傳, 隨類相從, 凡千餘篇, 號曰皇覽."

이런 기록만을 보아도 문제 조비도 교육에 힘쓰고 학문을 중시한 황제임을 알 것이다. 명제(明帝, 226-239)도 그 뒤를 그대로 이었다. 『삼국지』권3 위서 명제기(明帝紀)를 보면 태화(太和) 2년(228)에 조서를 내려 "유학(儒學)을 존중하고 학문을 귀중히 여기는 것은 왕교(王敎)의 근본이다."라고 말한 다음 좋은 성적으로 박사(博士)에 뽑힌 사람이 중상시(中常侍) 벼슬을 맡게 하고, 지방에서 선비를 추천해 올릴 적에는 경학(經學)을 위선으로 하라고 지시하고 있다.[23] 다시 태화 4년에도 조서를 내려 "세상의 질문(質文)은 교육에 따라 변하는 것이다."라고 전제한 뒤, 젊은 친구들을 경학(經學)으로 잘 훈도하여 덕이 있는 벼슬아치가 되게 하라, 관리 중에도 한 가지 경전에는 통한 사람을 윗자리에 앉혀라, 박사를 뽑는 시험에 높은 점수를 받은 사람은 바로 등용하라는 지시를 내리고 있다.[24]

앞에 인용한 왕궈웨이(王國維)의 글에 이미 『삼국지』의 제왕방기(齊王芳紀)를 인용하여 그 뒤의 제왕 방(239-249)도 조칙을 내려 왕랑(王朗)이 지은 『역전(易傳)』으로 과거시험을 보게 하였고 학문을 좋아하였다는 말이 있었다. 이처럼 위나라는 조조 이래로 그 손자에 이르기까지 교육과 학문을 중시하며 나라를 이끌었던 것이다. 그 결과 학술은 온 나라로 널리 발전하기 시작하였다.

보기로 헌제의 초평(初平) 원년(190)에 형주목(荊州牧)이 되어 형주를 장악하고 있던 유표(劉表, ?-208)를 살펴보기로 한다. 그는 건안 13년(208) 조조가 '적벽의 싸움'에서 패하기 전에 남쪽으로 형주를 치자 병으로 죽을

---

23 『三國志』卷3 魏書 明帝紀; "二年… 詔曰; 尊儒貴學, 王敎之本也. 自頃儒官或非其人, 將何以宣明聖道? 其高選博士, 才任侍中常侍者. 申勅郡國, 貢士以經學爲先."

24 上同; "四年… 詔曰; 世之質文, 隨敎而變. 兵亂以來, 經學廢絶. 後生進趣, 不由典謨, 豈訓導未洽, 將進用者不以德顯乎? 其郎吏學通一經, 才任牧民. 博士課試, 擢其高第者, 亟用."

때까지 형주를 잘 장악하고 있었다. 『삼국지』권6 위서 유표전(劉表傳)의 배송지(裴松之) 주에는 『영웅기(英雄記)』를 인용하여 이런 말을 하고 있다.

"형주 안의 여러 도적들을 다 없애고, 유표는 곧 학관(學官)을 새로 세우고 널리 유학자들을 구하였다. 기무개(綦毋闓)와 송충(宋忠) 등으로 하여금 『오경장구(五經章句)』를 짓게 하고 그것을 『후정(後定)』이라 하였다."

'후정'이란 말은 '뒤에 새로 편찬하였다'는 뜻으로 쓴 것이다. 건안 6년 (201) 조조가 남쪽의 유비를 공격하자 유비는 형주의 유표에게 도망쳐서 의지한다. 앞 장에서 이야기한 조조 부자 휘하의 건안칠자 중의 한 사람인 왕찬(王粲, 177-217)도 초평 원년(190) 동탁(董卓)이 헌제를 장안으로 옮겨 놓을 무렵 그곳에 있다가 여러 장수들 사이의 전란이 심해지자 자기 형 왕개(王凱)와 함께 형주로 피란하여 유표에게 의지하였다. 그 밖에 학자와 문인들이 많이 형주로 몰려들었다. 앞 인용문에 보인 송충은 형주의 학문을 이끈 대학자인데, 그의 저술로 '현(玄)'의 뜻을 추구한 『역주(易注)』 10권과 『태현경주(太玄經注)』 9권[25]이 있으니 그 이후로 성행한 현학(玄學)의 선구자라 할 수 있다. 앞 장에서 '정시(正始) 이후'의 문학을 이야기하면서 이 시기에 하안(何晏, 193?-249)과 왕필(王弼, 226-249)이 노자(老子)와 장자(莊子)를 내세우며 유학을 논하여 이른바 '현학'의 선구자가 되었다고 하였는데, 왕필은 왕개의 손자이다.[26]

---

25 『隋書』經籍志에 실림.

26 『三國志』卷28 魏書 鍾會傳 裵松之 注 인용 『博物記』참조.

뒤에 따로 논할 예정이지만 오나라와 촉나라도 역시 문학과 학술이 상당한 수준으로 발전하였다. 모두 조조의 영향을 받은 것이다. 이를 계승하여 서진(西晉)·동진(東晉)·남북조(南北朝)로 이어지며 중국의 학술과 문화가 크게 발전하게 된다.

그리고 중국 문화사에 또 하나 위나라의 위대한 공적은 한대에 와서 예서(隸書)로 통용되던 한자의 자체를 지금 우리가 쓰고 있는 진서(眞書) 또는 정서(正書)라고도 부르는 해서체(楷書體)로 바꾸어 놓았다는 것이다. 『삼국지』권21 위서 위기전(衛覬傳)을 보면 위기(衛覬)는 "고문(古文)을 좋아하였고, 조전(鳥篆)과 예초(隸草) 등 잘 쓰지 못하는 게 없었다."[27], "유이(劉廙)에게 문제(文帝)가 그의 재주를 알아보고 초서(草書)에 통달하도록 하라고 명하였다."[28]는 정도의 기록만이 보인다.

여기의 '예초' 또는 '초서'는 적어도 장초(章草)에 속하는 초서체로서, 후세에 나온 금초(今草)나 광초(狂草)와는 전혀 다른 서체이다. 한나라 때 쓰이던 예서가 보다 쓰기 편하게 변한 형태를 처음에는 모두 '초서'라 불렀던 것 같다. 『진서(晉書)』위항전(衛恒傳)에는 한나라 말엽에서 위나라와 진나라에 이르는 시대의 한자 자체가 해서로 변화한 실정에 대하여 비교적 자세히 쓴 아래와 같은 대목이 보인다.

"상곡(上谷)의 왕차중(王次仲)이 해서(楷書) 쓰는 법을 처음으로 만들었다. 영제(靈帝, 168-189)는 글씨 쓰기를 좋아하여 그때 글씨를 잘 쓰는 이들이 많았다. 의관(宜官)을 스승으로 모신 이들이 가장 뛰어났는데, 큰

---

27 『三國志』卷21 魏書 衛覬傳; "衛覬 …好古文, 鳥篆, 隸草, 無所不善."
28 『三國志』卷21 魏書 劉廙傳; "劉廙…文帝器之, 命廙通草書."

글씨는 경문 한 글자, 작은 글씨는 한 종이에 천 글자를 써놓고 자기 능력을 몹시 뽐냈다.… 양곡(梁鵠)²⁹ … 무제(武帝)는 형주(荊州)를 차지한 뒤 널리 양곡을 찾았다.…지금 관청 건물 액자 글씨는 대부분이 양곡의 전서(篆書)이다. 양곡은 큰 글씨를 잘 썼고, 한단순(邯鄲淳)은 작은 글씨를 잘 썼다. 양곡은 한단순이 왕차중의 서법을 익혔다고 하였는데, 양곡의 글씨 솜씨가 그 솜씨를 다 익히고 있었다. 양곡의 제자 모홍(毛弘)은 비서(秘書)에서 가르쳤는데, 지금의 팔분(八分)³⁰은 모두 모홍의 서법이다. 한나라 말엽에 좌자읍(左子邑)이 있었는데 약간 한단순과 양곡의 서체와 같지 않았으나 역시 유명하였다."³¹

장회관(張懷瓘) 『서단(書斷)』에서는 왕음(王愔)의 말을 다음과 같이 인용하고 있다.

"왕차중이 처음에는 옛날의 글씨는 너비가 넓고 변화하는 형세가 적다고 생각하였다. 장제(章帝)의 건초(建初) 연간(76-83)에 예초(隷草)로서 법도를 삼아 글자의 너비가 팔분(八分)이 되고 글을 쓰는 데에 규범이 있게 되었다."³²

---

29 그 당시 글씨를 잘 쓴 사람 이름.

30 八分; 동한 말에 隷書가 약간 발전하여 八分體 隷書가 표준 서체로 쓰였다. 여기서는 표준 서체의 뜻으로 쓰고 있다고 본다.

31 『晉書』 衛恒傳; "上谷王次仲始作楷法. 至靈帝好書, 時多能者. 而師宜官爲最, 大則一字經文, 小則方寸千言, 甚矜其能.…梁鵠…武帝破荊州, 募求鵠,…今官殿題署, 多是鵠篆. 鵠宜爲大字, 邯鄲淳宜爲小字. 鵠謂淳得次仲法, 然鵠之用筆, 盡其勢矣. 鵠弟子毛弘敎於秘書, 今八分皆弘法也. 漢末有左子邑, 小與淳鵠不同, 然亦有名."

32 張懷瓘 『書斷』 引王愔; "次仲始以古書方廣, 少波勢, 建初中以隷草作楷法, 字方八分, 言有模楷."

보통 왕차중이 해서를 만들었다고 말하지만 이에 따르면 그가 만든 것은 예서체를 좀 더 간단하게 만든 팔분예서(八分隷書)이고, 이를 시작으로 여러 전문가들에 의해 계속 한자의 자체가 개량되어 결국은 조조의 위나라 시대에 와서 해서체의 한자가 유행하기 시작한 것임이 분명하다.

해서를 약간 후려 쓴 행서(行書)라는 글씨체도 해서와 함께 개발되었을 것이다. 장회관(張懷瓘)의 『서단(書斷)』과 북송(北宋) 때 지어진 『선화서보(宣和書譜)』에서는 동한 환제(桓帝, 146-167)와 영제(靈帝, 168-189) 때 활약한 유덕승(劉德昇)이 만들었다고 쓰여 있지만 대부분의 문자학자들이 그 말을 믿지 않고 있다. 위항(衛恒)의 『사체서세(四體書勢)』에 이렇게 말하고 있다.

"위나라 초기에 종요(鍾繇)와 호소(胡昭) 두 사람이 있어서 행서(行書)의 서법을 이루었는데 모두 유덕승(劉德昇)에게 배운 것이다. 그러나 종요는 약간 달랐으되 역시 각각 교묘함이 있었고 지금은 세상에 크게 유행하게 되었다."[33]

장회관의 『서단(書斷)』 중(中)에도 이런 기록이 있다.

"호소(胡昭)는 자가 공명(孔明)이고 … 역사책에 잘 통했으며 진서(眞書)와 행서(行書)도 잘 썼다. 위항(衛恒)은 말하였다. '호소와 종요는 다 같이 유덕승(劉德昇)을 스승으로 모셨고 초서(草書)와 행서를 다 같이 잘

---

[33] 『四體書勢』; "魏初有鍾胡二家, 爲行書法, 俱學之於劉德昇. 而鍾氏小異, 然亦各有巧, 今大行於世云."

썼는데, 호소의 글씨는 굵고 종요의 글씨는 가늘었다. 써놓은 글씨는 언제나 모범으로 알려졌다.' 양흔(羊欣)은 이렇게 말하였다. '호소(胡昭)는 글씨의 뼈를 터득하였고, 색정(索靖)은 글씨의 살을 터득하였으며, 위탄(韋誕)은 글씨의 힘줄을 터득하였다.' 장화(張華)는 '호소가 예서(隷書)를 잘 썼다.'고 하였다. 무선(茂先)은 순욱(荀勗)과 함께 기록과 서적을 정리하여 서박사(書博士)가 되어 제자들을 두고 가르쳤는데, 종요(鍾繇)와 호소(胡昭)를 규범으로 삼았다. 가평(嘉平) 2년(250, 魏 齊王) 공거(公車) 벼슬이 내려졌으나 마침 죽었는데 나이 89세였다."[34]

이 기록을 읽으면 예서·초서·행서·해서(진서)의 구분이 헷갈리지만 여하튼 지금 우리가 쓰고 있는 한자의 서체인 해서와 행서는 조조의 위나라 때부터 본격적으로 쓰기 시작했음을 알 수 있다. 그리고 그 새로운 글씨체는 유덕승에게서 시작되어 위나라의 학자인 호소 이하 여러 사람들에 의하여 널리 쓰이게 되었음을 알 수 있다. 북송 때 나온『선화서보(宣和書譜)』에서는 이들 서체에 대하여 이런 설명을 하고 있다.

"예서(隷書)를 쓰지 않게 된 뒤로 진서(眞書)는 너무 반듯하고, 초서는 너무 멋대로였는데, 그 중간에 끼어 있는 것으로 행서가 있었다. 이에 진서체를 따라서 쓰는 것을 진행(眞行)이라 부르고, 초서체를 따라 쓰는 것을 행서라 부르게 되었다."[35]

---

34 『書斷』中; "胡昭字孔明, … 甚能史書, 眞行又妙. 衛恒云; '昭與鍾繇並師於劉德昇, 俱善草行, 而胡肥鍾瘦. 書牘之跡也, 動見模楷.' 羊欣云; '胡昭得其骨, 索靖得其肉, 韋誕得其筋.' 張華云; '胡昭善隷書.' 茂先與荀勗共整理記籍, 立書博士, 置弟子教習, 以鍾胡爲法. 嘉平二年公車徵, 會卒, 年八十九."

이상 논한 것처럼 조조의 위나라는 교육을 진흥시키고 학문을 발전시켰을 뿐만 아니라 지금 우리가 쓰고 있는 한자의 해서체도 세상에 통용시켰던 것이다. 해서체의 통용에 대하여는 확실한 기록이 적고 또 일상적으로 쓰고 있는 글씨체라서 소홀히 하기 쉽다. 그러나 관점을 달리하고 보면 이 해서체의 통용은 문화와 학술의 획기적인 발전을 증명하는 매우 중요한 사실이다.

---

35 『宣和書譜』: "自隷法掃地, 而眞幾於拘, 草幾於放, 介乎兩間者, 行書有焉. 於是兼眞者, 謂之眞行, 兼草者謂之行書."

제8장

조조의 정치와
재정상의 업적

1. 어지러운 세상의 위대한 장군에서 정치가로

이미 살펴본 것처럼 동한의 황제들은 제3대 장제(章帝, 75-88 재위)가 31세의 나이에 죽은 뒤, 10세의 화제(和帝, 88-105)가 황제 자리에 오르고, 동한이 망할 때까지 모두 어린 나이에 황제 자리에 올라 나라를 제대로 다스려보지도 못하고 일찍 죽었다. 마지막 황제인 헌제(獻帝, 189-220)는 그래도 조조 덕분에 매우 어려운 조건 아래에서도 오랫동안 황제 자리를 지킬 수가 있었다. 황제들이 이러하니 나라가 제대로 다스려졌을 까닭이 없다. 게다가 중국이란 나라는 무척 커서 언제나 어느 한 지역에는 재난이 일어나고 있지만 이 재난을 구제할 능력이 없었다. 당시 동한은 농업이 산업의 중심을 이루는 국가였는데 농민들이 안착을 하고 농사를 짓기가 무척 힘들었다. 사방에 떠돌아다니는 유민(流民)이 늘었다. 『후한서(後漢書)』 권46 진충전(陳忠傳)에는 이런 말이 보인다. "안제(107-

125)가 황제의 자리에 오른 뒤에는 지진이 일고 장마가 지고 오랑캐들의 침입 같은 재난도 잦아 백성들은 떠돌아다니게 되었다.", "늙은이와 약한 자들이 어울려 돌아다니게 되어 걸핏하면 그들의 수를 만(萬)으로 헤아릴 정도였다."[1] 다시 『후한서』 권7 환제기(桓帝紀)에는 영흥(永興) 원년(153) "가을 칠월에 서른두 고을에 메뚜기 떼가 덮치고 황하 물이 넘치어 백성들은 굶주리고 궁하여 떠돌아다니고 있는 백성들의 수가 수십만 호(戶)에 달했는데, 그중에서도 기주(冀州, 지금의 河北省 남부에서 河南省과 山東省 북부 일부 지역에 걸친 지역)가 가장 심하였다."[2]고 하였고, 같은 책 권49 중장통(仲長統)전에서 중장통(180~220)은 "흉년이 갑자기 닥치고 전쟁은 자주 일어나… 농사짓던 사람들은 할 일을 잃어 백성들은 하늘을 우러러 울부짖고 가난하고 궁한 사람들은 도랑에 굴러떨어져 죽어가고 있다. … 지금 밭에는 일정한 주인이 없고, 백성들에게는 일정한 사는 곳이 없다."고 말하고 있다.[3]

이렇게 늘어난 유민들은 이들을 이끄는 자가 나타나기만 하면 특수한 무리를 이루어 반란자가 되는 것이다. 안제가 황제 자리에 오른(107) 이래 '황건적의 난'이 일어나기(184)까지 『후한서』에 기록된 난적들의 폭동이 40여 차례나 있었다. 안제의 영초(永初) 연간에 조가현(朝歌縣, 지금의 河南省 淇縣)에 일어났던 반란만 하더라도 현의 관리들을 죽이기도 하는데 일 년이 넘도록 진압을 못하였었다. 환제의 연희(延熹) 5년(162)에는

---

1 『後漢書』卷46 陳忠傳; "自帝(安帝)卽位以後, 頻遭元二之戹, 百姓流亡." "老弱相隨, 動有萬計."

2 『後漢書』卷7 桓帝紀; "秋七月, 郡國三十二蝗, 河水溢, 百姓飢窮, 流亡道路至有數十萬戶, 冀州尤甚."

3 『後漢書』卷49 仲長統傳; "飢饉暴至, 軍旅卒發, … 農桑失業, 兆民呼嗟於昊天, 貧窮轉死於溝壑矣. … 今田無常主, 民無常居."(仲長統 著 『昌言』을 引用한 것임).

지금의 호남(湖南)성·광동(廣東)성·광서자치구(廣西自治區) 일대에 10여 만의 반란군이 일어나 여러 군(郡)을 공격하여 한때 교지(交趾)·창오(蒼梧)의 두 군은 적군에게 함락되었다. 이런 분위기가 더욱 발전하고 태평도(太平道)를 내건 장각(張角, ?-184)과 오두미도(五斗米道)를 이끈 장릉(張陵, 84-156) 같은 자들이 나와 반역을 도모하고, 이들의 기운이 발전하여 영제(靈帝)의 중평(中平) 원년(184)에는 황건적이 이루어져 대반란으로 발전하는 것이다. 이미 '제4장 조조의 일생 경력'에서 살펴본 바와 같이 이 '황건적의 난'은 조조의 활약에 힘입어 평정된다.

조조는 영제의 중평(中平) 원년(184) 30세 때 기도위(騎都尉)가 되어 반란을 일으킨 황건적을 치고 곧 제남상(濟南相)이 된 이후, 한나라에 반기를 드는 자들을 쳐서 한나라를 보호하는 일에 전념하였다. 특히 조조는 헌제의 건안 원년(196) 42세 때 자기의 근거지인 허(許)에 헌제를 모시고는 황제의 지지 아래 이제는 반역자들도 많이 물리쳤으나 세상은 그대로 어지러우니 나라의 정치도 잘하도록 힘써야겠다고 마음을 먹게 되었다. 그리하여 당시 가장 백성들이 고난을 겪고 있던 식량 문제를 해결하기 위하여 우선 허 지방에 둔전제(屯田制)를 실시한다. 둔전은 서한 무제(武帝, B.C. 141-B.C. 87 재위)가 흉노족의 침입을 막기 위하여 서북쪽 변경을 지키는 군인들에게 틈나는 대로 변경의 땅을 경작하여 군대의 식량을 스스로 조달케 하려고 시행하였던 제도이다. 둔전제에 대하여는 다음 절에 자세히 설명할 예정이다. 그러나 아직도 반역을 꾀하는 자들이 많이 남아 있어서, 조조는 건덕장군(建德將軍) 같은 직책도 받은지라 원술(袁術, ?-199)·원소(袁紹, ?-202) 등 무수한 한 나라를 멸망시키려는 반역자들을 치는 일도 계속한다. 조조는 장군으로서의 활약도 계속하면서 나라를 안정시킬 정치에도 뜻을 두게 되었다.

건안 7년(202) 조조는 반역자들과 싸우다가 초(譙)로 돌아와 다음과 같은 영을 내린다.

"내가 의병을 일으킨 것은 천하의 반란을 없애기 위한 것이었다. 그러나 고향의 백성들은 거의 다 죽어버려 나라 안을 하루 종일 다녀보아도 아는 사람은 만날 수가 없게 되었으니 나는 슬퍼서 가슴이 찢어지는 것 같다. 내가 의병을 일으킨 이래로 죽은 장병들 중 후손이 없는 사람들은 그들 친척 중에서 사람을 구하여 뒤를 잇도록 해주고, 농사지을 땅을 주고 밭을 갈 소도 주고, 학교를 마련하여 그들을 교육시켜야 한다. 살아남은 자들은 사당을 지어놓고 그들의 조상을 제사 지내도록 하라. 죽은 이들 혼령이 있을 것이니, 나는 백 년 뒤에라도 무엇을 한하겠는가?"[4]

전쟁은 그만하고 나라를 올바로 다스려 백성들을 잘살도록 하려는 조조의 뜻을 알려주는 영이다. 그리고 건안 8년에는 세상에 윤리가 문란해진 것을 걱정하고 영을 내려 교육의 진흥에 힘쓰도록 한 사실은 이미 앞 장에서 자세히 밝혀놓았다. 그러고는 어려운 사람들을 위하여 조세에 대해서도 여러 가지로 손을 대기 시작하고 있다. 이것도 다음 절에서 그의 재정정책을 논하면서 자세히 소개하기로 한다.

건안 12년(207) 그가 53세 되는 해에는 이미 앞에서 다룬 바와 같이 오랑캐 오환족과 그들과 어울려 반역을 계속하던 원소의 아들 원상(袁尙,

---

4 『三國志』卷1 魏書 武帝紀; "吾起義兵, 爲天下除暴亂. 舊土人民, 死喪略盡, 國內終日行, 不見所識, 使吾淒愴傷懷. 其擧義兵以來, 將士絶無後者, 求其親戚以後之, 授土田, 官給耕牛, 置學師以敎之. 爲存者立廟, 使祀其先人. 魂而有靈, 吾百年之後何恨哉?"

?-207)과 원희(袁熙, ?-207) 형제를 토벌하여 국경 동북쪽 지역을 안정시킨다. 그리고는 일단 한숨을 돌린 듯 계속 국내 일에 몰두한다. 건안 13년에는 자기의 근거지인 업(鄴)으로 돌아와 남쪽의 손권(孫權)을 치려고 수군(水軍)을 훈련시킨다. 6월에 헌제는 나라에서 가장 높은 삼공(三公)의 관직을 없애고 승상(丞相)과 어사대부(御史大夫)라는 자리를 마련한 뒤 조조를 승상에 임명한다.[5] 나라의 정권이 조조에게 맡겨진 것이다. 헌제는 조조에게 장군 노릇은 그만하고 나라의 정치를 잘 꾸려달라는 당부를 하고 싶었던 것 같다. 조조는 자기 밑에 최염(崔琰)을 승상서조연(丞相西曹掾), 모개(毛玠)를 승상동조연(丞相東曹掾), 사마랑(司馬朗, 171-217)을 주부(主簿), 노육(盧毓)을 법조의령사(法曹議令史), 사마의(司馬懿, 179-251)를 문학연(文學掾) 등으로 임명하여 승상부(丞相府)를 구성한다.[6]

그리고 예정대로 남쪽으로 내려갔으나 장강의 적벽(赤壁)에서 손권과 유비가 연합한 군대에게 크게 패한다. 그래도 다시 의연해져서 남쪽 지방은 그대로 두고 북쪽의 초(譙)로 돌아온다. 이때부터 전쟁은 되도록 하지 않고 나랏일을 해결하자는 마음을 먹은 것 같다. 그 때문에 남쪽의 손권과 서쪽의 유비를 적극적으로 치지 않아 천하가 삼분되어 제각기 백성들이 비교적 평안히 살아가게 된다.

건안 15년(210) 56세 되던 해에는 나라를 중흥시킬 현명한 사람들을 추천하라는 영을 내리고 있다. 그 영에 "지금 천하라고 허름한 옷을 입고 가슴에는 옥을 품은 채 위수(渭水) 가에서 낚시질하고 있는 사람이 없을 수가 있겠는가?"[7]라는 말이 보인다. "위수 가에서 낚시질하는 사람"

---

5 『三國志』卷1 魏書 武帝紀 의거.
6 『三國志』의 魏書 및 『晉書』 등의 傳記 참고.
7 『三國志』卷1 魏書 武帝紀; "今天下得無有被褐懷玉而釣於渭濱者乎?"

이란 옛날 주(周)나라 문왕(文王) 때의 강태공(姜太公)을 가리키는 말이다. 조조는 강태공 같은 현명한 사람을 구하여 한나라를 다시 일으켜 부흥시키고자 했던 것이다. 그리고 업(鄴)에 노래와 춤을 즐길 동작대(銅雀臺)를 건설했다는 것도 전쟁은 멀리하고 싶었던 그의 심정의 표현이라 할 수 있다.

건안 18년(213) 59세가 되는 해 정월에는 헌제가 14주(州)를 합쳐 9개의 주로 만들면서, 기주(冀州, 지금의 河北省 중남부 및 河南省과 山東省 북부의 일부 지역 포함)에는 유주(幽州, 지금의 北京市와 河北省 북부 및 遼寧省 남부 일부 지역 포함)와 병주(幷州, 지금의 山西省과 內蒙古自治區의 대부분 및 河北省의 일부 지역 포함)의 땅을 합병시켜 크게 늘렸는데, 조조는 그대로 기주목(冀州牧)의 자리를 지켰다. 그리고 5월에는 조조에게 기주(冀州)의 10군(郡)을 떼어주며 위공(魏公)에 봉하였다. 건안 17년에 이미 여러 군(郡)의 15개 현(縣)을 떼어 업(鄴)성이 있는 위군(魏郡)에 편입시킨 것은 조조를 국공(國公)으로 올려주려는 뜻이 있었기 때문인 것 같다. 조조는 곧 위나라의 모습을 갖추는 일에 착수한다. 7월에는 토신(土神)을 제사 지낼 사직(社稷)과 조상들을 모실 종묘를 건립한다. 10월에는 확대된 위군을 동부와 서부로 나누고 거기에 도위(都尉)를 임명하여 다스리게 한다. 11월에는 위나라에 상서(尙書)와 시중(侍中) 및 육경(六卿)을 임명하여 완전히 왕국의 조정 형식을 모두 갖춘다.[8] 조조는 이전에도 직접 정치에 관여했지만 이때 와서는 본격적으로 한 나라를 다스리는 정치가 자리를 차지하게 되는 것이다.

건안 19년(214) 60세 때에는 천자나 왕들이 행하는 농업을 장려하는 뜻으로 행하였던 자전(籍田)을 친경(親耕)하는 의식을 행한다. '자전'은

8　이상『三國志』卷1 魏書 武帝紀 의거.

왕이 하늘의 신을 제사 지낼 제물을 기르기 위하여 특별히 마련하여 둔 밭으로, 이른 봄이면 왕이 직접 나가 밭을 갈아 농민들에게 본을 보이는 의식을 행하였다.[9]

건안 21년(216) 62세 때에는 헌제가 조조를 위왕(魏王)으로 봉해준다. 그때 승상에 기주목(冀州牧)이라는 직함도 그대로 갖고 있었으니 조조는 완전히 한 나라를 다스릴 지위와 실력을 다 갖춘 셈이다. 위왕이 되자 그는 위나라의 승상을 상국(相國)이라 바꾸고 종요(鍾繇, 151-230)를 그 자리에 임명하여 나라의 행정을 맡아 처리하게 하였다. 조조가 열심히 정치 일에 힘쓰자 헌제는 조조에게 거의 천자와 같은 예복과 장식 및 행동을 할 수 있도록 특별명령을 내려주었다. 명의만 위왕이고 황제라 부르지 않을 따름이지 실지로는 위나라뿐만 아니라 한 제국을 전부 다스리게 된 셈이다.[10]

건안 24년(219)에는 오나라 손권이 조조에게 글을 올려 "하늘의 명이니 자기는 신하가 되겠다."[11]고 하면서 천자가 될 것을 권하기도 하였다. 조조의 정치가로서의 변신도 성공적이었음을 알게 한다. 그리고 조조는 건안 25년(220) 66세의 나이로 이 세상을 뜨는데, 이미 기술한 바와 같이 그의 아들 조비가 그의 뒤를 잇자마자 헌제는 황제의 자리를 조비에게 넘겨주어 조비는 위나라의 황제인 문제가 되고 조조는 무제로 추존된다.[12]

---

9 『禮記』月令·祭義편 등에 보임.

10 이상 『三國志』卷1 魏書 武帝紀 의거.

11 『三國志』卷1 魏書 武帝紀 裵松之 注; "『魏畧』曰; 孫權上書稱臣, 稱說天命."

12 이상 建安 12년(207)부터 여기에 이르는 曹操의 行績은 대략 『三國志』卷1 魏書 武帝紀와 그곳의 裵松之 注에 의거하였음.

조조는 이상과 같이 만년으로 갈수록 장군보다도 정치가로서의 역할을 더 하고 있다. 다음에는 조조의 정치가로서의 두드러진 특징과 업적을 검토해 보기로 한다.

2. 인재의 등용

조조는 군사적인 면에서뿐만 아니라 정치 경제적인 면에서도 망해가는 동한을 지탱하고자 노력하였는데 이런 모든 일은 혼자의 힘만으로는 이루기가 매우 어려운 일이었다. 그래서 자기와 손을 잡고 자기와 함께 일할 능력 있는 인재들을 모으는 데 무엇보다도 힘을 기울였다.『삼국지』권1 위서 무제기(武帝紀)를 보면 중간에 이런 기록이 들어 있다.

전에 원소(袁紹)와 조조가 함께 군사를 일으킬 적[13]에 원소가 조조에게 물었다. "만약 일이 잘되지 않는다면 지역은 어디를 의거해야 되겠소?" 조조가 되물었다. "귀하의 뜻은 어떠하신지요?" 원소가 대답하였다. "저는 남쪽으로 황하를 의지하고 북쪽은 연(燕, 지금의 河北省 지역) 과 대(代, 지금의 山西省 陽高縣 서북 지역) 지역을 거점으로 한 다음 오랑캐의 무리들을 아울러 가지고 남쪽을 향하여 천하를 다투려 하는데, 그러면 잘되지 않을까요?" 조조가 말하였다. "저는 천하 사람들의 지혜와 능력에 의지하여 올바른 도리로써 세상을 다스리려 하는데 그래서

---

13 初平 元年(190) 董卓을 치려고 여러 장수들이 군대를 이끌고 일어날 적의 일임.

안 될 일이 없을 것입니다."**14**

　조조는 "천하 사람들의 지혜와 능력에 의지하여 올바른 도리로써 세상을 다스리려 한다." 곧 여러 사람들의 지혜와 능력을 이용하여 세상을 다스리겠다는 것이다. 그래서 조조는 무엇보다도 세상의 지혜와 능력이 있는 사람, 곧 나라를 다스리는 데 도움을 줄 능력을 갖고 있는 인재들을 자기 아래로 끌어들이려고 노력하였다. 그리하여 수많은 뛰어난 인재들을 자기 휘하로 끌어들여 그들과 함께 반역자들을 정벌하기도 하고 나라를 다스리기도 하였다.

　조조는 기초적으로 자기 집안사람들을 잘 대우하며 거느려 자기 실력의 초석으로 삼았다. 예를 조금만 들어본다. 조조의 전기를 보면 사촌동생인 조인(曹仁, 168-223)은 스스로 장병을 모집하여 군사들을 이끌고 조조를 따르며 장군으로 여러 전투에 참여하여 많은 공을 세우고 있다. 그의 동생 조순(曹純, ?-210)도 조조를 따르며 많은 일을 하였다. 사촌동생 조홍(曹洪, ?-232)도 자신이 장병을 모아 조조와 함께하며 많은 공을 세웠는데, 전장에서 조조가 화살을 맞고 그의 말도 부상을 당한 결정적인 위기에 조조를 구해주기도 하였다. 집안의 조카뻘 되는 조휴(曹休, ?-228)와 조진(曹眞, ?-231)도 어릴 적부터 조조가 아들처럼 돌봐주어 뒤에는 늘 함께하며 장군으로 활약하였다. 조조와 인척 관계인 하후돈(夏侯惇, ?-220)도 조조의 장군으로 여포(呂布, ?-198)를 치는 싸움에서 화살에 맞아 왼편 눈을 잃었지만 각지의 전투에서 많은 공을 세웠다. 하후돈의

---

14 『三國志』卷1 魏書 武帝紀; "初, 紹與公共起兵, 紹問公曰; 若事不輯, 則方面何所可據? 公曰; 足下意, 以爲何如? 紹曰; 吾南據河, 北阻燕代, 兼戎狄之衆, 南向以爭天下, 庶可以濟乎? 公曰; 吾任天下之智力, 以道御之, 無所不可."

집안 동생인 하후연(夏侯淵. ?-219)도 조조를 따르며 장군으로 여러 전투에 참여하여 크게 활약하였다. 우선 이러한 기초적인 인재들이 많았기에 조조는 어려움을 쉽사리 극복할 수 있었다.

조조는 먼저 유능한 자기 집안사람들을 좌우에 두고 다시 고향 친구를 비롯하여 각 방면의 사람들을 모두 놓치지 않고 자기 휘하로 모아들였다. 그리고 조조는 인재를 등용하기 위하여 세 번에 걸쳐 다음과 같은 영을 내리고 있다. 첫 번째 것은 건안 15년(210)에 내린 현명한 사람을 구한다는 「구현령(求賢令)」이다.

옛부터 하늘의 명을 받아 나라를 잘 다스린 임금이라면 그 가운데 현명한 군자를 구하여 그들과 함께 세상을 다스리지 않았던 사람이 있었는가? 그가 현명한 사람을 구할 적에 전혀 자기 마을 밖으로 나가지 않는다면 어찌 요행이 그런 이를 만나게 되겠는가? 윗자리에 있는 사람이라면 그렇게 사람을 구하지는 않는다.

지금 세상이 아직도 안정되지 못하고 있으니 이는 특히 현명한 사람을 구해야 할 다급한 시대인 것이다. 맹공작15 같은 사람은 조(趙)·위(魏) 같은 큰 나라의 대부(大夫) 집안에서 일하는 사람으로는 충분하였으나, 등(滕)·설(薛) 같은 작은 나라의 대부도 될 수는 없는 사람이었다. 만약 반드시 청렴한 선비만을 쓸 수 있다고 한다면 제(齊)나라 환공(桓公)16이 어떻게 패왕(覇王)이 될 수가 있었겠는가? 지금 세상에도

---

15 孟公綽은 魯나라 大夫. 욕심이 적은 깨끗한 인물로 정치적인 관심은 전혀 없었기 때문에, 趙·魏 같은 곳의 大夫 집안 家臣 노릇은 잘해도, 滕·薛 같은 나라의 大夫 노릇은 하지 못한다는 것이다. 『論語』憲問편에 보이는 글임. 趙·魏는 晉나라의 귀족인 趙氏와 魏氏이며 滕·薛은 魯나라 근처의 매우 작은 나라 이름임. 家臣은 大夫의 집안일을 하는 사람이며, 家老 또는 室老라고도 불렀기 때문에 본문에서는 老라고만 표현하였다.

베옷을 입고 높은 뜻을 품고 위수(渭水) 가에서 낚시질하던 강태공(姜太公)[17] 같은 사람이 없겠는가? 또 형수와 간통하고 뇌물을 먹은 진평(陳平)[18]을 황제에게 천거한 위무지(魏無知) 같은 자는 없는가? 여러분들은 초야에 묻혀있는 인재를 천거하여 나를 보좌하도록 해주오. 오직 재능만 있으면 추천하시오. 나는 그를 임용하여 쓸 것이오![19]

조조는 사람이야 어떠하든 "오직 재능만 있으면 추천하시오. 나는 그를 임용하여 쓸 것이오!" 하고 당부하고 있는 것이다. 다시 건안 19년 (214)에는 관청의 관리들에게도 밑의 사람을 쓸 적에는 능력 위주로 사람을 골라야지 비뚤어지고 단점이 있다는 이유로 사람을 버려서는 안된다는 「칙유사취사물폐편단령(敕有司取士勿廢偏短令)」을 다음과 같이 내리고 있다.

행실이 바른 사람이라고 해서 반드시 일을 잘할 수 있는 것이 아니며, 일을 잘하는 사람이라고 해서 반드시 행실이 바른 것이 아니다. 진평[20]

---

16 齊 桓公은 춘추시대의 五覇 중에서도 대표적인 임금. 그는 유능한 인재를 써서 나라를 잘 다스려 여러 나라 중에서도 가장 강한 覇者가 될 수 있었다.

17 姜太公은 본 姓名이 呂尙, 渭水가에서 허름한 차림으로 낚시질을 하고 있다가 황제에게 발견되어 周 武王을 보좌하여 殷나라를 滅하고 周나라를 발전시키는 데 공을 세웠다.

18 陳平은 젊은 시절에 형수와 간통하는 등 품행이 아주 나빴다. 魏無知란 사람이 그의 재능을 알아보고 項羽와 천하를 다투고 있던 漢 高祖 劉邦에게 추천하여 陳平은 劉邦 밑에서 漢나라를 세우는 데 크게 공헌하였다.

19 『三國志』卷1 魏書 武帝紀; "自古受命及中興之君, 曷嘗不得賢人君子與之共治天下者乎? 及其得賢也, 曾不出閭巷, 豈幸相遇哉? 上之人不求之耳. 今天下尙未定, 此特求賢之急時也. 孟公綽爲趙·魏老則優, 不可以爲滕·薛大夫. 若必廉士而後可用, 則齊桓其何以覇世? 今天下得無有被褐懷玉而釣于渭濱者乎? 又得無盜嫂受金而未遇無知者乎? 二三子其佐我明揚仄陋. 唯才是擧, 吾得而用之."

이 어찌 행실이 올바른 사람이었으며, 소진[21]이 어찌 신의를 지키는 사람이었는가? 그러나 진평은 한나라 정치를 안정시켰고, 소진은 약한 연(燕)나라를 구해주었다. 이런 것을 볼 때 사람에게 비뚤어진 면과 단점이 있다고 어찌 버릴 수가 있겠는가? 관원들이 이 뜻을 분명히 안다면 잘못 버려져 있는 인재가 없게 될 것이오, 관청에서는 업무를 잘못 처리하는 일이 없게 될 것이다.[22]

조조는 "행실이 바른 사람이라고 해서 반드시 일을 잘할 수 있는 것이 아니며, 일을 잘하는 사람이라고 해서 반드시 행실이 바른 것이 아니다."라고 하면서, 관청에서 사람을 쓸 적에는 일하는 능력을 중시하여야지 일과는 상관없는 그의 행실 같은 것을 고려할 필요는 없다고 강조하고 있다. 다시 건안 22년(217)에도 조조는 위왕(魏王)이 된 뒤 조비(曹丕)를 태자로 삼은 다음 현명한 사람을 쓸 적에 사람들의 품행에 구애받지 말고 쓰라는 「거현물구품행령(擧賢勿拘品行令)」이라는 영을 내리고 있다. 역시 사람을 등용할 적에는 그의 재능만을 보고 결정해야지 그 사람의 품행을 따질 필요는 전혀 없다는 것이다.

---

20 陳平은 兄嫂와 간통을 하고 뇌물을 받아먹은 비뚤어진 인물이나 漢 高祖 劉邦이 그의 재능을 알고 불러 써서 한나라를 세우는 데 크게 기여하였다.

21 蘇秦은 戰國時代의 縱橫家로 여섯 나라에 遊說하여 함께 힘을 합쳐 강한 秦나라와 싸우도록 했던 인물이다. 그는 신의가 없는 인물로 유명하였으나, 강한 齊나라 임금에게 권하여 약한 燕나라에 10개의 城을 돌려주도록 하여 "약한 燕나라를 구제하여 주었던" 것이다.

22 『三國志』卷1 魏書 武帝紀;"夫有行之士, 未必能進取, 進取之士, 未必能有行也. 陳平豈篤行, 蘇秦豈守信耶? 而陳平定漢業, 蘇秦濟弱燕. 由此言之, 士有偏短, 庸可廢乎? 有司明思此義, 則士無遺滯, 官無廢業矣."

옛날에 이윤과 부열은 천한 사람이었고, 관중은 제나라 환공의 적이
었다. 그러나 모두 등용되어 나라를 흥성케 하였다. 소하와 조참은 고
을의 관리였고, 한신과 진평은 더럽고 욕이 될 평판을 받았고 남에게
비웃음을 받는 치욕을 겪고 있었다. 그러나 마침내는 나라의 일을 잘
이룩하여 명성이 천년을 두고 드러나고 있다. 오기는 탐욕스러운 장
수로 처를 죽여 자기를 믿도록 하였고 돈을 뿌려 벼슬을 얻으려 하였
으며 어머니가 죽어도 집으로 돌아가지 않았다. 그러나 위(魏)나라에
있을 적에는 진(秦)나라 군대가 감히 동쪽을 넘보지 못했고 초(楚)나라
에 있을 적에는 위(魏)·조(趙)·한(韓)의 세 나라가 감히 남쪽을 넘보지
못하였다.

지금 세상에는 지극한 덕을 지녔는데도 민간에 버려져 있으나 과감
하고 용기가 있어 뒤도 돌보지 않고 적과 힘을 다해 싸울 수 있는 사
람이나, 시골의 낮은 관리 같은 자라 하더라도 높은 재능과 특이한 재
질이 있어 장수가 될 만한 이나, 더럽고 욕되는 평판을 받고 있고 비
웃음 받을 행실을 하며 어질지도 않고 효도도 다하지 않지만 나라를
다스리고 군대를 지휘할 술책을 갖고 있는 사람이 있을 수가 없겠는
가? 그러한 이들을 아는 사람이 있으면 모두 천거하여 빠트리는 일이
없도록 하라![23]

---

23 『三國志』卷1 魏書 武帝紀 裴松之 注 引 『魏書』: "昔伊摯·傅說出于賤人, 管仲, 桓公賊
也, 皆用之以興. 蕭何·曹參, 縣吏也, 韓信·陳平, 負汚辱之名, 有見笑之恥, 卒能成就王
業, 聲著千載. 吳起貪將, 殺妻自信, 散金求官, 母死不歸. 然在魏, 秦人不敢東向, 在楚, 則
三晉不敢南謀. 今天下得無有至德之人放在民間, 及果勇不顧, 臨敵力戰; 若文俗之吏, 高
才異質, 或堪爲將守; 負汚辱之名, 見笑之行, 或不仁不孝, 而有治國用兵之術? 其各擧所
知, 勿有所遺."

이상 세 개의 영을 읽어보면 조조가 얼마나 능력 위주로 인재를 등용했는지 알게 된다. 간단히 말하면 그는 어떤 사람이든 자기가 하려는 일에 도움이 되는 능력을 지닌 사람이라 여겨지면 조금도 주저하지 않고 바로 그를 썼던 것이다.

조조의 시 중 대표작의 하나로 「단가행(短歌行)」이 있는데 인재를 모아 드려 천하를 안정시키고자 하는 열망을 노래한 것이다. 그 시의 뒷부분 일부를 아래에 인용한다. '제9장 조조의 문학'에 그의 악부시를 논하면서 「사언시」 대목에 전문을 인용하였으니 참고 바란다.

「단가행」

들길 밭길 지나
어렵게 찾아와 주신다면,
오랫동안 떨어져 있던 정 잔치 벌이고 풀며
마음에 옛정 새기리라.

달은 밝고 별은 희미한데
까막까치 남쪽으로 날아가다가,
나무 위를 세 바퀴나 돌고 있는데
어느 가지에 앉으려는 건가?

산은 아무리 높아도 좋고
바다는 아무리 깊어도 좋다네.
주공은 식사 중에도 음식을 뱉어놓고 인재들 맞이하였기에,

세상인심이 그에게로 돌아갔었네.[24]

이 시에서 자기에게 찾아와 주기를 간절히 바라고 있는 사람은 자기와 함께 세상을 위하여 일할 유능한 뜻있는 인재를 가리킨다. 마지막에는 주(周)나라의 주공(周公)이 자기 집에 찾아오는 사람들을 맞이하기 위해 머리를 한 번 감는 중에 세 번이나 젖은 머리를 움켜쥔 채 쫓아나갔고, 밥을 한 끼 먹는 중에 세 번이나 먹던 음식을 뱉어놓고 찾아온 사람을 맞이하러 달려 나갔다는 고사를 인용하고 있다. 시의 작자는 주공처럼 자기 뜻에 맞는 인재들을 구하여 함께 세상을 위하여 일하고자 하는 자신의 간절한 꿈을 읊고 있는 것이다.

조조는 건안 11년(206) 서쪽 병주(幷州, 지금의 山西省과 內蒙古自治區의 대부분 및 河北省의 일부를 포함하는 지역)를 근거로 반역을 계속하던 원소의 외 조카 고간(高幹)을 정벌하고 다시 동쪽의 반란을 일으킨 관승(管承)을 토벌하여 동부와 서부를 안정시키고 북쪽의 오랑캐 오환(烏丸)을 토벌할 준비를 갖춘 다음 건안 12년(207) 2월에 업(鄴)으로 돌아와 이런 영을 내리고 있다.

"내가 의병을 일으켜 폭도들의 난동을 제압한 지 이제는 19년이 되었는데, 정벌을 나가서는 반드시 승리하였다. 어찌 그것이 내 공로이겠는가? 바로 현명한 대부들의 힘이었다. 천하가 아직 모두 평정된 것은 아니나 나는 당연히 현명한 대부들과 함께 천하를 안정시키려 하

---

24 「短歌行」; 越陌度阡, 枉用相存. 契闊談讌, 心念舊恩. 月明星稀, 烏鵲南飛. 繞樹三匝, 何枝可依? 山不厭高, 海不厭深. 周公吐哺, 天下歸心.

였다. 그러니 그 공로를 나만이 누린다면 내 어찌 편안할 수가 있겠는
가? 서둘러 그들의 공로를 인정하고 후작(侯爵)도 봉해줄 것이다."[25]

　조조가 얼마나 휘하의 사람들의 활동을 중시했는가를 말해주는 글이
다. 이 영을 내린 다음 조조는 20여 명의 공신을 열후(列侯)에 봉하고, 그
밑의 사람들에게도 그들 공로에 따라 상을 내리고 여러 가지로 돌봐주
었다. 유능한 인재라면 모두 자기 아래로 모아드렸을 뿐만 아니라 그들
이 발휘한 능력에 어울리는 보수도 충분히 주려고 애썼던 것이다. 그리
고 지난 19년 동안 자기가 폭도들을 진압하고 정벌에 나가 승리한 위대
한 공로를 조조는 자기를 위하여 밑에서 일해 준 부하들에게 돌리고 있
다. 그 정도로 그는 자기 밑에서 활약하는 인재들을 중시하였던 것이다.
　그는 먼저 여러 지역의 지식인인 선비들과 각지에서 상당한 부와 세
력을 지니고 있는 호족들을 자기 편으로 끌어들였다. 이전(李典)은 그의
종족으로 3,000여 가(家)에 13,000여 명이 밑에 있었는데도 초평(初平)
연간(190-193)에 많은 사람들을 이끌고 조조를 따랐다. 허저(許褚)도 젊은
이들 및 종족 수천 가를 거느리는 사람이었고, 이통(李通)·장패(臧霸)·여
건(呂虔)[26] 및 둔전제를 성공시킨 임준(任峻, ?-204)[27] 등 모두 상당한 재력
과 병력을 거느린 사람들이었으나 조조는 그들을 휘하로 끌어들여 함
께 일하였다.

---

25 『三國志』卷1 魏書 武帝紀; 十二年春二月, 公自淳于還鄴. 丁酉, 令曰: "吾起義兵, 誅暴
　　亂, 于今十九年, 所征必克. 豈吾功哉? 乃賢士大夫之力也. 天下雖未悉定, 吾當要與賢士
　　大夫共定之. 而專饗其勞, 吾何以安焉? 其促定功行封." 於是大封功臣二十餘人, 皆爲列
　　侯, 其餘各以次受封, 及復死事之孤, 輕重各有差.
26 『三國志』卷18 魏書에는 이상 5명의 전기가 실려 있음.
27 『三國志』卷16 魏書 任峻傳 참조.

가장 두드러진 특징은 적의 진영에서 활약하던 유능한 인물들도 잘 받아들여 자기와 함께 일하였다는 것이다. 진수의 『삼국지』 권17 위서에는 장료(張遼, 165-221)·악진(樂進, ?-218)·우금(于禁, ?-221)·장합(張郃, ?-231)·서황(徐晃, ?-227)의 다섯 명 전기를 싣고 "당시의 양장 중 이 다섯 사람이 뛰어나다.(時之良將, 五子爲先.)"고 말하고 있는데, 이들 중 장료는 본시는 조조가 정벌한 여포(呂布) 밑의 장수였고, 장합은 원소(袁紹) 밑의 장수, 서황은 양봉(楊奉, ?-197) 밑의 장수였다. 『삼국지』의 이곳 배송지의 주에 인용된 『위서(魏書)』에는 조조에 관한 이러한 기록이 보인다.

"사람을 잘 살펴 알아보아 거짓으로 속이기가 어려웠다. 우금과 악진을 전쟁하는 진영 속에서 뽑아내었고, 장료와 서황을 포로들 사이에서 취하였는데, 모두 명령을 따라서 공을 세우고 명장 자리에 올랐다. 그 밖에도 뽑아 쓰는 것이 세밀하고 빈틈없어서 지방 고관으로 오른 사람들이 셀 수 없는 정도이다."[28]

그리고 조조 휘하에서 크게 활약한 순욱(荀彧, 163-212)과 곽가(郭嘉, ?-207)는 본시 원소 밑에서 일하던 사람들이었다. 조조 밑의 가후(賈詡, 147-223)도 본시는 장수(張繡)의 부하였다. 적군에서 활약하던 장수라 하더라도 그의 능력이 뛰어나면 조조는 그를 죽이지 않고 잘 회유하고 대우하면서 자기와 함께 일하게 했던 것이다.

한 예로 곽가와 조조의 관계를 간단히 살펴보기로 한다. 곽가는 다

---

28 『三國志』 卷1 魏書 武帝紀 裵松之 注引 『魏書』; "知人善察, 難眩以僞, 拔于禁·樂進於行陣之間, 取張遼·徐晃於亡虜之內, 皆佐命立功, 列位名將. 其餘拔出細微, 登爲牧守者, 不可勝數."

같이 원소 밑에서 일하던 순욱이 조조에게 추천한 인물이다. 순욱이 곽가를 추천하자 조조는 그를 앞에 놓고 천하의 일을 논하였다. 그러고 조조는 "나로 하여금 대업을 이루게 해줄 자는 틀림없이 이 사람이다."라며 감탄하였고, 곽가도 물러나와 역시 기뻐하며 "진실한 나의 주인이시다!"라고 말하였다 한다. 그러고 그를 사공군좨주(司空軍祭酒)에 임명하였다.[29] 그 뒤로 곽가는 늘 조조를 따르면서 좋은 계책을 내어 조조가 건안 3년(195) 여포(呂布)를 칠 때, 그 뒤 원소를 칠 때, 그의 아들 원담(袁譚, ?-205)과 원상(袁尙, ?-207) 밑 오랑캐 오환족을 정벌할 때 등 언제나 전쟁을 승리로 이끌 수가 있었다. 그리하여 조조는 "오직 곽가만이 내 뜻을 잘 알아준다.(唯奉孝能知孤意.)"고 칭찬하였다. 그러나 곽가는 오환족 토벌에서 돌아와 병이 나서 38세의 젊은 나이에 죽었다. 조조는 그가 죽자 그의 장례를 치러주고 심히 슬퍼하였다. 건안 13년(208) 조조는 적벽대전에서 크게 패하고 나서도 "곽가만 살아있어도 내가 이 지경이 되지는 않았을 것이다.(郭奉孝在, 不使孤至此.)"라며 애통해하였다 한다.[30] 같은 곳의 배송지 주에서는 『부자(傅子)』를 인용하여 조조가 "슬프도다, 곽가여! 애통하도다, 곽가여! 애석하도다, 곽가여!" 하고 소리쳤다 하였다.[31] 조조라는 사람은 자기 적장의 밑에 있다가 자기 밑으로 들어와 일한 사람과도 관계가 이처럼 밀접할 수 있었다.

심지어 자기를 배반하였던 자라도 재능이 뛰어나다고 생각되면 조조는 그의 마음을 달래 되돌아오게 한 뒤 그와 함께 일을 하였다. 앞에서

---

29 『三國志』卷14 魏書 郭嘉傳; "或薦嘉. 召見, 論天下事. 太祖曰: '使孤成大業者, 必此人也.' 嘉出, 亦喜曰: '眞吾主也.' 表爲司空軍祭酒.

30 이상 郭嘉에 관한 일은 『三國志』卷14 魏書 郭嘉傳의 기록을 근거로 한 것임.

31 『三國志』卷14 魏書 郭嘉傳 裵松之 注; "『傅子』曰; 太祖又云; 哀哉奉孝! 痛哉奉孝! 惜哉奉孝!"

이미 다룬 진림(陳琳, ?-217)은 그 좋은 예의 하나이다. 건안 5년(200) 원소가 조조 공격을 결심하고 먼저 비서로 있던 문필가인 진림에게 조조를 치는 격문(檄文)을 짓도록 하여 그 격문을 세상에 널리 폈다. 그 격문은 "조조의 할아버지 조등(曹騰)은 조정의 내시로 못된 짓을 일삼은 극악무도한 자이고, 아버지 조숭(曹嵩, ?-193)은 거지 출신으로 내시의 양자가 되어 돈으로 벼슬을 사고 뇌물을 써서 삼공(三公)의 벼슬까지 훔치며 나라를 망친 자"라며 조조에 이르기까지 삼대가 간악한 자들이라고 엄청나게 욕을 하는 내용이었다.[32] 원소의 대군과 어려운 싸움을 하였으나 결국은 조조가 승리를 거두고 진림도 포로로 잡았다. 조조는 진림이 자기 집안에 대하여 심한 욕을 쓴 데 대하여 크게 꾸짖었으나 죽이지는 않고 그의 재능을 아껴 밑에서 함께 일을 하면서 시인으로 활약할 수 있게 하였다.[33]

초평 3년(192) 조조가 연주목(兗州牧)으로 있을 적에 필심(畢諶)이라는 사람이 효도에 뛰어나다는 소문을 듣고 그를 불러들여 별가(別駕)라는 벼슬을 주었다. 함께 동탁을 치려고 일어났던 장수인 장막(張邈, ?-195)이 조조를 배반하였을 적에, 필심의 어머니와 동생들 및 처와 자녀들이 장막에게 잡혀갔다. 이때 조조는 장막에게로 가라고 필심에게 권하였으나 그는 뜻을 바꿀 수 없다고 하면서 가지 않아 조조를 크게 감동시켰다. 그러나 뒤에 필심은 조조로부터 몰래 도망쳐서 가족이 있는 장막에게로 갔다. 뒤에 조조는 여포를 치면서 필심도 포로로 사로잡았다. 주

---

32 『三國志』卷6 魏書 袁紹傳 裴松之 注에 『魏氏春秋』를 인용하여 陳琳의 檄文 전문을 싣고 있음.

33 『三國志』卷21 魏書 陳琳傳; "袁氏敗, 琳歸太祖. 太祖謂曰: '卿昔爲本初移書, 但可罪狀孤而已, 惡惡止其身, 何乃上及父祖邪?' 琳謝罪, 太祖愛其才而不咎."

위의 사람들은 필심을 죽일 것으로 알았으나 조조는 그에게 벌을 주지 않을뿐더러 "자기 부모에게 효도를 다하는 사람이라면 어찌 임금에게도 충성을 다하지 않겠느냐? 내가 필요로 하는 사람이다!"라고 칭찬하면서 달랜 뒤 그를 노국상(魯國相)에 임명하였다.[34]

형옹(邢顒)이라는 덕행으로 이름이 난 사람이 있었는데 조조는 그 소문을 듣고 그를 초청하여 광종(廣宗, 지금의 河北省 고을)의 장(長)으로 임명하였다. 그러나 뒤에 전에 모시고 있던 어른이 죽자 벼슬자리도 돌보지 않고 바로 상을 치르러 달려갔다. 주변 사람들에 의하여 이것이 문제가 되었으나, 그가 돌아오자 조조는 그 일을 문제 삼지 않고 오히려 "형옹은 옛날 모시던 분에게 충성을 다하는 꾸준한 절조가 있는 사람이다."라고 칭찬하면서 그를 사공연(司空掾)으로 벼슬을 올려주었다. 그 뒤에 형옹은 중앙 관료로서 많은 일을 하였고, 문제가 임금 자리를 뒤이은 후에는 중신으로 활약하게 된다.[35]

진궁(陳宮)이란 사람은 조조 밑에서 활약하다가 장막(張邈, ?-195)과 함께 배반하고 여포(呂布, ?-198)에게로 갔던 자이다. 건안 3년(198) 조조가 여포를 쳐서 잡아 죽이고 진궁도 사로잡았다. 그때 조조가 진궁에게 물었다. "당신의 늙은 어머니와 딸은 살리고 싶소?" 진궁이 대답하였다. "제가 듣건대 효도를 중시하면서 세상을 다스리는 사람은 백성들의 부모를 없애지 아니하며, 어짊을 온 세상에 베푸는 사람은 백성들이 제사를 지내지 못하게 하지 않는다고 하였습니다. 늙은 어머니는 공에게 달려 있는 것

---

34 『三國志』卷1 魏書 武帝紀: "初公爲兗州, 以東平畢諶爲別駕. 張邈之叛也, 邈劫諶母弟妻子. 公謝遣之, 曰: '卿老母在彼, 可去.' 諶頓首無二心, 公嘉之, 爲之流涕. 旣出, 遂亡歸. 及布破, 諶生得, 衆爲諶懼, 公曰: '夫人孝於其親者, 豈不亦忠於君乎? 吾所求也!' 以爲魯相."
35 『三國志』卷12 魏書 邢顒傳.

이지 제게 달려 있는 것이 아닙니다." 그의 대답을 듣고 진궁은 꿋꿋한 인물이라 판단하고, 조조는 그의 어머니를 돌아가실 때까지 돌봐주고 그의 딸도 시집까지 잘 보내주었다.[36] 조조는 진궁을 죽이려 하지 않았으나 그가 스스로 처형장으로 걸어 나가 죽었는데, 조조는 그것을 막지 못하여 눈물을 흘렸다 한다.[37] 남의 부모를 돌봐주고 남의 딸을 보살펴주고 시집까지 보내준다는 것은 간단한 일이 아니다. 그런 번거로운 일을 조조는 자기를 배신하고 반역자에게로 간 진궁을 올바른 자라고 판단하고 그의 어머니와 딸에게 그처럼 큰 은덕을 베풀어주었던 것이다.

이상 든 몇 가지 예를 보아 알 수 있듯이 조조는 어떤 한 사람의 덕행이나 재능이 뛰어난 것을 알면 자신을 배반한 일이 있다 하더라도 그를 용서해 주고 또 가능하면 잘 이끌어 자기 밑에서 실력을 발휘하도록 하였던 것이다. 끝까지 남아 조조를 괴롭히던 원소의 외조카 고간(高幹, ?-206)의 조카인 고유(高柔)는 조조 밑으로 들어와 일을 하고 있었다. 고유는 조조에게 원수나 같은 존재여서 믿음이 가지 않았다. 조조는 처음에는 그에게 죄인을 다루는 직책을 맡겼다. 죄인은 여러 종류가 있고 성격도 제각각이라 그들을 올바로 다루기란 무척 어려웠다. 그러나 고유는 늘 법에 따라 엄정히 사건을 처리하여 작은 실수 하나 없었다. 이에 조조는 그를 승상창조연(丞相倉曹掾)으로 삼았다가 다시 형법을 관장하는 이조연(理曹掾)으로 승격시켰다.[38] 이 뒤로 고유는 조조를 위하여 충성을 다하였다. 조조는 이처럼 자신의 원수 같은 자와 연관이 있는

36　『三國志』卷7 魏書 呂布(張邈)傳; "太祖之禽宮也, 問宮; 欲活老母及女否? 宮對曰; 宮聞孝治天下者, 不絶人之親, 仁施四海者, 不乏人之祀. 老母在公, 不在宮也. 太祖召養其母, 終其身, 嫁其女."

37　上同 裴松之 注에 인용된 『魚氏典略』의거.

38　『三國志』卷24 魏書 高柔傳.

사람이라 하더라도 그의 성품과 능력을 따라 그와 손을 잡고 일을 하여 많은 업적을 올린 것이다.

이토록 인재를 중시하였기 때문에 조조는 밑의 사람들 모두에게 능력 있는 인재가 있으면 언제나 자기에게 추천해 줄 것을 요청했다. 때문에 순욱(荀彧)·순유(荀攸)·곽가(郭嘉)·진군(陳群)·양습(梁習)·공융(孔融) 같은 사람들이 모두 인재를 추천하였다. 순욱 한 사람이 추천한 인물만도 순유·곽가·진군·희지재(戱志才)·사마의(司馬懿)·치려(郗慮)·화흠(華欽)·왕랑(王朗)·두기(杜畿)·두습(杜襲)·신비(辛毗)·조엄(趙儼)·순열(荀悅)·중장통(仲長統) 등 무척 많다.[39] 순유도 상서령(尙書令)이라는 요직을 맡고 일하면서 많은 인재들을 추천하였다. 그 결과 조조 주위에는 많은 뛰어난 인재들이 모여들었고 그들과 함께 일을 도모하였기 때문에 전쟁이고 정치고 무얼 하거나 남다른 업적을 올릴 수가 있었다.

꼭 필요하다고 생각되는 인물이 있을 때 아무리 모셔 내려고 노력해도 되지 않으면 심지어 생명을 위협해서라도 자기 휘하로 그를 불러들였다. 예를 들면 사마의(司馬懿, 179-251)는 대가 집안의 뛰어난 인물이었는데, 조조가 여러 번 초빙해도 말을 듣지 않자 결국 생명을 위협하여 억지로 끌어들였다. 그리고 그는 곧 건안 20년(215)에 장로(張魯, ?-216)를 칠 때 크게 활약하고 이후로 조조의 첫째가는 참모로 일하게 되는데, 조조 이후 문제·명제·제왕(齊王)에 이르는 4대를 대장군·태위(太尉)·태부(太傅) 등의 지위를 누리면서, 서쪽으로 제갈량을 쳐서 이기고 동쪽으로 요동(遼東) 지방을 원정하여 평정하는 등 수많은 공로를 세웠다. 그러나 결국은 나라의 권세를 잡아 아들 대에도 멋대로 권세를 휘두르고 뒤이

---

39 『三國志』卷10 魏書 荀彧傳 裴松之 注引『魏氏春秋』참조.

어 손자 사마염(司馬炎, 236-290)에 이르러서는 위나라를 대신하여 서진을 발전시키게 된다.[40] 조조는 그러한 거물도 자기 뜻대로 되지 않으면 위협을 해서라도 자기를 따르게 하고, 일단 누구든 자기 밑으로 들어오면 잘 달래어 각자의 능력을 충분히 발휘하도록 했던 것이다.

건안 13년(208) 조조는 동한의 승상(丞相)이 된 다음 나라의 인재를 잘 관리하기 위하여 승상부(丞相府)에 인사관리를 담당하는 부서로 동조(東曹)와 서조(西曹)를 신설한다. 동조에서는 정부와 군사 문제를 관장하고, 서조에서는 승상부 안의 관원들의 거취를 주관케 하였다. 이 동조와 서조의 관원으로는 우두머리로 연(掾), 그 밑에 속(屬)이라는 벼슬자리를 두었다. 동조에는 원소 밑에서 활약하다가 조조 밑으로 와서 일하던 최염(崔琰, ?-216)을 동조의 책임자인 동조연(東曹掾)으로 임명하면서 다음과 같은 교서를 내리고 있다.

"그대에게는 백이(伯夷)[41]와 같은 기풍과 사어(史魚)[42] 같은 강직함을 지니고 있소. 탐욕스러운 사람은 그대의 명성을 흠모하여 깨끗해지고, 뜻이 큰 선비도 그대를 높이며 칭송하고 더욱 힘쓸 것이니, 그대야말로 시대를 이끌 수 있는 사람일 것이오. 그러므로 동조의 일을 맡기니 가서 그 직책을 잘 수행하도록 하시오!"[43]

---

40 『晉書』卷1 宣帝紀 참조.

41 伯夷; 周 武王이 殷 紂王을 치고 새로운 나라를 세우자, 叔齊와 함께 두 임금을 섬길 수 없다면서 首陽山으로 들어가 고비나 뜯어먹고 있다가 굶어죽었다는 전설적인 인물.

42 史魚는 『論語』 衛靈公篇에서 공자가 "강직하다 史魚여! 나라에 道가 있어도 화살 같고, 나라에 道가 없어도 화살 같다."고 칭찬한 인물.

43 『三國志』卷12 魏書 崔琰傳; "徵事初授東曹時, 敎曰; 君有伯夷之風, 史魚之直, 貪夫慕名而淸, 壯士尙稱而厲. 斯可以率時者已. 故授東曹, 往踐厥職!"

조조는 자기 밑에서 일하는 관리로 깨끗하고 곧은 사람을 찾아 썼다. 서조에는 장제(蔣濟, ?-249)를 '속'에 임명하면서 다음과 같은 영을 내리고 있다.

"순임금이 고요(皐陶)를 등용하자 어질지 않은 자들은 멀리 달아났다 하오. 옳고 그른 판단이 잘 들어맞기를 현명한 그대에게 바라오."[44]

'고요'는 『서경』 순전(舜典)에 보이는 인물로 순임금의 밑에서 어짊을 바탕으로 세상을 다스리는 데 크게 기여한 인물이다. 조조도 이상적으로는 순임금 같은 덕으로 세상을 다스리려 하였기 때문에 그가 쓰는 인물은 '고요' 같기를 바랐던 것이다. 또 조조가 정벌한 반란자 고간(高幹, ?-206)의 사촌동생이며 원소의 조카로 조조에게 항복해 온 고유(高柔)를 달래 함께 일을 하면서 그를 상서랑(尙書郞)을 거쳐 법을 집행하는 위나라의 승상이조연(丞相理曹掾)에 임명하였다. 그때 조조는 고유에게 다음과 같은 교령을 내리고 있다.

"대체로 안정된 다스림을 이끌어가는 데에는 '예'를 으뜸으로 삼아야겠지만 어지러운 세상을 바로잡는 정치를 하려면 형법(刑法)을 위선으로 하여야 한다. 그러므로 순임금은 네 흉악한 족속들을 쫓아내기 위하여 고요(皐陶)를 사(士)에 임명하여 법을 다스리게 하였다. 한나라 고조는 진나라의 가혹한 법을 없애기 위하여 소하(蕭何)에게 법률을 새

---

44 『三國志』卷14 魏書 蔣濟傳; "辟爲丞相主簿西曹屬, 令曰; 舜擧皐陶, 不仁者遠. 臧否得中, 望於賢屬矣."

로 제정토록 하였다. '이조연'이 된 그대는 청렴하고 잘 알며 공평하고 합당하며 법률에도 밝은 것으로 안다. 힘써 잘 돌봐주기 바란다."[45]

　조조는 더구나 어지러운 세상을 바로잡고 깨끗하고 어진 정치를 하자면 무엇보다도 법을 잘 지켜야 한다고 생각하였다. 어떻든 조조는 유능한 인재를 찾아 쓰기에 힘써 진수도 『삼국지』 권1 위서 무제기(武帝紀)의 끝머리에 "평왈(評曰)"하고 조조의 인재 등용에 대하여 다음과 같은 평을 하고 있다.

　　"벼슬자리는 언제나 재능 있는 사람을 앉히고, 각자 그의 능력에 따라 실정에 알맞게 맡은 일을 잘 헤아려 하도록 하였다. 지난날의 잘못은 염두에 두지 않아 끝까지 모두 나랏일에 부려 위대한 업적을 성취할 수가 있었던 사람이다."[46]

　조조는 신분이 낮은 사람이라 하더라도 재능이 있는 사람은 과감히 등용하였다. 심지어 이전에 잘못을 저지른 일이 있는 사람이라 하더라도 자기와 손잡고 큰일을 할 수 있는 사람이라 판단되면 과감히 기용하였다. 다시 건안 19년(214)에 내린 영에서는 "행실이 훌륭한 사람이 반드시 일을 잘 할 수 있는 게 아니고, 일을 잘하는 사람이 반드시 행실이 훌륭한 것도 아니다. … 사람에게 한 가지 단점이 있다 해도 어찌 버릴

---

45 『三國志』卷24 魏書 高柔傳; "轉拜丞相理曹掾, 令曰; 夫治定之化, 以禮爲首, 撥亂之政, 以刑爲先. 是以舜流四凶族, 皐陶作士. 漢祖除秦苛法, 蕭何定律. 掾淸識平當, 明于憲典, 勉恤之哉."
46 『三國志』卷1 魏書 武帝紀; "評曰;… 官方授材, 各因其器, 矯情任算, 不念舊惡, 終能總御皇機, 克成洪業者."

수가 있겠는가?"⁴⁷라고 말하고 있다. 곧 일을 할 능력만 있다면 다른 한 가지 단점 정도 있다 해도 기용해 쓰겠다는 것이다.

조조는 이처럼 유능한 사람들을 찾아 쓰기에 힘쓰고 또 그들에게 성의껏 대우하였기 때문에 그들도 조조 밑으로 들어와서는 열심히 일하였다. 그래서 그들도 조조를 위하여 많은 공헌을 하였다. 그 예로 원소 밑에 있다가 조조에게로 와서 활약한 순욱(荀彧)의 공적을 큰 것만 몇 가지 들어보기로 한다.

순욱은 초평(初平) 2년(191) 조조에게 와서 군대의 법을 주관하는 사마(司馬) 벼슬을 맡았다. 흥평(興平) 원년(194) 연주(兗州)에서 자기 아버지를 죽인 서주(徐州)의 도겸(陶謙)을 치러 가면서 순욱을 그곳에 남겨놓고 지키도록 하였다. 조조가 떠나자 장막(張邈, ?-195)과 진궁(陳宮, ?-198)이 연주에서 조조에게 반기를 들고 일어나 여포(呂布, ?-198)도 맞아들였다. 순욱은 이들과 잘 싸워 견성(鄄城)·범(范)·동아(東阿) 세 현(縣)을 확보하면서 연주도 무난히 그대로 지켰다. 그리고 서주를 차지한 뒤 조조가 돌아와 여포를 치는 데도 공헌하였다.

건안 5년(200) 관도(官渡)에서 원소의 포위공격을 받았을 적에 원소의 대부대에 비하여 병력도 형편없이 적고 양식도 떨어져 가고 있어서 자기의 본거지인 허(許)로 후퇴하려 하였다. 이때 순욱은 "대결을 하다가 먼저 후퇴하는 자는 형세에 굴복했기 때문입니다. 정세에는 반드시 변화가 있는 법이어서 지금은 기병(奇兵)을 쓸 때이니 시기를 놓치면 안 됩니다." 하고 말렸다. 이에 조조는 후퇴하지 않고 기병으로 원소의 군대

---

47 『三國志』卷1 魏書 武帝紀; "夫有行之士, 未必能進取, 進取之士, 未必能有行也.…士有偏短, 庸可廢乎?"

를 공격하여 승리를 거두고 이어서 순욱은 좋은 계책을 연이어 제시하여 유명한 '관도의 전투'를 대승으로 이끄는 데 크게 공헌하였다. 원소와 그의 아들 원담(袁譚)은 황하 북쪽으로 도망쳤다.

건안 6년(201) 원소를 격파하고 난 다음 조조는 군량도 떨어져 가자 황하 북쪽 지역을 제압하기는 어렵다고 생각하고, 북쪽의 원소 정벌 계획을 잠시 중단하고 먼저 남쪽 형주(荊州)의 유표(劉表)를 치러 가기로 하였다. 그러나 이때 순욱이 조조에게 말했다. "지금 원소는 싸움에 져서 그 밑의 사람들의 마음이 떠나 있으니 마땅히 그의 어려움을 이용하여 그를 정벌해야만 합니다. 북쪽의 연주(兗州)와 예주(豫州)를 등지고 남쪽의 강수(江水)와 한수(漢水) 지역으로 출동하신다면, 원소는 그의 나머지 세력을 수습하여 빈틈을 노려 뒤쪽을 치고 들어와 공께서 이루시려는 일은 허사가 됩니다."[48] 이에 조조는 남쪽으로 출동하는 일을 하지 않고 북쪽을 정복하는 일에 전념하였다. 이에 원소는 병이 나서 죽고 조조는 그의 아들 원담(袁譚)과 원상(袁尙)을 계속 쳐서 몰아냈다. 이러한 순욱의 도움으로 조조는 건안 9년(204)에는 기주목(冀州牧)이 되어 황하 북쪽 지역을 차지한 다음 북쪽 오랑캐 오환족(烏桓族)한테로 도망간 원담과 원상도 정벌한 뒤 건안 12년(207)에는 북쪽에서 말썽을 일으키던 오환족까지 정벌하여 북쪽 지역을 안정시키게 된다. 이처럼 조조 휘하로 들어온 인재들은 순욱뿐만 아니라 모두가 그들의 능력을 발휘하여 조조가 위대한 업적을 올리는 데 함께 공헌하게 된다.[49] 조조가 나라를 위하여 큰일을 하고 많은 일을 성취할 수 있었던 것은 이처럼 결함이 있는 사

---

48 『三國志』卷10 魏書 荀彧傳; "今紹敗, 其衆離心, 宜乘其困, 遂定之. 而背兗豫, 遠師江漢, 若紹收其餘燼, 承虛而出人後, 則公事去矣."

49 이상은 『三國志』卷10 魏書 荀彧傳의 기록에 의거하였음.

람이라 하더라도 큰일을 할 수 있는 능력이 있는 인재라면 적극적으로 그를 등용하여 잘 활용한 데 그 비결이 있었던 것이다.

3. 세상의 풍습을 바로잡는 일에 힘쓰다

앞의 제7장에서 논한 "교육의 진흥과 학술의 발전"도 말할 것도 없이 세상의 풍습을 올바른 길로 이끌기 위한 것이다. 교육을 진흥시키고 학술을 발전시키려는 사람이라면 어지러운 세상의 풍습을 바로잡으려 한 것은 당연한 일이다. 오랜 기간을 두고 이어진 전란은 세상의 경제를 어렵게 하였을 뿐만 아니라 사람들의 생활 풍습에도 여러 가지 좋지 않은 영향을 주었다. 특히 무리를 이루어 개인의 이익을 추구하고, 남이 하는 일을 비방하며 공격하는 일, 개인의 이해관계 때문에 서로 싸우는 일 같은 것은 두드러진 사회문제가 되고 있었다.

조조는 기주(冀州, 지금의 河北省 중남부와 河南省 및 山東省의 북부지방 일부를 포함하는 지역)를 중심으로 하는 북쪽 지방을 정벌하여 안정시킨 다음에는 세상의 그릇된 풍습을 바로잡으려고 노력하였다. 『삼국지』 권22 위서 진교전(陳矯傳)의 배송지(裴松之) 주에는 조조가 건안 5년(200)에 내린 다음과 같은 영이 실려 있다.

> "동란이 일어난 뒤로 풍속이 무너지고 엷어졌으니, 서로 비방하는 말로는 사람들의 잘잘못을 가리기 어렵다. 건안 5년 이전의 일을 가지고는 일절 논하지 마라! 그전의 일을 가지고 남을 비방하는 자에게는 그 죄에 대하여 벌을 가할 것이다."[50]

이 영은 보통 '서선이 진교에 대하여 논란하는 것 때문에 내리는 영' 곧 '위서선의진교하령(爲徐宣議陳矯下令)'이라 한다. 조조 밑에서 서선(徐宣)은 승상동조연(丞相東曹掾), 진교(陳矯)는 사공연속(司空掾屬) 등의 벼슬자리를 누렸던 사람들이다. 진교는 본시 성이 유(劉) 씨였는데 외삼촌의 양자로 들어가 진(陳) 씨가 되었고 자라서는 다시 자기 집안사람인 유 씨에게 장가들었다. 이에 서선은 진교를 만나면 늘 조정안에서도 진교는 자기 집안 색시와 결혼한 자라고 비방하였다. 이에 조조는 이들 두 사람 모두 유능한 신하라고 존중하고 있었으므로 이들 사이의 갈등을 없애기 위하여 이러한 영을 내린 것이다.[51] 그러나 이 영을 내린 더 큰 목적은 이들 두 사람뿐만 아니라 쓸데없는 일을 가지고 서로 비방하는 일이 잦은 그때 세상의 풍습을 바로잡으려는 데 있었다.

이미 앞의 제7장에서 교육의 진흥 문제를 논하면서 조조가 건안 7년(202) 남쪽의 유비를 치고 초(譙)로 돌아와 내린 영에서 시작하여 건안 8년에 내린 「수학령(修學令)」 등을 인용하여 조조는 교육과 학술의 진흥에 힘쓰면서 세상의 풍습도 함께 바로잡으려 했다고 하면서 건안 10년(205)에 풍속을 바로잡기 위한 「정제풍속령(整齊風俗令)」도 내렸음을 소개하였다. 이 영에서는 이 세상의 그릇된 풍습을 바로잡겠노라고 선언하고 끝머리에 가서는 심지어 "이런 그릇된 풍습을 없애지 못한다면 나의 수치가 될 것이다."라고까지 선언하였다. 그가 세상의 그릇된 풍습을 바로잡는 일에 얼마나 애를 썼는지 알 수가 있는 일이다.

---

50 『三國志』卷22 魏書 陳矯傳 裴松之 注; "『魏氏春秋』曰; 矯本劉氏子, 出嗣舅氏而婚于本族. 徐宣每罪之, 庭議其闕. 太祖惜矯才量, 欲擁全之, 乃下令曰; '喪亂已來, 風教彫薄, 謗議之言, 難用襃貶. 自建安五年以前, 一切勿論! 其以斷前誹議者, 以其罪罪之.'"

51 앞의 注 참조 바람.

다시 건안 10년(205) 정월에는 원소의 아들 원담(袁譚)을 정벌하여 죽이고 기주(冀州) 지역을 평정한 뒤 다음과 같은 두 가지 영을 내리고 있다.

"그의 죽음을 곡하는 자는 처자들까지도 처형하겠다."[52]

"원 씨들과 같은 나쁜 짓을 하는 자는 그와 똑같이 처형할 것이다."[53]

원소나 원담같이 반역과 사회를 어지럽히는 짓을 하면 안 되는 것은 물론, 그들을 동정하는 마음을 가져도 안 된다는 것이다. 조조는 세상 사람들로 하여금 반역적인 행위는 물론 그들과 비슷한 생각을 갖지도 않도록 하려는 것이었다. 그리고 두 번째 영을 내린 다음에는 그 주에서 밝히고 있는 것처럼 "백성들에게 사사로운 복수를 하지 못하도록 하고 또 성대히 장례 지내는 것을 금하였다."고 하였다. 세상의 그릇된 풍습을 바로잡으려는 것이었다.

이미 앞의 '제3장 조조의 일생 경력'에서 조조는 죽기 직전에 자기의 장례를 간소하게 치르고 묘지 안에는 금이나 보석 같은 진귀한 물건을 함께 묻지 말라는 유언을 남기고, 자신의 수의함에는 자기가 죽고 나면 바로 염을 하고 관 안에는 금이나 보석 같은 물건을 절대로 넣지 말라고 써놓았다는 사실을 밝혔다. 조조는 자신의 장례부터 본보기가 되도록 간소하게 치르게 하여 백성들이 사람이 죽었을 때 호화로운 장례를

---

52 『三國志』 卷11 魏書 王脩傳 裴松之 注; "『傅子』曰; 太祖旣誅袁譚, 梟其首, 令曰; '敢哭之者, 戮及妻子.'"

53 『三國志』 卷1 魏書 武帝紀; "十年春正月, 攻譚, …冀州平. 下令曰; '其與袁氏同惡者, 與之更始.' 令民不得復私讎, 禁厚葬, 皆一之于法."

지내는 나쁜 풍습을 없애려 하였던 것이다. 특히 당시 사회에 높은 벼슬자리에 있는 사람들과 돈 많은 사람들이 너무나 일반 백성들에 비하여 호화로운 장례를 지내는 못된 풍습을 없애고자 하였다.

그리고 건안 22년(217) 6월에는 또 자신이 죽은 다음 자기를 장사 지낼 무덤에 대하여 다음과 같은 영을 내리고 있다.

> "옛날의 무덤은 반드시 척박한 땅에 만들었다. 서문표(西門豹)의 사당 서쪽 언덕 위에 나를 묻을 수릉(壽陵)을 만들되 높은 땅을 이용하여 터를 잡고 봉분도 만들지 말고 나무도 심지 말라.『주례(周禮)』에 의하면 총인(冢人)이 공경들의 묘지를 관리하였는데, 제후들의 묘는 왼쪽과 오른쪽의 앞에 두었고 경대부(卿大夫)들의 묘는 뒤편에 두었다. 한나라의 제도도 역시 이를 따르고 배릉(陪陵)이라 하였다. 공경 대신과 공을 세운 여러 장수들의 묘는 마땅히 내 수릉 양편에 마련해 주어야 할 것이다. 그렇게 할 수 있는 넓이의 묘역을 잡아 충분히 그들을 받아들일 수 있도록 해야 한다."[54]

자신의 묘를 준비하면서 '척박한 땅'을 골라 자기를 묻을 '수릉'을 만들게 하고, 그 왼편 오른편과 그 앞뒤로 "공경 대신과 공을 세운 여러 장수들의 묘"를 만들 자리도 준비하라고 당부하고 있다. 자신뿐만 아니라 공경 대신이나 장군들도 모두 간략한 장례를 치르고 간단한 묘를 만들도록 하고자 했던 것이다. 모두 세상에 본을 보이려는 행동이다.

---

54 『三國志』卷1 魏書 武帝紀; 令曰: "古之葬者, 必居瘠薄之地. 其規西門豹祠西原上, 爲壽陵. 因高爲基, 不封不樹.『周禮』家人掌公墓之地, 凡諸侯居左右以前, 卿大夫居後. 漢制亦謂之陪陵. 其公卿大臣列將有功者, 宜陪壽陵. 其廣爲兆域, 使足相容."

또 이런 기록도 있다. 조조는 출정을 할 때 보리밭 근처를 자주 지나게 되었는데, 부하들이 밭에 자라고 있는 보리를 밟고 다니자 "군인은 보리를 밟고 다녀서는 안 된다. 어기는 자는 사형에 처한다."는 영을 내렸다. 이 때문에 말을 타고 가던 기사들은 보리밭이 있으면 모두 말에서 내려 비켜 갔다. 그때 조조의 말이 보리밭 안으로 뛰어 들어가자 부하가 그 일을 어떻게 벌하여야 할까 의논하였다. 부하는 『춘추(春秋)』에서 밝힌 가르침을 따른다면 벌은 위의 높은 분에게는 가하지 않는 법이라 하였다. 그러나 조조는 "법을 제정해 놓고 자신이 그 법을 범한다면 어떻게 밑의 사람들을 다스리겠는가? 그러나 나는 군의 통솔자여서 스스로 사형을 가하여도 안 된다. 내 스스로 형벌을 내려야겠다!"고 하면서 칼을 들고 자기 머리를 잘라서 땅 위에 놓았다.[55] 조조는 대부대가 이동을 하는 경우에도 농작물을 짓밟거나 해쳐서는 안 된다고 믿었던 것이다. 어렵게 농사짓는 농민들을 존중치 않는 사회 풍조를 바로잡고 싶었던 것이다.

또 『태평어람(太平御覽)』에는 조조의 생활 습성을 엿볼 수 있는 간단한 그의 글이 몇 가지 실려 있다. 그 글에서도 조조가 사회의 사치스러운 풍습 같은 것을 바로잡으려 하였음을 알게 된다. 한 가지씩 읽어보기로 한다.

"내 옷가지는 모두 십 년이 지난 것이어서, 해마다 풀어서 세탁하고

---

55 『三國志』卷1 魏書 武帝紀 建安 25年條 裴松之 注: "『曹瞞傳』曰; … 常出軍, 行經麥中, 令: '士卒無敗麥, 犯者死!' 騎士皆下馬, 付麥以相持. 於是, 太祖馬騰入麥中. 勅主簿議罪, 主簿對以春秋之義, 罰不加於尊. 太祖曰; '制法而自犯之, 何以帥下? 然孤爲軍帥, 不可自殺, 請自刑.' 因援劍割髮以置地."

폐매야만 한다."(권819)[56]

"관리나 백성들은 흔히 수놓은 옷가지를 만드는데, 신발을 만드는 실은 지나친 진홍색은 안 되며, 자주색과 금빛 및 노란색의 비단실을 써서 신발을 만들어서도 안 된다. 전에 강릉에서 색동 비단실로 만든 신을 얻어서 집으로 가져간 일이 있었지만, 이 신발만은 신되 이를 본떠서 만들지는 않겠다는 약조를 받았다."(권697)[57]

자기 스스로 검소하게 옷을 입었고, 화려한 비단 신은 신지 말라고 하였다. 부자들의 사치스러운 풍습을 없애려고 한 때문이다. 같은 책에 다음과 같은 조조가 한 말이 인용되어 있다.

"내게는 화기가 치솟는 병이 있어서 늘 자는 머리맡에 물을 준비해 두었다. 구리 그릇에 담아놓으니 냄새가 나쁜지라 전에 은으로 작은 네모진 그릇을 만들어 썼는데, 사람들은 알지도 못하면서 내가 은그릇을 좋아한다고 말하였다. 지금은 나무로 만들어 쓰고 있다."(권756)[58]

조조는 물그릇으로 은그릇을 쓰다가 남들이 "은그릇을 좋아한다."고 말하자 나무 그릇으로 바꾸었다. 세상에 검소한 기풍을 펴기 위해서이다. 그는 집안에서 향을 피우거나 쓰지 못하도록 하는 영도 내렸다.

---

56 "吾衣被皆十歲也. 歲歲解浣補納之矣."

57 "吏民多制文繡之服, 履絲不得過絳, 紫金黃絲織履. 前於江陵, 得雜彩絲履以與家, 約當盡此履, 不得效作也."

58 "孤有逆氣病, 常儲水臥頭. 以銅器盛, 臭惡, 前以銀作小方器. 人不解, 謂孤喜銀物. 今以木作."

"옛날 천하가 처음으로 안정되었을 적에 나는 곧 집안에서 향을 피우지 못하게 하였다. 뒤에 여러 딸들이 황제에게 짝지어지자 궁정에서 향을 쓰게 되어 그 때문에 다시 향을 피우게 되었다. 나는 향 피우는 것을 좋아하지 않아 그것을 계속 금지시키지 못함을 한탄하였다. 이제 다시 향을 피우면 안 된다고 금하면서 향을 옷장 속에 넣거나 몸에 지니지도 못하게 하였다."(권981)⁵⁹

"옛날 천하가 처음으로 안정되었을 적"이란 건안(建安) 초기 하북(河北) 지역을 평정한 뒤를 말한다. 조조의 검소한 성격은 집안에 향을 피우거나 여자들이 향수를 쓰는 것조차도 싫어하였을 정도이다. 또 다음과 같은 기록도 있다.

"속담에 말하기를 '예로 한 치를 사양하면 예로 한 자를 받게 된다.'고 하였다. 이 말은 경전의 뜻과도 들어맞는다."(권424)⁶⁰

이 말을 통하여 조조는 욕심을 부리지 않고 남에게 이익을 사양하는 풍습을 펴고자 하였음을 알 수 있다. 이상 몇 가지 사실만을 놓고 보더라도 조조는 세상의 좋지 않은 풍습을 바로잡으려는 노력도 하였음을 알게 된다.

---

59 "昔天下初定, 吾便禁家內不得香熏. 後諸女配國家爲其香, 因此得燒香. 吾不好燒香, 恨不遂所禁, 今復禁不得燒香, 其以香藏衣, 著身亦不得."

60 "里諺曰; 讓禮一寸, 得禮一尺. 此合經之要矣."

4. 둔전제(屯田制)의 시행 및 수리사업

한나라를 위하여 장군으로서 전쟁에 몰두하여 오던 조조는 건안 원년 (196)에 자기의 근거지 허(許)에 헌제를 모셔 안착을 하고는 정치가로서 나라를 올바로 다스리려는 일에 힘쓰려고 마음먹었다. 그때 조조가 장 군으로서의 경험을 되돌아보며 가장 절실하게 느꼈던 것이 군대를 움 직일 적의 식량문제였다. 대부대가 멀리 출정할 때 언제나 문제가 되 는 것이 군량이었고, 군량을 조달하기 위하여 관권을 동원하여 농민으 로부터 무리하게 식량을 조달하다 보면 농촌을 크게 피폐시키게 된다. 더구나 이 무렵에는 여러 장수들이 서로 싸우는 전란에다가 기근(饑饉) 까지 이어져 먹을 것이 부족하여 스스로 망해가는 자들까지 나오고 있 었다. 『삼국지』 권1 위서 무제기(武帝紀) 건안 원년(196)의 배송지 주에는 『위서(魏書)』를 인용하여 다음과 같은 말을 하고 있다.

> "거친 전란을 만난 이후로는 모두 식량이 부족하게 되었다. 여러 군대 들이 한꺼번에 일어났으나 일 년을 버틸 방책도 없었다. 배가 고프면 약탈을 하고 배가 부르면 남은 음식을 버리면서, 흩어져 떠돌아다니 게 되니 적이 없어도 스스로 망하게 되는 자들이 헤아릴 수도 없이 많 았다. 원소가 황하 북쪽 지방에 주둔할 적에 그의 군대는 뽕나무 오디 로 끼니를 이어야만 하였다. 원술이 장강과 회수(淮水) 근처에 주둔할 적에는 병사들이 부들과 달팽이를 찾아 먹어야만 하였다. 백성들은 서로 잡아먹기도 하여 온 고을과 마을이 텅 빈 듯이 썰렁해졌다."[61]

이는 조조가 건안 원년(196)에 자신의 근거지인 허(許)로 동한 헌제를 모시고 그 지방을 중심으로 '둔전'이란 제도를 시행할 적의 세상의 실정이다. 백성들은 굶주려 서로 잡아먹는 바람에 온 마을이 텅 빈 듯이 썰렁해질 정도였다. 조조는 이런 어려운 백성들의 문제를 해결해 주어야만 하였고, 또 이런 조건에서 군대를 움직여야만 하였다. 이런 문제들을 해결하기 위하여 조조는 '둔전'이란 제도를 시행하기로 한 것이다. '둔전'이란 서한의 무제(武帝, B.C. 141-B.C. 87)가 오랑캐 흉노족을 정벌할 적에 나라의 서북쪽 변경에 나가 있는 군대로 하여금 평상시에는 병사들을 농사짓는 데 동원하여 식량을 스스로 마련하게 하였던 제도이다. 한 무제는 이 제도로 크게 성공을 거두었다. 그리고 서역을 평정한 뒤에는 서역에도 둔전을 시행하여 서역을 평정하는데 큰 효과를 거두었다.

『삼국지』 권1 위서 무제기(武帝紀)에는 건안 원년(196) 대목에 "이 해에 조지(棗祗, ?-201)와 한호(韓浩) 등의 제의를 따라 처음으로 둔전을 시행하였다."는 기록이 있다.[62] 그리고 『삼국지』 권16 위서의 임준전(任峻傳)에는 둔전 시행에 대한 좀 더 자세한 기록이 있다.

"이때 가뭄으로 흉년이 들어 군대의 식량이 부족하였는데, 우림감(羽林監)인 영천(潁川, 지금의 河南省 禹縣)의 조지가 둔전을 실시하기를 건의하였다. 조조는 임준(?-204)을 전농중랑장(典農中郎將)을 삼아 백성들을 모집하여 허(許) 지방에 둔전을 실시하여 백만 섬의 곡식을 수확하고

---

61 『三國志』卷1 魏書 武帝紀 裴松之 注; "『魏書』曰; 自遭荒亂, 率乏糧穀, 諸軍幷起, 無終歲之計. 飢則寇略, 飽則棄餘, 瓦解流離, 無敵自破者不可勝數. 袁紹之在河北, 軍人仰食桑椹. 袁術在江淮, 取給蒲蠃, 民人相食, 州里蕭條."

62 『三國志』卷1 魏書 武帝紀; "是歲用棗祗·韓浩等議, 始興屯田."

고을마다 전관(田官)을 두었다. 수년 만에 둔전을 한 곳에는 곡식이 쌓여 창고마다 모두 가득 찼다.… 나라의 풍요로움은 조지에서 시작되어 임준에게서 이루어졌다."[63]

다시 『삼국지』 권1 위서 무제기 건안 원년(196)의 배송지의 주에는 『위서(魏書)』를 인용한 다음과 같은 기록이 있다.

"조조가 말하였다. '나라를 안정시키는 방법은 바로 강한 군대를 거느리고 식량을 풍족하게 하는 데 있다. 진(秦)나라 사람들은 농사에 힘을 기울여 천하를 통일하였고, 한나라 무제(武帝)는 둔전을 시행함으로써 서역을 안정시켰다. 이것이 선대의 좋은 본보기이다.' 그리고 이 해에 백성들을 모집하여 허 지방에 둔전을 시행하여 곡식 백만 곡(斛)[64]을 수확하였다. 이에 주(州)와 군(郡)에는 모두 전관(田官)을 두고 자기 고을에 곡식을 쌓아두도록 하였다. 사방을 정벌함에 있어서 양식을 함께 나르는 수고를 할 필요가 없어져, 마침내는 여러 적을 멸하여 천하를 평정할 수 있었다."[65]

조조는 스스로 "한나라 무제(武帝)는 둔전을 시행함으로써 서역을 안

---

63 『三國志』 卷16 魏書 任峻傳; "是時歲飢旱, 軍食不足, 羽林監潁川棗祗建置屯田, 太祖以峻爲典農中郎將, 募百姓屯田於許下, 得穀百萬斛, 郡國列置田官. 數年中所在積粟, 倉廩皆滿.… 軍國之饒, 起於棗祗而成於峻."

64 一斛은 열 말, 十斗.

65 『三國志』 卷1 魏書 武帝紀 建安元年 裴松之 注; "『魏書』曰;… 公曰; '夫定國之術, 在于彊兵足食. 秦人以急農兼天下, 孝武以屯田定西域, 此先代之良式也.' 是歲乃募民屯田許下, 得穀百萬斛. 於是州郡例置田官, 所在積穀. 征伐四方, 無運糧之勞, 遂兼滅羣賊, 克平天下."

정시켰다. 이것이 선대의 좋은 본보기다."라고 말하면서 한 무제의 본을 따라 둔전을 시행함을 밝히고 있다. 그는 둔전제도의 시행으로 "사람들이 서로 잡아먹을 정도"로 백성들이 굶주리던 세상의 식량문제를 해결하고, 또 천하 각 지방에 출동하는 군대의 군량 문제도 해결하여 천하를 평정하게 된 것이다. 이처럼 큰 효과를 본 '둔전제도'는 부하인 조지와 한호 등의 건의로 우선 허 지방에 실시하였는데 그것을 성공시킨 사람은 임준이라 하였다. 본시 조조는 조지를 둔전도위(屯田都尉)에 임명하고 임준에게 전농중랑장(典農中郞將)이란 직책을 내린 다음 둔전의 일을 맡아서 처리하도록 하였다. 조지와 임준은 이전부터 조조의 일에 적극 협력해 온 부하이고, 임준은 조조의 사촌 누이동생의 남편으로 조조의 신임이 두터운 인물이었다. "허 지방에 둔전을 실시하여 백만 섬의 곡식을 수집하였다."고 할 정도로 둔전은 성공하였다. 그런데 둔전교위로 임명되어 둔전을 잘 시행하였던 조지는 둔전을 잘 시행하도록 하고는 바로 죽었다. 따라서 『삼국지』 권16의 임준전(任峻傳)에는 둔전제를 실시하여 나라가 풍요롭게 된 일은 "조지에게서 시작되어 임준에게서 완성되었다."고 말하고 있는 것이다. 다시 그 대목 배송지의 주에는 『위무고사(魏武故事)』를 인용하여 건안 6년(201)에 조지가 죽자 조조가 조지의 공로를 크게 칭송하며 그의 아들에게 조지의 제사를 잘 지내라고 당부하기 위하여 내린 영에 조지는 "불행히도 일찍 죽었다(不幸早歿)"고 애도하는 말을 하고 있다. 임준은 3년 뒤 건안 9년(204)에 죽었다.

조조는 둔전의 제도를 시행하여 중원 지역의 농업을 매우 안정시켰다. 그가 시행한 둔전에는 군둔(軍屯)과 민둔(民屯)의 두 가지가 있었다. '군둔'이란 오랜 혼란 속에 버려져서 소유주를 모르게 된 땅을 거두어들여 공전(公田)이라 하고 전병(佃兵)이라 부르던 병사들로 하여금 그 땅을 경작게 하여 군대의 양식을 조달토록 하는 제도였다. 공전으로 거두어들인 땅에는 주인을 모르는 버려진 땅도 있었지만 땅을 버려두고 다른 지방에 가서 사는 대지주의 땅도 적지 않았다. '민둔'은 떠돌아다니는 농민들을 고향으로 되돌아오게 하고 공전의 땅을 그들에게 경작하도록 한 다음 수확한 곡식을 관청과 나누어 차지하게 하는 것이었다. 둔전을 하는 농민은 전객(田客)이라 하였고 지주와 관리들의 간섭을 받지 않는 대신 정부에서 보낸 둔전도위의 지시를 따라야 했다. 그러나 둔전이 민둔과 군둔으로 확실히 나누어져 시행된 것은 아니다. 농민과 군인들이 함께 공전을 경작하여 둔전을 시행하는 경우도 적지 않았다.

그러나 둔전제를 시행한 방법에 대해서는 자세한 기록이 어디에도 보이지 않는다. 조조는 처음 둔전제를 시행할 적에 모두가 "소의 수에 따라 곡식을 수납게 해야 한다."고 하여 그 주장대로 규정이 정해져 둔전을 시행했다 한다. 그러나 조지는 그 부당함을 거듭 지적하며 다른 방법을 쓸 것을 주장하였다. 조지는 소의 숫자에 따라 곡식을 거두어들이면 풍년이 든 해도 많은 곡식을 거두어들일 수 없고 수해나 가뭄 같은 재해가 난 해에는 매우 일하기 어렵게 된다고 하였다. 그러니 둔전을 하는 자들로부터 풍년에는 좀 더 많이 거두어들이고 흉년이 든 해에는 조금만 내도록 하여야 농민들로부터 신임을 얻고 생산도 더욱 발전하게 될 것이라 하였다. 조조는 어떻게 해야 할지 알 수 없어 종전대로 시행하려 하였으나 조지는 거듭 상소하여 생산량에 따라 곡식을 바치는 제도를 고집하였다. 이에 조조는 조지의 의견에 따라 그를 둔전도위(屯田都尉)에 임명하고 둔전을 시행케 하였는데, 마침 그 해에는 풍년도 들어 둔전이 큰 성공을 거두게 되었다는 것이다.[66] 그 뒤로는 전국에 걸쳐 둔전을 시행하면서 어떤 방법으로 하였는지 더 이상의 자세한 기록은 없다.

어떻든 둔전이 좋은 실적을 올리자 조조는 다른 여러 지방에도 그 제도를 확대하여 시행하도록 하였다. 건안 7년(202) 원소를 격파하고 초(譙)로 돌아와 내린 조조의 영에 자기를 따라 전쟁에 나가 죽거나 부상을 당한 사람들 가족에게 "좋은 땅을 주고 밭을 갈 소를 관에서 공급하라.(授土田, 官給耕牛.)"는 말을 하고 있는 것도 둔전제를 확장하는 지시의 하나였다. 건안 13년(208)에 조조는 수군(水軍)을 훈련시킨 다음 강과 호수가 많은 남쪽 지방 정벌에 나섰다가 적벽의 싸움에서 패한 뒤에는 북쪽으로 물러와 다시 세력을 정비한다. 그리고 건안 14년(209)에는 수군을 정비한 다음 남쪽 회남(淮南)과 합비(合肥) 지역(지금의 安徽省 合肥市)을 차지한 다음 둔전을 시행하게 하는데, 가을에 "양주(揚州, 지금의 安徽省과 江蘇省 남부에서 江西·福建·浙江 세 省과 河南·廣東省 일부 땅에 걸친 지역)의 군과 현에 관리를 보내어 작파(芍陂)라는 운하를 개설하고 둔전을 실시케 한 뒤, 12월에 군대가 초로 돌아왔다."[67] 남쪽의 회남(淮南, 대체로 淮水 남쪽에서 長江에 이르는 지역)에서 창자(倉慈)를 수집도위(綏集都尉)에 임명하여 둔전을 시작하도록 했던 것인데, 뒤에 창자는 돈황태수(燉煌太守)가 된 다음에는 돈황(甘肅省)에서도 둔전을 시행하였다.[68] 또 유복(劉馥, ?-208)은 양주자사(揚州刺史)가 된 다음 합비(合肥) 지역으로 가서 둔전을 널리 폈다.[69] 두기(杜畿, 163-224)는 하동태수(河東太守)가 된 다음 하동 지역(山西省 黃河 동쪽 지방)에서 둔

---

66 『三國志』卷16 魏書 任峻傳 裵松之의 注에 인용한 『魏武故事』의 기록 의거.

67 『三國志』卷1 魏書 武帝紀; "十四年,··· 置揚州郡縣長吏, 開芍陂屯田, 十二月軍還譙."

68 『三國志』卷16 魏書 倉慈傳; "太祖開募屯田於淮南, 以慈爲綏集都尉.··· 遷燉煌太守,··· 舊大族田地有餘, 而小民無立錐之土, 慈皆隨口割賦."

69 『三國志』卷15 魏書 劉馥傳; "遂表爲揚州刺史. 馥旣受命, 單馬造合肥空城, 建立州治.··· 流民越江山而歸者以萬數. 於是聚諸生, 立學校, 廣屯田, 興治芍陂, 及茹陂·七門·吳塘諸堨以漑稻田, 官民有畜."

전을 시행하였다.[70] 서북쪽의 양주자사(涼州刺史)로 있던 서막(徐邈)은 지금의 감숙성(甘肅省) 무위(武威)와 주천(酒泉) 일대에서 널리 논을 개척하고 가난한 농민들을 모아 둔전을 시행하였다는 기록이 있다.[71]

조조를 뒤이은 그의 아들 손자도 모두 둔전을 더욱 발전시켰다. 『진서(晉書)』 권16 식화지(食貨志)에는 다음과 같은 기록이 있다.

"정시(正始) 4년(243)에 나랏일을 관장하던 사마의(司馬懿, 179-251)가 … 등애(鄧艾, ?-264)를 파견하여 진(陳, 지금의 河南省 淮陽縣)과 항(項, 지금의 河南省 項城縣)의 동쪽으로부터 수춘(壽春, 지금의 安徽省 壽縣)에 이르는 지역을 다스리게 하였다. 등애는 그곳의 땅은 좋은데 물이 적어 땅의 이점을 다 발휘할 수가 없으니 마땅히 운하를 개설하여 군량(軍糧)을 크게 보급하고 수운(水運)의 길도 통하게 하여야 한다고 생각하고 『제하론(濟河論)』을 지어 그 뜻을 구체화하였다.

또 옛날에 황건적을 격파할 수 있었던 것은 둔전을 시행한 까닭에 도읍인 허(許)에 곡식이 쌓여 사방을 제압할 수가 있었기 때문이라고도 생각하였다. 지금은 세 방향의 지역은 이미 안정이 되었고 일을 할 곳은 회수(淮水) 남쪽 지역이다. … 물을 동쪽으로 내려오게 하여 회수 북쪽의 2만 명과 회수 남쪽의 3만 명을 동원하여 나누어 맡아, 경작도 하고 수비도 하게 하여야 한다. 물이 풍부하면 언제나 서쪽 지방의 3배를 수확하게 되어 여러 비용을 제하고도 일 년이 지나면 5백만 곡(斛)을 군대 자금으로 쓸 수 있게 되고, 6, 7년이 지나면 3천만여 곡의 곡식이 회수 지

---

70 『三國志』卷16 魏書 杜畿傳 의거.

71 『三國志』卷27 魏書 徐邈傳; "以邈爲涼州刺史,… 又廣開水田, 募貧民佃之, 家家豊足, 倉庫盈溢."

방에 쌓이게 된다. 이것은 10만의 사람들이 5년 먹을 수 있는 양식이다. 이렇게 하고 적을 상대하면 이길 수 없는 상대가 없을 것이라는 것이다.

사마의는 그의 생각을 좋게 받아들이고 모두 등애의 계획대로 시행하였다.… 운하를 3백여 리나 파서 2만 경(頃)의 땅에 물을 대어 회수 남쪽과 회수 북쪽이 모두 같게 연결되었다. 수춘(壽春)으로부터 도읍에 이르는 지역에 농민과 관리와 병사들이 함께 땅을 경작하여 닭이 울고 개가 짖는 소리가 논밭 두둑을 따라 계속 이어지게 되었다."[72]

이렇게 조조 이후에도 운하를 개설하며 둔전제도를 발전시켜 결국은 농촌은 물론 군대까지도 자급자족하는 체제를 갖추게 하였다는 것이다.

조조는 둔전제와 아울러 여러 지방의 수리사업도 진행시켜 농업 경제를 크게 부흥시켰다. 둔전제를 시행함에 있어서 수리사업은 당연히 병행되어야 할 사업이다. 그것은 이미 앞에 인용한 『진서』의 기록을 통해서도 분명히 드러났다. 운하를 개설하는 것 같은 수리 사업은 농업을 발전시키기 위한 당연한 수단이다. 그중 두드러진 몇 가지 업적을 아래에 따로 소개하기로 한다.

건안 7년(202) 조조는 다시 초(譙)를 출발하여 준의(浚儀, 지금의 河南省 開封

---

72 『晉書』卷16 食貨志; "正始四年(243)… 宣帝… 乃使鄧艾行陳·項以東, 至壽春地. 艾以爲田良水少, 不足以盡地利, 宜開河渠, 可以大積軍糧, 又通運漕之道. 乃著『濟河論』以喩其指. 又以爲昔破黃巾, 因爲屯田, 積穀許都, 以制四方. 今三隅已定, 事在淮南.… 幷水東下, 令淮北二萬人, 淮南三萬人分休, 且佃且守. 水豐, 常收三倍於西, 計除衆費, 歲完五百萬斛以爲軍資. 六七年間, 可積三千萬餘斛於淮土. 此則十萬之衆, 五年食也. 以此乘敵, 無不克矣. 宣帝善之, 皆如艾計施行.… 穿渠三百餘里, 漑田二萬頃, 淮南·淮北皆相連接. 自壽春到京師, 農官兵田, 鷄犬之聲, 阡陌相屬."

市)에 가서 수양거(睢陽渠)라는 운하를 건설한다.[73]

다시 건안 7년 전후에 하후돈(夏侯惇)이 진류(陳留, 지금의 河南省 開封市 동남 지역)와 제음(濟陰, 지금의 山東省 定陶縣 서북 지역)의 태수(太守)가 된 다음 몸소 흙을 져 나르며 태수파(太壽陂)라는 운하를 건설하여 그 지역에 벼농사를 짓는 데 편리하게 한다.[74]

그리고 조조는 관도(官渡)에서 원소를 무찌르기(건안 5년, 200) 전에 유복(劉馥, ?-208)을 양주자사(揚州刺史)에 임명하여 동남 지방(江西省에서 福建省에 걸친 지역)을 다스리게 하는데, 백성들을 편안히 잘 살도록 해주어 수만의 유민이 산 넘고 물을 건너 양주 지역으로 모여들었다. 이에 그는 "둔전을 널리 시행하면서 작파(芍陂)·여파(茹陂)·칠문(七門)·오당(吳塘) 같은 여러 운하를 건설하여 볏논에 물을 대어 농사를 잘 짓도록 하여 관청과 백성들 모두 여유가 있게 되었다."[75] '작파'는 지금의 안휘성(安徽省) 수현(壽縣) 남쪽에 있는 운하이며, 이전에 있던 것을 중수한 것이다. '여파'는 하남성(河南省) 고시현(固始縣) 동남쪽에 있다. 그리고 '칠문'은 안휘성 서성형(舒城縣) 서남쪽 칠문산(七門山) 아래에 있다. 작파와 여파는 이들 운하가 물을 대주는 땅의 넓이가 1만 경(頃)[76]에 달했다 한다. 건안 9년(204) 정월에 조조는 원상(袁尚, ?-207)을 정벌하기에 앞서 백구(白溝)라는 운하를 만들고 기수(淇水)를 막아 그리로 흘러들게 하여 군대에 필요

---

73 『三國志』卷1 魏書 武帝紀; "七年… 遂至浚儀, 治睢陽渠."

74 『三國志』卷9 魏書 夏侯惇傳; "復領陳留·濟陰太守,… 時大旱, 蝗蟲起, 惇乃斷太壽水作陂, 身自負土, 率將士勸種稻, 民賴其利."

75 『三國志』卷15 魏書 劉馥傳; "遂表爲揚州刺史. 馥旣受命, 單馬造合肥空城, 建立州治.… 流民越江山而歸者以萬數. 於是聚諸生, 立學校, 廣屯田, 興治芍陂, 及茹陂·七門·吳塘諸堨以漑稻田, 官民有畜."

76 一頃은 百畝, 1만 평방미터임.

한 물건을 나르기에 편하게 하는 한편 농업용수를 공급할 수 있게 하였다. 조조는 기수가 황하로 흘러들어 가는 곳에 큰 봇둑을 쌓아 물이 새로 만든 백구로 흘러들어 가게 하였다.⁷⁷ 건안 11년(206)에는 반란자들을 토벌하기 위해 운하를 건설하였다. 즉 호타(呼沱)로부터 시작하여 고수(泒水)로 이어지는 평로거(平虜渠)와 구하(泃河)의 어귀로부터 노하(潞河)까지 연결되는 천주거(泉州渠)를 건설하였는데 이 운하는 바다까지 연결되었다.⁷⁸ '평로거'는 지금의 하북성(河北省) 호타하(滹沱河)에서 시작하여 사하(沙河)로 들어가 대청하(大淸河)를 따라 천진(天津)으로 가서 바다로 흘러드는 운하이다. '천주거'는 천주현(泉州縣, 지금의 하북성(河北省) 무청현(武淸縣) 동남)에서 시작되어 붙여진 이름이다. 운하 물은 구하(泃河)에서 끌어내어 지금의 톈진시(天津市) 근처의 노하(潞河)로 합쳐진 뒤 바다로 흘러들었다. 『수경주(水經注)』 유수(濡水) 대목에는 "위나라 태조가 오환의 우두머리 답돈(蹋頓)을 정벌하고 구하(泃河)의 어귀에서 물을 끌어내렸는데, 세상에서는 그것을 신하라고 불렀다."⁷⁹고 말하고 있다. '신하'는 '천주구'에서 유수(濡水)로 통하게 하는 운하다. 다시 건안 18년(213)에 조조는 위공(魏公)이 되자 업(鄴)을 제대로 된 위나라의 수도로 만들고자 하여, 업으로부터 사방으로의 교통을 편리하게 하고자 장수(漳水)의 물을 끌어 백구(白溝)로 흘러들고 황하까지 이어지는 이조거(利漕渠)라는 운하를 건설하였다.⁸⁰ '이조거'는 서북쪽의 장수(漳水) 옆의 척장(斥漳,

---

77 『三國志』卷1 魏書 武帝紀; "九年正月, 濟河, 遏淇水入白溝以通糧道."

78 『三國志』卷1 魏書 武帝紀; "十一年,… 烏丸… 數入塞爲害, 公將征之, 鑿渠自呼沱入泒水, 名平虜渠; 又從泃河口鑿入潞河, 名泉州渠, 以通海."

79 『水經注』濡水; "魏太祖征蹋頓, 與泃河口俱導也, 世謂之新河矣."

80 『三國志』卷1 魏書 武帝紀; "十八年… 鑿渠引漳水入白溝以通河." 『水經注』濁漳水; "魏太祖鑿渠引漳水, 東入淸·洹, 名利漕渠."

지금의 河北省 曲周縣)에서 시작하여 동남쪽으로 흘러가 지금의 관도현(館陶縣)에서 '백구'로 흘러들어 가게 되어 있다.

조조가 이상의 여러 개 운하를 만든 뒤에는 중원과 하북(河北)·요동(遼東) 등 지방의 중요한 강 물길이 서로 이어져 배가 다닐 수 있게 되었다. 특히 조조는 건안 13년(208) 적벽의 싸움에서 크게 패한 뒤로 동남 지방에 관심을 많이 갖게 되어 군대를 움직일 적에 수로를 이용하는 방법을 많이 연구하게 된 것 같다. 둔전의 시행과 함께 이러한 군사적인 관심도 보태어져 조조는 특히 많은 운하를 개설했던 것이다.

조조 이후로도 위나라에서는 운하의 개발이 계속되었다. 아들 조비가 위나라 문제(文帝)가 된 뒤에는 예주자사(豫州刺史) 가규(賈逵, 174-228)가 언수(鄢水)와 여수(汝水)를 갈라내어 신피(新陂)를 만들고 또 소익양파(小弋陽陂)도 만들었다. 그리고 200여 리(里)나 되는 운하를 개통하여 사람들이 가후거(賈侯渠)라 불렀다.[81] 다시 정혼(鄭渾)은 양평(陽平)과 패군(沛郡, 지금의 安徽省 고을)의 태수(太守)로 있으면서 소(蕭, 지금의 安徽省 蕭縣 북쪽)와 상(相, 지금의 安徽省 宿縣 북쪽) 두 현 사이에 봇도랑을 파고 둑을 쌓아 논과 밭을 개척하였는데 그 해의 수학이 막대하였다. 백성들은 비석을 세워 그 은덕을 기리며 그 봇도랑을 전파(鄭陂)라 불렀다[82] 한다. 황초(黃初) 6년(225)에는 문제가 직접 소릉(召陵, 지금의 河南省 郾城縣 동쪽 지역)으로 가서 토로거(討虜渠)를 개설하였다.[83] 그 뒤의 명제(明帝, 226-239) 조예(曹叡, 205-239) 때에도 양주자사(涼州刺史) 서막(徐邈, 172-249)이 양주 일대(지금의 甘肅·寧夏省에서 內蒙古에 걸친 지역)에

81 『晉書』 卷26 食貨志 의거.

82 『三國志』 卷16 魏書 鄭渾傳: "文帝卽位,… 遷陽平·沛郡二太守,… 渾於蕭·相二縣界, 興陂遏, 開稻田.… 比年大收, 頃畝歲增, 租入倍常, 民賴其利. 刻石頌之, 號曰鄭陂."

83 『三國志』 卷2 魏書 文帝紀: "六年… 三月, 行幸召陵, 通討虜渠."

서 널리 논을 개척하고 둔전을 시행하였다는 말은 이미 앞에서 둔전을 이야기하는 중에 보였다. 논을 넓은 땅에 개척하기 위해서는 많은 봇도랑을 파야만 가능한 일이다. 사마의(司馬懿, 179-251)는 옹주(雍州, 지금의 陝西省 서쪽 지역)와 양주(涼州, 지금의 甘肅·寧夏省에서 內蒙古에 걸친 지역) 두 주에 성국거(成國渠)라는 봇도랑을 파고 임진파(臨晉陂)를 만들어 수천 경(頃)의 논에 물을 대주었다.[84] 제왕(齊王) 조방(曹芳) 때에도 등애(鄧艾, ?-264)가 회수(淮水)와 황하 유역에서 다음과 같이 수리사업을 대대적으로 전개하였다.

"회양(淮陽)과 백척(百尺)의 두 봇도랑을 수리하여 넓히고 위의 황하의 물을 이끌어 아래로 회수와 영수(潁水)로 통하게 하였다. 영수 남쪽과 북쪽의 여러 봇도랑도 대대적으로 수리하였다. 봇도랑 300여 리를 뚫어 2만 경(頃)의 논에 물을 대도록 하여 회수 남쪽과 북쪽이 서로 이어져 붙게 되었다. 수춘(壽春)으로부터 경사(京師)에 이르기까지 농민과 관리와 병사들이 농사를 지어 닭 우는 소리와 개 짖는 소리 및 논밭 사이의 길이 계속 이어지게 되었다. 언제나 동남쪽에 일이 생겨 대군이 출정할 적에는 배를 타고 내려가서 강수(江水)와 회수(淮水)에 도착하더라도 군자와 군량에 여유가 있었고 수해도 없게 되었는데, 모두 등애가 이룩하여 놓은 것이다."[85]

이처럼 둔전제와 함께 수리사업을 전개하여 북쪽은 황하로부터 회수

---

84 『晉書』卷1 宣帝紀 의거.

85 『晉書』卷26 食貨志; "修廣淮陽·百尺二渠, 上引河流, 下通淮·潁. 大治諸陂于潁南·潁北. 穿渠三百餘里, 漑田二萬頃, 淮南·淮北相連接. 自壽春到京師, 農官兵田, 雞犬之聲, 阡陌相屬. 每東南有事, 大軍出征, 泛舟而下, 達于江淮, 資食有儲, 而無水害, (鄧)艾所建也."

와 남쪽은 장강에 이르는 지역의 농업 특히 벼를 생산하는 논농사를 크게 발전시키고 교통과 배로 물건을 운반하는 일도 무척 편리해졌다. 그리고 농민과 관리와 군인들이 함께 서로 도우며 농사를 짓게 되었는데, 백성들을 화합시키는 큰 효과도 있었을 것이다. 결국 이러한 일은 농업과 경제를 크게 발전시켰을 뿐만 아니라 대군을 이끌고 반역자들을 정벌하러 가는 데도 큰 힘이 보태지게 되었다.

5. 조세제도의 개혁과 공업 및 상업의 발전

조조의 조세정책이나 상공업에 대한 정책은 정식 역사 기록이 별로 없다. 그러나 조조는 동한의 헌제 밑에서 승상으로 나라를 다스리는 일에 크게 영향을 끼쳤고, 위공(魏公)에 봉해진 뒤로는 위나라를 직접 다스렸다. 나라를 다스리자면 백성들로부터 재물을 거두어들여 나라의 재정에 충당해야 한다. 통치자의 조세정책은 그의 정치 성향을 알아보는 데 매우 중요하다. 그러나 조조의 경우에는 그의 조세정책을 알아보려 한다면 그가 시행한 둔전에 관한 기록 등에서 관련 자료를 수집하는 수밖에 없다. 그러나 둔전도 어떻게 시행하였는지 자세한 기록이 없다. 따라서 이 논의는 불안전하겠지만 여러 곳에 산견되는 자료를 주워 모아 정리하는 방법을 쓰는 수밖에 없다.

건안 원년(196)에 조조는 둔전을 시행하면서 "나라를 안정시키는 술법은 군대를 강하게 하고 먹을 것을 풍족하게 하는 데 있다."[86]고 선언하고 있다. 당시에는 황제의 자리를 차지하려는 반란자들이 많았고 조조 자신보다도 강한 병력을 지니고 있는 반란자들도 있었기 때문에 그는 "나라를 안정시키는 술법"으로 먼저 강한 군대를 들고 있는 것이다. 둘째로 "먹을 것을 풍족하게 하는 것"을 들고 있는 것은 백성들로부터 재물을 거두어들여야만 하지만 한편 그들의 생활을 풍족하게 해주어야 한다고 생각했기 때문이다. 그는 둔전을 시행하여 군량이 걱정 없는 강한 군대를 만들고, 백성들의 삶도 부유하게 해주어 나라를 잘 다스리려고 했던 것이다.

조조가 자기보다도 강한 병력을 지니고 반란을 꾀하던 원소를 관도(官渡)의 싸움에서 쳐부수고 건안 7년(202) 자기의 본거지인 초(譙)로 돌아와 내린 영에 이런 말이 포함되어 있다.

> "의병을 일으킨 이래로 후손이 끊긴 장병들에게는 그의 친척을 찾아 후손을 잇게 해주고, 땅을 주고 관에서 밭 갈 소도 공급하도록 하라."[87]

조조는 자기와 함께 싸우다가 희생을 당한 장병들은 법이나 규정에 매이지 않고 잘 돌봐주기 위해 둔전을 시행하였다. 『삼국지』 권1 위서의 무제기에는 건안 9년(204)에 조조가 반역을 꾀하던 원소를 쳐부수고 업(鄴) 성을 차지한 뒤에 이런 영을 내리고 있다.

> "하북(河北) 지역은 원소의 병란을 겪었으니, 금년에는 조세를 내지 않도록 하라."[88]

---

86 『三國志』 卷1 魏書 武帝紀 裵松之 注; "『魏書』曰;… 公曰; 夫定國之術, 在于彊兵足食.… 乃募民屯田許下."
87 『三國志』 卷1 魏書 武帝紀; "七年春… 令曰;… 其擧義兵已來, 將士絶無後者, 求其親戚 以後之, 授土田, 官給耕牛."

그리고 "호족들이 땅을 모두 차지하지 못하게 하는 법을 철저히 시행하여 백성들이 기뻐하였다."라는 기록도 그 뒤에 붙어 있다. 그리고 배송지의 주에는 『위서(魏書)』에 실린 다음과 같은 조조의 영을 인용하고도 있다.

> "국가를 다스리는 사람은 부족함을 걱정하지 아니하고 고르지 않음을 걱정하며, 가난함을 걱정하지 아니하고 편안하지 않은 것을 걱정한다.'고 하였다. 원소가 다스릴 적에는 호족들이 멋대로 굴고 그들 친척들이 땅을 다 차지하였다. 밑의 백성들은 가난하고 약한데도 그들 대신 조세를 내야만 했으니, 집의 재산을 다 팔아도 그런 명령에 따를 수가 없었다. … 이제는 밭의 조세는 한 묘(畝)에 곡식 넉 되를 거두어들이고, 한 호당 비단 두 필과 면 두 근만을 내도록 한다. 그 밖에 멋대로 더 내게 하면 안 된다. 여러 고을의 수령들은 밝게 잘 단속하고 살펴서 호족들이 숨겨두는 재산이 없도록 하고 약한 백성들이 조세를 다 내지 않도록 하여야 한다."[89]

이 영 첫머리에 인용한 글은 『논어』 계씨(季氏)편에 보이는 공자의 말이다. 조조가 공자의 유학을 중시하였음을 알 수 있다. 그는 공자의 가르침을 따라 가난한 백성들의 세금을 줄여주어 농민들의 생활을 향상

---

88 『三國志』卷1 魏書 武帝紀; "九月, 令曰: '河北罹袁氏之難, 其令無出今年租賦!' 重豪彊兼幷之法, 百姓喜悅."

89 『三國志』卷1 魏書 武帝紀 裵松之 注; "『魏書』載公令曰; 有國有家者, 不患寡而患不均, 不患貧而患不安. 袁氏之治也, 使豪彊擅恣, 親戚兼幷, 下民貧弱, 代出租賦, 衒鬻家財, 不足應命.… 其收田租, 畝四升, 戶出絹二匹, 綿二斤而已. 他不得擅興發. 郡國守相明檢察之, 無令强民有所隱藏, 而弱民兼賦也"

시키려고 노력하였다. 그는 "밭의 조세는 한 묘(畝)에 곡식 넉 되를 거두어들이고, 한 호당 비단 두 필과 면 두 근만을 내도록 한다."고 분명히 조세를 줄여주고 있다. 다시 『진서(晉書)』 식화지(食貨志)에도 다음과 같은 비슷한 내용의 기록이 있다.

> "위나라 무제 조조는 이에 양민을 모집하여 허(許) 지방에 둔전을 시행하고 또 주(州)와 군(郡) 같은 지방에도 전관(田官)을 모두 두고 시행하여, 한 해에 수천만 곡(斛)의 수입을 올려 군대에서 쓰는 데 사용하였다. 처음 원소를 평정하여 업(鄴) 고을을 안정시키게 되자, 밭의 조세로 한 묘(畝)당 곡식 넉 되를 거두어들이고 한 호당 비단 두 필과 면 두 근을 내도록 하였다. 그 밖에 멋대로 더 내게 하여 강한 자들을 풍부하게 하고 약한 자들의 것을 거두어들여서는 안 된다."[90]

동한 말년에는 호족과 대지주들이 약한 백성들의 땅을 모두 차지하고 농민들을 착취하는 좋지 못한 풍습이 크게 성행되고 있었다. 특히 원소는 기주(冀州) 지역(지금의 河北省 중남부 및 河南省과 山東省 북부의 일부 지방에 걸친 지역)을 차지한 뒤에는 자기 부하와 호족들이 멋대로 백성들의 재물을 빼앗고 착취하게 하여 농민들의 생활이 더욱 어려워지고 있었다. 조조는 그러한 못된 권력자들과 호족들의 행위를 막아 백성들을 편안히 살게 해주려 했던 것이다. 그러나 무조건 "밭 한 묘당 곡식 넉 되를 거두어들이고, 한 호당 비단 두 필과 면 두 근을 내도록 하라."는 것은 공정한

---

90 『晉書』卷26 食貨志; "魏武于是乃募良民屯田許下, 又於州郡列置田官, 歲有數千萬斛, 以充兵戎之用. 給初平袁氏, 以定鄴都, 令收田租, 畝粟四升, 戶絹二匹而綿二斤. 餘皆不得擅興, 藏強賦弱."

조세제도라고 할 수는 없다. 그러나 신분이 낮은 백성들을 위하는 제도임에는 틀림이 없다. 조조는 법이나 규정을 아랑곳하지 않고 어려운 백성들을 위하여 조세 부담을 덜어주려고 무척 노력하였음을 알 수 있다.

다시 건안 12년(207)에는 영을 내려 "지난 19년 동안 반란자들을 정벌하여 다 물리칠 수 있었던 것은 어찌 내 공로이겠느냐? 바로 현명한 사대부들의 힘이었다."[91]고 하면서 공신 20여 명을 열후(列侯)에 봉하였다. 그리고 배송지의 주에는 『위서(魏書)』를 인용하여 다음과 같은 조조가 내린 영을 기록하고 있다.

"옛날에 조사와 두영[92]은 장군 노릇을 하면서 천금(金)을 하사받았는데 바로 그것을 모두에게 나누어 주었다. 그래서 큰 성공을 거두고 오래도록 명성을 날리고 있다. … 여러 장사들이 그의 힘을 아끼지 아니하여 그 덕으로 반란을 평정하였는데, 나만이 큰 상을 받고 삼만 호의 고을을 봉해 받았다. 옛날에 조사와 두영이 돈을 나누어주었던 의로움을 생각하며, 지금 받아들인 조세를 여러 장수와 사병들 및 전에 진(陳, 지금의 河南省 淮陽縣 일대)·채(蔡, 지금의 河南省 上蔡縣 일대) 지방에서 수자리 살던 이들에게 나누어줌으로써 여러 사람들의 노고에 보답하고 큰 혜택을 독차지하지 않고자 한다. 마땅히 죽은 이의 자식들에게는 차등을 두어 조세로 거둔 곡식을 지급하라. 만약 풍년이 들어 재정이 풍족하게 되고 바치는 조세가 모두 들어오게 된다면 여러 사람들에

---

91 『三國志』卷1 魏書 武帝紀; "十二年… 令曰;… 於今十九年, 所征必克, 豈吾功哉? 乃賢士大夫之力也."

92 趙奢는 戰國時代 趙나라 장군이고, 竇嬰은 西漢 景帝 때의 장군임. 모두 적군을 크게 쳐부순 공로로 큰 상을 받았으나 그 상을 모두 부하들에게 나누어주었다 한다.

게 크게 나누어주어 모든 것을 함께 누리도록 하라!"[93]

　조조는 법이라든가 제도를 철저히 따지지 않고 되도록 어려운 백성들을 돌보아 주려고 노력하였던 것 같다. 아무래도 거두어들이는 조세제도는 기본적으로 한나라의 것을 그대로 따랐던 것 같다. 한 대의 부세제도에는 대략 밭에서 걷는 전부(田賦)와 사람에 따라 걷는 구부(口賦)의 두 가지가 중심을 이룬다. 기본적으로 '전부'는 10을 거두는 데에서 1, 또는 15를 거두는 데서는 1, 혹은 30을 거두는 데서도 1을 징수하는 제도가 기본이었다. 그리고 '구부'는 15세로부터 56세에 이르는 성년 남녀는 누구를 막론하고 매년 한 사람당 120전(錢)을 납부해야 했는데 이를 산부(算賦)라 하였다. 그리고 7세에서 14세에 이르는 아이는 매년 한 사람당 20전을 내어야 했는데 이를 구전(口錢)이라 하였다.[94] 다만 조조는 위나라 초기에 밭에서는 무조건 한 묘(畝)당 곡식 넉 되를 거두어들이기로 하였는데, 이는 농민들이 농업에 힘써서 되도록 많은 곡식을 생산토록 하려는 정책이었다. 이는 앞에 인용한 건안 9년(204)에 조조가 내린 영에도 밝혀져 있다.

　다음은 둔전제를 시행하면서 대가로 거두어들인 기록을 찾아보기로 한다. 둔전제를 처음 시행할 적의 실상은 『삼국지』 권16 위서의 임준전(任峻傳) 첫 대목 배송지의 주가 가장 자세한 것 같다. 그가 인용한 『위무고사(魏武故事)』에 실린 조조의 영에는 다음과 같은 기록이 있다.

---

93 『三國志』卷1 魏書 武帝紀 裵松之 注: "『魏書』載公令曰: 昔趙奢·竇嬰之爲將也, 受賜千金, 一朝散之, 故能濟成大功, 永世流聲.… 群士不遺其力, 是以夷險平亂, 而吾得竊大賞, 戶邑三萬, 追思趙·竇散金之義, 今分所受租, 與諸將掾屬及故戍於陳·蔡者, 庶以疇答衆勞, 不擅大惠也. 宜差死事之孤, 以租榖及之. 若年殷用足, 租奉畢入, 將大與衆人悉共饗之."

94 이상 漢대의 租稅制度는 『漢書』 권24 食貨志를 대략 참조.

"… 황건적을 격파하고 허(許)에 정착하면서 적의 재물을 획득하였으니, 마땅히 둔전을 일으켜야 하였다. 당시의 사람들은 모두 마땅히 소를 헤아려 곡식을 거두어들임으로써 밭을 부치는 대가를 정하여야 한다고 하였다. 그렇게 시행하게 된 뒤 조지(棗祗)가 말하기를 '소를 헤아려 곡식을 거두어들인다면 많은 수학을 한다 해도 곡식을 더 거두지 못하고, 홍수나 가뭄 같은 재해가 있을 적에는 크게 불편하게 됩니다.' 거듭 와서 말하였지만 나는 그래도 전과 같이 하는 것이 당연하니 크게 거두어들이게 된다 해도 다시 개정해서는 안 될 일이라 생각하였다. 조지는 그래도 주장을 고집하여 나는 어찌할 바를 몰라 그에게 순령군(荀令君, 순욱과 동일 인물임. 162-212)과 의논토록 하였다. … 조지는 그래도 자신을 갖고 다시 와서 계획을 이야기하며 밭에 따라 나누어 거두는 수법을 고집하였다. 나는 이에 그렇게 하기로 하고 그를 둔전도위(屯田都尉)에 임명하고 둔전의 일을 해나가도록 하였다. 그해에는 크게 풍년이 들어 많은 수확이 있었고, 뒤에도 마침내 이를 근거로 크게 둔전을 시행하여 군대에서 쓸 양식이 풍족하게 되어 여러 반역자들을 섬멸하고 천하를 안정시켜 왕실이 융성하게 되었다. 조지는 그러한 공로를 이루고 불행히도 일찍 죽었다.…"[95]

곧 둔전을 시작할 때는 밭을 가는 소를 갖고 있는 수량에 따라 밭을

---

95 『三國志』卷16 魏書 任峻傳 裴松之 注; "『魏武故事』載令曰:… 及破黃巾定許, 得賊資業, 當興立屯田, 時議者皆言, 當計牛輸穀, 佃科以定. 施行後, 祗白以爲計牛輸穀, 大收不增穀, 有水旱災除, 大不便. 反覆來說, 孤猶以爲當如故, 大收不可復改易. 祗猶執之, 孤不知所從, 使與荀令君議之.… 祗猶自信, 據計劃還白, 執分田之術. 孤乃然之, 使爲屯田都尉, 施設田業. 其時歲則大收, 後遂因此大田, 豊足軍用, 摧滅羣逆, 克定天下, 以隆王室. 祗興其功, 不幸早沒."

경작하는 조세를 곡식으로 거두어들였다. 그러나 조지의 주장으로 결국은 밭에 따라 조세를 거두어들이기로 하였는데, 그해에 풍년까지 들어 많은 곡식을 거두어들이게 되어 둔전정책이 성공을 거두었다는 것이다. 그러나 전의 조세정책을 보면 옛날에는 농사를 짓는데 밭을 가는데 쓰는 소가 얼마나 중요한 역할을 하였는지 알 수 있는 일이다. 소에 따라 조세를 거두던 방법은 『진서(晉書)』의 다음과 같은 기록을 통해서 대략 짐작할 수 있다.

> "길은 소를 가난한 집에 나누어주고 농장에서 밭을 갈도록 한 다음, 나라에서는 그곳 수확의 8부를 거두어들이고 2부는 개인에게로 돌아갔다. 소는 있으되 밭이 없는 사람은 역시 밭을 경작하게 한 다음, 나라에서는 그 수확의 7부를 거두어들이고 3부가 개인에게로 돌아갔다. 모용황(慕容皝, 297-348)이 간하였다. '… 위나라와 진나라는 비록 도가 기울어지고 있는 세상이었지만 그래도 백성들에게서 빼앗는 것이 7부나 8부가 되지 않았습니다. 관의 소를 쓰는 사람은 관에서 6부 백성이 4부를 차지했고, 개인의 소를 가지고 관의 밭을 경작하는 사람은 관과 백성이 똑같이 나누어 가졌습니다.'"[96]

대체로 둔전을 시작할 때 소에 따라 조세를 거두던 방법은 모용황이 말한 위·진 시대의 "관의 소를 쓰는 사람은 관에서 6부 백성이 4부를 차지하고, 개인의 소를 가지고 관의 밭을 경작하는 사람은 관과 백성

---

96 『晉書』卷109 慕容皝 載記; "以牧牛給貧家, 田于苑中, 公收其八, 二分入私. 有牛而無地者, 亦田苑中, 公收其七, 三分入私. 皝記室參軍封裕諫曰; … 且魏晉雖消道之世, 猶削百姓不至于七八. 持官牛者, 官得六分, 百姓得四分. 私牛而官田者, 與官中分,"

이 똑같이 나누어 갖는" 방법에 가까웠을 것이다. 그러나 조지는 그 제
도는 농민들이 풍년이 들어 많은 수확을 한 해나 가뭄이나 홍수가 나
서 추수를 별로 하지 못한 해나 똑같이 거두어들이는 제도라 좋지 않다
고 조조에게 거듭 주장하였다. 조지는 세밀한 계획까지 세워 "밭에 따
라 나누어 거두는 수법"을 시행할 것을 거듭 주장하였다. 이에 조조도
조지의 고집에 굴복하고 그를 둔전도위에 임명하고 둔전을 시행케 하
여 둔전을 크게 성공시킨다. 그러나 조지는 둔전을 개시한 뒤 바로 죽
고 그 뒤를 임준(任峻)이 이어 둔전을 성공시켰던 덕분에 위와 같은 기록
이 임준전에 붙어 있게 된 것이다.

그러면 조지의 "밭에 따라 나누어 거두는 술법"은 어떻게 하는 것이었
을까? 확실한 기록은 없다. 앞에 보인 조세 징수 방법 중 가장 너그러운
농민이 수확하는 곡식의 반을 거두어들이는 것이 아니었을까 추측할 수
있을 따름이다. 그러나 『한서(漢書)』 왕망전(王莽傳)에 "호족들이 손을 뻗쳐
밭을 나누어주고 억지로 경작하게 하고, 명분상으로는 30을 수학하는
중에 1을 조세로 거둔다고 하였는데 실은 10 중 5를 조세로 거두었다."[97]
는 말이 있다. 안사고(顔師古, 당나라 초기의 학자. 581-645)는 여기에 이런 주를
달고 있다. "가난한 백성들은 밭이 없어서 부자의 밭을 빌려 농사를 지
었는데, 그 수확을 똑같이 나누었음을 말한다."[98] 한나라 때에는 그 시대
부세제도가 있었다고 하지만 실제로 백성들은 대부분 호족들의 땅을 나
누어 받아 경작하고 수확의 반을 빼앗겼다는 것이다. 둔전제를 시행하
면서도 받아들이는 조세가 지방에 따라 또는 관리들에 따라 다른 점이

---

97 『漢書』王莽傳; "豪民侵陵, 分田劫假, 厥名三十稅一, 實十稅五."
98 『漢書』王莽傳 顏師古 注; "謂貧民無田, 而取富人田耕種, 共分其收也."

많았기 때문에 확실한 기록이 없는 것일 것이다. 『진서(晉書)』 식화지(食貨志)에는 후군장군(後軍將軍) 응첨(應詹)이 동진(東晉) 원제(元帝, 317-322 재위)에게 올린 글에 위(魏)나라에서 둔전을 시행한 제도라고 하며, "첫해에는 수확을 모두 백성들이 차지하고, 둘째 해에는 약간을 나누어 내도록 하고, 3년이 된 해부터 완전한 조세를 거두었다."[99]고 말하고 있는데 이것도 일부 지역에서 일시적으로 시행되었던 제도일 것이다.

그 밖에도 여러 가지 조세와 요역(徭役)제도가 있었을 것이나 확실한 기록이 없다. 여하튼 앞에서 말한 것처럼 조조는 어려운 백성들을 진심으로 위하려 하였기 때문에 그의 밑의 백성들은 잦은 정벌 중에도 비교적 안락한 삶을 누릴 수 있었다. 조조는 특히 농업의 진흥에 주력하여 농촌은 상당히 충실해지고 군량의 보급도 여유를 갖게 되었다.

조조는 나라의 발전을 위하여 상업 수공업 등에도 상당한 관심을 기울였다. 보기를 들면 소금과 쇠는 나라의 경제와 백성들의 생활을 위하여 매우 중요한 산품이다. 옛날부터 소금과 쇠는 그것이 생산되는 지역의 호족들이 그 생산권과 판매권을 쥐고서 막대한 이익을 취하며 백성들의 생활을 좌우하였다. 그러나 서한 무제(武帝, B.C. 141-B.C. 87)의 원수(元狩) 4년(B.C. 119)에 이르러 상홍양(桑弘羊, B.C. 152-B.C. 80)의 건의로 염관(鹽官)과 철관(鐵官)을 각각 두고 소금과 쇠의 생산 및 판매를 관에서 관리하게 되었다. 국고의 수입도 크게 늘리고 백성들의 생활도 안정시키려는 뜻에서였다. 그러나 소금과 쇠로써 막대한 이익을 누리던 호족들의 야심은 끊이지 않아 그 정책을 반대하는 여론이 시끄러워져, 소제(昭帝, B.C. 87-B.C. 74)의 시원(始元) 6년(B.C. 81)에 민간인과 정부 관리들 중 관계 있는

---

[99] 『晉書』卷26 食貨志; "魏氏故事, 一年中與百姓, 二年分稅, 三年計賦稅以使之."

자들을 소집하여 소금과 쇠의 정책에 대한 대토론회를 열었다. 격렬한 논쟁이 벌어졌으나 그 정책은 그대로 유지하기로 하였다. 그때의 토론 내용을 정리해 놓은 것이 환관(桓寬)이 편찬한 『염철론(鹽鐵論)』 10권이다. 그러나 동한의 장제(章帝, 75-88 재위)가 죽고 10세의 화제(和帝, 89-105 재위)가 뒤를 잇자 어머니 두태후(竇太后)가 나랏일을 돌봐주게 되었는데, 호족들의 지지를 얻고자 소금과 쇠의 민간인의 생산과 판매를 금하던 제도를 없애버렸다. 이에 호족들은 다시 소금과 쇠를 생산하고 판매하여 막대한 재력을 쌓게 되었고, 일부 인사들은 쇠를 이용하여 개인적으로 무기를 만들어 무장봉기할 준비를 하기도 하였다.[100]

건안 5년(200) 조조가 원소를 칠 때 관중(關中, 지금의 函谷關 서쪽 陝西·寧夏省과 內蒙古 일부 지역에 걸쳐 있던 곳)에 머물러 있던 치서시어사(治書侍御史) 신분의 위기(衛覬)가 순욱(荀彧, 163-212)에게 편지를 보내어 "소금은 나라의 큰 보배"라고 하며 관중 지역에서 옛날처럼 소금을 관에서 전매할 것을 제의하였다. 순욱이 그 뜻을 조조에게 전하자 조조는 즉시 염관(鹽官)을 파견하여 소금을 전매함으로써 관중 지역이 잘 다스려졌다. 그 공로로 바로 위기는 상서(尙書)가 되었고, 위나라가 선 다음에는 시중(侍中)에 임명되었다.[101]

이때 쇠도 함께 관에서 관리하는 전매제도를 시행했을 것이다. 『삼국지』 권11 위서 왕수전(王脩傳)에 배송지가 쓴 주에는 조조가 왕수에게 보낸 편지에 다음과 같은 말이 들어 있다.

---

100 馬端臨 『文獻通考』 征榷 二 참조.

101 『三國志』 卷21 魏書 衛覬傳; "覬書與荀彧曰; '… 夫鹽, 國之大寶也. 自亂來散放, 宜如舊置使者監賣, 以其直益市犁牛.…' 或以白太祖, 太祖從之.… 乃白召覬還, 稍遷尙書. 魏國旣建, 拜侍中."

"옛 현인들의 이론을 보면 소금과 쇠의 유리함으로 군국의 비용을 충족시킬 수 있다고 강조하고 있소. 옛날 내가 처음 쇠를 관장하는 관리를 임명하였을 적에 당신을 굴복시키지 않고는 달리 방법이 없다고 생각하였소."[102]

조조는 왕수를 쇠의 생산과 제조를 관장하는 사금중랑장(司金中郎將)에 임명하고[103] "군사(軍師)의 직책이 사금(司金)보다는 가볍고, 공로를 이루는 데 있어서도 군사 쪽보다 더 무겁다고 생각한다."[104]는 말도 하고 있다. 조조는 소금과 쇠의 생산 및 판매 등을 모두 중시하고 관에서 관리하도록 하여 백성들의 생활을 부유하게 해주고 쇠로 군대에서 쓸 무기뿐만 아니라 농민들에게 필요한 농기구까지도 충분히 만들 수 있게 하였다. 그리고 나라와 군대에서 쓸 비용도 풍족하게 하였다.

건안 9년(204) 조조가 기주목(冀州牧)이 된 뒤에는 소금과 쇠의 전매제도를 더욱 철저히 시행한 것 같다. 그 해 업(鄴)을 공격하면서, 미리 만들어 놓은 "흙산과 흙길을 무너뜨리며 성 둘레에 파놓은 구덩이에 장수(漳水)의 물길을 터서 그곳으로 흘러가도록 하여, 성 안의 사람들은 반수가 넘는 인원이 굶어죽었다."[105]고 하였다. 이처럼 흙산과 흙길을 쌓고 무너뜨리고 또 성 둘레에 사람들의 왕래를 막을 구덩이를 파자면 쇠붙이

---

102 『三國志』 卷11 魏書 王脩傳 裴松之 注; "『魏略』曰; … 察觀先賢之論, 多以鹽鐵之利, 足贍軍國之用. 昔孤初立司金之官, 念非屈君, 餘無可者."

103 『三國志』 卷11 魏書 王脩傳 의거.

104 『三國志』 卷11 魏書 王脩傳 裴松之 注; "『魏略』曰; … 然孤執心將有所底, 以軍師之職, 開於司金, 至於建功, 重於軍師."

105 『三國志』 卷1 魏書 武帝紀; "九年, … 攻鄴, 爲土山地道. … 五月, 毀土山地道, 作圍塹, 決漳水灌城, 城中餓死者過半."

로 만든 기구 없이는 불가능하였을 것이다.

다시 『삼국지』 권24 위서의 한기전(韓曁傳)을 보면 조조는 형주(荊州, 지금의 湖北·湖南의 두 省과 河南·貴州·廣東·廣西省의 일부 지역에 걸친 땅)를 평정하고 나서 한기를 야금(冶金)을 관리하는 감야알자(監冶謁者)에 임명하였는데, 그가 올린 공적을 다음과 같이 기록하고 있다.

"옛날 야금을 할 적에는 말이 끌면서 풀무를 돌리게 하였는데, 녹은 쇠 일 석(石)을 생산할 적마다 말 백 필이 소요되었다. 사람들로 바꾸어 풀무를 돌리게 하는 데는 더 많은 힘이 들었다. 한기는 그러나 흐르는 물을 끌어다가 물로 풀무를 돌려 그 이익을 헤아려 보면 이전의 세 배가 되었다. 칠 년 재직하는 동안 기구의 사용을 충실하게 한 것이다."[106]

한기는 조조 밑에서 철광석을 녹여서 쇠를 생산하는 일을 관장하였다. 그는 철광석을 불로 녹일 적에 석탄으로 불을 피웠는데, 이전에는 석탄에 불을 피우기 위하여 풀무를 돌릴 때 말이나 사람의 힘을 써서 무척 힘들었다. 한기는 흐르는 물을 끌어다가 물레방아를 만들어 그 힘으로 풀무를 돌리게 하였기 때문에 일이 무척 쉬워지고 이익도 세 배로 늘었다는 것이다. 한기는 그 공로로 구경(九卿) 바로 밑의 지위에 해당하는 사금도위(司金都尉)에 임명되었다. 이와 같이 조조는 쇠를 생산하는 방법도 발전시켰고, 또 물레방아 같은 것도 만들어 사용하였다. 다시 『삼국지』 권15 위서의 장기전(張旣傳)을 보면 여러 고을로 옮겨온 백

---

106 『三國志』 卷24 魏書 韓曁傳; "舊時冶作馬排, 每一熟石, 用馬百匹, 更作人排, 又費功力. 曁乃因長流爲水排. 計其利益, 三倍於前. 在職七年, 器用充實."

성들의 생활을 안정시키려고 관리들을 동원하여 "집을 수리해 주고 물레방아를 만들어주어 민심을 안정시켰다."[107]는 기록이 있다. 이 물레방아는 농사와 생활 중에 널리 쓰였음이 틀림없는 기계이다. 조조는 무기 제조뿐만 아니라 농기구 등의 제작에도 힘썼음을 알게 하는 기록이다. 우리나라 경인문화사(景仁文化社)에서 간행한 『삼국지』의 권24 한기전의 원문에는 "마배(馬排)"라는 글 밑에 "풀무를 끌어 돌려서 바람을 일으켜 탄을 태우는 것"[108]이란 주석이 붙어 있다. 그리고 역도원(酈道元)의 『수경주(水經注)』 탁장수(濁漳水) 조에는 조조가 업(鄴)에 동작대(銅雀臺)와 금호대(金虎臺)·빙정대(冰井臺)라는 세 누대를 세우고, 빙정대에는 어름과 석묵(石墨)을 저장하였고 또 곡식을 저장하는 움과 소금을 저장하는 움이 있다고 하였다. 그리고 "석묵은 글을 쓰는 데도 쓸 수 있고 또 그것은 태워도 쉽게 없어지지 않는데 그것을 석탄이라고도 말한다."[109]는 설명을 덧붙이고 있다. 그러니 앞에서 철광석을 불로 녹일 때 태우던 것은 석탄임이 틀림없고, 또 조조는 소금과 쇠와 함께 석탄도 매우 중시하고 소중히 하였음을 알 수 있다.

조조는 소금과 쇠를 생산하고 관리하고 파는 일을 나라에서 관장하면서 그 밖에 백성들을 위하여 조세제도도 많이 손을 보고 여러 가지 공업과 상업도 크게 발전시켰다. 백성들을 편안히 잘 살도록 해주어 중국의 전통문화가 본격적인 발전을 이룰 터전을 마련했던 것이다.

---

107 『三國志』卷15 魏書 張旣傳; "旣假三郡人爲將吏者休課, 使治屋宅, 作水碓, 民心遂安."
108 『三國志』卷24 魏書 韓暨傳 裵松之 注; "爲排以吹炭."
109 酈道元 『水經注』; "石墨可書, 又然之難盡, 亦謂之石炭."

제9장

조조의 문학

1. 조조와 건안 문학(建安文學)

위나라 무제 조조는 무기를 들고 싸우면서도 시를 지어 중국 문학의 본격적인 발전을 앞에서 이끈 대시인이기도 하다. 조조는 그 시대 정치의 중심인물이었을 뿐만 아니라 반역자들을 정벌하여 나라를 지탱하여 준 위대한 장군이었고 또 학문을 좋아하고 문학에도 힘을 쏟아 중국 전통 문학의 발전을 이끈 문인이었다. 그는 새로운 시도 짓고 개성적인 산문도 써서 새로운 문학 발전의 길을 열었다. 특히 시의 창작을 선도하고 시단을 이룩하여 중국 문학의 본격적인 발전을 이끈 점이 두드러진다.

조조의 문집은『수서(隋書)』경적지(經籍志) 등에『위무제집(魏武帝集)』30권을 비롯하여 몇 가지 저서들이 수록되어 있으나 모두 전하지 않고, 명(明)대의 장부(張溥)가『한위육조백삼가집(漢魏六朝百三家集)』에 위무제집(魏武帝集)으로 영(令)·교(敎)·표(表)·주(奏)·사(事)·책(策)·서(書)·척독(尺牘)·서(序)·

제문(祭文)·악부가사(樂府歌辭) 등으로 나누어놓은 글 1권 145편을 수집하여 놓았고, 청(淸)대의 엄가균(嚴可均)은 『전상고삼대진한삼국육조문(全上古三代秦漢三國六朝文)』의 전삼국문(全三國文) 속에 부(賦)·책(策)·표(表)·주(奏)·상서(上書)·상사(上事)·교(敎)·영(令)·서(書)·서(序)·가전(家傳)·잡문(雜文) 등으로 나누어놓은 글 3권 150편을 수집해 놓았다. 또 청대의 정복보(丁福保)는 『전한삼국진남북조시(全漢三國晉南北朝詩)』의 전삼국시(全三國詩) 속에 악부(樂府) 20수를 수록하고, 다시 엄가균이 모은 산문을 참고하여 『위무제집(魏武帝集)』을 출간하였다. 이를 바탕으로 1974년에는 중국의 중화서국(中華書局)에서 『조조집』이 나왔고, 1986년에는 이를 바탕으로 샤촨차이(夏傳才)가 주를 단 『조조집주(曹操集注)』가 중주고적출판사(中州古籍出版社)에서 나오는 등 몇 가지 그의 문집이 나왔다. 중화서국의 『조조집』에는 「시집」에 시 16종과 「문집」에 산문 151편이 실려 있다.

조조를 간사한 영웅으로 보는 바람에 그의 글도 많은 양이 전하지 않게 되었다. 그러나 남아서 전해지고 있는 업적을 바탕으로 본다 하더라도 조조의 영향으로 동한 말엽 헌제의 건안 연간(196-219)에 이르러서는 중국 문학의 성격이 완전히 새로운 모습으로 발전한다. 이미 앞에서 논술한 것처럼 조조는 문무를 아울러 닦은 인물이다. 그의 아들들도 자기 아버지에 대하여 이런 말을 하고 있다. 문제 조비는 "『시경』과 『서경』 같은 책들을 매우 좋아하시어 비록 군대를 거느리고 있다 해도 손에 책이 없는 일이 없었다."[1] 하였고, 조식은 "여러 가지 정사를 돌보면서 아울러 경전도 읽으셨고 몸소 시를 지어 금슬로 반주하며 노래하셨다."[2]

---

1   曹丕 『典論』 自敍: "雅好詩書文籍, 雖在軍旅, 手不釋卷."
2   曹植 「武帝誄」: "旣總庶政, 兼覽儒林, 躬著雅頌, 被之琴瑟."

고 하였다. 그리고 『삼국지』 권1 위서(魏書) 무제기(武帝紀)의 배송지(裵松之) 주에서는 왕침(王沈)의 『위서(魏書)』를 인용하여 이런 말을 하고 있다.

"(조조는) 그래서 대업을 이루려고 문무를 아울러 닦았다. 삼십여 년 군대를 지휘하면서도 손에서 책을 놓지 않고 낮이면 무술을 연구하고 밤이면 경전을 공부하였고, 높은 산에 올라가서는 반드시 시를 읊었으며 새로운 시를 짓게 되면 그것을 악기로 연주하여 모두 노래가 되게 하였다."[3]

조조는 본시 노래의 가사집인 『시경』과 노래 부를 수 있는 한 대에 유행한 악부의 형식을 빌려 새로운 시를 지은 덕분에 그의 시는 모두 노래의 가사이기도 하였다. 조조는 음악도 매우 좋아하고 음악에 통달하기도 했기에 가능했던 일이다.[4] 조조는 『시경』과 악부의 형식을 빌려 새로운 시를 쓰기 시작하였는데, 그것은 또 한편 사람과 세상에 대한 자각을 바탕으로 한 새로운 방식의 예술적인 작업이었다. 따라서 그의 시 작품에는 작가의 이념과 개성이 보태어지기 시작하고, 새로운 아름다운 문장의 추구도 이루어졌다. 따라서 그의 시는 이전의 『시경』이나 악부시를 그대로 본뜬 것이 아니라 옛 『시경』이나 악부의 악곡이나 가사의 형식에 구속받지 않고 새로운 자기의 시 곧 새로운 악부시를 창작한 것이었다. 조조는 악부시를 지으면서 동한에 들어와 머리를 들기 시작한 오언(五言)시도 함께 발전시켰다. 그리고 『시경』의 창작 정신을 살리

---

3 『三國志』卷1 魏志 武帝紀 裵松之 注引 『魏書』; "(曹操)是以剏造大業, 文武並施. 御軍三十餘年, 手不捨書, 晝則講武策, 夜則思經傳, 登高必賦, 及造新詩, 被之管絃, 皆成樂章."

4 『三國志』卷1 魏志 武帝紀 裵松之 注引 『曹瞞傳』; "(曹操)好音樂, 倡優在側, 常以日達夕."

려고 한나라로 들어와 쇠퇴한 사언(四言)의 시도 부흥시키려고 크게 노력하였다.

악부는 본시 진(秦, B.C. 221-B.C. 207)나라 때도 있었지만 서한(B.C. 206-A.D. 8) 무제(武帝, B.C. 141-B.C. 87)가 개설하여 크게 활용한 조정에서 쓰던 음악을 관장하는 기관이었다. 그때 악부에는 제사를 지내거나 조회를 할 때 쓰던 악가인 아악(雅樂) 이외에 잔치할 때 노래 부르던 민간에서 채집한 악가인 속악(俗樂)도 있었다. 그리고 뒤에는 이 악부라는 기관에서 노래 부르던 음악 또는 그 가사도 악부라 부르게 되었다. 그리고 사람들은 세상의 현실을 반영하는 민간의 악가를 좋아하여 그 노래의 제목과 형식을 본떠서 시가를 짓기 시작하였는데 그 시가도 악부 또는 악부시라 불렀다. 악부의 특징은 민간인들의 생활과 감정을 반영한 생기 넘치는 작품이 많고 전에는 없던 서사적인 시도 생겨났다는 것이다. 서한 대에 악부시는 한나라 무제의 영향으로 한때 성행하였으나 사대부들은 이를 천박한 민간의 노래인 정위의 노래(鄭衛之聲, 중국 춘추전국시대 정나라와 위나라에서 유행하던 음악을 난세의 음악이라 한 데서, 음란한 망국의 음악을 이르는 말)라 보고 멸시하여 서한 애제(哀帝, B.C. 7-B.C. 1) 때에는 조명(詔命)으로 악부를 폐쇄하였다. 그러나 동한(東漢, 25-220) 초년에 다시 악부를 개설하여 음악을 연주하고 민간의 음악을 채집하는 활동을 다시 시작하였다. 그 덕분에 동한 때에는 사람들이 좋아하는 악부시가 더욱 유행하여 지금까지 우리에게 「맥상상(陌上桑)」, 「십오종군정(十五從軍征)」, 「공작동남비(孔雀東南飛)」 같은 좋은 시들이 전해지게 된 것이다.

조조는 이러한 악부의 형식을 빌려 새로운 시 곧 새로운 악부시를 짓기 시작한 것이다. 조조는 『시경』을 중시하여 사언시도 많이 지었는데 역시 악부 형식의 시로 이루어져 있다. 특히 오언의 형식을 가장 좋아하여 오언시의 발전을 선도하게 된다. 그 밖에 잡언의 작품들도 남기고 있다.

조조는 150편이 넘는 산문을 남기고 있는데 세상 사람들을 향해서 내린 영(令) 종류의 글이 가장 많고, 황제에게 올린 글과 사람들에게 쓴 편지 등이 있다. 그는 산문도 자기의 생각을 자기 방식대로 표현한 것이라서 사상과 개성이 살아 움직이며 독특한 풍격을 이루고 있다. 이에 루쉰(魯迅, 1881-1936)은 조조는 "문장을 개조한 선구자"이며 "그는 무척 대담하여 문장이 거침없는 많은 힘을 발휘하고 있으며, 글을 쓸 적에 염려하는 것 없이 쓰고 싶은 것을 그대로 써내었다."[5] 고 말하고 있다. 그리고 그의 산문이 지니는 청신한 표현은 아들 손자와 건안 문인들로 이어지면서 더욱 다듬어져 남북조시대에 가서는 중국의 산문이 사조(辭藻)를 중시하는 변려문(騈儷文)으로 이루어지게 한다. 이처럼 조조는 새로운 문학적인 발전의 기틀을 이루었던 것이다.

이러한 조조의 영향 아래 위나라(220-265)에는 자기의 이름을 내세우고 자기의 감정이나 생각을 시나 부(賦)로 창작하는 본격적인 문학 창작이 발전한다. 조조의 뒤를 이어 그의 아들 문제 조비(187-226)와 셋째 아들 조식(192-232)이 아버지를 따라 시를 지으며 새로운 문학을 발전시켰고, 이들 삼부자를 중심으로 건안칠자(建安七子)라 부르는 시인들을 비롯하여 많은 문인들이 모여들어 자기 이름을 내걸고 악부(樂府)와 오언시(五言詩) 등을 지으면서 창작 활동을 전개하기 시작한다. 대략 건안 원년(196) 조조가 동한의 헌제를 자기의 근거지인 허(許)로 모신 뒤로부터 그의 아들과 문인들이 모여 함께 문학 활동을 전개하기 시작하였다. 양(梁, 502-557)

---

5 魯迅「魏晉風度及文章與藥及酒之關係」; "(曹操)是一个改造文章的祖師", "他膽子很大, 文章從通脫得力不少, 做文章時又沒有顧忌, 想寫的便寫出來."

나라 유협(劉勰, 465-521)은 『문심조룡(文心雕龍)』에서 이렇게 말하고 있다.

"헌제가 (許로) 옮겨 오자 문학이 성행하기 시작하여 건안(建安) 말엽에
는 온 세상에서 다 모여들었다. 위나라 무제(武帝)는 임금을 보좌하는
높은 직위에 있으면서도 늘 시와 문장을 사랑하였고, 문제(文帝)는 임
금 버금가는 무거운 자리에 있으면서도 시와 부(賦)를 잘 지었으며, 진
사왕(陳思王 조식, 112-232)은 공자라는 높은 신분인데도 옥 같은 글을 써
냈다. 모두 지위나 글재주가 빼어났기 때문에 뛰어난 재사들이 구름
처럼 모여들었다."[6]

종영(鍾嶸, 468 -518?)도 『시품(詩品)』에서 이런 말을 하고 있다.

"건안에 이르러 조씨 부자들은 문학을 매우 좋아하여, 조식 형제가 화
려한 문학계의 기둥이 되었고, 유정(劉楨, ?-217)과 왕찬(王粲, 177-217)은
그들의 나래가 되었다. 그 뒤로는 용이 바람을 타고 날아오르듯이 스
스로 그 밑으로 모여드는 자들이 백으로 헤아릴 정도였다. 대단한 인
재들이 일시에 크게 갖추어졌다."[7]

왕찬과 유정 이외에도 '건안칠자'를 비롯하여 많은 문인들이 모여들
어 함께 시를 중심으로 문학 활동을 하였다. 이는 중국 문학사상 최초

---

6   劉勰 『文心雕龍』 時序篇; "自獻王播遷, 文學蓬轉, 建安之末, 區宇方輯. 魏武以相王之尊,
    雅愛詩章; 文帝以副君之重, 妙善辭賦; 陳思以公子之豪, 下筆琳琅. 幷體貌英逸, 故俊才
    雲蒸."
7   鍾嶸 『詩品』; "降及建安, 篤好斯文. 平原(曹植)兄弟, 郁爲文棟, 劉楨 · 王粲, 爲其羽翼. 次
    有攀龍托風, 自致于屬車者, 盖以百計. 彬彬之盛, 大備于時矣."

의 문단 형성과 본격적인 중국 문학 창작의 전개를 뜻한다. 이들은 조조의 시나 산문의 창작만을 계승한 것이 아니라 조조의 문학의식을 부나 소설 산문 등 모든 문학 창작에 적용하여 중국의 전통문학을 본격적으로 발전시키기 시작했던 것이다.

이에 따라 그들의 문학사상도 구체화하여 문학론도 이루어진다. 조비의 『전론(典論)』 중의 「논문(論文)」은 지금 남아서 전하는 중국 최초의 문학론이다. 『전론』이라는 저서가 온전히 전하지 않는 것이 무척 아쉽다. 그 밖에 이들은 편지를 주고받으면서 문학도 함께 논하여 문학론을 발전시키고 있다. 이 때문에 「여왕랑서(與王朗書)」 같은 편지 속에도 문학을 논한 글이 보인다. 조식도 「여양덕조서(與楊德祖書)」 같은 편지에서 사부(辭賦)의 창작에 대하여 논하고 있다. 문학평론도 정식으로 발전하기 시작한 것이다. 이것은 조조의 시를 중심으로 하는 문학 창작이 곧 이어 중국의 전통문학 전반에 걸친 발전으로 이어졌음을 뜻하는 것이다.

건안 문학은 위나라 조조를 바탕으로 하여 이루어진 것이며 중국 문학이 문인들에 의하여 본격적으로 창작되기 시작하는 출발점이기도 하다. 따라서 조조를 필두로 하여 발전한 건안 문학은 중국 문학사상 매우 중대한 의의를 지니고 있다. 그리고 건안 문학의 중심지는 말할 것도 없이 조조의 근거지인 업(鄴)이었다. 이때의 상황을 유협(劉勰)은 『문심조룡(文心雕龍)』에서 다음과 같이 설명하고 있다.

"건안 초에 이르러 오언시가 갑자기 성행하였는데, 문제와 진사왕이 앞서서 멋대로 달렸다."[8]

---

8 『文心雕龍』 明詩篇; "暨建安之初, 五言騰踊, 文帝陳思, 縱轡以騁節."

중국의 문학평론가들은 조조와 그 밑의 아들과 시인들의 활동이 뛰어났었음을 알고 있으면서도 중국 문학사에 끼친 공로는 제대로 인정하지 않는 것 같은 모양새이다. 세상 사람들 모두가 조조를 간악한 장수로 보고 있기 때문에 그의 업적을 제대로 평가하지 않는 것 같다. 그리고 이들 조씨 삼부자를 중심으로 모여들어 활동한 작가로는 건안칠자라 부르는 공융(孔融, 153-208)·왕찬(王粲, 177-217)·유정(劉楨, ?-217)·완우(阮瑀, ?-?)·서간(徐幹, 170-217)·진림(陳琳, ?-217)·응창(應瑒, ?-217)의 일곱 명이 있고, 그들 이외에도 녜형(禰衡, 173-198)·양수(楊修, 175-219)·목습(繆襲, 186-245)·정이(丁廙, ?-220)·정의(丁儀, ?-220)·번흠(繁欽, ?-218)·응거(應璩, 190-252) 등 많은 인재들이 있다. '건안칠자'의 이름은 중국 최초의 본격적인 문론인 조비의 『전론』 중의 「논문」에 처음으로 보인다.

　조식이 양수(楊修)에게 보낸 편지 「여양덕조서(與楊德祖書)」에는 이 시대의 문인들 모습에 대하여 다음과 같이 쓰고 있다.

　　"나는 젊었을 적부터 문학을 좋아하여 지금에 이르기까지 25년이 되었습니다. 그래서 현대 작가들에 대하여 대략 말할 수가 있습니다. 옛날에 중선(仲宣, 王粲)은 한수(漢水)의 남쪽 지역에서 독보적인 존재였고, 공장(孔璋, 陳琳)은 황하의 북쪽 지역에서 위세를 크게 떨쳤으며, 위장(偉長, 徐幹)은 청주(靑州) 땅(지금의 山東省 동북부 지역)에서 이름을 날렸고, 공간(公幹, 劉楨)은 바다 근처 지방에서 글솜씨를 떨쳤으며, 덕련(德璉, 應瑒)은 북쪽 위나라에서 실력을 드러내었고, 선생(楊修)께서는 도읍인 낙양에서 존경받고 계십니다.

　　이와 같은 시대에 사람들마다 자신은 신령한 뱀이 가져다준 진주[9]를 들고 있다고 하고, 글 쓰는 사람들마다 자기는 형산(荊山)에서 난 옥돌[10]을 지니고 있다고 하고 있었소. 우리 임금님(곧 조조)은 이에 하늘의 그물을 쳐서 이들을 다 모아들이고, 다시 하늘의 줄로 이들을 얽어서 다 거두어들여, 지금은 모두가 이 나라에 모여 있습니다."[11]

이처럼 조조는 그 시대의 시를 잘 짓는 문인들을 자기 밑으로 불러들여 서기(書記) 같은 벼슬을 주고 자기를 따라 시를 짓게 함으로써 건안 문학을 이룩하게 한다.

그러면 중국 문학사상 처음으로 본격적인 문학 창작을 발전케 하고 중국 문학 창작을 새롭게 이끈 건안 문학을 이루게 한 조조는 어떤 시를 썼는가? 조조의 시는 먼저 이전의 『시경』과 악부의 형식을 본뜬 것이었다. 『시경』 중에서는 국풍(國風), 악부 중에서는 주로 즐기기 위하여 노래 부르던 상화가사(相和歌辭)를 본떴다. 따라서 그는 자신이 지은 시를 "악기를 반주하며 노래하여 모두 악장을 이루었다."[12]고 한다. 조조는 음악에도 정통하고 또 음악을 매우 좋아하였다.[13] 앞에 이미 인용한

---

9 "신령한 뱀이 가져다준 진주"; 靈蛇之珠, 옛날 隨侯가 상처 입은 큰 뱀을 발견하고 약을 발라 고쳐주었는데, 뒤에 그 뱀이 長江 물속에서 眞珠를 물고 나와 隨侯에게 보답하였다 한다. 따라서 이 眞珠는 굉장한 보물 또는 큰 능력을 상징한다.

10 "荊山에서 나는 옥돌"; 옛날에 卞和가 楚나라 荊山에서 얻었다는 매우 귀한 玉. 역시 굉장한 재물이나 능력 따위를 상징한다.

11 曹植「與楊德祖書」;"僕少小好爲文章, 迄至於今, 二十有五年矣. 然今世作者, 可略而言也. 昔仲宣獨步於漢南, 孔璋鷹揚於河朔, 偉長擅名於靑土, 公幹振藻於海隅, 德璉發跡於大魏, 足下高視於上京. 當此之時, 人人自謂握靈蛇之珠, 家家自謂抱荊山之玉. 吾王於是設天網以該之, 頓八紘以掩之, 今悉集玆國矣."

12 『三國志』魏志 卷1 武帝紀 注에 인용된 『魏書』의 글.

13 『三國志』魏志 卷1 武帝紀 裴松之注 引『曹瞞傳』; 曹操"好音樂, 倡優在側, 常以日達夕." 同書 卷29 杜夔傳; 曹操命杜夔"爲軍謀祭酒, 參大樂事, 因令創制雅樂."

원(元)대 유리(劉履)의 글에서도 "위나라 무제는 삼십여 년 군대를 지휘하면서도 손에서 책을 놓지 않고 창을 비껴든 채 시를 읊었는데 모두 그것을 노래로 부를 수가 있었다."[14]고 하였다. 악부는 본시 민간에서 노래 부르던 가요였다. 반고(班固, 32-92)의 『한서』 예문지(藝文志)를 보면 "무제가 악부를 설립하여 가요를 채집하게 하자, 이에 대(代)·조(趙)의 민요와 진(秦)·초(楚)의 노래들이 있게 되었다."[15]고 말하고 있다. 그리고 무제 이후 서한에서는 조정에서 행하는 의식이나 잔치에도 널리 쓰이게 되고, 지식인들이 필요한 가사를 다시 만들었기 때문에 악부는 민간만이 아니라 조정과 사대부 사회에도 널리 퍼지게 되었다. 그러나 동한대의 조조에 이르러서는 악부의 내용도 더욱 다양해져서 이전의 악부 형식이 그대로 전해지고 있는 것도 있지만, 악곡은 그대로 두고 가사만을 다시 쓴 것, 악곡과 가사를 모두 다시 창작한 것, 악곡은 없이 가사만 만들어진 것 등 다양하다. 어떻든 조조 이전에는 간혹 사언의 시가 지어지기도 하고 악부체의 시가 만들어지기도 했지만 전문적으로 『시경』과 악부의 형식을 따라 시를 창작한 사람은 없었다.

조조에 의하여 새로 창작된 시가는 중국시의 새로운 형식을 발전시키게 된다. 우선 그의 시는 작가의 사상과 개성이 보태진 완전한 문학의 형식으로 승격하는 것이다. 『시경』과 악부시는 본시 민간의 가요를 바탕으로 발전한 것이어서, 진실한 사람들의 정감과 사람들의 생활을 반영한 좋은 작품들이 많이 있다. 그러나 서한시대에 와서 『시경』과 악부는 그 음악적인 성격이나 문학적인 특성이 제대로 대우받지를 못하

---

14 『魏氏春秋』; "武王姿貌短小, 而神明英發."

15 『漢書』藝文志; "自武帝立樂府, 而采歌謠, 於是有代趙之謳 , 秦楚之風."

게 되었다.

조조는 그렇게 전수되고 있던 『시경』과 악부의 형식을 본떠서 새로운 시로 창작하기 시작한 것이다. 그리고 그가 지은 시를 보면 동한 말엽의 중요한 사건들과 시인 자신의 사상과 경력을 바탕으로 한 작품이 그 중심을 이루고 있다. 그의 작품 중에는 자신의 정치 이상과 포부를 읊은 시들도 있고 신선의 세계를 추구한 작품도 있다. 조조는 시인으로서의 자각을 바탕으로 자기 시를 쓰기 시작한 것이다. 이는 모든 면에서 새로운 문학의 창작을 의미한다. 뒤이어 건안 문학의 중심을 이루는 그의 아들 조식과 왕찬 같은 작가는 후세 학자들에 의하여 조조보다도 수준이 더 높은 좋은 시를 썼다는 평가를 흔히 받고 있다. 그러나 조식과 왕찬도 조조를 본떠서 시를 쓴 것이다. 조조가 없었다면 이들도 있을 수가 없었을 것이다. 조조는 중국 문학사상 자기 자신의 자각을 바탕으로 하고 『시경』과 악부의 형식을 빌려서 시를 처음으로 쓰기 시작한 작가이고, 조식이나 왕찬은 조조를 본떠서 시를 지어 그 문학을 더욱 발전시킨 시인들이다.

조조가 새로 짓기 시작한 시의 또 한 가지 특징은 『시경』을 본뜬 사언시도 모두가 악부의 형식이라는 것이다. 본시 악부 중에서도 특히 상화가사(相和歌辭)는 서정을 중심으로 하고 있는데, 조조는 각별히 상화가사의 형식을 많이 원용하였다. 청대의 심덕잠(沈德潛, 1673-1769)은 『고시원(古詩源)』에서 조조의 시를 평하면서 "옛 악부를 빌어 시사(時事, 그 당시에 일어난 갖가지 사회적 사건)를 쓰는 것은 조조에게서 비롯되었다."[16]고 말하고 있다. 조조가 악부의 형식을 빌려서 시를 지은 것은 동한 말엽의 어지

---

16 沈德潛 『古詩源』 魏詩 武帝 「蒿里行」 注釋; "借古樂府寫時事, 始於曹公."

러운 세상에서 겪게 되는 여러 가지 일과 그 속에서 느끼게 되는 격정을 글과 노래로 표현하고자 하여 이전부터 전해오는 악부의 형식을 빌리게 된 것이다. 조조에게는 뚜렷한 자기 나름대로의 창작 목표가 있었기 때문에 곧 시의 성격이나 형식에 있어서 전통적인 악부의 속박을 벗어나 자기 나름대로의 새로운 작품을 창작하였다. 그의 작품 중에는 한두 구절만이 남아 전해지고 있는 것도 있다. 많은 그의 작품이 없어져버리고 전하지 않게 된 것이 무척 아쉽다.

이러한 조조의 문학을 바탕으로 이루어진 건안 문학의 새로운 풍조는 조조의 손자인 명제(明帝, 226-239 재위)는 물론 위나라가 망할 때까지 (265) 이어졌다. 유협은 『문심조룡』 시서편(時序篇)에서 건안 시기의 문학을 다음과 같이 총평하고 있다.

> "그 시와 문장을 살펴보면 우아하고 훌륭하면서도 의기가 복받치고 있다. 진실로 세상에 오랫동안 난리가 쌓여 풍습이 쇠퇴하고 세속이 원망스럽게 되었는데, 아울러 뜻은 깊어지고 글은 잘 쓰게 된 탓이다. 그러므로 거칠면서도 기운은 떨치고 있다."[17]

그리고 중국 문학자들은 그 시대 문인들의 자각을 통해서 이루어진 이러한 새로운 문학 풍격을 건안풍골(建安風骨)이라 부른다. 건안 문학이며 건안풍골은 모두 조조를 바탕으로 하여 이루어진 것이다. 그리고 건안 문학과 건안풍골은 바로 중국 전통문학의 발전을 본격적으로 이끌

---

17 劉勰 『文心雕龍』 時序篇; "觀其詩文, 雅好慷慨. 良由世積亂離, 風衰俗怨, 並志深而筆長, 故梗槪而多氣也."

게 된다.

다만 조조가 중시하던 『시경』을 바탕으로 한 사언시는 아들 손자들이 본뜨기는 했지만 그 뒤로 더욱 크게 발전하지는 못하였다. 시의 형식에서 오언은 성조(聲調)가 발랄하고 변화가 많은 데 비하여 사언은 판에 박은 듯 변화가 적어 후세로 오면서 『시경』의 문학정신은 존중하면서도 사언의 시는 잘 짓지 않게 되었다. 이 때문에 조비와 조식 이후 후세로 가면서 사언시는 점차 창작이 유행하지 않게 된다.

다시 말하면 조조는 시를 지어 건안 문학을 이룩하였고, 그 이후 건안 문학은 중국의 전통문학을 본격적으로 이끌어 발전시키게 된다. 특히 조조가 『시경』의 문학정신을 계승 발전시키려 한 노력은 크게 평가하여야 할 것이다.

2. 조조의 사언시(四言詩)

『수서(隋書)』나 『당서(唐書)』의 경적지(經籍志)를 보면 『위무제집(魏武帝集)』 30권이 수록되어 있으니 조조는 상당히 많은 시를 썼을 것으로 여겨지나, 지금은 모두 10여 편의 시가 전해지고 있다. 그 시들은 모두가 악부체의 작품이고 사언(四言)과 오언(五言) 및 잡언(雜言)의 세 가지 형식의 시들이 있다. 그에게 특히 사언의 시가 많은 것은 그가 중국 문학의 바탕이라고도 할 수 있는 『시경』을 매우 중시했기 때문이다. 본시 중국의 시는 서주(西周, B.C. 1046-B.C. 771) 초에 사언의 시가 중심인 『시경』으로부터 출발하고 있으니 사언은 중국시의 기본 형식이다. 그러나 전국시대(B.C. 403-B.C. 221)에 와서 남쪽 초(楚)나라에 삼언(三言)이 바탕인 『초사(楚辭)』가 이루어져 유행하여, 서한(B.C. 206-A.D. 8) 초기에는 초사체와 함께 사언체의 시가가 유행하였다. 사언 체의 시로는 서한 고조(高祖, B.C. 206-B.C. 195)의 「홍혹가(鴻鵠歌)」, 서한 초기의 교사가(郊祀歌) 중의 「제림(帝臨)」, 「청양(靑陽)」, 「주명(朱明)」, 「서호(西顥)」, 「현명(玄冥)」, 「유태원(惟泰元)」, 「제방(齊房)」, 「후황(后皇)」 등이 전하고, 서한 경제(景帝, B.C. 156-B.C. 141) 때에 활약한 위맹(韋孟)의 「풍간(諷諫)」, 「재추(在鄒)」와 고조의 당산부인(唐山夫人)이 지은 「안세방중가(安世房中歌)」 대부분의 시편들이 있다. 그러나 바로 뒤에 악부시와 오언시가 유행하면서 사언시의 창작은 줄어든다. 동한(25-220)으로 들어와서는 오언 고시와 악부시가 유행하면서 사언시는 더욱 맥을 못 추게 된다. 그리고 작자가 알려진 작품은 모두 몇 수에 지나지 않는다.

그러나 조조의 시를 보면 「도관산(度關山)」, 「단가행(短歌行)」(2수 중 1수), 「선재행(善哉行)」(3수 중 1수), 「보출하문행(步出夏門行)」(5수 중 4수) 등 사언시가 많다. 그의 『시경』을 존중하는 마음가짐을 알려주는 일이라 하겠다. 그의 『시경』을 본뜬 사언시의 보기로 먼저 「단가행(短歌行)」[18]을 들기로 한다. 조조를 간웅으로 다룬 소설 『삼국연의』 제48회에는 「장강에서 연회를 베풀고 조조가 시를 읊다(宴長江曹操賦詩)」라는 제목 아래 조조가 장강의 큰 배 위에서 잔치를 베풀고 그 자리에서 창을 비껴들고 시를 읊는 이른바 횡삭부시(橫槊賦詩)하는 장면이 그려져 있다. 그때 조조가 읊은 시가 바로 이 「단가행」이다. 이 시는 소통(蕭統, 501-531)의 『문선(文選)』과 곽무천(郭茂倩, 1084 전후)의 『악부시집(樂府詩集)』 및 심덕잠(沈德潛, 1673-1769)의 『고시원(古詩源)』 등에도 실려 있다.

---

18 뒤에 樂府의 相和歌 平調曲으로 발전한다.

「단가행(短歌行)」

술이 앞에 놓였으면 노래를 불러야지,
인생이 얼마나 간다고!
마침 아침 이슬이나 같은데
지난날 괴로움만 많았네!

의기가 복받치는데
근심스러운 일들 잊기 어렵네.
무엇으로 근심 풀어버릴까?
오직 술이 있을 뿐이네.

그리운 임이여!
내 마음의 시름 하염없네.
오직 그대 때문에
지금도 나직이 읊조리고 있네.

메에 메에 사슴이 울며
들의 다북쑥 뜯고 있네.
내게 좋은 손님 오신다면
거문고 뜯고 생황 불며 반기련만!

밝고 밝은 저 달을
언제면 딸 수 있을까?

근심은 마음속에 솟는데
끊일 줄을 모르네.

들길 밭길 지나
어렵게 찾아와 주신다면,
오랫동안 떨어져 있던 정 잔치 벌이고 풀며
마음에 옛 정 새기리라.

달은 밝고 별은 희미한데
까막까치 남쪽으로 날아가다가,
나무 위를 세 바퀴나 돌고 있는데
어느 가지에 앉으려는 건가?

산은 아무리 높아도 좋고
바다는 아무리 깊어도 좋다네.
주공은 식사 중에도 음식을 뱉어놓고 인재들 마중하였기에,
세상 인심이 그에게로 돌아갔었네.

對酒當歌, 人生幾何?
譬如朝露, 去日苦多.

慨當以慷, 憂思難忘.
何以解憂? 惟有杜康.

靑靑子衿, 悠悠我心.
但爲君故, 沈吟至今.

呦呦鹿鳴, 食野之苹.
我有嘉賓, 鼓瑟吹笙.

明明如月, 何時可掇?
憂從中來, 不可斷絶.

越陌度阡, 枉用相存.
契闊談讌, 心念舊恩.

月明星稀, 烏鵲南飛.
繞樹三匝, 何枝可依?

山不厭高, 海不厭深.
周公吐哺, 天下歸心.

인생의 시름과 감개를 노래하는 중에 그의 이상이 담겨 있다. 본시
그의 「단가행」은 두 수가 전하는데, 다른 하나는 육해(六解)로 이루어져
있고 모두 주문왕(周文王)·제환공(齊桓公)·진문공(晉文公) 등 옛 훌륭한 임
금들의 일을 읊은 것이어서 이 시와 성격이 다르다. 앞에서 언급한 『문
선』과 『고시원』에도 조조의 「단가행」으로 이 시만이 실려 있다. 이 시에
서 그리는 '임'이란 자기와 함께 세상을 위하여 일할 유능한 뜻있는 인

재를 가리킨다. 술자리의 노래를 본떠서 시를 지으면서도 부질없는 인생과 시름 및 임의 그리움과 함께 자신의 정치적인 이상을 노래하고 있다. 끝머리에 주(周)나라의 주공(周公)이 자기 집에 찾아오는 사람들을 마중하기 위하여 머리를 한 번 감는 중에 세 번이나 젖은 머리를 움켜쥐고 나갔고, 밥을 한 끼 먹는 중에 세 번이나 먹던 음식을 뱉어놓고 달려나갔다는 고사를 인용하고 있다. 주공처럼 자기 뜻에 맞는 인재들을 구하여 함께 세상을 위하여 일하고자 하는 자신의 꿈을 읊고 있는 것이다. 앞쪽에서는 자기가 바라는 인재를 구하지 못하여 걱정하고 있는 자기의 심정을 절절히 노래하고 있다. 그리고 시를 지으면서『시경』의 정신을 계승하려 했을 뿐만 아니라 직접『시경』의 구절들을 인용까지 하고 있다. "그리운 임이여! 내 마음의 시름 하염없네.(靑靑子衿, 悠悠我心.)"라는『시경』정풍(鄭風) 자금(子衿) 시의 첫 두 구절을 그대로 인용한 것이다. 본시 '청청자금(靑靑子衿)'은 "파란 옷깃(衿)이 달린 옷을 입고 있는 사람"으로 자기가 그리는 임을 뜻한다. 물론 여기서는 작자가 생각하는 훌륭한 인재를 가리킨다. 다시 "메에 메에 사슴이 울며, 들의 다북쑥 뜯고 있네. 내게 좋은 손님 오신다면, 거문고 뜯고 생황 불며 반기련만!(呦呦鹿鳴, 食野之苹. 我有嘉賓, 鼓瑟吹笙.)"의 네 구절은『시경』소아(小雅) 녹명(鹿鳴) 시의 앞 네 구절을 그대로 인용한 것이다. 이「녹명」시는 훌륭한 손님을 모아놓고 잔치를 벌일 때 부르던 노래이다. 역시 유능한 인재들을 모아 함께 일하고 싶은 조조의 마음을 읊은 것이다. 이전의 악부를 바탕으로 하고『시경』국풍(國風)의 정신과 형식을 살려 지은 시이지만 그 내용은 작가의 시대성과 개성 및 사상이 실려 있는 전혀 다른 성격의 한 걸음 더 발전한 작품이다. 조조는 악부시와『시경』을 본뜨면서도 한층 더 새로운 자기 나름의 진실한 시를 쓰는 길을 연 것이다.

조조가 사언시를 많이 지은 것은 형식에 있어서나 내용에 있어서
나 『시경』을 계승하려는 뜻이 있었기 때문이다. 『시경』은 서기 기원전
1000년 전후 주(周)나라 초기에 이루어진 그 시대의 가요집이다. 그 내
용은 민간에서 수집된 노래인 풍(風)이 중심을 이루지마는 공자(B.C. 551-
B.C. 479)가 나와 유교를 이룩한 뒤에는 경전으로 높이 받들며 읽히게 된
다. 따라서 『논어』만 보더라도 『시경』의 중요성을 강조한 공자의 말이
여러 군데 보인다. 예를 들면 「계씨(季氏)」편을 보면 공자가 그의 아들
공리(孔鯉)에게 한 다음과 같은 말이 인용되고 있다.

"『시경』을 공부하지 않으면 말을 제대로 할 수가 없다."[19]

다시 「양화(陽貨)」편에서는 제자들에게 이런 말도 하고 있다.

"얘들아! 왜 『시경』을 공부하지 않느냐? 『시경』의 시들은 사람의 감
흥을 일으켜 줄 수 있고, 사물을 올바로 볼 수 있게 하며, 남과 잘 어울
릴 수 있게 하고, 잘못을 원망할 수 있게 하며, 가까이는 아버지를 잘
섬기게 하고, 멀리는 임금을 잘 섬기게 하며, 새 짐승과 풀 나무의 이
름도 많이 알게 하는 것이다."[20]

이 때문에 서한(B.C. 206-A.D. 8) 초기 학자들의 『시경』 해설을 보면 민간
가요인 국풍(國風)의 시들도 모두 경전을 받들 수 있는 방향으로 해설을

---

19 『論語』季氏; "不學詩, 無以言."
20 『論語』陽貨; "小子! 何莫學夫詩? 詩可以興, 可以觀, 可以羣, 可以怨, 邇之事父, 遠之事
君. 多識於鳥獸草木之名."

하고 있다. 국풍의 첫 장인 주남(周南)에 대한 『모시(毛詩)』의 해설만 보아도 민요에서 나온 11편의 시를 모두 황제의 부인인 "후비(后妃)의 덕을 읊은 시"로 규정하고 있다. 사랑하는 남녀 사이의 그리운 정을 노래한 시임이 분명한 세 번째 「권이(卷耳)」 시에 대하여도 「모시서(毛詩序)」에서는 이런 해설을 하고 있다.

> "후비의 뜻을 읊은 것이다. 남편을 보좌하여 현명한 이를 구하고 벼슬자리를 살피는 것은 매우 당연한 일이다. 신하들의 수고로움을 이해하고 속으로 현명한 이를 추천할 뜻을 지니되, 바르지 않거나 사사로운 마음으로 사람들을 대하는 일이 없다. 아침저녁으로 생각하여 걱정하면서 부지런히 행동하기에 이른 것이다."[21]

민요라 하더라도 『시경』의 시는 세상과 인간의 문제를 추구하여 세상을 올바로 이끌고 사람들을 착하게 인도하려는 뜻을 담고 있다고 보는 것이다. 조조는 지식인으로 또는 시인으로 시대와 인간에 대한 의무를 자각하고 그러한 『시경』의 형식과 정신을 모두 본받으려 했던 것이다. 자기 이름을 내걸고 시를 지으면서 『시경』의 정신을 살린 작품을 창작하려고 노력하였다. 청대의 심덕잠(沈德潛, 1673-1769)은 『고시원(古詩源)』에서 조조의 시를 평하면서 "조조의 사언시는 『시경』을 벗어나서 스스로 기특한 가락을 열었다."[22]고 말하였다. 그리고 현대인 샤오디페이(蕭滌非)는 그의 『한위육조악부문학사(漢魏六朝樂府文學史)』에서 "사언은 간단

---

21 『詩經』 國風 卷耳 「毛詩序」; "后妃之志也. 又當補佐君子, 求賢審官, 知臣下之勤勞, 內有進賢之志, 而無險詖私謁之心, 朝夕思念, 至於憂勤也."

22 沈德潛 『古詩源』 卷上 魏詩 武帝 「龜雖壽」 注解; "曹公四言, 於三百篇外, 自開奇響."

해서 뻣뻣해지기 쉽지만 조조의 이 시는 표현이 자연스러울 뿐만 아니라 기백이 웅대하고 성조(聲調)가 웅장하며 활달하기 때문에 다른 사람은 흉내 낼 수도 없다.”고 말하면서, 다음과 같은 명대의 종성(鍾惺, 1574-1625)이 이 시를 평한 말을 인용하고 있다.

> “사언시는 여기에 이르러 『시경』을 거의 완전히 벗어나게 되었는데, 이는 그의 마음과 손이 한 곳에 붙어 있지 않은 데서 온 것이다. ‘청청자금’의 두 구절과 ‘요요록명’의 네 구절은 완전히 『시경』을 베낀 것인데도 결과적으로는 조금도 비슷하지 않으니, 그 오묘함은 말로 표현하기 어렵다.”[23]

조조는 이처럼 자신의 꿈을 시로 읊으면서 『시경』의 형식인 사언뿐만 아니라 『시경』의 정신까지도 빌려서 노래하고자 했던 것이다. 그는 앞에 인용한 「단가행」처럼 직접 『시경』의 시 구절도 자기 시 속에 많이 인용하였다. 그리고 『시경』의 정신을 따라 사람들과 세상 문제에 대하여 많은 관심을 기울이다 보니 세상일을 읊은 서사적인 시도 발전시키게 된다.

다시 건안 12년(207)에 조조가 오랑캐인 오환족을 치고 돌아오는 길에 읊은 「보출하문행(步出夏門行)」 시를 읽어보기로 한다. 이 시는 앞머리의 「염(艶)」과 네 장의 시로 이루어져 있다.

23　蕭滌非『漢魏六朝樂府文學史』(臺北 長安出版社 1981 發行) 第3編 第2章 曹操四言樂府 “四言簡短, 易爲板垛, 而曹此作, 不惟語句自然, 且氣魄雄偉, 音調壯闊, 故不可及. 鍾伯敬(惺)曰; 四言至此, 出脫三百篇殆盡, 此其心手不粘滯處. 靑靑子衿二句, 呦呦鹿鳴四句, 全寫三百篇, 而畢竟一毫不似, 其妙難言.”

「염(艶)」

구름을 따라 빗속을 걸어
많은 강 언덕을 넘어갔네.
여러 가지 의견을 듣고 실상을 둘러보자
마음속으로 망설여져서
다시 어떤 방법을 따라야 할지 알 수가 없었네.
가다가 갈석산(碣石山)에 이르러서는
내 동쪽의 바다를 보니 마음 서글퍼지네.

雲行雨步, 超越九江之皐.
臨觀異同, 心意懷遊豫, 不知當復何從.
經過至我碣石, 心惆悵我東海.

「관창해(觀滄海)」

동쪽으로 갈석산(碣石山)에 올라가
푸른 바다 바라보니,
물결은 얼마나 출렁거리는가?
산과 섬은 물 위로 솟아있네.
나무는 우거져 있고
온갖 풀도 무성하네.
가을바람 씽씽 불자
큰 물결 일어나네.

해와 달의 운행도

저 속에서 솟아나와 이루어지는 듯.

찬란한 별과 은하수도

저 안에서 튕겨 나온 것인 듯.

매우 행복한지고!

노래로 이 마음 읊는 바이네.

東臨碣石, 以觀滄海.

水何澹澹? 山島竦峙.

樹木叢生, 百草豐茂.

秋風蕭瑟, 洪波湧起.

日月之行, 若出其中.

星漢燦爛, 若出其裏.

幸甚至哉! 歌以詠志.

「동시월(冬十月)」

초겨울 시월달에

북풍이 이리저리 부네.

날씨는 청량한데

짙은 서리 펄펄 날리네.

아침이 되니 황새가 울고

큰 기러기가 남쪽으로 날아가네.

매는 모습을 감추고

곰들은 굴속으로 들어가네.
가래와 괭이는 모두 들여 놓고
수확한 곡식은 마당에 쌓였네.
여관은 손질을 해놓고
장사꾼들을 맞으려 하네.
매우 행복한지고!
노래로 이 마음 읊는 바이네.

孟冬十月, 北風徘徊.
天氣肅淸, 繁霜霏霏.
鵾鷄晨鳴, 鴻雁南飛.
鷙鳥潛藏, 熊羆窟棲.
錢鎛停置, 農收積場.
逆旅整設, 以通賈商.
幸甚至哉! 歌以詠志.

「토부동(土不同)」

고장이 같지 않은 곳에 오니
황하 북쪽이라 추위가 매섭네.
흐르는 물 위에는 어름이 떠다녀
배조차도 다니기가 어렵네.
송곳을 꽂을 땅도 보이지 않는데
물풀은 깊숙이 자라있네.

물이 말라 흐르지 않지만
어름은 단단하여 밟고 건너갈 수가 있네.
숨어 사는 선비들은 가난하지만
용기와 협기가 있다고 가벼이 움직이면 안 되네.
마음으로 늘 탄식하고 원망하니
뼈저린 슬픔만이 많네.
매우 행복한지고!
노래로 이 마음 읊는 바이네.

鄕土不同, 河朔隆寒.
流澌浮漂, 舟船行難.
錐不入地, 豐藉深奧.
水竭不流, 冰堅可蹈.
士隱者貧, 勇俠輕非.
心常歎怨, 戚戚多悲.
幸甚至哉! 歌以詠志.

「귀수수(龜雖壽)」

신령스러운 거북이가 비록 오래 산다고 해도
언젠가는 끝날 때가 있다네.
이무기가 안개 속을 난다지만
끝내는 흙먼지가 되고 만다네.
늙은 준마가 구유 위에 엎드려 있지만

뜻은 멀리 천 리 밖에 있다네.

열사는 늙은 나이 되었지만

웅대한 마음은 그대로 있네.

길고 짧은 목숨이란

하늘에만 달려 있는 것이 아닐세.

즐거움을 누리는 복을 잘 닦는다면

장수를 누리게 될 것일세.

매우 행복한지고!

노래로 이 마음 읊는 바이네.

神龜雖壽, 猶有竟時.

騰蛇乘霧, 終爲土灰.

老驥伏櫪, 志在千里.

烈士暮年, 壯心不已.

盈縮之期, 不但在天.

養怡之福, 可得永年.

幸甚至哉! 歌以詠志.

「보출하문행」은 상화가(相和歌) 슬조곡(瑟調曲)에 속하는 악부이다. 다섯 편 중 앞머리 염(豔) 만이 완전한 사언 형식이 아니다. 이 시는 「갈석편(碣石篇)」이라고도 하였고 「보출동서문행(步出東西門行)」으로 된 판본도 있다. '하문(夏門)'은 낙양의 서북쪽에 있던 성문 이름이다. 건안 12년(207) 초겨울 조조는 직접 대군을 이끌고 동북쪽에서 늘 침략을 일삼으며 말썽을 일으키고 있는 오랑캐 오환족을 치러 나갔다. 그때 조조에게 패멸한 원소(袁紹)의 아들 원희(袁熙)와 원상(袁尚)도 오환족한테로 도망가 있었다. 때는 겨울로 접어들고 있어서 이백 리를 진군해도 물이 없어서 언 땅을 깊이 파고 물을 얻느라 애를 먹었고 식량도 모자라서 자기네 말 수십 마리를 잡아먹으면서 어렵게 싸워 결국은 오환족을 무찔렀다. 그 결과 중국의 동북 지방이 안정되었다. 이 시는 건안 13년 정월 업(鄴)으로 돌아오면서 그때의 체험과 감정을 읊은 것이다.

「관창해(觀滄海)」 시의 첫머리에 보이는 갈석산은 발해만(渤海灣) 가까운 하북(河北)성의 진황도(秦皇島) 부근에 있는 산이다. 조조는 북쪽의 오환족을 치고 돌아가다가 갈석산 옆을 지나면서 푸른 바다를 바라보고 이 시를 읊은 것이다. 북쪽 땅에서 어려움과 싸우던 정감 및 탄식과 함께 추운 고장의 장대한 풍물이 서사적으로 잘 묘사되어 있다. 끝머리 두 구절인 "매우 행복한지고! 노래로 이 마음 읊는 바이네."는 앞머리 염(豔) 시를 제외한 나머지 네 편의 시 끝머리에 모두 붙어 있다. 이 시를 악기로 반주하며 노래 부를 적에 노래를 매듭짓기 위하여 후렴으로 붙인 부분이다.

「동시월(冬十月)」 시와 「토부동(土不同)」 시는 추위가 매서운 겨울 북쪽 땅에서 싸우던 정경을 생각하며 읊은 것이다. 추위와 어려움을 극복한 의기와 당시의 정감을 살린 서정이 장대하게 느껴진다. 끝머리 「귀수수(龜雖壽)」 시는 사람의 수명을 바탕으로 노래하면서도 작자의 웅대한 뜻을 느끼게 한다. '신령스러운 거북이'이며 용에 가까운 '이무기'도 모두 수명에는 한계가 있으니 사람이야 더 말할 것도 없다고 전제하고 있다. 그러나 '늙은 준마(駿馬)'가 구유의 먹이를 먹고 있지만, 뜻은 천 리 밖 먼 곳에 두고 있듯이 열사는 늙었다 해도 웅대한 마음을 그대로 지니고 있다는 것이다. 여기의 열사는 물론 작자 자신을 가리킨다. 길고 짧은 사람의 목숨은 하늘에 달린 것이 아니다. 사람이 잘 수양하고 노력하면 오래 살 수 있게 된다. 뜻 있는 삶을 살면 일 년을 살아도 오래 사는 것이고, 아무렇게나 살면 백 년을 산다 해도 짧은 목숨인 것이다. 조조는 그때 나이 54세여서 이미 늙었다고들 하지만 끝까지 자기의 야망을 좇아 뜻있는 삶을 살겠노라고 의지를 불태우고 있는 것이다.

조조는 이러한 의기를 가지고 평생의 소망을 추구해 나간 인물이다. 이 「보출하문행」은 옛날부터 많은 문인들이 빼어난 시라고 칭송하고 있다. 남송 유의경(劉義慶, 403-444)의 『세설신어(世說新語)』 호상(豪爽)편에는 다음과 같은 이 시에 관련된 재미있는 일화도 인용하고 있다. 곧 진(晉)나라 사람 왕돈(王敦, 266-324)은 늘 술에 취할 적마다 이 시의 "늙은 준마가 구유 위에 엎드려 있지만, 뜻은 멀리 천 리 밖에 있다네. 열사는 늙은 나이 되었지만, 웅대한 마음은 그대로 있네."라고 한 네 구절을 여의(如意)로 항아리를 두드리며 노래하여 항아리 주둥이의 이가 다 빠져버렸다는 것이다. 이는 명나라 호응린(胡應麟, 1590 전후)이 『시수(詩藪)』 내편(內篇)에서 말한 것처럼 이 시의 이 네 구절은 각별히 빼어난 명구임을 말해주기도 하는 고사이다.

다음에는 조조의 정치 이상을 엿볼 수 있는 사언시로 「도관산(度關山)」을 소개한다. 이 시는 시작하는 두 구절만은 삼언(三言)으로 이루어져 있지만 나머지 전편은 사언이다.

「도관산(度關山)」

하늘과 땅 사이에서는
사람이 귀한 존재라네.
임금 세워 백성을 다스리게 하고,

그러기 위한 법칙을 정하였다네.
수레바퀴 자국 말발 자욱이
이리저리 사방으로 뻗게 하고,
그릇된 것은 물리치고 잘하는 것은 내세워
백성들 번성하게 하였다네.

훌륭하신 성현들은
온 세상을 잘 다스리고,
제후(諸侯)들을 다섯 가지 작위(爵位)²⁴로 나누어 봉하고,
정전(井田)²⁵의 제도와 여러 가지 법을 정하였다네.
범법 사실을 기록한 문서를 태워버리기는 하지만
함부로 죄를 용서해 주지는 않았다네.
그러니 고요(皐陶)²⁶와 보후(甫侯)²⁷ 같은 이들
어이 실직을 하였겠는가?

아아! 후세에 이르러서는
제도도 바꾸고 법도 바꾼 위에,

---

24 다섯 가지 爵位; 옛날 제후들을 봉할 적에 公·侯·伯·子·男의 다섯 가지 작위로 각각 구별하였다.

25 井田制度; 殷나라와 周나라 초기에 쓰인 土地制度. 대략 900畝 넓이의 땅을 한 개의 單位로 하여, 땅을 井字 모양으로 구획하여 九等分하기 때문에 井田이라 한다. 그중 中區의 땅은 公田, 나머지 8區의 땅은 私田으로 하여 8名이 耕作한다. 다만 8名은 公田을 협력하여 먼저 잘 경작한 뒤 수확한 곡식을 나라에 바친다.

26 皐陶; 舜임금과 夏나라 初期의 賢臣. 舜임금 때 刑法을 관장하는 理官으로 법을 공정하게 집행하여, 태평성세를 이끌어내는 데 크게 공헌한 인물임.

27 甫侯; 周 穆王 때 법을 공정히 관장한 賢臣, 呂侯라고도 함.

백성들 수고롭히며 임금만을 위하게 하고

부역(賦役)으로 백성들 힘 다하게 하였네.

순(舜)임금이 옻칠한 밥그릇[28] 쓰자

열 나라가 배반하였으니,

요(堯)임금이

다듬지 않은 거친 나무 서까래 집에 산 것만 못하였네.

세상에서 백이(伯夷)[29]를 찬탄하는 것은

세속을 바로잡고자 하는 것이네.

사치는 악한 일 중에서도 큰 것이고,

검소함은 모든 사람에게 덕이 된다네.

허유(許由)[30]처럼 벼슬자리 사양하면

어찌 송사(訟事)가 일겠는가?

모든 사람이 서로 사랑하고 뜻을 같이하면[31]

소원한 사람도 친해진다네.

---

28 옻칠한 밥그릇; 사치스러움을 뜻함. 앞의 堯임금이 질그릇 식기를 쓸 적에는 배반하는 자 없이 온 천하가 따랐었다 한다.

29 伯夷; 周 武王이 殷나라 紂王을 치자 이는 "暴力으로 暴惡함을 바꾸는 짓" 곧 "以暴易暴"이라 하며 아우 叔齊와 함께 首陽山에 들어가 숨어 고비를 뜯어먹고 살다가 굶어 죽었다는 사람임.

30 許由; 堯임금이 그가 賢明함을 알고 임금 자리를 물려주겠다고 하자 도망쳐서 세상으로 부터 숨어 살았다는 사람.

31 兼愛·尙同; 兼愛는 모든 사람들이 서로 사랑하고 서로 이롭게 해주는 것, 尙同은 위의 나라를 다스리는 사람과 아래 백성들이 뜻을 같이하여 세상을 평화롭게 하는 것. 모두 墨子의 이상이며, 각각 그의 저서인 『墨子』의 편명이기도 함. 이를 통해 曹操는 墨子가 꿈꾸던 모든 사람들이 서로 사랑하며 뜻을 같이하여 세상을 평화롭게 하려던 이상을 지니고 있었음을 알게 됨.

天地間, 人爲貴.

立君牧民, 爲之軌則.

車轍馬跡, 經緯四極.

黜陟幽明, 黎庶繁息.

於鑠賢聖, 總統邦域.

封建五爵, 井田刑獄.

有燔丹書, 無普赦贖.

皐陶甫侯, 何有失職?

嗟哉後世, 改制易律.

勞民爲君, 役賦其力.

舜漆食器, 畔者十國.

不及唐堯, 采椽不斲.

世歎伯夷, 欲以厲俗.

侈惡之大, 儉爲共德.

許由推讓, 豈有訟曲?

兼愛尙同, 疏者爲戚.

이 시는 상화가(相和歌) 상화곡(相和曲)에 속하는 악부시이다. 조조는 30
세가 되는 영제(靈帝, 168-189)의 중평(中平) 원년(184)에 제남상(濟南相)이 되
어 혁신적인 정책을 시행하려 하다가 권세를 쥔 환관과 귀족들의 미움
을 사서 뜻대로 되지 않자 중평 4년(187)에는 병을 핑계로 자기 고향 초

(譙)로 돌아왔다. 그 무렵에 지은 시일 것이다. 전부 네 단으로 이루어져 있다. 첫째 단에서는 임금이 나라에 질서가 있고 평화롭게 다스리는 세상을 꿈꾸고 있음을 읊고 있다. 둘째 단에서는 옛날의 성현들이 다스리던 태평스럽던 세상을 읊고 있다. 자신도 능력만 있다면 그런 세상을 만들고 싶었을 것이다. 셋째 단에 가서는 후세의 임금들이 너무 자신만의 사치스러운 생활을 즐기며, 법으로 백성들을 얽매어 놓고 괴롭히는 실정을 한탄하고 있다. 끝 단에 가서는 욕심 없이 깨끗이 세상으로부터 숨어 산 옛날의 백이(伯夷)나 허유(許由) 같은 인물을 칭송하며, 묵자(墨子, B.C. 480-B.C. 390)가 꿈꾸던 모든 사람들이 서로 사랑하는 겸애(兼愛)의 세계와 임금과 백성들이 한마음으로 평화로운 나라를 유지하던 상동(尙同)의 정치를 읊고 있다. 묵자는 본시 공자와는 반대로 옛날의 세상에서 지배를 당하고 있는 낮은 계급의 사람들을 대변한 사상가라서 중국 역대의 봉건 지배자들로부터 이단적인 사상가로 배척을 받아 중국에서는 공공연히 읽히지 않던 저서이다. 그런 묵자의 사상을 내놓고 노래했다는 것은 조조가 낮은 백성들을 위하려는 적극적인 일면이 있음을 알게 해준다. 그리고 동한 말의 조조로서는 옛날의 백이나 허유 같은 사람을 노래하고 있지만 실은 꿈으로나 그려보는 수밖에 없는 완전히 다른 세상의 다른 성격을 지닌 분들이었다.

조조의 뒤를 이어 그의 아들과 손자들 및 그들을 따르던 문인들도 모두 사언시를 짓고 있다. 그러나 그의 아들 조비와 조식의 경우를 보더라도 사언시와 오언시는 작가에 따라 창작 취향이 다른 것 같다. 일반적으로 두 아들 중 시는 조식이 더 많은 양의 더 많은 좋은 시를 썼다고 평가되고 있다. 그러나 사언시만을 놓고 보면 반대로 문제 조비가 더 많은 작품과 더 좋은 시를 남기고 있다. 이미 앞의 제5장에 조비가 자기 아버지를 흠모하며 부른 사언의 악부 「단가행」을 소개하였다. 역시 큰 아들 조비 쪽이 아버지를 계승하는 태도가 문학 면에서도 더 성실했던 탓이라 여겨진다. 다시 조비의 「선재행(善哉行)」 2수를 읽어보기로 한다. 이 두 수의 시는 같은 제목 아래 전해지고 있지만 시의 형식이며 내용이 전혀 서로 다르다.

제1수(首)

산에 올라 고비를 뜯다 보니
날이 저물자 배고파 괴로워지네.
계곡에는 바람이 많이 불어
서리와 이슬이 옷을 적시네.　　　　-1해

들꿩은 무리를 지어 울고
원숭이들은 서로 뒤쫓고 있네.
고향 그리워 바라보니
울적한 마음 얼마나 쌓이는가?　　　　-2해

높은 산엔 절벽이 있고
나무에는 가지가 있네.
내 시름은 오는 곳도 모르겠고
남들은 그걸 알지도 못하네.　　　　-3해

인생은 짧은 것인데

시름이나 많아서 무얼 하겠는가?
지금 내가 즐기지 않으면
세월은 말달리듯 지나가 버린다네.　　　-4해

찰랑찰랑 냇물이 흐르는데
그 가운데 떠가는 배가 있네.
물결 따라 이리저리 돌아가는 것이
떠돌아다니는 나그네 같네.　　　-5해

내 좋은 말 타고 채찍질하고
내 가벼운 갖옷 입고서,
달리고 달리면서
시름이나 잊어볼까!　　　-6해

上山採薇, 薄暮苦饑.
溪谷多風, 霜露沾衣.　　　一解

野雉羣雛, 猴猿相追.
還望故鄉, 鬱何壘壘?　　　二解

高山有崖, 林木有枝.
憂來無方, 人莫之知.　　　三解

人生如寄, 多憂何爲?

今我不樂, 歲月如馳.　　　　　　四解

湯湯川流, 中有行舟.
隨波轉薄, 有似客遊.　　　　　　五解

策我良馬, 被我輕裘.　　　　　　　　 ·
載馳載驅, 聊以忘憂.　　　　　　六解

제2수

아름다운 여인이 한 사람 있는데
맑은 눈에 넓은 이마가 예쁘기도 하네.
고운 모습에 어여쁜 웃음 짓고
부드럽고 아름다운 마음 지녔네.
음악을 공부하고 가곡도 많이 알며
악기 연주도 잘한다네.
슬픈 가락을 미묘하게 울리면
맑은 기운에 향기로운 울림이 느껴지고,
정(鄭)나라 음악과 초(楚)나라 음악 연주하는데
모두 곡조가 잘 들어맞네.
마음을 감동시키고 귀를 움직여주어
묘하고 고운 가락 잊을 수 없게 하네.

저녁이 되어 둥지에 깃드는 짝 잃은 새가
늪 속에 있는데,
목을 길게 빼고 날개를 치며
울면서 짝을 찾고 있네.
마음이 끌려 그들을 돌아보니
내 가슴에 시름을 안겨주네.
아아! 옛 분들은
어떻게 걱정을 잊었을까?

有美一人, 婉如淸揚.
姸姿巧笑, 和媚心腸.
知音識曲, 善爲樂方.
哀絃微妙, 淸氣含芳,
流鄭激楚, 度宮中商.
感心動耳, 綺麗難忘.

離鳥夕宿, 在彼中洲.
延頸鼓翼, 悲鳴相求.
眷然顧之, 使我心愁.
嗟爾昔人, 何以忘憂?

　첫째 시는 『문선』에는 「고재행(苦哉行)」이란 제명 아래 실려 있다. 흔히
있는 민요를 바탕으로 작가가 쓴 것인 듯하다. 짧은 인생이니 시름 걱
정은 버리고 마음껏 즐기면서 살자는 것이다. 악부시는 본시 민요와 관

련이 깊은 시형이기 때문에 민요의 영향을 받은 것이다. 둘째 시는 미인이 악기를 연주하며 멀리 떨어져 있는 임을 그리는 모습을 상상하며 읊은 시이다. 첫 두 구절은 『시경』 정풍(鄭風)의 「야유만초(野有蔓草)」 시에서 그대로 따온 것이다. 조비도 아버지를 따라 『시경』을 적극적으로 본뜨려 했음을 알 수 있다. 따라서 이 시에서 노래하는 '아름다운 여인'이란 나라를 다스리는 임금이나 높은 지위에 있는 사대부에 비유를 한 것이다. 그 미녀가 악기로 음악연주를 잘하며 듣는 이를 감동시키는 노래를 한다는 것은 임금이 나라를 잘 다스리고 사대부들이 자기가 할 일을 성심껏 잘하는 것에 비유한 것이다. 그리고 이 시의 둘째 단에서 짝을 잃은 새가 울면서 자기 짝을 찾고 있는 것은 임금이나 사대부들이 자기와 함께 일할 현명한 사람을 찾고 있는 것에 비유를 하며 읊은 것이다. 그렇게 풀이하여야만 『시경』을 본뜨려는 작자의 의도가 살아난다.

건안칠자와 그 시대 문인들도 모두 조조를 이어받아 사언시를 썼지만 그중에서도 왕찬(王粲, 177-217)과 혜강(嵇康, 223-262)이 두드러진 사언시를 짓고 있는 것 같다. 특히 왕찬이 위나라의 종묘에서 제사 지낼 때 쓰도록 지은 「태묘송(太廟頌)」 3수와 「유아무가(俞兒舞歌)」 4수는 『시경』의 송(頌)시를 형식까지도 본떠서 지은 것이고, 「증채자독시(贈蔡子篤詩)」와 「증사손문시(贈士孫文始)」, 「증문숙량(贈文叔良)」, 「사친시(思親詩)」 등은 아(雅)시를 본떠서 지은 것이다. 왕찬의 「태묘송」의 세 수 중 사언이 아닌 중간의 작품은 빼고 앞뒤의 두 수를 다음에 소개한다.

「태묘송」

위대하신 조상님들은

그분들의 덕을 이루셨네.
웅장한 근원을 여시어
우리에게 법도를 잘 일러주셨네.
우리가 아름다운 성취를 이룩하려면
먼저 조상님들의 도를 따라야 하네.
매우 밝고 매우 공경스러우니
진실로 우리 조상님들이시네.

思皇烈祖, 時邁其德.
肇啓洪源, 貽燕我則.
我休厥成, 聿先厥道.
丕顯丕欽, 允時祖考.

아아, 아름다운 청묘에는
좋은 징조가 엄정하네.
여러 뛰어난 제사를 돕는 선비들은
그들의 덕이 진실로 훌륭하네.
높은 자리에 계신 분을 마음으로 생각하며
모두가 궁 안에서 분주하네.
잘되지 않을 것은 생각도 말아야지,
진실로 그들이 높이 받드는 것을 보게 되네.

於穆淸廟, 翼翼休徵.

祁祁髦士, 厥德允升.

懷想成位, 咸犞在宮.

無思不若, 允觀厥崇.

왕찬은 열심히 조조처럼 『시경』을 본받아 좋은 시를 쓰려고 노력하
였는데, 그는 민요에서 나온 국풍(國風)의 시뿐만 아니라 조조보다도 한
걸음 더 나아가 조정에서 쓰던 아(雅)와 송(頌)의 시까지도 본뜨려고 하
였던 것이다. 이로써 뒤의 시인들이 얼마나 열심히 조조를 본뜨려 하였
는가를 잘 알 수 있을 것이다.

혜강도 「추호행(秋胡行)」 7수, 「유분시(幽憤詩)」, 「증수재입군(贈秀才入軍)」
19수, 「주회시(酒會詩)」 7수, 「잡시(雜詩)」 등 사언의 시를 여러 편 남기고
있다. 그의 「추호행」 7수 중 앞의 두 수를 읽어보기로 한다.

「추호행」

부해지고 출세하는 것은 존귀하고 영광스러운 거라지만

걱정과 환난을 정말로 많이 겪게 된다네.

부해지고 출세하는 것은 존귀하고 영광스러운 거라지만

걱정과 환난을 정말로 많이 겪게 된다네.

옛사람들이 두려워한 것은

건물이 화려하고 덧문이 달린 집이었네.

사람들은 그보다 위의 사람을 해치고

짐승은 쳐놓은 망을 싫어한다네.

오직 가난하고 천한 사람만은

별다른 탈이 없게 된다네.
노래로 알려주세,
부해지고 출세하면 걱정과 환난이 많아지는 것을.

富貴尊榮, 憂患諒獨多.
富貴尊榮, 憂患諒獨多.
古人所懼, 豊屋蔀家.
人害其上, 獸惡網羅.
惟有貧賤, 可以無他.
歌以言之, 富貴憂患多.

가난하고 천하면 살아가기 쉽고
굉장히 출세하면 잘 살아가기 어렵다네.
가난하고 천하면 살아가기 쉽고
굉장히 출세하면 잘 살아가기 어렵다네.
아첨하는 것이 부끄러운 일임을 곧장 말하면
환난을 당하게 되는 일이네.
갖가지 변고가 생기고
길한 일도 흉하게 된다네.
누런 개를 끌고 가려 해도
그놈을 따라오게 하는 수가 없다네.
노래로 알려주세,
굉장히 출세하면 잘 살아가기 어렵다는 것을.

貧賤易居, 貴盛難爲工.

貧賤易居, 貴盛難爲工.

恥佞直言, 與禍相逢.

變故萬端, 俾吉作凶.

思牽黃犬, 其計莫從.

歌以言之, 貴盛難爲工.

맨 앞의 시를 고르다 보니 완전한 사언시가 아니다. 그렇지만 혜강의 사언시의 풍격을 알기에는 충분하다. 『시경』을 본뜬 사언시라 하였지만 혜강의 작품은 리듬이 가볍고 내용은 개성적이다.

여하튼 이처럼 조비에게서 시작하여 많은 그 후의 시인들도 사언의 시를 지으면서 『시경』을 본뜨려 하였다. 곧 서진(西晉, 265~317)과 동진(東晉, 317~420)시대에도 사언시를 지은 작가들이 여러 명 있었다. 그러나 동진의 대시인 도연명(陶淵明, 365~427)에 이르러 사언시는 발전의 정점을 이룬 뒤 더 이상의 발전을 이루지 못하고 만다. 역시 도연명은 대시인이라 다른 어떤 시인들보다도 사언시의 중요성 곧 『시경』의 정신을 많이 이해하고 있었다고 여겨진다. 도연명의 시를 읽어보면 아무리 사언이란 형식이 간단하고 짧아서 변화가 적을 수밖에 없는 시형이라고는 하나 후세의 시인들이 사언을 계승 발전시키지 못한 아쉬운 마음이 더해진다. 아래에 도연명의 시를 한 수 예를 들어 보고자 한다.

「정운(停雲)」

서; 「정운」은 친한 친구를 생각하는 시이다. 술통에는 새로 익은 술이

맑게 고여 있고, 뜰에는 신록이 우거진 나무가 늘어서 있다. 바라는
대로 되지 않으니 한숨으로 가슴이 미어진다.

序; 停雲, 思親友也. 罇湛新醪, 園列初榮. 願言不從, 歎息彌襟.

자욱이 덮여 있는 구름,
부슬부슬 철에 맞는 비 내리네
팔방이 온통 어두워서
평평한 길도 막혀 버린 듯.
조용히 동쪽 뒷마루에 기대앉아
봄 막걸리 통을 홀로 어루만지네.
좋은 친구는 아득히 멀리 있어
머리 긁적이며 서성이네.

덮여 있는 구름 자욱하고
철에 맞는 비 부슬부슬 내리네.
팔방이 온통 어두워져
평평한 땅도 강이 되었네.
마침 술이 있어 동창 앞에서 한가히 마시네.
그리운 사람 오기 바라지만
배도 수레도 오는 게 없네.

동쪽 뜰의 나무는
가지에 잎이 무성해지네.
다투어 새롭고 아름다움으로써

내 마음 기쁘게 하네.
사람들도 말하기를
해와 달은 흘러가고 있다 하였네.
어찌하면 자리 마주하고 앉아
젊었을 적 이야기를 나눌꼬?

펄펄 날아다니던 새가
우리 뜰 나뭇가지에 앉았네.
나래 거두고 한가히 쉬면서
아름다운 소리를 주고받네.
어찌 딴 사람이야 없겠는가?
그대 생각이 실로 간절하기 때문이지.
바라는 대로 되지 않으니
가슴의 한을 어이하면 좋을까?

靄靄停雲, 濛濛時雨.
八表同昏, 平路伊阻.
靜寄東軒, 春醪獨撫.
良朋幽邈, 搔首延佇.

停雲靄靄, 時雨濛濛.
八表同昏, 平陸成江.
有酒有酒, 閒飮東窓.
願言懷人, 舟車靡從.

東園之樹, 枝條再榮.
競用新好, 以怡余情.
人亦有言, 日月于征.
安得促席, 說彼平生?

翩翩飛鳥, 息我庭柯.
斂翮閒止, 好聲相和.
豈無他人? 念子實多.
願言不獲, 抱恨如何?

　도연명에게는 「정운(停雲)」 시 이외에도 「시운(時運)」, 「권농(勸農)」, 「영목(榮木)」, 「명자(命子)」 등 빼어난 사언시가 여러 편 있다. 사언이라는 시의 형식에는 시인의 뜻을 표현하는 데 한계가 있는 것 같다. 따라서 이후의 문인들이 조조의 사언을 계승하여 시를 짓기는 했지만 더 이상의 발전은 시키지 못한다. 그리고 도연명 만한 시인도 더 이상 나오지 못한다.

　다시 한 번 강조하지만 조조 시의 가장 두드러진 특징은 시의 창작에서 『시경』을 계승하려고 무척 노력하면서도 악부의 형식을 바탕으로 하여 시를 썼다는 것이다. 그의 작품 중에는 사언으로 이루어진 작품이 무척 많다. 한나라 시대는 시 중에서 사언의 형식이 시들어가던 시대라 『시경』의 형식을 다시 부흥시키려고 노력한 그의 공로는 높이 평가해야만 할 것이다. 조조는 이전의 악부를 빌려 새로운 시를 쓰기 시작하면서, 특히 사언의 시로 자신의 감정과 어지러운 세상일들을 읊어 시를 쓰는 목표를 분명히 하였다. 그리고 사언시는 동진시대까지 창작이 이어지기는 하지만 그 시 정신은 올바로 계승되지 못한 것 같다. 이 때문에 중국의 고전문학은 이 뒤로 발전을 하면서도 차차 사언시만은 오언에 눌려 설 자리를 잃게 되었다. 특히 남북조시대에 유미주의적인 풍조가 크게 성행하면서 그것은 결정적인 시의 흐름이 되고 만다. 어떻든 또 다른 그의 위대한 문학상의 공헌은 악부를 바탕으로 시를 쓰면서도 오언의 형식을 개척하고 발전시켜 중국 문학사상 오언시의 성행을 선도하였다는 것이다. 조조의 시를 중심으로 한 새로운 문학 창작은 건안문학으로 이어진 뒤 위·진·남북조를 통하여 계속 발전하여 당(唐)·송(宋)의 문학을 이루게 된다.

3. 조조의 오언시(五言詩)

다음에는 조조가 악부를 비탕으로 새로 개발한 오언시에 대하여 살펴보기로 한다. 조조라는 시인은 다른 한편 장군으로 수많은 어려운 전쟁을 직접 치른 사람이다. 이러한 그의 생활이 시에 반영되지 않을 리가 없다. 그가 지은 시 속에는 전쟁 중에 겪는 고난과 실정을 생생하게 읊은 작품들도 있다. 이러한 사실적인 시도 조조에게서 처음으로 개발된 것이다. 그 예로 「고한행(苦寒行)」을 한 수 든다.

북으로 태행산에 오르니
힘든지고, 어찌나 높고 험한가!
양 창자처럼 언덕길 꾸불꾸불하여
수레바퀴도 그 때문에 부서지네.

나무들은 어찌 이리 썰렁한가?
북풍 소리만이 슬프네.
큰 곰 작은 곰 나를 향해 웅크려 앉아 있고
호랑이 표범 양 길가에서 울고 있네.
계곡에는 사람 드문데
눈만이 어찌 펄펄 내리는가?
목 길게 뽑고 떠나온 곳 바라보며 긴 한숨 짓노니
멀리 떠나온 몸 그리움 많네.

내 마음 어찌 이리 답답한가?
곧장 동쪽으로 돌아가고만 싶네.
물은 깊은데 다리는 끊겨
객지 길을 배회하고 있네.
갈팡질팡 옛길 잃어버렸는데
저녁이 되어도 잘 곳이 없네.

가고 또 가서 날로 멀어지니
사람과 말이 함께 굶주리네.
행낭 메고 가 나무를 해오고
도끼로 얼음 깨고 물 떠서 죽을 끓이네.

슬프다, 「동산」 시여!
끝없이 나를 슬프게 하네.

北上太行山, 艱哉何巍巍?
羊腸坂詰屈, 車輪爲之摧.

樹木何蕭瑟, 北風聲正悲.
熊羆對我蹲, 虎豹夾路啼.
谿谷少人民, 雪落何霏霏?
延頸長歎息, 遠行多所懷.

我心何怫鬱? 思欲一東歸.
水深橋梁絶, 中路正徘徊.
迷惑失故路, 薄暮無宿棲.

行行日已遠, 人馬同時飢.
擔囊行取薪, 斧冰持作糜.

悲彼東山詩, 悠悠使我哀.

시의 형식 중 오언은 삼언이나 사언 또는 칠언 등에 비하여 산뜻하고 부드러운 위에 리듬이 아름답다. 조조 이후 오언시가 크게 발전하는데, 오언은 민간의 노래로부터 발전한 형식이어서 내용도 가볍고 통속적이며 작자의 감정을 잘 표현할 수가 있는 형식이다. 이 때문에 조조 이후로 이 오언의 형식은 모든 시인들이 좋아하는 시의 형식으로 군림한다. 「고한행」은 상화가(相和歌) 청조곡(淸調曲)에 속하는 가사이다.

이 시는 건안 11년(206) 정월에 오랑캐 오환(烏桓)족과 결탁하여 반역을 꾀한 원소(袁紹, ?-202)의 외조카 고간(高幹, ?-206)을 칠 때 지은 시라 한다. 원소는 조조의 친구였으나 세력이 커지자 반역의 뜻을 품고 먼저 방해가 되는 조조를 쳐 없애려 하였다. 그러나 건안 5년(200) 조조는 원소의 대군을 상대로 어려운 싸움을 이어간 끝에 관도(官渡)의 싸움에서 그를 쳐부쉈다. 그러나 원소의 아들들이 살아남아 오랑캐 오환족과 손을 잡고 계속 반란을 꾀하여, 건안 10년(205)부터 12년(207)에 이르는 기간에 조조는 원소의 아들 원담(袁譚, ?-205)과 원상(袁尙, ?-207) · 원희(袁熙, ?-207) 형제와 오환족을 치느라고 무척 혼이 났다. 그러는 중에 이들 형제와 함께 반역을 꾀하는 외조카 고간을 치게 된 것이다. 고간은 조조에게 항복하였다가 다시 북쪽으로 도망가서 군대를 이끌고 호관(壺關, 지금의 山西省 長治縣 동남 지역)에서 반항을 하고 있었다. 조조는 친히 군사를 이끌고 업(鄴, 지금의 河北省 臨漳縣 서쪽 지역)에서 출발하여 고간을 치기 위하여 북쪽으로 올라가 태행산(太行山)을 넘어갔다. 때는 정월달, 추위에 눈과 싸우며 험한 길을 가느라 무척 고생을 하였다. 이 시는 그때 행군을 하면서 겪은 어려움을 노래한 것이다. 이때 조조는 3월에 가서야 호관을 완전히 정복하고 반란을 평정할 수가 있었다.

태행산은 하남성(河南省) 제원현(濟源縣)에서 시작하여 산서(山西)와 하북(河北)의 세 성에 걸쳐 있는 험한 산이다. 이 시의 끝머리에 인용하고 있는 「동산」 시는 『시경』 빈풍(豳風)에 실려 있는 작품으로, 서기 기원전 1000년 무렵 주(周)나라의 주공(周公)이 이전의 은(殷)나라 지역에 일어난 반란을 평정하기 위하여 출정한 이른바 동정(東征)을 한 뒤의 감상을 노래한 시이다. 「동산」 시의 제1절과 제2절에서는 전쟁터에서 종군을 하는 노고와 집 생각 고향 생각을 노래하고 있고, 제3절과 제4절에서는 전쟁터에서 집에 돌아왔을 때와 그 후의 아내와의 즐거운 생활을 노래하고 있다. 조조는 「동산」 시의 주공이 동쪽 반란 지역을 정벌할 때처럼 속히 반역자들을 물리치고 모두가 자기 고향으로 돌아가 안락하고 평화로운 삶을 누리게 하고 싶었던 것이다. 이 「고한행」에서는 추운 북방의 경관이 비장한 정감과 함께 잘 그려져 있고, 서사에 깃들여 자기의 이상도 잘 노래되고 있다. 조조는 자신의 무거운 감정과 지극히 험난한 현실을 노래하기 위하여 악부의 형식을 따르면서도 오언으로 노래한 것이다. 여기에는 새로운 성격과 형식의 서사적인 시가 개발되고 있다. 그의 뒤를 이은 시인들이 이 오언의 시를 따라 더 크게 발전시킨 것은 당연한 추세였다고 하여야 할 것이다.

악부의 형식은 빌리면서도 내용은 악부와 전혀 다른 성격의 시를 이룬 작품들도 있다. 그 예로 「해로(薤露)」와 「호리행(蒿里行)」 같은 악부는 중국에서 죽은 이를 상여에 메고 장사지내러 가면서 부르던 대표적인 만가(輓歌)이다. 그러나 조조는 그러한 악부를 빌려 어지러운 세상일을 읊으며 거기에 자기 사상을 담아낸 새로운 시로 발전시키고 있다. 「해로」 시를 아래에 먼저 소개한다.

한나라 20대의 황제에 이르러
임용한 신하가 정말 좋지 않았네.
원숭이가 목욕하고는 관 쓰고 띠를 맨 모양,
지혜는 없으면서도 큰일을 저질렀네.
우물쭈물 결단도 내리지 못하더니
순수(巡狩)를 핑계로 임금들이 잡아갔네.
흰 무지개가 해를 가로지르고,
자기가 먼저 재앙을 당하였네.

역적이 나라의 권세를 잡고

왕을 죽이고 도읍을 부수었네.

제국의 바탕을 뒤엎어 버리고

종묘도 불태워 버렸네.

황제를 서쪽 장안으로 옮겨가니

울면서 따라갔다네.

낙양성 바라보니

미자 같은 처지가 되어 슬프기만 하네!

惟漢二十世, 所任誠不良.

沐猴而冠帶, 知小而謀彊.

猶豫不敢斷, 因狩執君王.

白虹爲貫日, 己亦先受殃.

賊臣執國柄, 殺主滅宇京.

蕩覆帝基業, 宗廟以燔喪.

播越西遷移, 號泣而且行.

瞻彼洛城郭, 微子爲哀傷.

"한나라 20대의 황제"란 영제(靈帝, 168-189)를 가리킨다. 서한은 유방
(劉邦) 고조(高祖, B.C. 206-B.C. 195)로부터 13대의 황제에 이르기까지 나라
를 다스린 뒤 망하였고, 동한은 광무제(光武帝, 25-57)로부터 영제에 이르
기까지 12대가 이어졌다. 합치면 25대이나 황제 노릇도 제대로 못한
임금들을 제외하고 대체로 헤아리면 20대라고 할 수도 있다. 중평(中平)
6년(189)에 영제가 죽고 그 뒤를 17세의 소제(少帝)가 뒤를 잇는다. 이때

한나라에서는 환관과 외척들이 어지러이 세력을 다투면서 나라를 크게 어지럽히고 있었다. 다음 구절의 "임용한 신하"란 이때 외척으로 권세를 휘두른 태위(太尉) 하진(何進, ?-189)을 가리키는데, 그의 모습을 "원숭이가 목욕하고는 관 쓰고 띠를 맨 모양"이라고 형용한 것이다. 하진은 하태후(何太后)를 등에 업고 환관들의 세력을 물리치려고 뒤에 반역을 꾀한 동탁(董卓, 137-192)과 원소(袁紹, ?-202) 및 원술(袁術, ?-199) 등 지방에 있는 유력한 장수들을 군사를 이끌고 도읍 낙양으로 오도록 불러들였다. 원소가 궁전으로 들어와 환관들을 쳐 없애려 하자 환관인 장양(張讓, ?-189)과 단규(段珪, ?-189) 등이 소제와 진류왕(陳留王, ?-259)을 잡아서 밤에 도망친다.

"순수(巡狩)를 핑계로 임금들이 잡혀갔네."라고 노래한 것은 이것을 읊은 것이다. 그러나 하진은 그 전에 장양과 단규 등 환관 손에 죽었으니 그 뒤에 "자기가 먼저 재앙을 당하였네."라고 하진의 죽음을 읊은 것은 일의 순서를 바꾸어 놓은 것이다. "역적이 나라의 권세를 잡고, 왕을 죽이고 도읍을 부수었네."라고 노래한 '역적'은 동탁을 가리킨다. 초평(初平) 원년(190) 동쪽의 여러 장수들이 손을 잡고 동탁을 치려 하자, 동탁은 낙양을 모조리 불태우고 헌제를 강요하여 도읍을 장안으로 옮겼다. 이때 동탁을 거역할 자는 아무도 없었다.

조조는 이 무렵 벼슬을 그만두고 고향 초(譙)에 물러나 있다가 중평 5년(188)에 다시 어지러운 나라를 구해 보려고 나와 근위(近衛)의 무관인 전군교위(典軍校尉)가 되어 있었다. 동탁은 조조에게 효기도위(驍騎都尉)란 지위를 권하면서 함께 일하자고 하였다. 그러나 조조는 동탁의 반역적인 뜻을 알았기 때문에 그의 제의를 거절하고, 위험을 피하여 고향으로 도망친다. 동탁은 스스로 상국(相國)이 되어 정치를 멋대로 주무르며, 하태후(何太后)와 홍농왕(弘農王)이 되어 있던 소제(少帝)를 독살하고 동한 최후의 황제인 헌제(獻帝, 189-220)를 황제로 모셨다. 그 해 조조는 다시 고향에서 군사 수천 명을 모아 동탁을 쳐서 한나라를 지키려고 일어선다.

이때의 한나라 실상을 읊은 것이 이 「해로」 시이다. 끝머리에 나오는 미자(微子)는 은(殷)나라(B.C. 1751-B.C. 1111) 최후의 황제인 주(紂)임금의 형이다. 주임금이 나랏일은 돌보지 않고 음란한 짓만 하자 미자는 여러 번 임금에게 올바로 나라를 다스리라고 간하였으나 듣지 않자 나라로부터 도망갔다. 주(周, B.C. 1111-B.C. 250) 무왕(武王, B.C. 1111-B.C. 1104)은 은나라를 쳐부순 뒤 미자를 불러들였고, 다시 주공(周公)이 반란을 일으킨 은나라 옛 땅을 정벌한 뒤 은나라 황제의 후손에게 봉해준 송(宋)나라의 임금 자리에 미자를 앉혔다. 조조는 동탁이 완전히 태워버린 동한의 도읍 낙양을 바라보면서, 옛날에 미자가 자기의 말을 듣지 않아 망해버린 은나라 도읍을 바라보던 모습을 떠올린 것이다. 청대의 방동수(方東樹, 1772-1851)는 『소매첨언(昭昧詹言)』에서 이 「해로」 시에 대하여 이렇게 평하였다.

> "이 시는 호방한 기운이 터져 나오고 매우 곧고 서글프며, 음절과 글뜻이 웅장하고 자유로우며 참되고 소박하다. 한 번 웅장하고 곧고 높고 크게 일어났다가는 비통하고 애원하게 수그러들고 있다."[32]

---

[32] 方東樹『昭昧詹言』卷2; "此詩浩氣奮進, 古直悲凉, 音節詞旨, 雄恣眞朴. 一起雄直高大, 收悲痛哀遠."

「호리행(蒿里行)」도 동탁을 칠 때 전쟁 체험을 읊은 것인데, 그 참혹한 실상이 읽는 이의 가슴을 메이게 한다.

관동의 여러 의사들이
군사를 일으켜 여러 못된 자들 토벌하려 하였네.
처음 기약은 함께 손잡기로 한 것이었는데,
그자들 심보는 한나라 왕실을 넘보고 있었네.
병사들은 모였지만 힘이 합쳐지지 않아
머뭇거리며 기러기 떼처럼 늘어서기만 하였네.
세력과 이해관계로 서로 다투더니
뒤이어 또 자기들이 서로 공격하였네.
회남에서 아우 원술이 스스로 임금이 되고
북쪽에서는 형 원소가 꼭두각시 임금 세우고 권력을 잡았네.
투구와 갑옷에는 이와 서캐가 생겨나고,
만백성들은 죽어가게 되었네.
백골이 들판에 널려지고,
천리를 가도 닭 울음소리 못 듣게 되었네.
살아남은 백성은 백에 하나 정도이니,
이를 생각하면 애간장 끊어지네.

關東有義士, 興兵討群凶.
初期會盟津, 乃心在咸陽.
軍合力不齊, 躊躇而雁行.
勢利使人爭, 嗣還自相戕.

淮南弟稱號, 刻璽於北方.

鎧甲生蟣蝨, 萬姓以死亡.

白骨露于野, 千里無鷄鳴.

生民百遺一, 念之斷人腸.

역시 앞에서 언급한 반역자인 동탁을 치려고 관동(關東) 지방(函谷關 동쪽 河北·河南·山東 여러 省에 걸친 지역)의 여러 장수들을 모아 동탁 타도에 나섰을 때의 노래이다. 결국 동탁은 초평 3년(192)에 장안에서 부하들 손에 죽고 말지만, 그 뒤로 조조와 손을 잡았던 장수들까지도 모두 딴 마음을 지녀 나라의 혼란은 더욱 심해진다.

이 시 첫머리에서 "관동의 의사들이 군사를 일으켜 여러 못된 자들 토벌하려 하였다."는 것은 초평(初平) 원년(190)에 여러 고을의 장군들이 원소(?-202)를 맹주(盟主)로 삼고 함께 동탁(139-192)을 치려고 일어났던 것을 말한다. 그리고는 이어서 그와 손잡은 여러 장수들이 모두 서로 딴 마음을 갖고 있어서 힘이 잘 합쳐지지도 않았을 뿐만 아니라 서로 싸우는 일까지 일어났음을 읊고 있다.

이 중에 맹진(盟津)은 맹진(孟津)이라고도 하는 지명(지금의 河南省 孟縣 남쪽 지역)으로 옛날 주(周, B.C. 1111-B.C. 250)나라 무왕(武王, B.C. 1111-B.C. 1104)이 은(殷, B.C. 1651-B.C. 1111)나라를 칠 때, 먼저 여러 제후들을 그곳에 모아 함께 힘을 합쳐 싸울 것을 맹약한 곳이다. 다음 구절의 함양(咸陽, 지금의 陜西省 咸陽市)은 진시황(秦始皇, B.C. 259-B.C. 210)의 도읍이다. 옛일을 빌려 당시 여러 장군들이 모여서 힘을 합쳐 반역자들을 치기로 맹약을 하고도, 함양을 공격하던 유방(劉邦, B.C. 247-B.C. 195)과 항우(項羽, B.C. 232-B.C. 202)처럼 마음은 딴 곳에 있었다는 것이다. 그래서 어지러운 세상은 더욱 어지러워졌다. 건안 2년(197)에 원소의 아우 원술(袁術, ?-199)이 회남(淮南)에서 스스로 황제가 되었고, 원소는 초평 2년(191)에 유주(幽州, 지금의 北京 지역)의 태수인 유우(劉虞)를 황제로 내세우고 권력을 휘둘렀다. 이에 조조는 투구와 갑옷에 이와 서캐가 생겨나도록 전쟁을 하느라 쉴 틈도 없었고, 많은 백성들이 죽어서 들판에는 백골이 굴러다니는 형편이 되었다.

조조는 한나라 왕실을 위하여 반역자들과 싸우면서 한편으로는 전쟁 중에 희생을 당하고 있는 백성들을 동정하여 크게 슬퍼하며 이 시를 읊고 있는 것이다. 억울하게 죽어가는 수많은 백성들을 생각하며 그는 죽은 사람을 위한 만가의 악곡인 「호리행」을 노래하였는데, 무거운 현실상과 작가의 격정이 이전의 악부와는 전혀 다른 성격의 시를 이루게 한 것이다. 「해로」 시를 평하면서 인용하고 있는 방동수(方東樹)는 역시 같은 책에서 이 시에 대하여 이런 평을 하고 있다.

"참되고 소박하며 웅장하고 광대하며 멀고도 장대하다."[33]

이상과 같은 새로운 악부의 창작은 이전에는 없던 새로운 시의 개척이다. 특히 앞의 「해로」 시와 함께 이 시는 자신의 험난한 경험과 그때의 격정을 읊는 중에 그 시대의 모습도 잘 그려져 있다. 명대의 종성(鍾惺, 1574-1625)은 「해로행」을 평하면서 "한나라 말엽의 실록이며 진실한 시사(詩史)이다."[34]고 말하고 있다. 한편 시를 읊은 작자 주변의 자연에

---

33 方東樹 『昭昧詹言』 卷2; 『蒿里』 "眞朴, 雄闊, 遠大."
34 鍾惺 『古詩歸』; "漢末實錄, 眞詩史也."

대한 묘사도 뛰어나다. 이는 이후 중국의 산수시(山水詩) 발전의 바탕이
된다. 이렇듯 조조의 시는 서정과 서사뿐만 아니라 풍경을 묘사하는 데
서도 새로운 경지를 개척하고 있다. 이미 앞에서 지적했지만 조조는 이
전의 악부체의 형식을 빌려 새로운 시의 세계를 여러 면으로 개척한 시
인이다.

　장군으로 크게 활약한 시인의 특징을 보여주기 위하여 오언의 악부
체 시를 한 수 더 소개하겠다. 나라를 위하여 일어서 싸우는 장수의 고
뇌를 읊은 「각동서문행(却東西門行)」이라는 시다.

　　기러기는 변방 북쪽에서 오는데,

　　바로 사람들은 살지 않는 고장일세.

　　날개를 펴면 만 리도 더 날아가는데,

　　갈 때나 멈춰 있을 때나 스스로 줄을 짓고 있네.

　　겨울철에는 남쪽의 벼를 먹고,

　　봄날이 오면 다시 북쪽으로 날아가네.

　　밭 가운데 굴러다니는 마른 쑥대는

　　바람 따라 멀리 날아가게 되네.

　　영원히 옛 뿌리와 떨어져

　　만년토록 서로 만나지 못하네.

　　어이하랴! 이 전쟁에 동원된 병사를!

　　어이하면 사방을 헤매는 일에서 벗어날까?

　　말은 안장을 풀지 못하고,

　　투구와 갑옷은 곁에서 떠나지 못하네.

어느덧 늙어가고 있건만
언제면 고향으로 돌아가게 되려나?

신령한 용은 깊은 샘물 속에 몸을 두고,
사나운 짐승은 높은 산등성이 위를 거닌다네.
여우도 죽을 때는 옛 언덕 쪽으로 머리를 둔다는데,
고향을 어이 잊을 수 있으랴!

鴻雁出塞北, 乃在無人鄕.
擧翅萬里餘, 行止自成行.
冬節食南稻, 春日復北翔.
田中有轉蓬, 隨風遠飄揚.
長與故根絶, 萬歲不相當.

奈何此征夫, 安得去四方?
戎馬不解鞍, 鎧甲不離傍.
冉冉老將至, 何時返故鄕?

神龍藏深泉, 猛獸步高岡.
狐死歸首丘, 故鄕安可忘?

「각동서문행」은 상화가 슬조곡(瑟調曲)에 속하는 악부시이다. 이 시는 "어이하랴! 이 전쟁에 동원된 병사를! 어이하면 사방을 헤매는 일에서 벗어날까? 말은 안장을 풀지 못하고, 투구와 갑옷은 곁에서 떠나지 못하네. 어느덧 늙어가고 있건만, 언제면 고향으로 돌아가게 되려나?" 하고 읊은 중간의 대목이 주제이다. 여기에서 '정부(征夫)' 곧 "전쟁에 동원된 병사"를 시의 작자인 조조 자신을 가리키는 말로 보는 이도 있다. 여하튼 기러기는 거칠고 추운 북녘땅에서 지내다가 날씨가 추워지면 가족과 친구들이 줄지어 날아서 남녘으로 와서 잘 지내다가 봄이 되면 다시 고향인 북녘으로 돌아간다. 그런데 말라죽은 쑥대는 뿌리를 떠나 바람에 날려 다시 뿌리로 돌아가지 못하고 들판에 굴러다닌다.

조조는 지금 자기와 함께 전쟁터에 나온 병사들은 마치 그 쑥대처럼 싸움터를 돌아다니며 고향에는 돌아갈 생각도 못하면서 늙어가고 있음을 한탄하고 있다. "신령한 용은 깊은 샘물 속에 몸을 두고, 사나운 짐승은 높은 산등성이 위를 거닐고 있네."라고 노래한 것은 자신이 나라를 위하여 고난을 당하고 있는 것에 비유한 것이다. 아무리 나라와 백성을 위하는 일을 하고 있다 하더라도 고향만은 잊을 수가 없다는 것이다. 조조는 장수이면서도 동시에 병졸들과 어려움이나 설움도 함께하는 깊은 인간에 대한 애정을 지닌 시인이기도 하였다.

앞에 든 조조의 시 가운데 「고한행」, 「해로」, 「호리행」, 「각동서문행」은 악부시를 바탕으로 발전시킨 오언시(五言詩)이다. 조조의 악부체를 따라 지은 시들은 건안시대에 가서는 결국 오언시를 성행케 한다. 때문에 흔히 건안 문학은 시에서는 오언을 중심으로 발전하였다고 말하게 된다. 그러나 시인 조조에게 보다 더 중요한 것은 앞에서 논한 『시경』을 본뜬 사언 형식의 악부이다.

끝으로 또 한 가지 조조의 시 중에는 사언시와 오언시뿐만 아니라 비교적 자유로운 잡언시도 있음은 앞에서 이미 밝힌 바 있다. 곧 「대주(對

酒)」·「맥상상(陌上桑)」 같은 작품이다. 3언·4언·5언·6언·7언의·8언의 구절들이 모두 동원된 「대주」 시를 보기로 한 수 들기로 한다.

「대주(對酒)」

술을 들며 노래하자!
태평스로운 세월이라,
세금 재촉하는 관리 문에 와 주인 불러내는 일 없네.
임금님은 현명하고 밝게 다스리시고
재상과 신하들 모두 충성스럽고 착하네.
모두 예의 지키고 서로 사양하니
백성들은 다투며 소송할 일이 없네.
삼년 농사지으면 구년 먹을 양식 쌓여
창고에는 곡식이 가득히 넘쳐나고,
늙은이들이 짐을 지고 다니는 일이 없네.
비도 이처럼 알맞게 내려주니
모든 곡식이 잘 자라나고,
또 말을 몰면서 자기 밭에 거름을 주네.
여러 장관과 높은 관원들이
모두가 그의 백성들을 사랑하여,
나쁜 사람은 물리치고 훌륭한 사람은 밀어주며,
자식을 기르는 아버지나 형님처럼 돌보아 주네.
예법에 어긋난 짓을 하면
가볍고 무거운 데 따라 형벌을 내리네.

길에서도 내 것이 아니면 줍지 아니하고,

감옥은 텅텅 비었으며,

겨울철에도 사람들이 끊이지 않고 왕래하네.

사람들은 늙도록 살고,

모두 장수를 누리시네.

은택이 널리 풀 나무와 벌레에도 미치고 있네.

對酒歌!

太平時, 吏不呼門.

王者賢且明, 宰相股肱皆忠良.

咸禮讓, 民無所爭訟.

三年耕有九年儲, 倉穀滿盈, 斑白不負戴.

雨澤如此, 百穀用成, 却走馬以糞其土田.

爵公侯伯子男, 咸愛其民,

以黜陟幽明, 子養有若父與兄.

犯禮法, 輕重隨其刑.

路無拾遺之私, 囹圄空虛, 冬節不斷.

人耄耋, 皆得以壽終.

恩澤廣及草木昆蟲.

　평화로운 세상을 노래한 시이다. 작자의 이상 세계를 노래한 것이다. 정말로 그런 태평스러운 세상이 왔으면 좋았을 것이다. 조조는 시도 아무런 제약 없는 자유로운 세상처럼 되도록 자유로운 형식의 작품을 쓰려고 했던 것 같다. 또 하나 그의 시의 특징은 신선의 세계를 노래한 작품이 비교적 많다는 것이다. 중국에는 굴원(屈原, B.C. 343?-B.C. 277?)의 『초사(楚辭)』 이래로 신선 세계를 노래하는 전통이 이어졌다. 서한시대의 사마상여(司馬相如, B.C. 179?-B.C. 117)의 「대인부(大人賦)」는 특히 신선을 읊은 부로 유명하며 악부시 중에도 좋은 작품들이 적지 않다. 부질없는 세상에 살면서 영원하고 이상적인 세계를 갈구하는 마음이 시인들의 마음을 신선 세계로 달리게 하였던 것 같다. 조조의 시 중 그 보기로 「맥상상(陌上桑)」을 한 수 들기로 한다.

무지개 몰고

붉은 구름 타고,

구의산(九疑山)을 오르고

옥문관(玉門關)[35]을 지나,

은하수를 건너

곤륜산(崑崙山)에 이르러,

서왕모(西王母)[36] 뵈온 다음

동군(東君)을 찾아뵙고,

적송자(赤松子)와 사귄 다음

선문(羨門)[37]을 만나서,

신선의 비결(秘訣)을 배우고

정신을 잘 닦은 다음,

---

35 九疑山은 옛날 舜 임금이 묻혔다는 산으로 湖南省 寧遠縣에 있다. 玉門關은 중국 서북쪽 甘肅省에 있는 關門 이름.

36 西王母는 옛 신선의 이름, 그는 崑崙山에 살고 있었다 한다. 중국 서북쪽에 걸쳐 있는 崑崙山脈 중의 어느 산이라 보면 될 것이다.

37 東君·赤松子·羨門 모두 옛날의 유명한 신선 이름.

영지(靈芝)꽃을 먹고

단 샘물을 마시고서,

계수나무 가지로 지팡이 짚고

추란(秋蘭)을 허리에 차고서,

세상일 버리고

우주의 원기(元氣) 속에 노닐며,

거센 바람을 탄 듯이 회오리바람처럼 날아올라가,

번쩍하는 사이에

수천 리(里)를 달려가고,

목숨은 남산처럼 무너질 줄 모르게 되기를!

駕虹蜺, 乘赤雲,

登彼九疑, 歷玉門,

濟天漢, 至崑崙,

見西王母, 謁東君,

交赤松, 及羨門,

受要祕道, 愛精神,

食芝英, 飲醴泉,

拄杖桂枝, 佩秋蘭,

絶人事, 遊渾元,

若疾風遊, 欻飄翩,

景未移, 行數千,

壽如南山, 不忘愆!

동한 말엽의 어지러운 세상을 극복하려는 노력이 깨끗한 신선 세계를 추구하게 하였을 것이다. 위나라 뒤에 갈홍(葛洪, 283?-343?)의 『포박자(抱朴子)』가 나오면서 서진·동진과 남북조시대로 갈수록 신선 사상은 더욱 널리 유행하게 된다. 어떻든 이상 논한 조조의 시는 이후 중국 전통문학 발전에 크게 기여하게 된다.

4. 조조의 산문

조조는 산문에 있어서도 인간에 대한 지식인으로서의 자각을 바탕으로 글을 써서 중국 산문을 새롭게 발전시키게 된다. 이 때문에 루쉰(魯迅, 1881-1936)은 「위진의 풍도와 문장 및 약과 술의 관계(魏晉風度及文章與藥及酒之關係)」라는 글에서 "그는 문장을 다시 바꾸어 놓은 시조(是一個改造文章的祖師)"라고 그의 산문에 대하여 말하고 있다. 그런데 조조의 산문은 앞에서 그의 문집에 대하여 설명할 적에 이미 밝혀졌지만 모두 150편 정도의 글이 남아 있다. 그것도 대부분이 영(令)·교(敎) 같은 지배자로서 백성들에게 알리는 글, 주(奏)·표(表) 같은 임금에게 아뢰는 글, 사람들과 주고받은 편지와 잡문 등 실용적인 글들이다. 게다가 그 글들은 무척 짧다. 열 자에 불과한 짧은 글도 있고 백여 자의 글이 가장 많으며, 이삼백 자가 넘는 글은 매우 적다. 가장 긴 글로는 1,080여 자에 이르는 「내려주신 현(縣)을 사양하며 스스로 본뜻을 밝히는 영(讓縣自明本志令)」이 있다.

그의 산문은 표현이 간결하면서도 힘이 있어 읽어보면 강한 기세 같은 것이 느껴진다. 논리에 빈틈이 없고 군소리가 없어서 글 뜻이 참되고 절실하게 느껴진다. 이치를 논하면서 그 속에 감정을 깃들게 하고, 이치를 바탕으로 어떤 일을 언급하고도 있다. 따라서 그의 글에는 감정과 논리와 사건이 잘 어우러져 있다. 이것은 모두 조조가 이전 사람들과는 다른 자각을 바탕으로 자신의 생각과 감정을 아무런 거리낌도 받지 않고 참되고 바르게 글로 써냈기 때문이다. 그러면 그의 산문을 그 특징에 따라 분류하여 놓고 대표적인 문장을 보기로 들면서 그의 산문을 논하기로 한다.

(1) 개성적인 문장

앞에서 조조의 가장 긴 글로 1,080여 자에 이르는 「내려주신 현(縣)을 사양하며 스스로 본뜻을 밝히는 영(讓縣自明本志令)」을 들었는데, 여러 학자들이 조조 산문의 대표작으로 보고 있다. 이 글은 『삼국지』권1 위서(魏書) 무제기(武帝紀) 배송지(裴松之) 주에 인용한 『위무고사(魏武故事)』에 실려 있다. 건안 13년(208) 조조가 동한의 승상(丞相)이 된 뒤 건안 15년(210) 12월 헌제가 조조에게 본시 그의 식읍(食邑)이었던 무평현(武平縣, 지금의 河南省 鹿邑縣 서북 지역) 1만 호 외에 양하현(陽夏縣, 지금의 河南省 太康縣)·자현(柘縣, 지금의 河南省 柘城縣 북쪽 지역)·고현(苦縣, 지금의 河南省 鹿邑縣 동쪽 지역)의 세 현 2만 호를 더 식읍으로 내려주었다. 이때 조조는 전부터 갖고 있던 무평현을 제외한 세 현의 식읍을 사양하면서 아울러 자신의 나라를 위하는 본뜻을 밝히기 위해서 이 글을 쓴 것이다. 그리고 이 글에는 건안 13년(208) 조조가 유명한 '적벽(赤壁)의 대전'에서 유비(劉備, 161-223)와 손권(孫權, 182-252)의 연합군에게 패배한 뒤 자신의 마음을 잘 다스리려는 뜻도 담겨 있는 것 같다. 어떻든 이 글의 가장 큰 특징은 매우 개성적이라는 것이다. 그리고 앞에서 설명한 조조 산문의 특징이 조금씩 다 들어 있다. 그 때문에 많은 학자들에 의하여 이 글이 조조의 대표적인 산문으로 인식되었을 것이다. 그 위에 조조의 자서전적인 성격도 띠고 있는 글이다. 이 글을 읽어보기로 하자.

「내려주신 현(縣)을 사양하며 스스로 본뜻을 밝히는 영(讓縣自明本志令)」

내가 처음으로 효렴(孝廉)에 천거되었을 적에는 나이도 적었고 나 스스로가 산속에 숨어 산 유명한 선비도 아니었기 때문에, 세상 사람들이 나를 평범하고 어리석은 자라고 여길까 두려웠다. 한 고을의 군수가 되어서는 다스림을 잘 펼쳐 명예를 세워서 세상 선비들이 나를 잘 알도록 하려고 하였다. 제남상(濟南相)[38]이 되자 바로 부패한 자들을 제거하고 부정한 자들을 쫓아낸 뒤 공정한 마음으로 사람들을 뽑아 썼으나 그것이 황제 곁에서 일하는 환관들의 뜻을 거스르게 되었다. 권력이 강한 자들의 분노를 사면 집안에까지도 화가 미칠 것이 두렵다고 여겼기 때문에 병을 핑계로 고향으로 돌아왔다.

벼슬을 버린 뒤에도 나이가 아직 젊었다. 같은 해에 벼슬을 시작한 이들을 살펴보니 나이 오십이 되었어도 늙었다고 생각하지 않는다. 이에 스스로 꾀하기를 지금부터 이십 년이 지나 세상이 맑아지기를 기다려 다시 같은 해 천거되어 벼슬한 이들과 같이 일하리라고 마음먹게 되었다.

그러므로 일 년 내내 고향에 돌아가 있기로 하고 초(譙, 지금의 安徽省 毫州

---

38 濟南은 왕이 다스리는 國으로 지금의 山東省 歷城縣 동쪽 지역이었다.

市)현 동쪽 오십 리 되는 곳에 집을 지어놓고 가을과 여름에는 책 읽기를 주로 하고 겨울과 봄에는 사냥을 주로 하고자 하여, 낮은 땅을 구하여 진흙물을 끌어들여 자기가 있는 곳을 가림으로써[39] 손님들의 왕래도 끊어지도록 하려 하였다. 그러나 뜻대로 되는 일이 없었다.

뒤에 도위(都尉)[40]로 임명되었다가 바로 전군교위(典軍校尉)로 옮겨가서는 뜻이 바뀌어 나라를 위해 역적들을 쳐서 공을 세우고자 하였고, 또 왕후(王侯)로 봉해지고 정서장군(征西將軍)[41]이 되어 죽은 뒤에는 내 무덤으로 들어가면 그 길 앞에 '작고하신 한나라 정서장군 조후(曹侯)의 묘'라는 묘비가 서게 되기를 바라기도 하였다. 이것이 나의 뜻이었다.

바로 동탁(董卓, 137-192)이 난을 일으키게 되자 의병을 일으키게 되었다. 이때 병사들을 모으려 하였으면 많이 모을 수가 있었으나 나는 늘 스스로 사양하며 많이 모으려 하지 않았다. 그 까닭은 병사가 많아지고 기세가 강하여져 강한 적과 싸우게 되는 것은 또한 재화(災禍)의 발단이 된다고 생각했기 때문이다. 그러므로 변수(汴水, 지금의 河南省 滎陽縣 북동 지역)에서 동탁과 싸울 적에도 병사 수는 천 명 정도였고, 뒤에 양주(揚州, 지금의 安徽省 合肥縣)로 돌아와 다시 끌어모았을 적에도 역시 또 삼천 명에 불과한 병력이었다. 이것은 나의 본뜻이 병력을 제한하는 데 있기 때문이었다.

뒤에 연주목(兗州牧)[42]이 되어 황건적 삼십만 병력을 쳐서 항복을 받

---

39 이때 曹操는 譙 동쪽 50里 되는 곳 湖水 가운데 精舍를 짓고 젊은이들에게 글을 가르치며 지냈다(『太平寰宇記』鄴縣 下引 『魏略』의거).

40 도위(都尉); 고을의 가장 높은 무관임.

41 정서장군(征西將軍); 고급 무관이나 늘 있는 벼슬이 아니라 적을 치려고 장군을 출정시킬 적에 임시로 붙이는 벼슬 이름임.

42 兗州는 지금의 河南省 북부와 山東省 중남부 지역에 걸친 지역.

았다. 또 원술(袁術, ?-199)이 구강(九江, 지금의 安徽省 壽縣 지방)에서 멋대로 황제가 되자 밑의 사람들은 모두 신하로 처신하게 되었고 자기 집 문을 건호문(建號門)이라 부르게 하였으며, 몸에 입고 걸치는 것을 모두 천자의 제도를 따랐고 두 부인은 서로 황후가 되려고 다투는 지경이 되었다. 그의 그런 뜻과 계획이 이미 정해졌을 적에 어떤 친구가 원술에게 황제 자리에 오른 다음 천하에 그것을 널리 공포하자고 권하자, 그가 대답하기를 "조조가 그대로 있어서 되지 않을 일이다."고 하였다 한다. 뒤에 내가 그를 쳐서 그의 네 장수[43]를 사로잡고 그의 병력도 거두어들였으며, 결국 원술이 궁지에 몰려 멸망하였는데, 곧 병이 나 죽어 버렸다.

원소(袁紹, ?-202)가 하북(河北)을 거점으로 삼게 되자 병력이 강성해졌다. 내 스스로 형세를 헤아려 볼 적에 실로 그의 적이 못 되었다. 그러나 죽을 힘을 다하여 나라를 위하고 의롭게 몸을 바친다면 후일에 이름을 남기기에 족하다고 생각하였다. 다행히도 원소를 격파하고 그의 두 아들의 목을 베었다.

또 유표(劉表, ?-208)는 자신이 한나라 왕실의 혈통이라 여기고 앞으로 나아갔다가 움츠러들었다 하면서 형주(荊州, 지금의 湖北省 襄陽을 중심으로 하는 지역)를 차지하고서 세상일을 둘러보고 있었다. 나는 다시 그자를 정벌하여 천하를 평정하였다. 자신이 재상이 되자 신하로서의 자리가 최고에 달하였으니 소망을 이미 넘어선 것이다. 지금 내가 이런 말을 하는 것이 스스로를 크게 보이려 하는 것 같을 것이나 남들이 다른 말을 할 일이 없도록 하기 위하려는 것이기 때문에 거리낌 없이 말하는 것이다.

---

43 橋蕤·李豐·梁綱·樂就의 네 장수, 袁術이 이들을 蘄州에 남아 저항케 하고 홀로 도망쳤다.

만약 나라에 내가 있지 않았다면 몇 사람이 황제가 되겠다고 나섰고 몇 명이 스스로 왕이 되었을지 모를 일이다.

혹 어떤 사람은 내가 강성하고 또 성격이 천명(天命) 같은 일을 믿지 않는 것을 보고서 사심으로 서로 평하면서 불손한 뜻이 있다고 말하고 함부로 서로 헤아리며 불안하게 여기는 자들이 있게 될까 두려웠다. 제 (齊)나라 환공(桓公)과 진(晉)나라 문공(文公)[44]이 오늘날까지도 훌륭한 임금이었다는 칭송이 전해지고 있는 까닭은 그들의 병력이 무척 많았지만 그래도 주(周)나라 황실(皇室)을 잘 받들어 섬길 수가 있었기 때문이다. 『논어』 태백(泰伯)편에 "천하의 삼분의 이를 차지하고도 은(殷)나라를 섬겼으니 주나라의 덕은 지극히 컸다고 말할 수가 있다."고 하였다. 이는 큰 자가 작은 자를 잘 섬겼다는 것이다.

옛날에 악의(樂毅)[45]가 조(趙)나라로 도망가자 조나라 임금은 그의 힘을 빌려 연(燕)나라를 치려 하였다. 악의는 엎드려 눈물을 흘리고 울면서 말하였다. "저는 연나라 소왕을 섬겼는데 지금은 임금님을 섬기고 있습니다. 제가 만약 죄를 범하면 다른 나라로 쫓겨 다니기를 죽을 때까지 하게 될 것입니다. 차마 조나라의 머슴이라 하더라도 죽이지 못할 것인데 하물며 연나라의 후손이야 어찌 손을 대겠습니까?"

호해(胡亥)[46]가 몽념(蒙恬)을 죽일 적에 몽념이 말하였다. "저의 선조들로부터 저의 자손들에 이르기까지 진나라의 삼세(三世)에 걸쳐 신임을 쌓아왔습니다. 지금 저는 삼십여만 명의 병력을 거느리고 있어서 그 세

---

44 제(齊)나라 환공(桓公, B.C. 685-B.C. 643)과 진(晉)나라 문공(文公, B.C. 636-B.C. 618)- 周나라 春秋시대(B.C. 770-B.C. 403)에는 강한 諸侯들이 서로 세력을 다투었는데, 이들 두 나라의 임금이 정치를 잘하여 세력이 가장 강하였다.

45 악의(樂毅); 周나라 戰國시대(B.C. 403-B.C. 221) 燕나라의 上將軍, 뒤에 모함으로 趙나라로 쫓겨났다.

력은 배반하기에 충분합니다. 그러나 반드시 죽을 것인데도 의로움을 지키는 것은, 감히 조상들의 가르침을 욕되게 하고 선왕들을 잊어서는 안 된다는 것을 스스로 알고 있기 때문입니다." 나는 이 두 사람의 글을 읽을 때마다 서글퍼져서 눈물을 흘리지 않은 적이 없다.

내 할아버지로부터 나 자신에 이르기까지 모두 황제와 친밀하고 무거운 벼슬을 맡았었으니 신임을 받은 자들이라 할 수 있다. 그렇게 조비(曹丕)와 조식(曹植) 형제에게까지 간다면 삼세를 더 지나가게 된다. 나는 부질없이 여러분들에게 이런 사실을 말하는 것이 아니다. 늘 이 사실을 처와 첩들에게도 말하여 모두 이러한 뜻을 깊이 알게 하고자 하는 것이다. 나는 이런 말을 하고자 한다. "내가 죽은 뒤 만 년 되는 때를 돌아본다면 너희들도 모두 여기 있지 않겠지만 나의 마음을 널리 전하여 다른 사람들도 모두 그 마음을 알도록 하고자 하는 것이다." 나의 이 말은 모두 내 가슴 속의 요점인 것이다. 열심히 간절하게 속마음을 다 드러내는 까닭은 주공(周公)이 「금등(金縢)」[47]이라는 글로 자신의 마음을 밝히면서도 남들이 믿지 않을 것을 두려워하고 있는 것을 보았기 때문이다.

---

46 호해(胡亥); 秦二世(B.C. 209-B.C. 206), 秦始皇(B.C. 246-B.C. 209)의 次子. 秦始皇이 죽었을 적에 長子인 扶蘇는 朔方의 蒙恬의 군대를 감독하고 있었는데, 李斯(?-B.C. 208)와 趙高가 거짓 皇帝의 詔書를 만들어 扶蘇를 죽인 뒤 胡亥를 皇帝 자리에 모셨다. 秦二世가 된 胡亥는 바로 扶蘇를 섬기던 將軍 蒙恬을 죽였다.

47 「금등(金縢)」은 『書經』 周書에 들어있는 글. 周나라 武王(B.C. 1111-B.C. 1104)이 병이 나 위독하자, 그의 동생 周公이 祖上들에게 武王 대신 자기를 죽게 하여도 좋으니 나라를 다스리는 武王의 병을 낫게 해달라고 간절히 빌면서 그것을 글로 쓴 다음 다시 쇠줄로 꼭 묶어 상자 속에 넣어 두었다. 金縢의 金은 쇠, 縢은 줄로 묶었다는 뜻인데, 周公의 그 祈禱文을 가리킨다. 武王이 죽고 어린 成王(B.C. 1104-B.C. 1067)이 뒤를 잇자 삼촌 周公이 대신 나랏일을 돌봐주었는데 周公이 딴 뜻을 품고 있다는 소문이 돌았다. 이때 成王이 전에 周公이 써둔 金縢의 글을 찾아 펴보고 크게 周公에게 感服하였다 한다.

그러나 내가 편하게 거느리고 있는 병사들을 내놓아 다른 책임자들에게 돌려주고 무평후(武平侯)로 내 나라로 돌아가는 것은 실로 좋지 않은 일이다. 왜 그럴까? 진실로 내가 병사들을 버리면 사람들에게 화가 될 것이 두렵기 때문이다. 자손들을 위한 계책이기도 하지만 또 내가 실패하면 곧 나라가 위태로워질 것이니, 그래서 헛된 명성을 누리려다가 실제로는 화를 당하게 할 수가 없었던 것이다. 이것이 내가 그렇게 할 수 없었던 까닭이다.

이전에 조정에서 세 아들을 왕후(王侯)로 봉하려 할 적에는[48] 굳게 사양하고 받지 않았다. 지금 와서 다시 그것을 받으려 하는 것은 다시 영화를 누리고자 하는 것이 아니라 밖으로 내놓고 받아들여 만전을 기하는 계기가 되게 하고자 하였기 때문이다. 내가 들건대 개지추(介之推)[49]가 진(晉)나라에서 봉해주는 작위(爵位)를 피하고 신서(申胥)[50]가 초(楚)나라에서 내리는 상을 받지 않고 도망친 일에 대해서는, 읽던 책을 놓고 탄식하지 않은 적이 없었다. 스스로 반성해야 할 점이 있었기 때문이다.

나라의 운명을 받들어 무기를 들고 정벌에 나섰다. 약한 군대를 이끌고 강한 자들을 쳐서 이기고 작은 병력으로 큰 병력을 사로잡았다. 뜻이 가는 대로 일을 꾀하여 움직임에 그릇되는 일이 없었다. 마음이 가는 대로 어떤 일을 해도 되지 않는 일이 없었다. 마침내는 천하를 평정

---

48 建安 16年(211)에 曹植을 平原侯, 曹據를 范陽侯, 曹林을 饒陽侯로 봉하였던 일을 말한다.

49 개지추(介之推); 周나라 춘추시대 사람. 晉 文公(B.C. 636-B.C. 618)을 섬기며 19년이나 망명 생활을 하다가 귀국했는데, 文公이 다시 임금 자리에 올라 介之推에게 벼슬과 함께 王侯에 봉해주려 하였는데 받지 않고 어머니를 모시고 산속으로 들어가 숨어 살았다.

50 신서(申胥); 伍子胥, 楚나라 사람. B.C. 522년에 아버지와 형이 모두 楚 平王에게 처형을 당하였다. 楚나라에서는 그에게 상을 주고 달래려 하였으나, 말을 듣지 않고 吳나라로 도망친 뒤 吳나라를 도와 楚나라를 쳤다.

하여 황제의 명령이 욕되는 일이 없었다. 하늘이 한나라 황실을 도와주
셨다고 할 수 있는 일이지, 사람의 힘으로 이룬 것이 아니다.

그런데 네 현을 합쳐 봉해주시고 밑에 삼만 호(戶)를 거느리게 해주셨
다. 무슨 덕을 쌓았다고 그런 것을 감당하겠는가? 세상이 안정되지 못
하고 있으니 내 벼슬을 내놓을 수는 없다. 그러나 내려주신 고을 땅은
사양할 수가 있다. 이제 양하현(陽夏縣)과 자현(柘縣) 및 고현(苦縣)의 세 현
은 황제에게 되돌려드리고 오직 무평현(武平縣)의 만 호만을 누리려 한
다. 그리하여 비방하는 여론을 줄이고 나의 책임을 조금이라도 줄이려
한다.

孤始擧孝廉, 年少, 自以本非岩穴知名之士, 恐爲海內人之所見凡愚.
欲爲一郡守, 好作政敎以建立名譽, 使世士明知之. 故在濟南, 始除殘
去穢, 平心選擧. 違忤諸常侍. 以爲豪强所忿, 恐致家禍, 故以病還.
去官之後, 年紀尙少. 顧視同歲中, 年有五十, 未名爲老. 乃自圖之, 從
此却去二十年, 待天下淸, 乃與同歲中始擧者等耳.
故以四時歸鄕里, 於譙東五十里, 築精舍, 欲秋夏讀書, 冬春射獵. 求
底下之地, 欲以泥水自蔽, 絶賓客往來之望, 然不能得如意.
後征爲都尉, 遷典軍校尉, 意遂更, 欲爲國家討賊立功, 欲望封侯, 作
征西將軍, 然後題墓道言; 漢故征西將軍曹侯之墓. 此其志也.
面遭値董卓之難, 興擧義兵. 是時合兵能多得耳, 然常自損, 不欲多
之. 所以然者, 多兵意盛, 與强敵爭, 倘更爲禍始. 故汴水之戰數千, 後
還到揚州更募, 亦不過三千人. 此其本志有限也.
後領兗州, 破降黃巾三十萬衆. 又袁術僭號於九江, 下皆稱臣, 名門
曰; 建號門, 衣被皆爲天子之制, 兩婦預爭爲皇后. 志計已定, 有人勸

術使遂卽帝位, 露布天下. 答言; 曹公尙在, 未可也. 後孤討禽其四將, 獲其人衆. 遂使術窮亡海沮, 發病而死.

及至袁紹據河北, 兵勢强盛, 孤自度勢, 實不敵之. 但計投死爲國, 以義滅身, 足垂於後. 幸而破紹, 梟其二子.

又劉表自以爲宗室, 包藏奸心, 乍前乍劫, 以觀世事, 據有當州. 孤復定之, 遂平天下. 身爲宰相, 人臣之位已極, 意望已過矣. 今孤言此, 若爲自大, 欲人言盡, 故無諱耳. 設使國家無有孤, 不知當幾人稱帝, 幾人稱王.

或者, 人見孤强盛, 又性不信天命之事, 恐私心相評. 言有不遜之志, 妄相忖度, 每用耿耿. 齊桓晉文, 所以垂稱至今日者, 以其兵勢廣大, 猶能奉事周室也. 『論語』云; 三分天下有其二, 以服事殷, 周之德可謂至德矣. 夫能以大事小也.

昔樂毅走趙, 趙王欲與之圖燕, 樂毅伏而垂泣, 對曰; 臣事昭王, 猶事大王. 臣若獲戾, 放在他國, 沒世然後已. 不忍謀趙之徒隸, 況燕後嗣乎? 胡亥之殺蒙恬也, 恬曰; 自吾先人及至子孫, 積信於秦三世矣. 今臣將兵三十餘萬, 其勢足以背叛. 然自知必死而守義者, 不敢欲先人之敎以忘先王也. 孤每讀此二人書, 未嘗不愴然流涕也.

孤祖父以至孤身, 皆當親重之任, 可謂見信者矣. 以及子桓兄弟, 過於三世矣. 孤非徒對諸君說此也. 常以語妻妾, 皆令深知此意. 孤謂之言; 顧我萬年之後, 汝曹皆當出嫁, 欲令傳道我心, 使他人皆知之. 孤此言皆肝膈之要也. 所以勤勤懇懇敍心腹者, 見周公有「金縢」之書以自明, 恐人不信之故.

然欲孤便爾委捐所典兵衆, 以還執事, 歸就武平侯國, 實不可也. 何者? 誠恐已離兵爲人所禍也. 旣爲子孫計, 又已敗則國家傾危, 是以不得慕虛名而處實禍. 此所不得爲也.

前朝恩封三子爲侯, 固辭不受. 今更欲受之, 非欲復以爲榮, 欲以爲外援爲萬安計. 孤聞介推之避晉封, 申胥之逃楚賞, 未嘗不舍書而歎, 有以自省也.

奉國威靈, 仗鉞征伐, 推弱以克强, 處小而禽大, 意之所圖, 動無違事. 心之所慮, 何向不濟? 遂蕩平天下, 不辱主命. 可謂天助漢室, 非人力也.

然封兼四縣, 食戶三萬, 何德堪之? 江湖未靜, 不可讓位. 至於邑土, 可得而辭. 今上還陽夏柘苦三縣戶二萬, 但食武平萬戶. 且以分損謗議, 少減孤之責也.

이 문장은 조조의 가장 긴 산문인 동시에 이제부터 소개하는 그의 문장의 특징이 모두 들어 있다. 이전에는 볼 수 없었던 개성적인 문장임을 독자들은 누구나 실감하였을 것으로 믿는다. 문장의 형식이나 성격 모두 조조에 의하여 처음으로 이뤄진 것이다. 특히 조조의 문학을 바탕으로 이후 위(魏)·서진(西晉)·동진(東晉)·남북조(南北朝)를 거쳐 수(隋)·당(唐)에 이르기까지 중국 문학이 크게 발전하는데, 시에서는 새로운 성조(聲調)의 추구가 율시(律詩)에 이르는 발전을 이루는 것이 자연스럽게 느껴졌다. 그러나 산문에서는 조조의 개성적인 수사(修辭)가 대우(對偶)와 성률(聲律)을 중시하고 전고(典故)를 많이 사용하며 사조(詞藻)를 추구하는 변려문(騈儷文)으로까지 발전하리라고는 조조 자신도 상상치 못했을 것이다. 그러나 위 글의 끝머리 세 대목만을 자세히 읽어보아도 대우와 성률 및 전고와 사조를 추구할 만한 기틀을 찾을 수 있을 것이다. 다음에는 그의 문장의 특징을 몇 조목 소개하면서 설명을 하려 한다.

(2) 글이 간결하고 하고 싶은 말만을 하는 문장

앞에 조조의 글 중 가장 긴 문장을 소개했으니 가장 짧은 글로는 어떤 것이 있을까?『삼국지』권11 위서 왕수전(王脩傳)의 배송지 주에는 건안 10년(205)에 조조가 원담(袁譚, ?-205)의 목을 베고 내린 다음과 같은 영이 보인다.

敢哭之者, 戮及妻子.
(감히 그를 위해 곡하는 자는 그의 처자까지도 죽여 버릴 것이다.)

여덟 글자이다. 자기가 죽여 버린 반역자 원담에 대하여 동정하는 자가 있다면 그도 반역자로 알고 처형하겠다는 것이다. 정말로 문장이 지극히 간결하고 하고 싶은 말만을 한 것이다. 원담은 조조와 오랫동안 싸운 원소(袁紹, ?-202)의 맏아들이다. 원소가 죽은 뒤 원담은 동생 원상(袁尚, ?-207)과 이권을 두고 서로 다투었다. 조조는 이들의 불화를 이용하여 이들을 모두 처리하였다. 조조는 남피(南皮, 지금의 河北省 南皮縣 동북 지역)에서 원담을 공격하여 목을 벤 뒤 그 목을 저잣거리에 매달아놓고 이런 영을 내렸다 한다. 이때 원담 밑에 별가(別駕)[51]로 있던 왕수(王脩)는 돌아와 원담이 죽은 것을 알고 통곡을 하다가 조조를 찾아가 장례를 지낼 수 있도록 원담의 시체를 내어달라고 애원하였다. "원담에게는 두터운 은혜를 입고 있으니, 장례를 지내드린 뒤에 저를 죽여도 한이 없겠습니다!" 하고 거듭 애걸하자 조조는 그의 뜻을 가상히 여겨 그의 말을 들어

---

51 別駕는 州의 刺史를 보좌하는 관리.

주고, 왕수에게 독군량(督軍糧) 벼슬을 내리고 그를 부하로 삼았다는 재미있는 이야기도 전한다.[52]

다시 『삼국지』 권21 위서 유이전(劉廙傳)을 보면 이런 일화가 기록되어 있다. 건안 24년(219)에 조조가 장안에 있을 적에 친히 촉(蜀)의 유비(劉備, 161-223)를 공격하려 하자 오관장문학(五官將文學)[53]으로 있던 유이가 상소를 하여 공격을 말렸다. 그때 조조는 다음과 같은 글로 답하며 유이의 권유를 거절하였다.

非但君當知臣, 臣亦當知君. 今欲使吾坐行西伯之德, 恐非其人也.
(임금은 마땅히 신하를 알아야 할 뿐만 아니라 신하도 마땅히 임금을 알아야 한다. 지금 나에게 문왕(文王)과 같은 덕을 앉아서 행하도록 하려 하지만 아마도 나는 그런 사람이 못될 것이다.)

조조는 건안 21년(216)에 위왕(魏王)이 되었기 때문에 자신을 임금, 유이를 신하라 부르고 있는 것이다. 여기의 '서백'은 주(周, B.C. 1111-B.C. 250)나라를 세운 무왕(武王, B.C. 1111-B.C. 1104)의 아버지 문왕을 가리킨다. 그리고 서백은 서쪽 지방을 다스리는 제후(諸侯) 정도의 신분이다. 문왕은 서백으로 있으면서 은(殷, B.C. 1751-B.C. 1111)나라 말엽 덕을 쌓아 주변의 많은 나라들이 스스로 주나라에 굴복해 오도록 하였다. 뒤에는 온 천하의 삼분의 이에 달하는 땅을 차지하게 되었으나(三分天下有其二) 그대로 천자의 은나라를 섬겨, 결국 아들 무왕에 이르러서는 별로 힘들이지 않

---

52 『三國志』卷11 魏書 王脩傳 의거.

53 五官將文學; 황제를 侍從하며 글을 쓰는 역할을 하는 벼슬.

고 은나라를 멸망시키고 천하를 통일하여 주나라를 세우게 하였다. 유이는 조조에게 촉나라를 치지 말 것을 권하면서 옛날 문왕처럼 무력을 쓰지 말고 덕을 닦아 다른 나라들이 자연스럽게 굴복해 오도록 하라고 말했던 것이다. 조조는 자신은 문왕 같은 사람이 아니라고 하면서 간결한 글로 자기는 자기 생각대로 촉나라를 치겠다는 뜻을 밝히고 있다. 조금도 잘난 체하거나 남들이 보는 눈을 걱정하지 않고 있다. 자기 하고 싶은 대로 말하고 있다.

앞에 인용한 「내려주신 현(縣)을 사양하며 스스로 본뜻을 밝히는 영(讓縣自明本志令)」이란 글은 조조가 20세인 희평(熹平) 3년(174) 효렴(孝廉)으로 천거된 뒤 여러 가지 벼슬을 하고 자기 고향 초(譙)로 돌아와 지내다가 다시 중평(中平) 5년(188)에 전군교위(典軍校尉)가 된 뒤 뜻이 바뀌어 황건적과 여러 반란자들을 쳐서 공을 세워 건안(建安) 원년(196) 건덕장군(建德將軍)에 이어 진동장군(鎭東將軍)이 되고 비정후(費亭侯)에 봉해진 일, 그 뒤로 자신을 가지고 활약하여 그가 56세가 되는 건안 15년(210)에 이르기까지 여러 가지 수많은 공적을 쌓은 복잡한 자신의 일을 쓴 자서전적인 글이기도 하다. 그처럼 복잡한 자기 생애의 중심을 이루는 37년 동안의 자서전을 조조가 1080여 자의 문장으로 쓸 수 있었던 것도 모든 일을 간결하게 꼭 하고 싶은 말만을 쓰기 때문에 가능했던 일이다.

(3) 옛일을 인용하여 지금의 일을 논하는 문장

건안 원년(196)에 조조가 둔전(屯田)이라는 새로운 농업정책을 시행하면서 내린 영을 한 편 읽어보기로 한다.

夫定國之術, 在於强兵足食. 秦人以急農兼天下, 孝武以屯田定西域.
此先代之良式也.

(나라를 안정시키는 술법은 병력을 강하게 하고 먹을 것을 충족시키는 데 있다. 진(秦)나라

사람들은 농사에 힘을 써 천하를 통일하였고, 한(漢)나라 무제(武帝)는 둔전 정책으로 서역

을 평정하였다. 이는 선대의 훌륭한 방책이었다.)

둔전 정책은 결코 간단한 일이 아닌데도 긴 설명이 전혀 없다. 조조
는 둔전이라는 중대한 정책을 시행하면서 자기가 그런 정책을 시행하
려는 뜻을 간략히 두 구절로 표현하고 그것이 옳은 일임을 간단히 진시
황(秦始皇, B.C. 259-B.C. 210)의 진나라와 한나라 무제(武帝, B.C. 141-B.C. 87)의
옛일을 역시 두 구절로 증명하고 있다. "병력을 강하게 하고 먹을 것을
충족시키기 위하여" 둔전을 시행하겠다고만 말하고, 그 둔전의 성격이
나 시행 방법은 모두 진시황과 한나라 무제의 업적에 맡기고 있다. 자
기가 하고 싶은 말만을 간결하게 하고 있다.

다시 『삼국지』 권24 위서 고유전(高柔傳)을 보면 건안 19년(214) 조조는
승상부에 이조(理曹)[54]를 신설하고 고유를 이조연(理曹掾)에 임명하면서
내리는 영이 실려 있는데 조조는 다음과 같은 옛일을 인용하면서 법을
지키는 그의 벼슬의 중요성을 강조하고 있다.

是以舜流四凶族, 皐陶作士. 漢祖除秦苛法, 蕭何定律.

(그래서 순임금은 네 흉악한 종족을 멀리 쫓아내고 고요(皐陶)를 법을 관장하는 사에 임명

하였다. 한나라 고조(高祖)는 진나라의 가혹한 법을 폐지하고 소하(蕭何)에게 법률을 제정

---

54 理曹는 丞相府의 刑法을 주관하는 부처이고, 理曹掾은 理曹를 관장하는 장관임.

케 하였다.)

전설적인 순임금 때의 고요와 한나라 고조(B.C. 206-B.C. 195) 때의 소하
(?-B.C. 193)처럼 법을 잘 관장하여 나라를 발전시켜 달라는 것이다. 전
혀 다른 긴 설명이 없다. 이미 앞에 인용한 유이에게 보낸 글에도 간단
히 주나라 문왕의 일을 인용하면서 유이의 소청을 거절하고 있다. 앞에
보인 「내려주신 현(縣)을 사양하며 스스로 본뜻을 밝히는 영(讓縣自明本志
令)」이란 글에도 춘추시대의 제(齊)나라 환공(桓公)·진(晉)나라 문공(文公)
을 비롯하여 춘추시대 초(楚)나라 오자서(伍子胥)·진(晉)나라 개자추(介子
推)·전국시대 연(燕)나라 악의(樂毅)·진이세(秦二世) 호해(胡亥) 등에 관한
고사와 『서경』주서(周書)에 실려 있는 주공(周公)의 「금등(金縢)」편이 인용
되고 있다. 이 밖에도 조조의 글에는 옛일을 들어 자기의 행동이나 뜻
또는 감정을 밝힌 글이 매우 많다. 그는 옛일을 인용하여 자기의 뜻을
확실하고 간단히 증명하여 문장을 간략하게 이루려 하였던 것이다.

(4) 전통이나 풍습과 지난 일에도 구속받지 않는 문장

조조는 전통이나 지난 일 따위에 구애받지 않고 자기가 옳다고 생각하
는 대로 행동하고 글도 그렇게 썼다. 조조 밑에서 승상동조연(丞相東曹掾)
벼슬까지 한 서선(徐宣)이, 역시 사공연속(司空掾屬) 벼슬을 한 동료인 진
교(陳矯)가 전에 자신의 본 집안 여자와 결혼한 일을 두고 늘 그것을 비
방하였다. 조조는 진교를 감싸주는 한편 세상에는 쓸데없이 지나치게
남을 비방하는 일이 많다고 생각하고 건안 5년(200)에 다음과 같은 영을
내린다.[55]

喪亂以來, 風教彫薄, 謗議之言, 難用褒貶. 自建安五年以前, 一切勿論. 其以斷前誹議者, 以其罪罪之.

(동란이 일어난 이래로 풍습이 경박해져서 남을 비방하는 말로 잘잘못을 가리기는 어렵다. 건안 5년(200) 이전의 일은 일절 논하지 말라! 이전의 일을 가지고 남을 비방하는 자는 그 죄를 반대로 그에게 적용하여 벌할 것이다.)

건안 5년은 조조가 관도(官渡)에서 자기보다 세력이 훨씬 강하던 원소(袁紹)와 싸워 크게 승리를 거두고 장수로서의 자신도 갖게 된 해이다. 풍습을 바로잡고 진교에 대한 서선의 비방을 막으려는 목적이 있지만, 건안 5년 이전의 일에 대해서는 일절 논하지 말라는 것은 완전히 독단적인 명령이다. 조조는 자기의 목표를 추구하기 위해서라면 지난 일은 물론 전통이나 풍습도 가리지 않았다.

중국의 전통 절일(節日)로 옛날부터 지켜오던 한식(寒食)이 있다. 양(梁)나라 종름(宗懍)이 지은 『형초세시기(荊楚歲時記)』에는 한식을 설명하여 "동지(冬至) 뒤 105일이 되는 날이 오면 사흘 동안 불을 피우지 않고 찬 음식만을 먹어야 한다."고 하였다. 이는 중국에 널리 행해져 오던 풍습이었다. 그러나 조조는 특히 추운 북쪽 지방 사람들에게는 좋지 않은 풍습이라 생각하고 이를 폐지하는 영을 내리고 있다. 건안 11년(206)에 내린 영이다.

듣건대 태원(太原)·상당(上黨)·서하(西河)·안문(雁門) 지방[56]에서는 동지

---

55 『三國志』卷22 魏書 陳矯傳 裴松之 注引 『魏氏春秋』의거.
56 지금의 山西省을 중심으로 하는 중국의 북쪽 지역.

뒤 105일이 되면 모두 불을 피우지 않고 찬 음식을 먹는데, 개자추(介子推)[57]를 위해서라 한다. 오원(伍員)[58]은 강물에 빠져 죽었으나 오(吳)나라 사람들은 물을 마시지 않는 풍습을 만들지 않았다. 개자추를 위해서만 한식을 하게 된 것이 어찌 치우친 처사가 아니겠는가? 또한 북쪽 지방은 추운 곳이어서 늙은이와 어린이나 허약자들은 견디기 어려울까 걱정된다. 영이 내려지면 사람들은 한식을 하면 안 된다. 만약 어기는 자가 있으면 가장에게는 반년의 형벌이 가해지고, 주관 관리에게는 백일의 형벌을 내리고, 고을 장관은 일 년 동안의 봉급을 박탈한다.

聞太原·上黨·西河·雁門, 冬至後百五日皆絶火寒食, 云爲介子推. 子胥沈江, 吳人未有絶水之事, 至于子推獨爲寒食, 豈不偏乎? 且北方沍寒之地, 老少羸弱, 將有不堪之患. 令到, 人不得寒食. 若犯者, 家長半歲刑, 主吏百日刑, 令長奪一年俸.[59]

　조조는 온 백성들이 지키고 있는 풍습이라 하더라도 자신이 옳지 않다고 생각되면 과감히 금지시켰던 것이다. 조조는 엄한 형벌을 내세우며 백성들을 위하여 세상에서 널리 지키고 있는 절일(節日)을 없애려 하

---

57 개자추(介子推); 춘추시대 晉나라 사람. 그는 晉 文公을 위하여 공로를 세워 晉 文公이 그에게 상을 내리려 하자 받지 않고 어머니를 모시고 綿山 속으로 들어가 숨어 살았다. 晉文公은 그를 나오게 하려고 산에 불을 질렀으나 그는 나오지 않고 불에 타 죽었다 한다. 이에 介子推를 기념하기 위하여 寒食이란 풍습을 만들었다 한다.

58 오원(伍員); 자가 자서(子胥)이며 春秋시대 吳나라의 大夫이다. 그는 吳나라 임금 闔閭를 도와 楚나라를 정벌하여 吳나라를 위해 큰 공을 세웠다. 뒤에 吳나라 임금 夫差가 그를 사형에 처하고 강물에 던졌다. 그러나 吳나라 사람들은 絶水하는 풍습을 만들지 않았다.

59 이 글은 『藝文類聚』 卷4와 『太平御覽』 권28·30·869에 실려 있다.

고 있다. 조조는 전통이나 풍습도 나라나 백성을 위하여 득이 되지 못하는 일이라면 과감히 폐지하려 하였다. 조조의 이런 노력에도 불구하고 한식이라는 풍습이 후세까지도 없어지지 않은 것은 역시 후세 사람들이 조조를 간웅으로 평가했기 때문일 것이다.

또 『삼국지』 권1 위서 무제기(武帝紀)의 배송지 주에 인용한 『위서(魏書)』에는 조조가 건안 12년(207)에 공신들에게 상을 내리는 이외에 또 자기 봉지(封地)에서 받아들인 조세 수입을 여러 장수들과 관원들 및 사병들과 그 밖에 전사한 장병들의 유족들에게 나누어주는 영이 보인다. 그때 내린 영의 끝부분만을 아래에 인용한다.

> … 지금 거두어들인 조세를 여러 장군들과 밑의 관원들 및 전에 진(陳)·채(蔡) 지방을 방어하던 이들에게 나누어주어 여러 사람들의 노고에 보답하고 내가 받은 큰 혜택을 홀로 차지하지 않고자 한다. 마땅히 목숨을 바쳐 일하다가 죽은 사람의 아들들은 차등을 정하고 조세로 거두어들인 곡식을 그들에게 나누어주어라. 만약 풍년이 들어 쓰임이 풍족할 적에는 바쳐야 할 조세가 다 들어올 것이니 여러 사람들에게 태반을 나누어주어 모든 사람들이 함께 그것을 누리도록 하라.

> … 今分所受租, 與諸將掾屬及故戍于陳蔡者, 庶以疇答衆勞, 不擅大惠也. 宜差死事之孤, 以租穀及之. 若年殷用足, 租奉畢入, 將大與衆人, 悉共饗之.

자기 봉지에서 거두어들인 조세를 이처럼 많은 양을 여러 사람들에게 나누어준다는 것은 중국 역사상 유례가 없는 일일 것이다. 조조는 이처럼 자기가 할 수 있는 중요한 일이라 생각되는 일이 있으면 전통이나 풍습 같은 것은 거들떠보지도 않고 옳고 훌륭하다고 여겨지는 방향으로 일을 밀고 나갔다. 그러한 일을 영으로 내렸기 때문에 그 영을 이루는 문장도 개성적일 수밖에 없었을 것이다. 조조의 이러한 특징을 가지고 있는 문장은 새로운 성격의 것이어서 그의 아들 손자와 그들 주변의 많은 문인들이 이어받아 중국 문장을 한층 새롭게 발전시키게 된다.

제10장

조조를 바탕으로 발전한
건안 문학

1. 문제(文帝) 조비(曹丕, 187-226)

조비는 아버지 조조를 뒤이어 위나라의 임금이 되었는데, 아버지가 세
번이나 현명한 인재를 구하려는 영을 내리며 뛰어난 인재를 찾았듯이
[1] 조비도 자신을 위하여 일해 줄 인재를 중시하여 먼저 '구품중정(九品中
正)의 제도'를 시행하였다. '구품중정'이란 여러 고을의 관리들 중에 현
명한 자를 골라 각자 자기 고을의 '중정(中正)'의 직책을 겸임토록 하였
다. 중정은 자기 고을의 지식인들을 잘 살펴 그들의 능력을 상상(上上)·
상중(上中)·상하(上下)·중상(中上)·중중(中中)·중하(中下)·하상(下上)·하중
(下中)·하하(下下)의 아홉 등급 곧 구품(九品)으로 평가하도록 하는 것이
다. 그리고 평가된 구품의 등급에 따라 높고 낮은 벼슬을 내려주었다.

---

[1] 앞의 '제8장 2) 인재의 등용' 참조 바람.

이 제도는 이부상서(吏部尙書)인 진군(陳群, ?-235)의 건의였다고 한다.[2] 이 제도의 시행으로 조비는 빼어난 인재들을 구하여 나라를 잘 다스릴 수 있었다. 그런 뒤에 한나라 헌제(獻帝, 190-220)는 곧 자진하여 한나라 황제 자리를 위나라 임금이 된 조비에게 넘겨주어서, 조비는 정식으로 위나라 황제인 문제(220-226)가 되었다. 그리고 아버지 조조는 무제로 높여 부르게 되었다. 황제가 된 문제는 무제의 뜻을 따라 정치면에서는 나라를 잘 다스렸고 국력을 증강하여 변경을 안정시키고 나라의 판도도 확장시켰다. 그리고 무엇보다도 중요한 것은 학술과 문학을 중시하고 장려하여 아버지를 계승하여 중국 문학의 발전에도 크게 공헌하였다는 것이다. 그 스스로도 문학 창작에 힘써서 많은 좋은 시를 남겼다. 문학 사상 동생 조식(曹植)과 함께 조조의 삼부자를 흔히 삼조(三曹)라 부른다. 『수서(隋書)』 경적지(經籍志)에는 『위문제집(魏文帝集)』 10권이 있다고 하였고 23권의 문집이 있다는 기록도 있으나 모두 전하지 않고, 지금은 후인이 다시 작품을 모아 편집한 『삼조자료휘편(三曹資料彙編)』 같은 곳에 그의 작품이 모아져 있다. 『삼국지』 권2 위서 문제기(文帝紀)에는 "문제는 문학을 좋아하여 저술에 힘을 써서, 스스로 이루어 놓은 것이 백 편을 넘는다."[3]고 하였고, 그곳 배송지(裴松之)의 주에는 『위서(魏書)』를 인용하여 "그러므로 문론으로 저술한 『전론(典論)』과 시와 부가 백여 편에 이른다."[4]고도 하였다. 중국의 문학비평을 맨 앞에서 이끈 대작인 조비의 『전론』도 전하지 않고 그중의 일부인 『논문(論文)』만이 양(梁)나라 소통(蕭統, 501-531)의 『문선(文選)』에 실려 전하고 있다는 것도 조 씨들이 얼마나

---

2 『三國志』 卷22 魏書 陳群傳 의거.

3 『三國志』 卷二 魏書 文帝紀: "帝好文學, 以著述爲務, 自所勒成垂百篇."

4 『魏書』曰: "故論撰所著典論, 詩賦, 蓋百餘篇."

세상에서 배척을 당했는가 짐작할 수 있게 하는 일이다.

조비의 시만 보더라도 종영(鍾嶸)의 『시품(詩品)』에는 그의 오언시만도 100여 수가 있다고 하였으나, 지금은 완전한 작품으로 40여 수의 시와 불완전한 시 및 사부(辭賦) 등을 합하여 약 30편이 전한다. 조비의 중국 문학사상 가장 두드러진 공로는 중국 최초의 완전한 칠언시를 써서 이후 칠언시의 발전을 유도하였다는 점과 중국 최초의 문론인 『전론』을 써서 중국의 문학과 문학 이론이 발전하는 길을 열었다는 것이다. 이전에도 서한 고조(高祖) 유방(劉邦, B.C. 247-B.C. 195)의 「대풍가(大風歌)」와 항우(項羽, B.C. 232-B.C. 202)의 「해하가(垓下歌)」와 동한 장형(張衡, 78-139)의 「사수시(四愁詩)」 같은 칠언시가 있었지만, 모두 혜(兮) 자를 구절 중간에 사용하여 초가(楚歌)의 영향 아래 이루어진 것임을 들어내고 있는 것들이다. 그 밖에 교사가(郊祀歌) 등에 칠언 구절이 많이 보이기도 하지만 완전한 칠언시가 아니며, 「백량시(柏梁詩)」는 모두가 칠언이지만 여러 사람들이 한 구절씩 읊은 것이다. 완전한 칠언시는 조비에게서 처음으로 완성된 것이다. 그리고 이때 이루어진 조비의 칠언시를 바탕으로 이후에 칠언시가 발전한다. 먼저 그의 칠언시 「연가행(燕歌行)」 두 수를 읽어보기로 한다.

기일(其一)

가을바람 썰렁하고 날씨 싸늘해지니
초목은 시들어 낙엽지고 이슬은 서리되어 내리네.
제비 떼 돌아가고 기러기 남쪽으로 날아오니
멀리 떠난 임 생각나 그리움에 애 끊어지네.

돌아오고픈 생각 간절하여 고향 그리울 터인데

임은 어이 그대로 타향에 머물러 계시는가?

이 몸 외로이 빈 방 지키며

시름 속에 임 생각 잠시도 잊을 수 없어

나도 모르게 눈물 흘러내려 옷자락 적시네.

금(琴) 잡고 줄 뜯어 청상(清商) 가락 울리며

단가(短歌) 나지막이 불러보나 오래 가지 못하네.

밝은 달 훤히 내 침상 비추고

은하수 서쪽으로 기울었으되 밤은 아직 다 새지 않았네.

견우와 직녀는 멀리 서로 바라만 보고 있는데

그대들 무슨 죄로 은하수 다리 사이에 두고 있게 되었는가?

秋風蕭瑟天氣涼, 草木搖落露爲霜.

羣燕辭歸雁南翔, 念君客遊思斷腸.

慊慊思歸戀故鄕, 君何淹留寄他方?

賤妾煢煢守空房, 憂來思君不敢忘, 不覺淚下沾衣裳.

援琴鳴弦發清商, 短歌微吟不能長.

明月皎皎照我床, 星漢西流夜未央.

牽牛織女遙相望, 爾獨何辜限河梁?

기이(其二)

이별은 얼마나 쉽고 만나는 것은 얼마나 어려운가?

산천은 아득히 멀고 길은 끝이 없네.

가슴 메이도록 임 생각 하지만 감히 말도 못하고,

뜬구름에 말을 실어보면 가서는 돌아오지 않네.

눈물 비 오듯 얼굴에 떨어져 얼굴 모습 망치는데,

그 누가 시름 안고 홀로 탄식하지 않겠는가?

가사 펴들고 맑은 노래 불러 잠시 스스로를 위로해 보지만

즐거움 가버리고 슬픔이 찾아와 애간장 무너뜨리네.

불안한 채 베개 베고 누워 있어도 잠을 이룰 수 없어서

옷 걸치고 문을 나가 동쪽 서쪽으로 거닐면서,

하늘의 별과 달을 보며 구름 사이를 살피네.

날아다니는 새가 아침이 되어 우는데 소리 구슬퍼서

서성이며 마음속 둘러보니 견딜 수가 없네!

別日何易會日難, 山川遙遠路漫漫.

鬱陶思君未敢言, 寄聲浮雲往不還.

涕零雨面毀容顔, 誰能懷憂獨不歎?

展詩淸歌聊自寬, 樂往哀來摧肺肝.

耿耿伏枕不能眠, 披衣出戶步東西, 仰看星月觀雲間.

飛鳥晨鳴聲可憐, 留連顧懷不能存.

이 「연가행」은 상화가(相和歌) 평조곡(平調曲)에 속하는 악부시로 여성의 입장에서 임 그리움을 노래한 대표적인 중국의 서정시이다. 그리고 악부시를 바탕으로 시의 형식에 있어서 한대에 이루어진 칠언시(七言詩)를 완성시키는 역할도 하고 있다. 우리는 중국 문학사상 여기에서 비로소 완전한 칠언시를 보게 된다. 칠언시는 조비 이후로 명제(明帝, 226-239)

조예(曹叡)와 유습(繆襲, 186-245) 및 오나라 위소(韋昭, 201-273) 등이 창작을 계승하여 이후 오언시와 함께 중국시의 대표적인 한 시형으로 발전하게 된다. 그리고 아름다운 여성이 외로이 임을 그리는 서정도 조비에게서 시로서 완전히 개성적인 자리를 잡게 된다. 큰 기개의 소유자이면서도 서정에는 섬세한 일면을 보여준다. 그리고 멀리 가 있는 임을 그리는 여인의 절실한 서정도 뛰어나지만 하늘의 밝은 달과 반짝이는 별 등 그 주변의 자연 환경에 관한 묘사도 아름답기 그지없다.

　조비는 칠언시를 처음으로 썼을 뿐만 아니라 사언시를 비롯하여 오언시와 육언시 및 초가체(楚歌體)의 시도 썼다. 그러나 서정에서는 오언이 각별히 빼어나다. 그 예로 외로운 밤의 처량하고 슬픈 감정을 지닌 뜻을 이루지 못한 젊은이의 심정을 절실하게 노래한 「잡시(雜詩)」두 수를 읽어보기로 한다.

　　기일(其一)
　　지루한 가을밤은 길기만 하고
　　사나운 북풍은 싸늘하기만 하네.
　　이리저리 뒤척이다 잠 못 이루고
　　옷 걸치고 일어나 서성이네.
　　서성임이 어느덧 오래되자
　　흰 이슬에 내 옷 젖었네.
　　맑은 물결 굽어보고
　　밝은 달빛 우러러보네.
　　은하수는 돌아서 서쪽으로 흐르고 있고
　　옹기종기 별들은 여기저기서 반짝이네.

풀벌레는 어찌하여 슬프게 울고 있는가?
외로운 기러기는 홀로 남쪽으로 날아가네.
울적하게도 슬픈 생각 많아지고
아득히 고향만 그리워지네.
날아가고 싶은들 어찌 날개를 구하겠는가?
건너가고 싶어도 강에는 다리가 없다네.
바람 맞으며 길게 탄식하니
내 애간장 끊어지는 것 같네!

漫漫秋夜長, 烈烈北風涼.
展轉不能寐, 披衣起彷徨.
彷徨忽已久, 白露沾我裳.
俯視淸水波, 仰看明月光.
天漢回西流, 三五正縱橫.
草蟲鳴何悲? 孤雁獨南翔.
鬱鬱多悲思, 綿綿思故鄕.
願飛安得翼? 欲濟河無梁.
向風長歎息, 斷絶我中腸.

기이(其二)
서북쪽엔 뜬구름 있는데
수레 차양처럼 넓둥그렇네.
애석하게도 때를 만나지 못하여
마침 회오리바람 속에 있다네.

348

나를 날려 동남쪽으로 보내어

날리고 날려 오회(吳會) 땅에 이르렀네.

오회는 내 고향이 아니거늘

어찌 오래 머물러 있을 수 있겠는가?

모두 버려두고 더 말하지 말아야지!

나그네는 언제나 남들이 두렵다네.

西北有浮雲, 亭亭如車蓋.

惜哉時不遇, 適與飄風會.

吹我東南行, 行行至吳會.

吳會非我鄉, 安得久留滯?

棄置勿復陳! 客子常畏人.

심덕잠(沈德潛, 1673-1769)은 『고시원(古詩源)』의 이 시에 "두 시는 자연스러움을 높이 받들고 글의 뜻 이외에 무궁한 슬픈 감정을 담고 있다.(二詩以自然爲宗, 言外有無窮悲感.)"고 평하는 주를 달고 있다. 밤에 느끼는 비분과 객지에서 고향의 그리움을 노래하고 있는데, 한편으로 그의 아버지 조조와 같은 큰 기개도 느껴진다. 이를 바탕으로 건안 연간 이후 특히 오언고시가 크게 발전하게 된다.

이 밖에도 그의 작품 중에는 여성의 입장에서 임 또는 남편을 생각하는 각별한 서정시가 더 있다. 친구 완우(阮瑀, 165?-212)의 과부가 된 부인이 죽은 남편을 그리는 정경을 그린 「과부(寡婦)」라는 시와 「과부부(寡婦賦)」, 버려진 유훈(劉勛)의 처 왕씨(王氏)가 느끼고 있는 서러운 심정을 읊은 「대유훈처왕씨잡시(代劉勛妻王氏雜詩)」 등이 독특하고 빼어난 작품이다.

보기로 완우가 죽은 뒤 그의 처가 과부로 살면서 느끼고 있는 슬픔과 괴로움을 읊은 「과부부」를 그 서문과 함께 소개한다.

〈서〉 진류의 완원유가 일찍 죽어서 늘 그가 남기고 간 고아가 있음을 느낄 때마다 슬퍼져서 마음이 아파지지 않는 적이 없었다. 그래서 이 부를 짓는 바이다.

陳留阮元瑜早亡, 每感存其遺孤, 未嘗不愴然傷心. 故作斯賦.

해와 달과 별이 돌아가며 비치는 사이
추위와 더위도 옮겨가며 바뀌었네.
여름날을 지내기는 길고 괴로웠고
가을 겨울을 보내기는 지루하기만 하네.
가는 서리 내려 마당에 쌓이고
제비와 참새는 내 앞에 날아다니네.
가을은 가고 겨울이 되자
계절 바뀌어짐에 따라 날씨 추워지네.
물은 엉겨 얼음이 되고
눈은 떨어지며 펄펄 날리네.
신세 각박하게 외로운 과부 되니
마음 슬퍼지고 스스로가 가엽기만 하네!

三辰周兮遞照, 寒暑運兮代臻.
歷夏日兮苦長, 涉秋冬兮漫漫.

微霜隕兮集庭, 燕雀飛以我前.

去秋兮旣冬, 改節兮時寒.

水凝兮成冰, 雪落兮翻翻.

傷薄兮寡獨, 內惆悵兮自憐.

'원유'는 완우의 자이다. 그에게는 「과부」라는 시도 전하는데 거기에는 "친구인 완원유가 일찍 죽어서 외로운 과부가 된 그의 처가 가엾어서 이 시를 짓게 되었다.(友人阮元瑜早亡, 傷其妻孤寡, 爲作此詩.)"는 서문이 붙어 있고, 시의 본문도 "서리와 이슬이 어지러이 섞여 내리니, 나무 잎새도 떨어져 처량하네.(霜露紛兮交下, 木葉落兮淒淒.)"로 시작되는 완전히 부(賦) 형식의 글이다. 「과부부」도 완전한 전 작품이 아닌 듯하고 이 시도 부 형식의 글이니, 「과부」 시는 본시 「과부부」로부터 떨어져 나온 글의 일부인 것 같다. 완원이 죽은 뒤 과부가 된 그의 처의 가련한 실정을 노래하며 그처럼 부 와 시라는 두 가지 형식의 글을 썼을 리가 없다. 어떻든 그의 부 와 시는 계절의 변화에 따른 과부의 외로움과 슬픔을 절절하게 읊고 있다. 이러한 자연의 묘사와 서정은 이 뒤의 길이가 짧은 소부(小賦) 발전에 직접 영향을 준다.

조비는 특히 인생에 대한 사상이 긍정적이어서 시를 통해서 생활 주변을 둘러보는 그의 눈이 즐겁다. 그 예로 『부용지작(芙蓉池作)』을 읽어보기로 한다.

수레를 타고 밤에 놀러 나와

어슬렁어슬렁 서원(西園)을 거닐어 보네.

두 갈래 도랑에서 물이 흘러들고,

아름다운 나무가 내를 따라 둘러서 있네.

낮은 가지는 수레 포장을 스치고

긴 가지는 푸른 하늘 문지르고 있네.

거센 바람은 수레바퀴 들어올리고

날아다니는 새는 내 앞에 날고 있네.

붉은 노을 사이에 밝은 달이 끼어 있고,

반짝이는 별이 구름 사이로 나오네.

하늘 위로부터 아름다운 빛을 내려보내니

오색 무지개 얼마나 고운가?

사람 목숨 적송자(赤松子)와 왕자교(王子喬) 같을 수도 없거늘

그 누가 신선이 될 수 있겠는가?

즐겁게 노닐면서 상쾌한 마음 지니고

자기를 백 년토록 잘 보전해야지!

乘輦夜行遊, 逍遙步西園.

雙渠相溉灌, 嘉木繞通川.

卑枝拂羽蓋, 脩條摩蒼天.

驚風扶輪轂, 飛鳥翔我前.

丹霞夾明月, 華星出雲間.

上天垂光彩, 五色一何鮮?

壽命非松喬, 誰能得神仙?

遨遊快心意, 保己終百年.

'적송자'와 '왕자교'는 옛날의 오래 살았다는 전설적인 신선이다. 그

가 보는 부용지(芙蓉池)의 물이며 나무는 말할 것도 없고 부는 바람 날아
다니는 새와 달과 별도 모두 아름다운데 하늘 한편에는 무지개까지 쳐
져 있다. 그로서는 짧은 인생이라 해도 앞에 보이는 모든 것이 즐겁기
만 하다.

조비의 사람됨이 그러하기 때문에 임금이 된 다음에는 스스로 훌륭
한 임금이 되려고 생각하였던 사람이다. 이 때문에 그의 시 가운데는
이런 시 이외에도 백성들의 생활을 생각하는 「맥상상(陌上桑)」・「청하에
서 배를 끄는 사람이 신혼인데 그의 처와 작별하는 것을 보고(於淸夏見挽
船士新婚與妻別)」 등 서민생활을 반영하는 작품들도 있다. 제목이 긴 뒤의
시를 소개한다.

임과 새로 결혼을 하고
얼마 되지도 않았는데 이별하게 되었다네.
싸늘한 바람이 가을 풀 움직이고 있고
귀뚜라미는 울면서 따라오는 것 같네.
쌀쌀하게 추운 매미 울고 있는데,
매미는 울면서 마른 나뭇가지 껴안고 있었네.
마른 나뭇가지 어쩌다 바람에 날려가자
그 몸도 갑자기 딴 곳으로 옮겨지게 되었다네.
몸이 딴 곳으로 옮겨지는 것은 슬프지 않지만
다만 세월 흘러가는 것이 애석할 것일세.
세월은 끝이 없다지만
만날 날이야 어찌 알 수가 있겠는가?
바라건대 한 쌍의 노란 고니 되어

나래 가지런히 하고 맑은 연못 위에 노닐고 싶을 것일세.

與君結新婚, 宿昔當別離.

涼風動秋草, 蟋蟀鳴相隨.

冽冽寒蟬吟, 蟬吟抱枯枝.

枯枝時飛揚, 身體忽遷移.

不悲身遷移, 但惜歲月馳.

歲月無窮極, 會合安可知?

願爲雙黃鵠, 比翼戲清池.

처와 이별하고 멀리 떠나가는 신혼의 남편을 이 시에서는 쌀쌀한 날
마른 가지를 안고 울고 있다가 바람에 가지가 날려가는 바람에 자기도
생각 못 한 다른 곳으로 옮겨진 매미에 비유하고 있다. 끝머리에 보이
는 '노란 고니(黃鵠)'는 『초사(楚辭)』 복거(卜居)에 보이는 전설적인 큰 새
로 신선이 타고 다닌다고도 하는 새이다. 배를 끌어주며 노동을 하면서
살던 남자가 운 좋게 새로 장가들었는데 그 처와 이별하고 멀리 떠나게
된 것이다. 나라의 역사(役事)에 끌려가게 된 것인지도 모른다. 여하튼
작자는 처를 버리고 멀리 떠나는 이 신혼의 남편을 동정하여 이 시를
읊고 있는 것이다.

조조를 논할 때부터 시를 중심으로 언급하였지만 건안 문학은 중국
문학 전반에 걸친 발전을 뜻한다. 시뿐만 아니라 산문과 사부(辭賦)의
창작에서도 새로운 창작의 길을 열었다. 조조도 부를 짓기는 하였으나
완전한 좋은 그의 작품이 전하지 않아 언급하지 않았을 따름이다[5]. 그
의 아들과 휘하의 사람들에 이르러서는 분명히 새로운 사부와 산문의

발전을 실감할 수 있게 된다. 다만 그들의 부 작품도 모두 후세 사람들이 다시 모아 정리한 것이어서 불완전한 작품이 많은 것이 유감스러운 일이다. 조비에게는 「제천부(濟川賦)」, 「유부(柳賦)」, 「창해부(滄海賦)」 등 개성 있는 작품이 여러 편 전한다. 산문에서도 자기 생각과 감정의 표현 등 개성적인 면을 크게 발전시키고 있다. 그의 산문의 특징은 아래 문학론을 다루는 중에 인용하는 글을 통해서도 어느 정도 파악되리라고 여겨진다.

조비는 중국 최초의 본격적인 문학론인 『전론(典論)』의 「논문(論文)」[6]도 남기고 있다. 「논문」에서는 무엇보다도 "문장이란 나라를 다스리는 위대한 사업이며 영원히 썩지 않는(빛날) 성대한 일이다.(蓋文章經國之大業, 不朽之盛事.)"라고 하면서 문학의 역할을 적극적으로 강조하고 있다. 그러나 무엇보다도 그가 여기에서 펼치고 있는 기론(氣論)은 이후의 중국 문학 발전에 큰 영향을 끼치게 된다.

> "문장은 기(氣)를 위주로 하는데, '기'에는 맑고 탁한 본체가 있어서 힘을 써서 억지로 이르게 할 수는 없는 것이다.… '기'를 이끌어 오는 데서는 모두 같지 않고 교묘하고 졸렬한 소질이 달리 있어서 비록 아버지나 형이라 하더라도 아들이나 동생에게 옮겨 줄 수가 없는 것이다."

> 文以氣爲主, 氣之淸濁有體, 不可力强而致. …至于引氣不齊, 巧拙有素, 雖在父兄, 不能以移子弟.

---

5 曹操의 賦는 완전한 작품은 전하는 것이 없고, 『文選』 注와 『水經注』 등에 그 佚句가 인용되어 있다.

6 『典論』은 지금 우리에게 전하지 않으나 그중 「論文」만이 蕭統의 『文選』에 실려 있음.

그리고 이어서 '건안칠자'들의 문학을 비평하는 등의 이론을 전개하고 있는데 본격적인 중국 문학비평은 여기에서 출발하고 있다. 그 밖에 「여오질서(與吳質書)」라는 친구에게 보낸 편지 중에도 그 시대 문인들의 문학을 평론한 글이 보인다. 그러니 중국 문학사상 조비는 처음으로 문학이란 무엇인가 학술적으로 정리해 놓은 문론가(文論家)이며 문학평론가이기도 하다. 조비가 문학이란 무엇인가 정리하여 놓았기 때문에 이후의 문인들은 문학을 제대로 이해하고 문학작품을 본격적으로 창작하여 중국 고전문학을 제대로 발전시키게 된 것이다.

2. 조식(曹植, 192-232)

조식은 조조의 셋째 아들이다. 어려서부터 문학 공부를 하여 십여 세에는 시와 산문 및 사부(辭賦) 수십만 언(言)을 읽어 외었고 글을 잘 지었다 한다.[7] 글을 짓는 재주에서는 종영(鍾嶸, 468?-518?)이 『시품(詩品)』 서에서 '건안지걸(建安之傑)'이라 말했을 정도로 조조의 삼부자 중에서도 가장 뛰어났다고 보는 이들이 많다. 글을 잘 지었기 때문에 아버지인 조조는 여러 번 그를 태자로 삼으려고 했다는 말이 전해진다. 이 때문에 뒤에 형 조비는 왕위에 오르자 적극적으로 조식에게 박해를 가하여 여러 번 작위를 깎아내리며 다른 고장에 봉하였다고 조비의 행위를 비판하고 있다. 앞에서 이미 논한 것처럼 이는 모두 조조와 그의 아들들을 좋지 않게 여기는 고정 관념이 박힌 후세 사람들이 지어낸 말이다. 문

---

7 『三國志』卷19 魏志 陳思王植傳; "年十歲餘, 誦讀詩論, 及辭賦數十萬言, 善屬文."

제 조비는 물론 아우 조식도 절대로 비뚤어진 인물이 아니다. 조식은 세상일로부터 자유롭고 거리낌 없는 시인다운 성격의 소유자였다. 착실한 형 조비와는 성격이 서로 달랐기 때문에 형제 사이에 의가 나빴던 것처럼 보일 따름이다. 조식은 자기 형을 제치고 자신이 위나라의 후계자가 되려고 애쓰지 않았다. 계속 문학 창작에 자기 생활의 대부분을 바쳤다. 조식은 황초(黃初) 7년(226) 문제인 조비가 죽고 아들 조예(曹叡)가 명제(明帝, 226-239)로 즉위한 뒤로도 계속 시인으로 인생의 문제를 추구하다가 일생을 마쳤다. 어떻든 만년에도 그는 시를 통한 서정으로 더욱 감동적이고 아름다운 정회를 독자들에게 안겨주고 있다. 『수서(隋書)』 경적지(經籍志)에는 『위진사왕집(魏陳思王集)』 30권이 있었다고 하나 없어지고, 지금은 후세 사람들이 다시 편찬한 『조자건집(曹子建集)』 등이 전한다. 보기로 청대의 정안(丁晏)이 편집한 『조집전평(曹集詮評)』을 보면 권1·2·3이 부(賦)이고, 권4는 시(詩), 권5는 악부(樂府), 권6은 송(頌)·비(碑)·찬(贊)·명(銘), 권7에서 권10에 이르기까지는 여러 가지 문(文)·론(論) 등으로 이루어져 있다. 건안시대 시인들 중에서도 가장 많은 양의 시와 작품이 우리에게 전해지고 있다.

조식의 생애는 조조가 죽은 건안 25년(220)을 경계로 하여 전기와 후기로 현저하게 갈라진다. 전기에는 웅장한 정치적 포부도 지니고 공자(公子)다운 생활을 하였고, 후기에는 문제와 명제 밑에서 여러 가지 일이 뜻대로 되지 않아 웅장했던 뜻은 꺾이고 우수가 깃들인 나날을 보냈다. 전기는 나라가 혼란을 겪은 끝에 안정을 갈망하는 추세가 강했던 시기라서, 조식도 세상을 바로잡아 보겠다는 큰 뜻을 품고 있던 때였다. 조식은 20세인 건안 16년(211)에 평원후(平原侯)에 봉해지고, 건안 19년에는 임치후(臨菑侯)로 옮겨 앉는다. 이 시기에는 「백마편(白馬篇)」처럼 나라를 위해 일해 보겠다는 영웅다운 기개를 노래한 작품, 「명도편(名都篇)」처럼 귀공자로서의 적극적인 생활 포부를 읊은 것, 군자로서 이 세상에 영원히 남을 명저를 남기고 싶은 포부를 읊은 「해로행(薤露行)」 등의 시를 짓고 있다. 부에서도 건안 15년(210)에 조조가 업(鄴)에 세운 동작대(銅雀臺)에 올라갔을 적에 아버지의 명에 따라 그의 두 형제가 각각 지은 「등대부(登臺賦)」가 있다. 이 부는 그때 조조가 극찬한 작품인데 애석하게도 그 일부만이 전해지고 있을 따름이다. 어떻든 조식은 이 부를 지으면서 자신의 문학 재능을 발휘하기 시작하였다. 이 전기의 작품들은 밝고 호기가 있는 것이 특징이다. 그리고 그의 작품의 수사도 시인의 생활만큼이나 아름다운 경지에 이르고 있다.

후기에 들어오면 그의 문학은 웅장했던 뜻이 사라지고 비분과 불평 어린 감정의 표현으로 바뀐다. 조식은 자기가 아버지의 뒤를 바로 잇지 못한 것보다도, 건안 24년(219)에 조조가 아들 조식의 못된 행동이 그와 매우 친한 위에 원술(袁術, ?-199)의 외조카인 양수(楊脩, 175-219) 때문이라 생각하여 양수에게 죄를 씌워 죽이고, 건안 25년(220)에는 문제가 된 조비가 조식의 세력을 없애버리려고 조식과 절친하게 지내는 정의(丁儀)와 정이(丁廙) 형제를 죄를 씌워 처형하였다. 이들의 죽음은 조식에게 매우 큰 충격을 주었다. 조식은 황초(黃初) 2년(221)에는 술을 과하게 마시고 실수를 하여 그의 작위도 안향후(安鄉侯)로 강등되었다가 조금 뒤에 견성후(鄄城侯)로 옮겨졌고, 황초 3년에는 다시 견성왕(鄄城王)으로 높여진다. 다시 황초 6년(225)에는 옹구왕(雍丘王)이 되었다가 태화(太和) 3년(229)에는 동아왕(東阿王)으로 바뀐 다음 태화(太和) 6년(232) 41세로 죽는 해에 진왕(陳王)으로 봉해졌다. 이 시기에 와서는 인생의 문제를 보다 심각하게 생각하고 고민하며 사색하였다. 이러한 생활의 변화는 그의 문학에 더욱 무게를 보태주어, 전기의 글재주를 바탕으로 한 문장 표현이 아름다운 작품들보다도 더 깊이가 있고 감동적인 작품들을 이루게 한다. 「증백마왕표(贈白馬王彪)」, 「칠애(七哀)」, 「잡시(雜詩)」, 「우차편(吁嗟篇)」, 「야전황작편(野田黄雀篇)」, 「하선편(鰕䱇篇)」 등이 그의 내심의 고통과 강개를 나타낸 대표적인 작품들이다. 그리고 그 속에는 모순된 현실을 고발하고 풍자하는 내용도 들어 있게 마련이다. 또 「칠애(七哀)」 같은 연정을 주제로 한 작품이라 할지라도 거기에는 현실적인 비분의 정이 깃들여진 것들이 대부분이다.[8] 부에서도 「감절부(感節賦)」, 「회친부(懷親賦)」, 「요작부(鷦雀賦)」, 「편폭부(蝙蝠賦)」 등이 있다. 그보다도 낙수(洛水)를 지나다가 낙수의 여신인 복비(宓妃)를 떠올리고 지었다는 「낙신부(洛神賦)」는 특히 시인의 상상 속의 낙신의 아름다움과 자연이 우러난 사랑과 연모의 정을 감동적으로 노래하고 있어서 유명하다.

어떻든 조식의 문학은 시가 대표하고 있음은 공인된 사실이다. 그러나 조식에 이르러 시뿐만 아니라 부나 산문까지도 새로운 성향의 문학 작품으로 자리를 확실히 잡게 되었다. 먼저 그의 전기 시 작품으로 「백마편(白馬篇)」을 아래에 인용한다.

> 백마는 황금으로 만든 굴레로 장식하고
> 훨훨 날 듯 서북쪽으로 달려가네.
> 물어보건대 어느 집 자제들인가?
> 유주와 병주의 의협적인 사내들이라네.

---

8 鍾嶸이 『詩品』에서 曹植의 시를 평하여 "詞采葺茂"라 하고 "骨氣奇高"라고도 하였는데, 이는 특히 그의 전기와 후기 작품의 특징을 잘 드러낸 말이라 할 수 있다.

젊은 나이에 고향을 떠나와

사막 언저리에서 명성 떨치고 있다네.

옛적부터 좋은 활 들고 다니는데

억센 화살도 어찌 저렇게 많이 갖고 있는가?

활줄 당겨서 왼편 과녁 부수고,

오른편으로 쏘아 반달 과녁 부러뜨리네.

손을 들어 올려서는 나무 사이를 나는 원숭이 잡고,

몸을 굽혀서는 옆 말의 발굽을 흩뜨려 놓네.

날래기는 원숭이보다도 더하고,

용감하기는 표범과 교룡 같네.

변방 성에는 다급한 일 많이 생기고,

오랑캐들은 자주 침략하며 옮겨 다니네.

급한 전갈이 북쪽으로부터 오자

말을 채찍질하며 높은 언덕으로 올라가네.

멀리 달려가 흉노족을 짓밟고,

왼편으로 향해서는 선비족을 짓뭉개네.

날카로운 칼날에 몸을 맡겼으니,

목숨 같은 것 어찌 생각하랴?

부모님조차 돌보지 못하거늘

자식과 처야 무슨 말을 더 하랴?

이름을 장사 명부에 올리려면

마음속에 사사로운 일 담아둘 수 없다네.

몸을 던져 나라의 어려운 일 돌보며

죽음 보기를 집에 돌아가는 것처럼 가벼이 여기네.

白馬飾金羈, 連翩西北馳.

借問誰家子? 幽幷遊俠兒.

少小去鄉邑, 揚聲沙漠垂.

宿昔秉良弓, 楛矢何參差?

控弦破左的, 右發摧月支.

仰手接飛猱, 俯身散馬蹄.

狡捷過猴猿, 勇剽若豹螭.

邊城多警急, 胡虜數遷移.

羽檄從北來, 厲馬登高隄.

長驅蹈匈奴, 左顧淩鮮卑.

棄身鋒刃端, 性命安可懷?

父母且不顧, 何言子與妻?

名編壯士籍, 不得中顧私.

捐軀赴國難, 視私忽如歸.

곽무천(郭茂倩, 1084 전후)의 『악부시집(樂府詩集)』에서는 잡곡가사(雜曲歌辭)로 분류되어 있는 악부시이다. 내용은 나라를 위해 크게 공헌해 보려는 젊은이의 이상을 읊은 것이다. 세상을 위하여 자기 몸을 바치려는 젊은이의 갈망에서 강력한 생명력이 느껴진다. 세상의 습속에 구속받지 않고 자기의 이상을 추구하려는 욕구를 읊은 시는 조식 이전에는 발견할 수 없던 것이다.

다음에는 도성 낙양에서 젊은이들이 노는 모습을 읊은 「명도편(名都篇)」을 읽어보기로 한다.

큰 도성에는 요염한 여인이 많고

낙양에는 젊은이들이 많이 나와 노네.

그들이 찬 좋은 칼은 천금의 값진 것이고,

입은 옷은 아름답고도 멋지네.

동쪽 교외 길가에서는 닭싸움을 즐기다가,

큰 가래나무 가로수 길을 말을 달려가네.

빨리 달려 얼마 가지도 않아

두 마리 토끼가 우리 앞을 지나가자,

활을 잡고 화살을 날려 이를 잡고서

멀리 달려 남산으로 올라가네.

왼쪽으로 활 줄을 당겨 오른쪽으로 쏘는데,

한 발 쏘면 두 마리 새가 잡히네.

다른 재주는 더 부릴 새도 없이

손을 들어 날아가는 솔개를 잡네.

보던 사람들 모두가 칭찬을 하고

여러 가지 재주를 나의 멋진 능력이라고 하네.

名都多妖女, 京洛多少年.

寶劍直千金, 被服麗且鮮.

鬪鷄東郊道, 走馬長楸間.

馳騁未能半, 雙兔過我前.

攬弓捷鳴鏑, 長驅上南山.

左挽因右發, 一縱兩禽連.

餘巧未及展, 仰手接飛鳶.

觀者咸稱善, 衆工歸我姸.

돌아와 평락관(平樂觀)에서 잔치를 하는데,

아름다운 술만도 수천 말이네.

잉어회와 알 밴 새우 지짐,

튀긴 자라와 군 곰발바닥.

친구에게 소리치고 동료들과 떠들면서

자리를 나란히 하고 긴 대자리 위 잔치를 마치네.

날래게 제기차기 막대기 맞히기 놀이를 하는데

교묘하고 날쌔기 말할 수도 없네.

밝은 해는 서남쪽으로 기울어져 가는데

시간은 잡아둘 수가 없네.

구름이 흩어지듯 모두 사는 곳으로 돌아가지만

맑은 아침이 되면 다시 이곳으로 돌아온다네.

歸來宴平樂, 美酒斗十千.

膾鯉臇胎鰕, 炮鼈炙熊蹯.

鳴儔嘯匹侶, 列坐竟長筵.

連翩擊鞠壤, 巧捷惟萬端.

白日西南馳, 光景不可攀.

雲散還城邑, 淸晨復來還.

「명도편」은 곽무천(郭茂倩)의 『악부시집』에는 잡곡가사(雜曲歌辭)에 들어 있다. 앞 단락에서는 낙양의 젊은이가 멋진 옷에 값진 칼을 차고 활도 지니고, 닭싸움 놀이를 하다가는 말을 달려 교외로 나가 사냥을 하는 모습을 노래하고 있다. 사냥하는 솜씨가 무척 교묘하다. 뒤 단락에서는 젊은이들이 사냥을 마치고 돌아와 잔치를 벌이고 즐기는 모습을 읊고 있다. 술자리에는 좋은 술이 넘쳐나고 안주로는 생선회며 곰발바닥 같은 진귀한 음식이 수북하다. 이들은 실컷 먹고 마신 뒤, 제기차기 같은 축국(蹴鞠, 옛날 장정들이 공을 땅에 떨어뜨리지 않고 차던 놀이)과 막대기를 이용한 놀이 등으로 즐긴다. 이들은 날이 어두워진 뒤에야 헤어져 돌아갔다가 다음 날 아침이면 다시 와서 함께 어울려 마음껏 젊음을 구가한다. 귀족 젊은이의 노래다.

이러한 조식의 이상과 의욕은 형 조비가 문제로 황제의 자리에 앉은 뒤로는 완전히 다른 성격의 것으로 발전한다. 그 예로 그의 후기에 불우의 정과 비분을 노래한 「우차편(吁嗟篇)」을 아래에 소개한다.

아아, 이 굴러다니는 쑥대처럼
세상살이 어째서 외롭기만 한가?
오랫동안 뿌리에서 떨어져 나와
밤이 되어도 쉴 수가 없네.
동쪽 서쪽으로 수많은 길 다니고
남쪽 북쪽으로 무수한 길 넘나들었네.
갑자기 회오리바람 만나니
나는 구름 사이로 불려 들어갔네.
속으로 하늘 끝까지 날려가는 줄 알았더니
갑자기 떨어져 심연에 잠기네.
사나운 바람이 나를 끌어내 주어

다시 저 들판 가운데로 돌아오게 하였네.

남쪽으로 가야 할 적엔 다시 북쪽으로

동쪽으로 가는가 하면 서쪽으로 되돌아오며,

이리저리 굴러다니는데 무엇에 의지해야 하겠는가?

갑자기 죽는가 하면 또다시 살아나네.

이리저리 날리면서 많은 호수가 맴돌고

펄펄 날리며 여러 산허리 둘러 왔네.

굴러다니느라 일정한 거처 없으니

내 고난 누가 알아주겠는가?

바라건대 숲속의 풀이라도 되어

가을밤 산불에 타버리기라도 하였으면!

타 없어져 버리는 게 어찌 가슴 아프지 않겠는가?

그래도 뿌리 근처에 머물러 있기 바라서이지?

吁嗟此轉蓬, 居世何獨然?

長去本根逝, 宿夜無休閒.

東西經七陌, 南北越九阡.

卒遇回風起, 吹我入雲間.

自謂終天路, 忽然下沈淵.

驚飆接我出, 故歸彼中田.

當南而更北, 謂東而反西.

宕宕何當依? 忽亡而復存.

飄飄周八澤, 連翩歷五山.

流轉無恆處, 誰知吾苦艱?

願爲中林草, 秋隨夜火燔.

糜滅豈不痛? 願與根荄連.

　이 시는 특히 풍부한 상상을 바탕으로 하여 자신의 비통한 감정을 은유적인 수법으로 잘 표현하고 있다. 자기 인생을 굴러다니는 쑥대에 비유하고 있는데, 스스로「천도부서(遷都賦序)」에서 이런 말을 하고 있다.

　　"처음에 평원(平原, 지금의 山東省 平原縣)에 봉해졌다가, 임치(臨淄, 지금의 山東省 廣饒縣 남쪽)로 전출되고, 중간에 견성(鄄城, 지금의 山東城 濮縣 동쪽)으로 발령되고, 마침내 옹구(雍丘, 지금의 河南省 開封 부근)로 옮겨졌다가, 준의(浚儀, 지금의 河南省 開封市)로 고을이 바뀌었고, 마지막에는 동아(東阿, 지금의 山東省 兗州)로 가게 되었다. 말로는 여섯 번 바뀌었으나 사는 곳은 실제 세 번 옮겼는데, 연이어 메마른 땅을 만나 입고 먹는 것도 잘 되지 않았다."[9]

　조식은 건안 16년(211) 20세 때 평원후(平原侯)에 봉해진 뒤 명제의 태화(太和) 3년(229) 동아왕(東阿王)으로 봉해지기까지 모두 여섯 번 자기에게 주어진 고을이 바뀌었다. 아버지 조조의 시대에 두 번, 형 문제의 시대에 두 번, 조카 명제의 시대에 두 번이다. 그러나 명제 때에는 태화 원년(227)에 옹구왕(雍丘王)에서 준의왕(浚儀王)으로 바뀌었다가 태화 2년(228)에는 다시 옹구왕이 되고 태화 3년에는 동아왕으로 바뀌었다가, 태

9　丁晏『曹集詮評』卷8 序「遷都賦序」;"余初封平原, 轉出臨淄, 中命鄄城, 遂徙雍丘, 改邑浚儀, 而末將適於東阿. 號則六易, 居實三遷, 連遇瘠土, 衣食不繼."

화 6년(232)에는 진왕(陳王)으로 옮겨지는데, 조식은 그해 11월에 죽는다. 「천도부서」는 동아왕으로 봉해진 다음에 쓴 것이어서 진왕으로 옮겨졌던 일은 여기에 보이지 않는 것이다. 여하튼 조식은 위나라를 다스린 아버지와 형님 조카 모든 자기의 혈육으로부터 크게 존중을 받지는 못한 것이 확실하다. 그러기에 시에서 자기 삶을 굴러다니는 쑥대에 비유하고 있는 것이다. 이리저리 바람 따라 굴러다니는 것보다는 차라리 "뿌리 근처에 남아 있기 위하여", "가을밤 산불에 타버리기라도 하였으면!" 하는 대목에 가서는 읽는 이에게 지극한 애절함을 느끼게 한다.

같은 무렵에 쓴 시로 「야전황작행(野田黃雀行)」을 한 수 더 읽어보기로 한다.

높은 나무에는 슬픈 바람이 불고,
바닷물은 물결을 쳐 올리고 있네.
예리한 칼이 손에 잡혀 있지 않다면
벗을 사귄다 해도 많이 사귈 필요 없네.
울타리 사이의 참새를 보지 못하는가?
새매가 뜨면 스스로 그물에 몸을 던진다네.
그물 주인은 참새가 잡혀서 기뻐하고,
소년은 그 참새 보고 슬퍼하네.
칼을 빼어 그물을 찢어주자
참새들은 펄펄 날아가네.
펄펄 푸른 하늘 위를 날다가
내려와서는 소년에게 고맙다는 인사를 하네.

高樹多悲風, 海水揚其波.

利劍不在掌, 結友何須多?

不見籬間雀? 見鷂自投羅.

羅家得雀喜, 少年見雀悲.

拔劍捎羅網, 黃雀得飛飛.

飛飛摩蒼天, 來下謝少年.

　곽무천(郭茂倩)의 『악부시집』에서는 「야전황작행」을 상화가사(相和歌辭) 슬조곡(瑟調曲)으로 분류하고 있다. 건안 25년(220) 조비가 위나라 문제가 된 다음 조식과 친하게 지내며 조식을 적극적으로 돕던 정의(丁儀, ?-220)와 정이(丁廙)에게 죄를 씌워 죽여 버린다. 이 시는 두 나래를 잃은 처지가 된 조식이 그들을 그물에 걸려 죽는 참새에 견주어 노래한 것이다. 여기에는 그 시대의 힘없는 백성의 실정도 함께 실려 있다고 보아도 좋을 것이다. 그리고 시인은 소년이 참새를 구해주는 것처럼 자기 친구들을 구해주지 못하고 그 밖에 어려운 처지에 있는 사람을 구해줄 능력이 없는 자신을 한탄하고 있는 것이다. 시인은 자기 손에 "예리한 칼이 잡혀 있기를" 절실히 바라고 있지만 새그물을 찢어줄 수 있는 칼이 자기 곁에는 없는 것이다.

　조식의 작품 중 빼어난 시로 「송응씨(送應氏)」 두 수가 있는데 이미 앞의 제5장에 소개하였다. 이 시는 건안 16년(211) 아버지가 서쪽의 마초(馬超, 176-222)를 치러 갈 때 따라가다가 낙양을 지나면서 동탁(董卓, 137-192)이 10여 년 전에 망쳐놓은 낙양의 참상을 보고 지은 시이다. 이때 「낙양부(洛陽賦)」도 한 편 지었는데 지금은 그중 네 구절만이 남아 전한다.

　이러한 시 이외에도 그에게는 친구인 정의(丁儀)·정이(丁廙)·서간(徐幹,

170-217) 등에게 써준 시가 여러 편이다. 친구를 빌려 우정과 함께 인생에 대한 자기의 생각을 노래하고 있다. 왕찬(王粲, 177-217)에게 써 준 「증왕찬(贈王粲)」 시를 그 예로 든다.

단정히 앉아 시름으로 괴로워하다가
옷을 걸치고 일어나 서쪽으로 놀러 나가네.
나무들은 봄꽃을 피우기 시작하였고
맑은 연못에는 저쪽으로부터 냇물이 흘러들며 물결치고 있네.
그 가운데 외로운 한 마리 원앙새가
슬피 울면서 함께 할 짝을 구하고 있네.
나는 이 새를 잡고 싶은데
애석한지고! 가벼운 배도 없네!
되돌아가고자 하여도 온 길을 잊었으니
이리저리 둘러보며 시름만을 품게 되네.
슬픈 바람은 내게로 씽씽 불어오고
해는 잠시도 머물지 않고 저물어가네.
두터운 구름은 만물을 적셔주려 하는데
어찌하여 혜택이 두루 미치지 않을까 두려워하는가?
누가 당신에게 많은 생각 일게 하였는가?
스스로가 온갖 걱정 품는 것일세.

端坐苦愁思, 攬衣起西遊.
樹木發春華, 淸池激長流.
中有孤鴛鴦, 哀鳴求匹儔.

我願執此鳥, 惜哉無輕舟.

欲歸忘古道, 顧望但懷愁.

悲風鳴我側, 羲和逝不留.

重陰潤萬物, 何懼澤不周?

誰令君多念? 自使懷百憂.

　왕찬은 건안 22년(217)에 41세의 나이에 죽는데, 건안 13년에는 조조 밑으로 들어와 승상연(丞相掾)이 되어 여러 친구들과 어울려 시를 지으면서 지내다가 건안 18년에는 시중(侍中)이 된다. 이 시는 이 해 이전에 지은 것으로 보인다. 비유가 뛰어나고 표현이 아름답다. "외로운 원앙새를 잡고자" 하는 것은 시인으로서의 이상을 성취하려는 뜻을 말하는 것이다. "만물을 적셔주는 두터운 구름"은 위공(魏公)이 된 자기 아버지 조조를 뜻할 것이다. 아직 모든 일이 뜻대로 되지 않아 고뇌 속에 빠져 있을지도 모르는 유능한 친구 왕찬을 격려하고 있는 것이다.

　조식의 시의 가장 큰 특징은 여러 가지 묘사와 감정의 표현이 섬세하고도 아름다운 중에 강렬한 느낌을 준다는 것이다. 그리고 시의 구성은 미묘한 균형을 이루고 있다는 것이다. 그리고 시의 바탕을 이루는 그의 상상이 무척 다양하다. 임을 멀리 떠나보낸 여인의 외로움과 그리움을 노래한 「칠애(七哀)」 시를 한 수 더 읽어보기로 한다.

밝은 달이 높은 누각을 비치고 있으니

달빛은 물 흐르듯 바로 어디에나 찾아가네.

그 위에 시름에 잠긴 여인이 있는데

슬픈 탄식이 가슴 아프게 하네.

물어보건대 탄식을 하고 있는 이는 누구인가?

객지에 떠돌고 있는 사람의 처라 하네.

임이 떠나간 지 십 년이 넘었고

외로운 이 몸은 늘 홀로 지내고 있다네.

임은 맑은 길 위의 먼지 같다면

이 몸은 흐린 물속의 진흙만 같네.

뜨고 가라앉는 형세가 서로 다르니

함께 만나 언제면 잘 지내게 될까?

바라건대 서남풍이라도 되어

멀리 날아가 임의 품 안으로 들어갔으면!

임의 품이 끝내 열리지 않는다면

천한 이 몸 어디에 의지한단 말인가?

明月照高樓, 流光正徘徊.

上有愁思婦, 悲歎有餘哀.

借問歎者誰? 言是宕子妻.

君行踰十年, 孤妾常獨棲.

君若淸路塵, 妾若濁水泥.

浮沈各異勢, 會合何時諧?

願爲西南風, 長逝入君懷.

君懷良不開, 賤妾當何依?

곽무천(郭茂倩)의 『악부시집(樂府詩集)』에는 상화가사(相和歌辭) 초조곡(楚調曲) 속에 들어 있는 악부시이다. 외롭게 지내는 여인의 비탄이 아름답게 표현되어 있다. 조식에게는 「기부시(棄婦詩)」, 「미녀편(美女篇)」, 「종갈편(種葛篇)」, 「부평편(浮萍篇)」, 「첩박명(妾薄命)」 등 풍부한 상상을 바탕으로 아름다운 여인 또는 여인의 처지를 읊은 시가 상당히 많다.

조식은 또 사부(辭賦)에도 뛰어나 이미 그에게는 많은 부의 작품이 전해지고 있음을 소개하였다. 특히 「낙신부(洛神賦)」는 아름다운 여인 또는 여인의 처지를 읊은 부로 유명하지만 그 예로 좀 더 간편한 「출부부(出婦賦)」를 한 편 보기로 한다.

나는 열다섯 살에 비단띠 매고
부모님 떠나 시집을 갔다네.
재주가 없는 시원찮은 인간이지만
군자의 존귀한 생활을 받들게 된 것일세.
안색을 살피어 뜻을 받들면서도
멀리 천대받으며 친해지지 않을까 두려워하였네.
새로 장가를 들고 기뻐하며 나는 버림받게 되니
사랑이 중도에 무너지는 것이 슬펐네.
마침내 스스로 무너지고 실망하여
그윽한 방에서 물러나와 마당으로 내려서게 되었네.
하루아침에 버림받은 것이 가슴 아프고
마음은 걱정이 쌓여 슬픔으로 놀랍게 되네.
문을 들어설 때 입은 예전 옷을 다시 입고
살던 집을 등지고 떠나가게 되었네.
하인들 부축받고 수레에 올라가니
보는 사람들도 슬퍼서 소리 죽여 우네.

아아, 맺힌 원한 호소할 곳도 없으니
이제는 시름과 괴로움으로 어렵게 지내게 되리라.
잘못도 없이 버림받은 것이 한이 되고
임과의 생활을 끝까지 못한 것이 슬프기만 하네.

妾十五而束帶, 辭父母而適人.
以才薄之陋質, 奉君子之淸塵.
承顏色而接意, 恐疏賤而不親.
悅新婚而忘妾, 哀愛惠之中零.
遂摧頹而失望, 退幽屛於下庭.
痛一旦而見棄, 心忉忉以悲驚.
衣入門之初服, 背牀室而出征.
攀僕御而登車, 左右悲而失聲.
嗟怨結而無訴, 乃愁苦以長窮.
恨無愆而見棄, 悼君施之不終.

　어느 남자에게 시집가서 살다가 쫓겨난 부인의 설움과 한을 노래한 부이다. 크게 변화하는 여인의 감정 묘사가 뛰어나다. 건안시대에는 이러한 서정적인 짧은 부가 발전한다. 이 짧은 부들은 서한시대에 발전했던 규모가 큰 부와는 길이가 길고 짧은 차이뿐만 아니라 여러 면에서 근본적으로 달라졌다. 첫째, 부의 주제가 넓고 다양해졌다. 서한의 기부들이 제왕의 궁전이나 정원 안의 생활로 한정되어 있던 것과는 크게 달라졌다. 둘째, 형식적이던 서한의 부와는 달리 서정성이 크게 발전되고 개성이 뚜렷해졌다. 셋째, 문장의 표현이 자연스럽고 분명하며 통속

적이다. 서한의 부처럼 알기 어려운 글자나 까다로운 전고(典故) 같은 것
은 쓰지 않았다. 곧 부도 시에 가까운 성격으로 발전한 것이다. 한 번은
조조가 사냥을 나갔는데, 그때 조비와 여러 문인들이 따라갔다. 조비가
여러 문인들에게 이 사냥을 주제로 부를 지을 것을 명하였다. 이때 진
림(陳琳, ?-217)은 「무렵(武獵)」, 왕찬(王粲, 177-217)은 「우렵(羽獵)」, 응창(應瑒,
?-217)은 「서수(西狩)」, 유정(劉楨, ?-217)은 「대열(大閱)」 등의 부를 지었다 한
다.[10] 이처럼 유행한 짧은 부를 조식은 위에 인용한 「출부부」 이외에도
「동정부(東征賦)」, 「유관부(遊觀賦)」, 「회친부(懷親賦)」 등 40여 편의 좋은 작
품을 남기고 있다. 이러한 짧은 부는 건안시대의 작가 거의 모두가 짓
고 있으나 조식 이외에 특히 왕찬이 「과부부(寡婦賦)」, 「출정부(出征賦)」,
「유부(柳賦)」 등 많은 좋은 작품을 남기고 있다.

조식은 산문에서도 뛰어난 성취를 보여주고 있다. 이런 성취가 어울
려 중국 문학이 새로운 발전을 이루게 되는 것이다. 그의 「석수문(釋愁
文)」의 전반부를 읽어보기로 한다.

나는 시름으로 걱정을 안고 길거리를 다니며 시를 읊고 있는데, 몰골
이 초췌하고 마음의 근심이 술 취한 것 같았다. 현령 선생(玄靈先生)이
란 분이 나를 보고서 물었다. "당신은 무슨 병이 있어서 이렇게 되었
소?" 나는 대답하였다. "내가 앓고 있는 병은 시름입니다." 선생께서
물었다. "시름이란 어떤 것이기에 당신을 병들게 하였나요?" 내가 대
답하였다.

"시름이란 것은 종잡을 수도 없는 것입니다. 부르지 않아도 찾아와 주

---

10 『古文苑』卷7 章樵 注 引 摯虞 『文章流別論』의거.

고, 밀쳐버려도 가지를 않습니다. 그놈을 찾아보아도 그가 있는 곳을 알지 못하겠고, 그놈을 손으로 잡아보면 한 손바닥에 차지도 않습니다. 쓸쓸한 긴 밤이면 무리를 짓기도 하고 떼거리를 이루기도 하며 왔다 갔다 종잡을 수도 없게 내 정신을 어지럽힙니다. 그놈이 다가올 적에는 물리치기 어렵고, 그놈이 떠나갈 적에는 따라가기가 쉽습니다. 음식을 먹으려면 목이 메어 힘들게 하고, 번민을 비통함보다도 더 지독하게 만듭니다. 치장을 해봐도 윤택이 나지 않고 안주를 곁들여 술을 마셔봐도 살이 찌지 않습니다. 쇠와 돌을 달구어 지져보아도 사라지지 않고, 좋은 고약을 발라 문질러 보아도 줄어들지 않습니다. 아리따운 웃음을 웃어주어도 기쁘지 아니하고, 악기를 연주해 보아도 슬픔이 더해질 따름입니다. 의사가 생각을 짜 보아도 어찌할 줄을 모르는데, 선생께서는 어떻게 저를 고쳐줄 수 있겠습니까?"

선생님은 얼굴빛을 바로잡고 말하였다. "당신은 부질없이 당신의 시름 모양만은 말하면서 당신의 시름이 어디에서 생겨나는 것인지는 알지 못하는구려! 내가 특히 당신을 위하여 그것이 어째서 생겨나는지 말해주리다. …"

予以愁慘, 行吟路邊, 形容枯悴, 憂心如醉. 有玄靈先生見而問之曰;
子將何疾以至於斯?
答曰; 吾所病者愁也. 先生曰; 愁是何物而能病子乎?
答曰; 愁之爲物, 惟惚惟悅. 不召自來, 推之不往. 尋之不知其際, 握之不盈一掌. 寂寂長夜, 或羣或黨, 去來無方, 亂我精爽. 其來也 難退, 其去也易追. 臨餐困於哽咽, 煩冤毒於酸嘶. 加之以粉飾不澤, 飮之以兼肴不肥, 溫之以金石不消, 摩之以神膏不希, 授之以巧笑 不悅, 樂之以絲竹增悲. 醫和絶思而無措. 先生豈能爲我蓍龜乎?

先生作色而言曰; 子徒辯子之愁形, 未知子愁何由而生. 我獨爲子言
其發矣.….

　그의 산문도 상상과 비유가 시 못지않다. 그리고 건안시대의 문인들
은 모두 서로 시와 편지를 써서 주고받아 자신의 사상 감정과 여러 가
지 묘사에 뛰어난 서신체(書信體) 산문을 남기고 있다. 조조의 두 아들은
아버지를 이어받아 뒤에 이야기할 그의 손자 및 건안칠자(建安七子)와 함
께 새로운 문학 창작의 세계를 열고 있음을 알았을 것이다.

3. 명제(明帝) 조예(曹叡, 205-239)

　위나라는 문제 조비가 죽은 뒤 아들 조예가 뒤를 이어 명제(226-239)가
되는데, 그도 시를 잘 지어 중국의 시가사(詩歌史)에서는 조조와 조비 및
조예를 '위나라의 삼조(魏之三祖)'라 부른다. 다만 그의 작품은 악부시
12수와[11] 단편적인 몇 구절이 전한다. 먼저 그의 작품으로 「악부시(樂府
詩)」 한 수를 소개한다.

　맑고 맑은 깨끗한 밝은 달이
　빛을 비추어 내 침상을 밝히네.
　시름 안은 사람은 잠을 이루지 못하는데

11　丁福保 補訂『全漢三國晉南北朝詩』所載.

마음 편치 않은 밤은 어찌하여 길기만 한가?

산들바람 여인의 방문으로 불어 들어오니

비단 포장은 스스로 펄렁이네.

옷을 잡아 걸치고 긴 띠를 끌면서

신발 신고 대청에서 내려가니,

동쪽이고 서쪽이고 어디로 갈 것인가?

서성이면서 왔다 갔다 할 따름이네.

봄새가 남쪽으로 날아가는데

펄렁펄렁 외로이 날아가네.

슬픈 소리로 자기 짝을 찾는데

애절한 울음소리가 내 창자를 조이네.

이런 일에 감동되어 그리운 임 생각이 나서

눈물이 흘러 나도 모르게 치마를 적시네.

우두커니 서서 크게 탄식 토하며

북받치는 감정 발산해서 하늘에 호소해 보네.

昭昭素明月, 輝光燭我牀.

憂人不能寐, 耿耿夜何長?

微風吹閨闥, 羅帷自飄颺.

攬衣曳長帶, 屣履下高堂.

東西安所之? 徘徊以彷徨.

春鳥向南飛, 翩翩獨翱翔.

悲聲命儔侶, 哀鳴傷我腸.

感物懷所思, 泣涕忽沾裳.

佇立吐高吟, 舒憤訴穹蒼.

임을 떠나보낸 아름다운 여인의 깊은 외로운 정을 노래한 시이다. 여인 주변의 아름답고도 써늘한 풍경과 여인의 처절한 감정이 잘 조화를 이루고 있다.

악부체의 오언시로 「종과편(種瓜篇)」을 한 수 더 소개한다.

동쪽 우물가에 심은 오이가
넝쿨이 뻗어 담을 넘어가게 되었네.
임과 새로 혼인을 맺고 보니
오이 넝쿨이 서로 얽힌 것만 같네.
못난 이 몸을 기탁하고 보니
마치 태산을 의지한 것만 같네.
새삼 같은 것은 뿌리도 그루도 없어서
넝쿨만 뻗어 다른 나무를 감고 올라간다네.
마름 같은 것은 맑은 흐르는 물에 몸을 맡기고 있어서
언제나 몸이 다치지 않을까 두려워하고 있다네.
큰 산 같은 임의 은혜를 입고 보니
이녀를 언제나 정성스럽게 잡아주네.
하늘의 해는 잘 알고 있을 터이지만
임도 역시 나와 똑같이 그러하리라!

種瓜東井上, 冉冉自蹛垣.
與君新爲婚, 瓜葛相結連.

寄託不肖軀, 有如倚太山.

兎絲無根株, 蔓延自登緣.

萍藻託淸流, 常恐身不全.

被蒙丘山惠, 賤妾執拳拳.

天日照知之, 想君亦俱然.

　명제는 황제임에도 불구하고 시상에서 착한 정감이 느껴진다. 시에서도 무제와 문제의 작품과 잘 조화를 이루며 중국시를 새롭게 발전시키고 있다.

　다시 제비의 덕을 읊은 「단가행(短歌行)」이라는 악부체의 사언시를 한 수 소개한다.

　　펄펄 나는 봄 제비가

　　우리 집에 성실히 모여드네.

　　추운 날엔 숨어 있다가 따스해지면 나타나는데,

　　절기에 따른 움직임이 자연스럽기만 하네.

　　그 모습은 예쁘고 아름다운데,

　　검은 저고리에 흰 치마를 입었네.

　　몸가짐은 어질고 덕을 지녔는데,

　　암컷 수컷이 언제나 어울려 노네.

　　뜻을 지니고 정신을 오로지 하여

　　재어서 행동하고 순하고 선량하네.

　　흙을 물어다가 보금자리를 만드는데,

　　법도에 맞는 집을 이루어 놓네.

그림쇠 쓰지 않고도 둥글게 하고
곱자 없이도 반듯한 모를 이루네.

翩翩春燕, 端集余堂.
陰匿陽顯, 節運自常.
厥貌淑美, 玄衣素裳.
歸仁服德, 雌雄頡頏.
執志精專, 絜行馴良.
銜土繕巢, 有式宮房.
不規自圓, 無矩而方.

　봄이면 찾아와 집을 짓는 제비를 아름답게 노래하고 있다. 조예는 사
언시도 여러 편 짓고 있다. 이 사실 하나만으로도 아버지와 할아버지의
시 정신을 이으려는 그의 의도를 느끼게 한다. 더구나 칠언시도 짓고
있으니 그의 시는 아버지의 시 정신을 계승하려는 노력 위에 이루어졌
음을 알게 한다. 그의 칠언시로 「연가행(燕歌行)」을 읽어보자. 제목은 '제
비의 노래'지만 시의 내용은 제비보다도 늦은 가을에 계절의 변화를 노
래한 것이다.

　밝은 해가 뉘엿뉘엿 어느덧 서쪽으로 기울자
　서리와 이슬이 내려 처절히 섬돌과 마당을 덮네.
　가을 풀은 잎을 말면서 줄기까지 무너뜨리고,
　펄펄 날리는 쑥 잎은 늘 제 홀로 날아가고 있으니,
　떠돌이가 편안히 지내지 못하는 것과 흡사하네.

白日晼晼忽西傾, 霜露慘悽塗階庭.

秋草捲葉摧枝莖, 翩翩飛蓬常獨征, 有似遊子不安寧.

　가을바람에 날리고 있는 쑥 잎을 집을 떠나와 객지에 떠돌고 있는 나그네에 비기고 있는 점이 두드러진 이 시의 특징이다. 여하튼 명제 조예도 할아버지와 아버지의 시 창작을 이어받아 문학 발전에 공헌하였음을 알 수 있다.

　다음에는 이들 임금 밑에 붙어서 함께 시를 지으며 문학활동을 한 사람들의 업적에 대하여 살펴보기로 한다.

4. 건안칠자(建安七子)

조조와 그의 아들 조비 및 조식을 중심으로 함께 어울려 시를 지으면서 문학 활동을 한 건안칠자라고 부르는 일곱 명의 시인들이 있다. 곧 공융(孔融, 153-208)·왕찬(王粲, 177-217)·유정(劉楨, ?-217)·진림(陳琳, ?-217)·완우(阮瑀, ?-217)·서간(徐幹, 170-217)·응창(應瑒, ?-217)의 일곱 명이다. 이들의 이름은 최초로 조비의 『전론(典論)』 중의 「논문」에 보인다. 이들이 조조 삼부자의 문학 활동에 함께 참여함으로써 중국 최초의 문단이 형성되는 것이다. 그리고 이들에 의하여 '건안 문학'이라 부르는 새로운 문학이 창작된다.

　이들은 모두 비슷한 조건 아래 같은 집단 속에서 활약하면서 악부와 오언고시를 중심으로 하여 공통점이 많은 작품들을 남겼다. 이미 앞에서 언급한 것처럼 이들은 각기 자기 고장에서 시와 문장으로 이름이 나 있었는데 모두 조조가 그의 밑으로 끌어들인 사람들이다. 그들은 모두 조조 밑으로 들어와 왕찬(王粲)은 승상연(丞相掾), 유정(劉楨)은 승상연속(丞相掾屬), 진림(陳琳)은 서기(書記) 등의 벼슬을 맡아 일하였다. 따라서 정치적으로는 이들과 조조의 삼부자는 임금과 신하라는 위아래의 관계이지만, 실제로 이들은 문학 활동을 하는 데서는 전혀 다른 태도로 임하였다. 조비가 「논문」에서 "문장은 나라를 다스리는 위대한 일이요 영원히 빛날 성대한 일(蓋文章, 經國之大業, 不朽之盛事.)"이라 선언했을 정도로 문학을 다르게 본 사람들이니 그것은 당연하다고도 할 수 있다. 이들이 주고받은 시나 편지를 읽어보면 전혀 임금과 신하 사이 같은 관계가 아니다. 오히려 동료에 가까운 사이인 듯이 느껴진다. 그것은 이들이 문학의 가치를 달리 보기 시작한 때문이라고 할 수 있으며, 다른 한편으로는 문학의 큰 발전을 뜻하는 사실도 된다.

이들 중에서도 뛰어난 이를 들라고 한다면 왕찬과 유정을 들어야 할 것이다. 이들 두 명의 시를 예로 들어 '건안칠자'의 문학의 특징을 대략 설명하고자 한다. 종영(鍾嶸, 468?-518?)의 『시품(詩品)』에서는 왕찬과 유정의 시를 다 같이 상품(上品)에 배열하고 "조식은 건안시대의 기둥이었고, 유정과 왕찬이 그를 뒤이었다."[12]는 평을 하고 있다.

먼저 왕찬의 시를 보기로 한다. 유협(劉勰, 465-521)의 『문심조룡(文心雕龍)』에서는 "왕찬은 재주가 넘쳐 재빠르고도 빈틈이 없고, 문장은 모두 아울러 잘 지었으며 글귀에는 하자가 없다. 그의 시와 부를 들어 말하면 바로 '건안칠자'의 우두머리이다."[13] 고 왕찬을 칭송하고 있다. 먼저

---

12 鍾嶸 『詩品』; "陳思爲建安之傑, 公幹·仲宣爲輔."

13 劉勰 『文心雕龍』才略篇; "仲宣溢才, 捷而能密. 文多兼善, 辭少瑕累. 摘其詩賦, 則七子之冠冕乎."

전란으로 피폐한 사회와 그 속에서 고난 속에 살아가는 백성들의 모습을 그린 왕찬의 「칠애시(七哀詩)」 3수 중 그 첫수를 소개한다.

장안은 어지러워 말이 아니니
승냥이 호랑이 같은 자들이 환난을 일으키고 있네.
다시 중국 땅 버리고 떠나
이 몸 남쪽 오랑캐 땅으로 가게 되었네.
친척들 나를 마주보며 슬퍼하고
친구들 뒤쫓아 오며 나를 붙잡네.
문 나서니 보이는 것이란 없고
백골만이 들판을 덮고 있네.
길 위에 굶주린 아낙 있는데
안고 있던 아기를 풀밭에 버리네.
뒤에서 울부짖는 소리 들으면서도
눈물 뿌리며 되돌아서지 못하고 홀로 떠나가네.
"이 몸도 어디에서 죽을지 알지 못하겠거늘
어찌 둘이 모두 온전할 수 있겠소?"
말 달려 이들 버려두고 떠나갔는데
차마 그런 소리 듣고 있을 수가 없었기 때문이네.
남쪽으로 문제의 패릉 언덕에 올라
머리 돌려 장안 바라보노라니,
알겠도다! 아래 황천에 계실 문제께서
탄식하시며 마음 아파하고 계시리라는 것을!

西京亂無象, 豺虎方遘患.

復棄中國去, 遠身適荊蠻.

親戚對我悲, 朋友相追攀.

出門無所見, 白骨蔽平原.

路有飢婦人, 抱子棄草間.

顧聞號泣聲, 揮涕獨不還.

未知身死處, 何能兩相完?

驅馬棄之去, 不忍聽此言.

南登霸陵岸, 回首望長安.

悟彼下泉人, 喟然傷心肝.

이 시는 초평(初平) 3년(192)에 반역을 꾀하던 동탁(董卓, 137-192)이 죽은 뒤에 다시 그의 부하 이각(李傕, ?-198)과 곽사(郭汜, ?-197)가 장안을 포위하고 공격하면서 반란을 일삼던 어지러운 시대를 배경으로 하고 있다. 이 때 왕찬은 장안을 떠나 형주(荊州, 지금의 湖北省 襄陽縣을 중심으로 한 지역)의 유표(劉表 ?-208)에게로 가서 몸을 의탁하였는데 왕찬의 나이는 17세였다. 시인이 장안을 떠날 적의 처량하고 어지러운 실상이 잘 그려져 있다. 특히 어린 자식을 안고 가던 부인이 들판에 우는 어린아이를 버리고 가는 대목에서는 독자들이 눈물을 흘릴 것이다. 둘째 시도 오랑캐 땅에서 겪은 시인의 처량한 경험을 읊은 것이다. 그러나 세 번째 시에서는 지난날 반대로 북방의 변경에서 겪은 처참한 경험을 읊으며 제발 온 나라가 평화로운 즐거운 땅이 되기를 바라고 있다. 현실의 반영이며 수사가 빼어나다.

왕찬은 부에서 특히 높은 평가를 누리고 있다. 그에게는 20여 편의 부 작품이 있는데, 그중에서 『등루부(登樓賦)』의 후반부를 그 예로 소개한다.

오직 해와 달은 흘러만 가고 있는데
황하가 맑아질 때까지 기다려도 끝나지 않으리라.
왕도정치(王道)가 잘 행해지기를 기다리고
만약에 사방으로 통하는 큰 길(大道)이 실현되면 재주와 포부를 펼치리라.
바가지를 공연히 걸어놓은 것이 아닐까 겁이 나고,
우물을 쳐 놓아도 마시지 않을까 두렵기만 하네.
어슬렁어슬렁 걸으며 노닐다 보니
밝은 해는 어느새 저물려 하네.
바람이 살랑살랑 불기 시작하고
하늘은 어둑어둑 빛이 없어지네.
짐승들은 미친 듯이 되돌아서서 자기 무리를 찾고
새들은 서로 울면서 나래를 펼치네.
들판은 고요해지며 사람 하나 없게 되고,
길가는 사람은 쉬지 않고 갈 길을 재촉하네.
마음은 처참해지며 여러 가지 느낌이 일고,
뜻은 구슬퍼져서 참담하기만 하네.
계단을 따라서 아래로 내려가니
분만(憤懣)의 기운이 가슴에서 뿜어나네.
밤이 거의 새도록 잠 이루지 못하고
시름 속에 서성이다가 누어서는 이리저리 뒤척이네.

惟日月之逾邁兮, 俟河淸其未極.

冀王道之一平兮, 假高衢而騁力.

懼匏瓜之徒懸兮, 畏井渫之莫食.

步棲遲以徙倚兮, 白日忽其將匿.

風蕭瑟而並興兮, 天慘慘而無色.

獸狂顧以求群兮, 鳥相鳴而擧翼.

原野闃其無人兮, 征夫行而未息.

心凄愴以感發兮, 意忉怛而憯惻.

循階除而下降兮, 氣交憤于胸臆.

夜參半而不寐兮, 悵盤桓以反側.

　풍경의 뛰어난 묘사와 함께 펼쳐지고 있는 마음속의 정감 묘사가 빼어나다. 어지러운 세월 속에 자연을 바라보며 느끼고 있는 작가의 비분이 절실하게 전해진다.

　다음에는 유정(劉楨, ?-217)의 시로 「사촌동생에게 주는 시(贈從弟)」세 수를 읽어보기로 하자.

　　철렁철렁 맑은 물 동쪽으로 흐르고

　　번쩍번쩍 물속의 돌들이 빛나고 있네.

　　개구리밥 마름풀이 그 물가에 자라서

　　꽃과 잎이 아름답게 펼쳐져 있네.

　　이 나물 뜯어다가 종묘에 올리기도 하고

　　좋은 손님들께 반찬으로 대접할 수도 있네.

　　어찌 뜰 안에 아욱이 없으랴마는

이 깊은 물에서 나온 것이 아름답기 때문이네.

汎汎東流水, 磷磷水中石.
蘋藻生其涯, 華葉紛擾弱.
采之薦宗廟, 可以羞嘉客.
豈無園中葵? 懿此出深澤.

우뚝 솟은 산 위의 소나무에
씽씽 골짜기에서 바람이 불어오네.
바람 소리가 어찌 저렇게 요란한가?
소나무 가지는 어찌 저렇게 굳센가?
얼음과 서리가 정말 차가운데도
일 년 내내 솔은 늘 단정하네.
어찌 지독한 추위 겪지 않으랴마는,
소나무 잣나무는 굳센 본성이 있다네.

亭亭山上松, 瑟瑟谷中風.
風聲一何盛? 松枝一何勁?
冰霜正慘悽, 終歲常端正.
豈不罹凝寒? 松柏有本性.

봉황새가 남쪽 산에 내려앉아
외로운 대나무 뿌리 근처를 맴도네.
마음속에 흡족하지 않은 게 있어서

날개 떨쳐 자색 구름 너머로 날아가 버리네.

어찌 늘 힘들고 괴롭지 않으랴마는,

참새들과 어울리는 것이 부끄러워서 라네.

언제면 다시 날아와 의젓한 춤을 출까?

장차 성인답고 현명한 임금 나올 때를 기다리는 거지!

鳳凰集南嶽, 徘徊孤竹根.

於心有不厭, 奮翅淩紫氛.

豈不常勤苦? 羞與黃雀群.

何時當來儀? 將須聖明君.

동생에게 첫 시에서는 맑은 물과 그 속에서 자란 개구리밥과 마름풀 같은 깨끗한 물풀을 들어, 사람도 그처럼 맑고 깨끗하게 살아야 함을 읊고 있다. 비유며 사물의 묘사가 아름답다. 둘째 시에서는 어려운 일이 닥치더라도 사람의 타고난 본성을 꿋꿋이 지켜야 함을 강조하고 있다. 그리고 셋째 시에서는 본성을 지키면서도 일을 하려면 때를 기다려야 함을 당부하고 있다. 그리고 그런 뜻을 사철 푸른 소나무와 언제나 오동나무에 깃들면서 대나무 열매나 따먹는 봉황새를 들어 비유로 노래하고 있다. 왕찬이나 유정 같은 시인은 건안 문학을 발전시킨 시인으로 대표적인 작가였음을 알았을 것이다. 그들은 조조를 이어받아 조비·조식의 형제와 함께 새로운 중국시의 경지를 개척한 시인 중에서도 빼어난 사람들이라 할 수 있다.

5. 여류시인 채염(蔡琰)

건안 문학 중에서도 가장 특출한 작품의 하나로 채염(蔡琰, 177?-249?)이라는 여류작가의 서사시가 있다. 채염은 자가 문희(文姬)라서 흔히 채문희라고 부르며, 조조의 친구이고 시인이며 서예가인 채옹(蔡邕, 132-192)의 딸이다. 집안에서 교육을 잘 받고 자라나 문학과 음악에 대한 이해가 깊었다. 채염은 대략 초평(初平) 3년(192) 16세 무렵에 위중도(衛仲道)라는 사람에게 출가하였으나 곧 남편이 죽어버린다. 자식도 없어서 그녀는 진류(陳留, 지금의 河南省 杞縣 남쪽)의 친정으로 돌아와 나날을 보내고 있었다. 채염 일생의 비극은 여기에서 시작된다.

동한 말엽인 중평(中平) 6년(189)에 동탁(董卓, 137-192)이라는 장수가 군대를 이끌고 당시의 도읍인 낙양으로 들어와 영제(靈帝, 168-189)의 뒤를 이어 황제 자리에 오른 소제(少帝)가를 잡아 죽이고 헌제(獻帝, 190-220)를 황제로 세운 다음 낙양을 불태우고 황제를 장안으로 옮겨 놓는 등의 횡포를 자행하였다. 헌제의 초평(初平) 원년(190)에는 함곡관(函谷關) 동쪽 지방에 있던 무장 세력이 동탁을 치려고 연합하여 일어났다. 동탁의 군대는 이들과의 싸움에 밀리면서도 멋대로 약탈을 일삼았다. 이때 동탁의 군대에는 오랑캐 출신 군인들이 많았다. 그런데 마침 이 전란 통에 초평 5년(195) 채염은 남흉노족(南匈奴族) 군인들에게 잡혀 온갖 고난을 겪으면서 흉노 땅으로 끌려갔다. 채염은 그들에게 잡혀가 남흉노 좌현왕(左賢王)의 부인이 되어 12년 동안 지내면서 두 명의 아들을 낳았다.

한편 한나라에서는 조조가 절친한 친구인 채옹에게는 아들이 없어 그의 집안의 후손을 잇게 해주겠다는 명목으로 남흉노족 좌현왕과 교섭을 한 끝에 재물을 주고 건안 13년(208)에 채염을 한나라로 데려왔다.

그리고 동사(董祀)라는 사람과 결혼을 시켰다. 이 때문에 『후한서』 권 114 열녀전(列女傳) 제74에는 채염의 전기가 '동사처(董祀妻)'라는 호칭 아래 실려 있다.

다시 한나라로 돌아와 자리를 잡은 채염은 그 사이의 험난하고 뼈아 팠던 체험을 시로 노래하게 되었다. 이에 중국 문학에서는 보기 힘든 빼어난 본격적인 서사시가 이루어진 것이다.『후한서』의 그녀의 전기 에는 「비분시(悲憤詩)」라는 제목 아래 오언체(五言體)와 소체(騷體)의 두 편 의 긴 시가 실려 있고, 곽무천(郭茂倩, 1084 전후)의 『악부시집(樂府詩集)』권 59 금곡가사(琴曲歌辭)에는 「호가십팔박(胡笳十八拍)」이라는 명작이 실려 있다. 옛날부터 많은 학자들이 그의 시대에 이러한 서사시가 나올 수가 없다고 주장하며 모두 후세 사람이 가짜로 만든 작품이라 하였다. 그러 나 이 작품들을 자세히 읽어보면 시 속에서 노래하고 있는 참되고 살아 서 움직이는 느낌을 주는 각별한 일들은 모두 직접 그러한 일을 체험한 사람만이 쓸 수 있는 내용이라 여겨진다. 여인이 오랑캐인 남흉노 군대 에 잡혀서 흉노 땅으로 끌려가 있다가 다시 돌아오게 되는 험난한 처지 에서 겪는 뼈아픈 고통과 그러한 과정 속에 본인의 가슴속에 우러나는 처절한 감정 및 당시의 어지러운 세상과 망해버린 자기 집안의 처참한 실상 같은 일은 후세 사람이 상상으로 그처럼 절실하게 그려낼 수는 없 을 것이다. 난리 속에 헤어진 가족 및 자식들을 생각하는 처절한 서정 도 본인이어야만 읊을 수 있다고 여겨지는 절대적인 느낌을 독자들에 게 준다. 소식(蘇軾, 1036-1101)이 오언체의 「비분시」를 본인의 작품이 아 니라고 의심한 이래[14] 많은 사람들이 따라서 의심하였지만 진실이라

---

14 蘇軾 『仇池筆記』擬作 條 참조.

고 믿어야 한다. 의심하는 분들 중에는 오언체보다도 소체의 「비분시」
가 본인의 작품에 더 가깝다고 하는 이들도 있지만 정반대이다. 오언체
「비분시」를 크게 세 단으로 나누어 아래에 소개하기로 한다.

한나라가 말엽에 정치의 권세를 잃자
동탁이 천리를 어지럽혔네.
황제를 죽이고 그 자리를 차지하려고,
먼저 여러 어진 대신들을 해쳤네.
황제를 협박하여 옛 수도 장안으로 옮겨놓고,
황제를 미끼로 자기 세력을 강화하였네.
나라 안 의로운 이들이 군대를 일으켜,
흉악한 자를 함께 치고자 하였네.
동탁의 무리들이 동쪽으로 내려오는데,
쇠갑옷만이 햇빛에 반짝이었네.
세상 사람들은 여리고 약한데,
공격해 오는 병사들은 모두가 오랑캐들이었네.
들판 짓밟으며 고을의 성을 포위하고,
닥치는 대로 모두 부수고 죽여 버렸네.

모두 베어 죽여 살아남은 자 없게 되니
시체만이 서로 포개지고 엉켜 버렸네.
말 옆구리에는 남자의 머리 매달고,
말 뒤에는 여자를 잡아 싣고서,
멀리 말달려 서쪽 관문을 벗어나자,

머나먼 길은 험난하기만 하였네.
되돌아보니 멀고 아득하여,
애간장이 타서 문드러졌네.
잡아온 이들 수만을 헤아릴 정도인데,
함께 모여 어울리지 못하게 하였네.
간혹 그 속에 친척이 있어서
말하고 싶어도 감히 입을 열지 못하였네.
조금이라도 그들 뜻에 어긋나면
번번이 말하였네. "죽여야 할 못된 것들!
응당 칼로 푹 찔러
우리가 너희들 살려두지 않을 거야!"

어찌 감히 목숨을 아끼겠는가?
그들의 욕지거리를 감당할 수가 없었네.
때때로 바로 매질도 가하였으니
지독한 고통이 한꺼번에 닥쳐왔네.
아침이 되면 울며불며 다니다가
밤이 되면 슬피 신음하며 주저앉았네.
죽고 싶어도 죽지 못하고
살고자 해도 하나도 제대로 되는 게 없네.
저 푸른 하늘은 무슨 죄가 있다고
이런 재앙을 당하게 하시는가?

漢季失權柄, 董卓亂天常.

志欲圖篡弑, 先害諸賢良.

逼迫遷舊邦, 擁王以自强.

海內興義師, 欲共討不祥.

卓衆來東下, 金甲耀日光.

平土人脆弱, 來兵皆胡羌.

獵野圍城邑, 所向悉破亡.

斬截無孑遺, 屍骸相樽拒.

馬邊懸男頭, 馬後載婦女.

長驅西入關, 迥路險且阻.

還顧邈冥冥, 肝脾爲爛腐.

所略有萬計, 不得令屯聚.

或有骨肉俱, 欲言不敢語.

失意幾微間, 輒言斃降虜.

要當以亭刃, 我曹不活女.

豈敢惜性命, 不堪其詈罵.

或便加箠杖, 毒痛參幷下.

旦則號泣行, 夜則悲吟坐.

欲死不能得, 欲生無一可.

彼蒼者何辜, 乃遭此戹禍?

변경의 황량한 땅은 중화(中華)나라와 달라서

사람들 습속에 의리란 없고,

가는 곳마다 서리와 눈만 많이 내리고

오랑캐 차가운 바람이 봄 여름에도 일고 있네.

펄렁펄렁 부는 바람이 내 옷자락 날리며,

쏙쏙 내 귀 안까지 들어오네.

시절을 느끼며 부모님 생각하니

슬픔과 탄식이 한없이 그치지 않고 이네.

밖으로부터 오는 나그네가 있다는

말을 들으면 언제나 기쁨을 안고,

그를 맞아 여러 가지 소식 물어보면

매번 고향 사람이 아니었네.

우연히 만나게 되는 요행이 그때 찾아와

피붙이들이 와서 나를 맞아주는 것이 소원이었네.

이미 자신은 잡혀있던 처지에서 풀려났지만

다시 아들 녀석들을 버려야만 하게 되었네.

혈육은 사람의 마음에 매어 있는 것이어서

이별을 하고 나면 다시 만날 날이 없을 거라 여겼네.

살아있건 죽게 되건 영영 떨어지는 것이니

차마 그 애들을 작별하기가 어려웠네.

아이들은 앞으로 나와 내 목을 껴안고

엄마는 어디로 가시려는 거냐고 묻네.

'사람들이 엄마는 가야만 한다고 말하는데

어찌 또다시 돌아올 날이 있겠느냐?

엄마는 늘 인자하고 자상하셨는데,

지금은 어찌 더 자애로우시지 않나요?
우리는 아직 성인이 못되었는데,
어찌하여 돌봐줄 생각을 하시지 않나요?'
이들을 보자 오장이 무너지는 것 같고
어질어질 미치고 바보가 되는 것 같네.
울부짖으며 손으로 아이들 어루만지며
떠나려다가 다시 이래도 되는가 의심이 이네.

그때 함께 잡혀와 있던 무리들이 있어서
전송을 해주며 이별을 고하는데,
내가 홀로 돌아가게 된 것을 부러워하며
슬프게 부르짖는 소리가 찢어질 것 같네.
말도 선채로 주춤거리기만 하고
수레도 바퀴가 구르려 하지 않네.
보고 있던 사람들도 모두 훌쭉훌쭉,
길 떠나는 사람도 울부짖고 있네.

邊荒與華異, 人俗少義理.
處所多霜雪, 胡風春夏起.
翩翩吹我衣, 肅肅入我耳.
感時念父母, 哀歎無窮已.
有客從外來, 聞之常歡喜.
迎問其消息, 輒復非鄕里.
邂逅徼時願, 骨肉來迎己.

已得自解免, 當復棄兒子.

天屬綴人心, 念別無會期.
存亡永乖隔, 不忍與之辭.
兒前抱我頸, 問母欲何之?
人言母當去, 豈復有還時?
阿母常仁惻, 今何更不慈?
我尚未成人, 奈何不顧思?
見此崩五內, 恍惚生狂癡.
號泣手撫摩, 當發復回疑.

兼有同時輩, 相送告離別.
慕我獨得歸, 哀叫聲摧裂.
馬為立踟躕, 車為不轉轍.
觀者皆歔欷, 行路亦嗚咽.

가고 또 가며 사랑의 정 떼어버리고
빨리 달려 날로 멀리 와버렸네.
아득한 삼천 리 길
언제면 다시 만날 수 있게 되려나?
내 배에서 나온 아들들 생각하니
가슴이 쪼개질 것만 같네.

도착해 보니 집 사람들 없고

또 안팎 친척들도 없네.

성곽은 산림으로 변하였고

집 마당에는 가시덩굴에 쑥 풀이 자라있네.

누구의 것인지도 알 수 없는 흰 뼈는

여기저기에 덮이지도 않고 널려 있네.

문을 나가 보아도 사람의 소리는 없고

승냥이와 이리가 울부짖고 있네.

쓸쓸히 외로운 내 그림자 대하고 있으려니

슬픔에 간장이 문드러지네.

높은 곳에 올라가 멀리 바라보니

정신도 갑자기 날아가 버리네.

문득 목숨도 끊어질 것 같았는데

곁의 사람들이 담대하라고 달래주네.

그래서 다시 억지로 둘러보며 숨을 쉬지만

비록 산다 하더라도 무엇을 의지해야 하는가?

새로운 사람에게 목숨을 기탁하고

마음을 다해 스스로 힘쓰려 하는데,

떠돌아다녀 천한 몸이 되었으니

언제나 다시 버림받을까 두렵기만 하네.

인생이 얼마나 간다고

걱정을 품고 세월을 보내고 있는가?

去去割情戀, 遄征日遐邁.

悠悠三千里, 何時復交會?

念我出腹子, 胸臆爲摧敗.

旣至家人盡, 又復無中外.
城郭爲山林, 庭宇生荊艾.
白骨不知誰, 從橫莫覆蓋.
出門無人聲, 豺狼號且吠.
煢煢對孤景, 怛咤糜肝肺.
登高遠眺望, 魂神忽飛逝.
奄若壽命盡, 旁人相寬大,
爲復强視息, 雖生何聊賴?
託命於新人, 竭心自勗勵.
流離成鄙賤, 常恐復捐廢.
人生幾何時, 懷憂終年歲?

여기에는 필자가 이 시를 세 단으로 나누어놓았다. 첫 단은 앞머리에 동한 나라가 어지러워지자 동탁이란 자가 난을 일으켜 황제를 잡아놓고 못된 짓을 하자 이를 치려고 나라 안의 의로운 군사들이 일어났던 일을 읊고 있다. 이어서 동탁의 군대에는 오랑캐 병사들이 많아 싸움에 몰리면서도 약탈과 살인을 멋대로 하면서 남자들은 다 죽이고 여자들은 잡아서 오랑캐 땅으로 끌고 갔는데, 시인 자신도 이들에게 잡혀 끌려가면서 겪은 참혹하고 뼈아픈 파란만장의 경험을 노래하고 있다.

둘째 단은 시인이 끌려가 있던 남흉노 땅의 거친 환경과 그 속에서의 고향 생각을 간단히 노래하고, 다시 그곳으로부터 고국으로 되돌아올 적에 두 아들을 떼어놓고 떠나오는 어머니의 당혹스럽고 가슴이 찢어지는 것 같은 슬픔을 절절히 노래하고 있다. 엄마에게 매달리는 자식들을 떼어놓을 적의 울부짖음 같은 것은 비분의 극치를 느끼게 한다. 함께 오랑캐 땅에 잡혀와 있던 사람들은 자기를 전송하면서 돌아가게 된 사람을 부러워하고 함께 모두가 통곡한다. 그러면서도 시인이 오랑캐 땅을 떠나 고국으로 돌아가게 된 것을 기뻐하는 말은 전혀 보이지 않는다. 두 아들을 낳은 오랑캐 땅은 이미 자기가 사는 곳이며 자기 집이 있는 곳이 되어 있었다. 조조가 채염을 데리고 살던 남흉노의 좌현왕과 재물을 주고 교섭하여(혹은 압력도 가했을 것이다.) 채염을 중국으로 데려왔지만 채염 자신은 자기의 두 아들을 남겨두고 남흉노 땅을 떠나 고국으로 돌아오는 것을 별로 반기지 않았던 것 같다. 오히려 자기 자식을 떼어놓고 남흉노 땅을 떠나오는 어려운 과정과 처절한 슬픔이 고국인 중국으로 돌아온 뒤까지도 이어지고 있다.

끝머리 셋째 단은 고국으로 돌아오는 발길도 자식들 생각에 얼마나 힘들었는가를 노래한 뒤 고국에 돌아와서의 정경을 읊고 있다. 오랑캐 땅에 두고 온 자식들 생각이 가슴 아프게 하고, 고국은 자연이며 세상이 썰렁하기만 하다. 고향에 가보니 다 허물어진 집 주위에는 백골만 널려 있고 집안에는 가족도 없으며 주변에 일가친척도 하나 없는 기가 막히는 실정이다. 마지막 대목에서는 그래도 살아보려고 새로운 남편에게 목숨을 맡기고 다시 열심히 살아보겠다는 다짐을 하고 있지만 어쩔 수 없이 인생에 대한 허탈감이 드러나고 있다. 그녀는 "인생이 얼마나 간다고 걱정을 품고 세월을 보내고 있는가?(人生幾何時, 懷憂終年歲?)" 하고 시를 끝맺고 있다. 정말 중국에서는 보기 어려운 가슴을 울리는 긴 서사시이다. 서사에다가 서정이 융합되어 있는 건안시대에나 나올 수 있었던 걸작 서사시이다.

초사체의 「비분시」는 오언체에 비하여 편폭이 짧다. 시인은 같은 경험을 각각 다른 시체로 읊고 있는데, 초사체에는 오언체 끝머리에서 고국에 돌아온 뒤 두고 온 자식 생각과 썰렁한 고향 같은 것을 노래한 대목이 없다. 초사체의 시를 먼저 쓰고 오언체는 약간 뒤에 쓴 것인 것 같다. 그러나 초사체의 시에서는 초사체의 표현이 안겨주는 독특한 '비분'을 느끼게 된다. 오랑캐 지역에서의 정상을 읊은 초사체시의 중간 여섯 구절을 예로 든다.

음산한 기운이 엉겨 여름인데도 눈이 날리고,
사막에는 모래가 언덕을 이루고 흙먼지 자욱이 날리네.
풀과 나무 있기는 하나 봄이 되어도 피어날 줄 모르고,
사람들은 짐승처럼 노린내 나는 짐승고기만 먹네.
말은 쑤군거리고 차림새는 요상한데,
해는 저물고 때는 흘러가기만 하네.
밤은 긴데 궁정 문은 닫혀 있고,
잠을 이룰 수 없어 일어나 서성거리네.

陰氣凝兮雪夏零, 沙漠壅兮塵冥冥.
有草木兮春不榮, 人似禽兮食臭腥.
言兜離兮狀窈停, 歲聿暮兮時邁征.
夜悠長兮禁門扃, 不能寐兮起屏營.

「호가십팔박」 중에서는 오랑캐 땅에 떼어놓고 온 두 아들을 생각하며 슬퍼하는 노래인 '십륙박(十六拍)'만을 떼어 아래에 소개하기로 한다.

십륙박(拍)이 되니

생각은 아득하기만 하네.

나와 자식들 각각 멀리 떨어져

해는 동쪽에 달은 서쪽에 있듯이,

부질없이 서로 그리기만 하며

서로 만날 수는 없으니

공연히 애간장 끊어지네.

망우초(忘憂草)를 바라보아도 시름은 잊히지 않고,

거문고 뜯어 가락 울리니

마음은 얼마나 슬퍼지는가?

지금 자식들 버리고

고향으로 돌아와 보니,

옛날의 원한은 사라졌는데

새로운 원한이 자라나 있네.

피눈물 흘리며 머리 들어

푸른 하늘에 호소하노니,

어찌 태어나서

나만이 이런 재앙을 당하는가요?

十六拍兮思茫茫, 我與兒兮各一方,

日東月西兮徒相望, 不得相隨兮空斷腸.

對萱草兮憂不忘, 彈鳴琴兮情何傷?

今別子兮歸故鄉, 舊怨平兮新怨長.

泣血仰頭兮訴蒼蒼, 胡爲生兮獨罹此殃?

오랑캐 땅에 남겨놓고 온 두 아들을 가슴 아프게 그리워하며 애간장을 태우는 노래이다. 채염의 시는 서사에도 뛰어나지만 감정의 표현도 무척 진지하다. 곧 서사와 서정이 잘 배합되어 있다. 건안 문학은 시인들이 자각을 하고 성실한 자세로 작품을 쓰기 시작한 시기의 산물인데, 채염의 시는 그중에서도 조조와 함께 가장 뛰어난 새로운 창작의 길을 연 문학작품이다.

서릉(徐陵, 507~583)의 『옥대신영(玉臺新詠)』 권1에는 「고시위초중경처작(古詩爲焦仲卿妻作)」이라는 장편의 서사시가 실려 있는데 "한나라 말엽 건안 연간에 여강부(廬江府)의 낮은 관리 초중경(焦仲卿)에게 처 유씨(劉氏)가 있었는데, 시어머니가 친정으로 쫓아버렸다. 그녀는 다시는 시집가지 않겠노라고 스스로 맹세하였는데, 친정집에서 시집가라고 강요하자 물에 뛰어들어 죽었다. 초중경이 그 소식을 듣고 그도 역시 마당의 나무에 목을 매어 죽었다. 그때 사람들이 그들을 가슴 아파하여 이 시를 지었다고 한다."[15]는 서문이 붙어 있다. 이 시는 「공작동남비(孔雀東南飛)」라고도 부른다. 명대의 왕세정(王世貞, 1526~1590)은 『예원치언(藝苑巵言)』 권2에서 "「공작동남비」는 질박하면서도 야하지 않고 어지러우면서도 정돈되어 있으며, 서사는 그림과 같고 서정은 호소하는 듯하니 장편지성(長篇之聖)이라 할 수 있다."[16]고 평하고 있다. 다만 서문 첫머리에 "한나라 말엽 건안 연간"이라 하였는데, 위나라 사람이라면 '건안 연간'이 '한나라 말엽'이라는 것을 알 수가 없을 것이라는 것 등을 근거로 이 시는 위나라 이후의 작품이라 주장하는 학자들도 있다. 어떻든 동한 이후

---

15 「古詩爲焦仲卿妻作」序; "漢末建安中, 廬江府小吏焦中卿妻劉氏, 爲仲卿母所遣. 自誓不嫁, 其家逼之, 乃沒水而死. 仲卿聞之, 亦自縊於庭樹. 時傷之, 爲詩云爾."

16 『藝苑巵言』卷2; "孔雀東南飛, 質而不俚, 亂而能整, 敍事如畫, 抒情若訴, 長篇之聖也."

에 와서 민간에 이러한 대작 서사시가 나올 수 있었다는 것도 조조로부터 발전한 '건안 문학'이 그 뒷받침이 되어 주었기 때문에 가능하였다고 보아야만 할 것이다.

6. 정시(正始) 이후의 시

정시(240-249?)는 조예(曹叡) 명제(明帝, 226-239)를 뒤이은 그의 양자 조방(曹芳)인 제왕(齊王, 240-254)의 연호이다. 이때는 이미 문제(220-226) 때의 대장군이던 사마의(司馬懿, 179-251)가 위나라의 정권을 잡고 마음대로 휘두르고 있었다. 사마의가 죽은 뒤로는 그의 아들 사마사(司馬師, 208-255)와 사마소(司馬昭, 211-265)가 뒤이어 나라의 권세를 잡았다. 결국 사마소는 조방을 내쫓고 조모(曹髦, 241-260)를 황제 자리에 앉혔다가(254), 다시 조모를 죽이고 조환(曹奐)을 황제자리에 앉혔다(254-259 재위). 함희(咸熙) 2년(265)에 사마소가 죽고 그의 아들 사마염(司馬炎)이 뒤를 이었는데, 그는 위나라 원제(元帝, 260-265)를 황제 자리에서 끌어내리고 진(晋)나라를 세운 뒤 자기 스스로 황제가 되어 무제(武帝, 265-290)로 군림한다. 그런데 이 정시 연간 이후에 일어난 사상계의 각별한 큰 변화는 새로 발전하기 시작한 도교와 불교가 중국 문화와 사상을 크게 변화시켰다는 것이다.

원시 도교의 싹은 동한 초에 황제(黃帝)와 노자(老子)를 연결시켜 황로도(黃老道)라는 종교를 조직하고 그에 관한 경서를 만든 데서 유래한다. 광무제(光武帝, 25-57)의 아들 초왕(楚王) 유영(劉英)이 "황로(黃老)를 좋아하여" 명제(明帝, 58-75)의 표창을 받았다. 뒤에 유영의 반역사건이 일어나는 바람에 통치자들의 '황로'에 대한 신앙에 영향을 주었다. 그러나 순제

(順帝, 125-144) 때에 낭야(琅邪, 지금의 山東省 臨沂市 북쪽 지역) 사람 궁숭(宮崇)이 낙양으로 직접 와서 자기의 스승인 우길(于吉)이 얻은 신서(神書)라고 하면서 『태평청령서(太平靑領書)』를 황제에게 바쳤다. 조정의 신하들은 "요망하고 경전이 못되는(妖妄不經)" 책이라 하였으나, 그대로 받아 두었다. 다시 환제(桓帝, 146-167) 때에 산동(山東)의 지주이며 문인인 양해(襄楷)가 다시 '우길의 신서'를 바치면서 글을 올려 환관들이 권세를 휘두르고 있는 것을 공격하고 또 환제에게 후손이 없는 실정을 논하였다. 그의 행동이 관리들에게 받아들여지지는 않았지만, 환제 자신은 궁중에 황로사(黃老祠)를 세우고 연희(延熹) 8년(165)에는 사람을 고현(苦縣, 지금의 河南省 鹿邑縣 동쪽이며, 노자의 고향)까지 보내 노자를 제사 지내게 하였다. 다시 영제(靈帝, 168-189)는 즉위하자 곧 『태평청령서』를 받아들여 그 신서를 바친 양해는 명인이 되었다. 이 『태평청령서』가 170권으로 이루어진 『태평경』이며 후세 도교의 주요 경전으로 발돋움한다.

『태평경』은 천인감응론(天人感應論)을 바탕으로 하고 음양오행설(陰陽五行說)을 이론의 근거로 삼고 있다. '양'은 존귀하고 '음'은 비천한 것이니 '양'에 해당하는 임금은 높고 절대적인 존재인 데 비하여 '음'에 해당하는 신하는 낮고 비천한 존재임이 근본원리라 한다. 이런 방법으로 계급사회와 빈부의 존재 등 사회 실정을 모두 해석하였다. 그리고 상류계급에게는 착함(善)을 닦고 어짊(仁)을 행하며 어려운 사람들을 도울 것을 설교하고 있다. 이 때문에 봉건사회에서 위아래로 해설하는 데 따라 잘 받아들여지는 경전이 될 수 있었다.

곧 동한 말엽에 장각(張角, ?- 184)이란 인물이 기주(冀州), 거록(鉅鹿, 지금의 河北省 고을)에서 나와 『태평경(太平經)』을 바탕으로 태평도(太平道)를 발전시켰다. 그는 황로도(黃老道)를 내세워 통치계급을 미혹시키고, 일반 백성들에게는 중황태을신(中黃太乙神)을 내세워 믿는 사람들의 병을 고쳐준다고 하며 신도를 끌어모았다. 물론 사람들을 현혹시킬 그 나름대로의 『태평경』에 대한 해설로 설교도 하였다. 그리고 여러 신도들을 훈련시켜 전국 각지로 내보내어 농민을 중심으로 하고 어렵고 가난한 사람들을 상대로 신도를 모아 따르는 자들을 조직하였다. 영제의 광화(光和) 연간(178-183)에만도 전국의 신도가 수십만 명이나 되었다. 장각은 이들을 36방(方)으로 조직하였는데, 한 방에는 일만 명 전후의 사람들이 소속되어 있었고 각 방에는 장군(將軍)이란 칭호가 붙은 영도자를 임명하였다. 결국 영제(靈帝) 중평(中平) 원년(184)에는 동한 정권을 무너뜨리고 자기들이 세상을 지배하려고 전국적으로 들고 일어났다. 이들은 자기 편의 표식으로 머리에 누런 수건을 싸매어 세상 사람들은 이들을 황건적(黃巾賊)이라 부르게 되었다. 그들은 동한 정권을 무너뜨리는 데에는 실패하지만 헌제의 초평(初平) 3년(192)에 이르기까지 반란을 계속하여 정부에 막대한 타격을 안겨준다. 다행히 동한 조정에는 조조라는 훌륭한 장군이 있어 황건적으로 말미암은 대혼란을 수습할 수가 있었다.

또 장릉(張陵, 34-156)이라는 사람은 순제(順帝, 125-144) 때 촉군(蜀郡, 지금의 四川省)에서 오두미도(五斗米道)라는 종교를 조직하고 부서(符書)를 만들어 민간에 포교하여 곧 전국에 24개소의 거점을 마련하여 큰 세력으로 발전시켰다. 각 지역의 우두머리는 좨주(祭酒)라 부르며 각기 조직을 장악하게 하였다. 장릉은 장도릉(張道陵)이라고도 부르며 후세에 도교에서는 그를 교주로 떠받들게 된다. 장릉이 죽은 뒤에는 아들 장형(張衡)을 거쳐 손자 장로(張魯, ?-216)가 신도들을 거느리게 된다. 오두미도는 실은 태평도로부터 갈라진 비밀종교 그때 파군(巴郡, 지금의 四川省 重慶市)에도 장수

(張修, ?-184)라는 사람이 또 다른 계열의 오두미도를 조직하여 이끌고 있었다.

영제의 중평 원년(184) '황건적의 난'이 일어나자 장로는 그 기회를 이용하여 장수와 손을 잡고 봉기하여 부하들을 이끌고 한중(漢中, 지금의 陝西省 漢中市 동쪽 지역)을 공격하여 점령하였는데 싸우는 중에 장수도 죽여 버렸다. 그러고 나서 파군(巴郡)까지 차지한 뒤 한중을 중심으로 하여 지금의 섬서(陝西)성 남부와 사천(四川)성 북부를 포괄하는 넓은 지역을 자기의 영지로 삼는다. 장로는 스스로를 사군(師君)이라 부르며 밑에 좨주 등의 수령 등을 거느리고 어려운 백성들을 돌보는 일도 한다. 동한 조정에서는 어찌하지 못하고 달래는 방법으로 장로에게 진민중랑장(鎭民中郞將)에 한녕태수(漢寧太守) 벼슬을 안겨주었다. 그러나 건안 20년(215) 조조의 공격을 받고 항복하였다. 그때 휘하의 사람들은 보물이 든 창고를 태워버리자고 하였으나 장로는 "창고의 재물은 나라의 것"이라 하면서 태우지 못하게 하였다. 조조는 이를 알고 장로를 훌륭하게 여겨 진남장군(鎭南將軍)에 임명하고 낭중후(閬中侯)에 봉해준 뒤, 다섯 명의 아들도 모두 열후(列侯)로 봉해주며 잘 대우를 하였다 한다.[17] 이상 '태평도'와 '오두미도'를 바탕으로 하여 도교가 발전하게 되는 것이다. 이 황건적과 오두미도 및 장로에 대해서는 이미 앞의 '제4장 조조의 일생 경력'을 논하면서 자세히 다룬 바 있다.

정시 연간으로 들어서면서 하안(何晏, 193?-249)이 『논어집해(論語集解)』, 『무명론(無名論)』, 『도덕론(道德論)』, 『무위론(無爲論)』 등을 지어 도교사상을 바탕으로 공자사상과 유교사상을 해석하며, 유교와 도교사상을 조

---

17 『三國志』卷八 魏書 張魯傳 참조.

화시켜 이른바 현학(玄學)을 창도하였다. 또 왕필(王弼, 226-249)은 『역경(易經)』과 『노자(老子)』의 주를 쓴 뒤 『논어석의(論語釋疑)』를 저술하여 도가사상을 받들고 유가사상을 풀이하여 하안이 일으킨 새로운 학술 풍조를 조장하였다.

여기에 서한(B.C. 206-A.D. 8) 시기에 중국으로 들어온 불교도 동한(25-220)에 와서야 통치자들이 중시를 하고 세상에 유행하게 된다. 명제(明帝, 58-75)는 사신을 인도로 파견하여 불교에 관한 자료를 구해오도록 하고 마침내는 인도 스님도 모셔 와서 낙양에 백마사(白馬寺)를 세우고 불경을 번역하게 한다. 뒤에 환제(桓帝, 146-167)는 궁중에 불교사원을 세우고 불교를 받들어 모시어 불교는 지배계급 사이에도 널리 퍼지기 시작한다. 결국 동한 말년에는 착융(笮融)이란 사람이 서주(徐州, 지금의 江蘇省 북부山東省 남부에서 安徽省 일부에 이르는 지역)에 큰 불교사원을 지었는데, 그 불당은 3,000명의 인원을 수용할 수 있었고 스님들은 5,000명이나 머물고 있었다 한다.[18]

이 뒤로 불교는 더욱 성행하며 도교와 합세하여 유학자들에게도 영향을 끼쳐 현학의 풍조는 더 크게 유행하게 된다. 이때의 도가사상은 무(無)와 유(有)의 개념이 사상의 중심을 이룰 정도였는데, 불교도 공(空)과 유(有)의 문제가 극히 중시되었다. 그런데 표현만 다를 뿐 유와 공은 유와 무나 거의 같은 개념이어서 도교와 불교는 사상에 있어 매우 서로 통하고 현실을 초월하려는 종교였다. 당시의 지식인들은 어지러운 세상을 초극하고 가볍게 살아보려는 욕망이 있었기 때문에 도교와 불교는 이들에게 큰 영향을 주게 된 것이다.

---

18 『後漢書』卷30 下 襄楷傳 참조.

이어서 서진(西晉, 265-317)에 걸쳐 세상에서 숨어 살면서 청담(淸談)과 술로 세월을 보낸 유명한 죽림칠현(竹林七賢)이 나왔다. '죽림칠현'이란 혜강(嵇康)·완적(阮籍)·산도(山濤)·상수(向秀)·완함(阮咸)·왕융(王戎)·유령(劉伶)의 일곱 사람을 가리키는데,[19] 대체로 이들의 사상과 작품이 이 시기의 학술과 문학을 대표한다. 이들은 추악한 현실에서 도피하려 하였기 때문에, 가슴속에 쌓이는 분노와 불만을 주체하지 못하여 예교를 배척하며 별로 뜻 없는 방만한 언동을 일삼았다. 그들의 작품에도 그러한 성격이 잘 반영되고 있는데, 시에 있어서는 이들 중 특히 완적과 혜강이 그러한 특징을 잘 표현하고 있다.

완적(阮籍, 210-263)은 자가 사종(嗣宗)이며, '건안칠자' 중의 한 사람인 완우(阮瑀)의 아들이다. 그의 아버지가 조조 밑에 있었기 때문에 완적은 사마씨 집단에 대하여 반감이 강했지만 어찌할 수가 없어 술과 방종한 생활로 소극적인 반항을 하였다. 그의 작품으로는 특히 「영회시(詠懷詩)」 82수가 유명하다. 이 시들은 자신의 감회를 그때그때 읊어 놓았던 것을 뒤에 모아 정리하여 「영회시」라 제명을 붙인 것이다. 이 시들에는 작가의 마음속 깊이 자리 잡은 고통과 불만 및 현실을 초극하려는 마음 등이 잘 그려져 있다. 그중 세 수를 예로 든다.

「영회시」(1)

밤중에 잠 이루지 못하고
일어나 앉아 거문고를 타네.

---

19 『三國志』 卷21 魏書 王粲傳 裴松之 注에 引用된 『魏氏春秋』에 보임.

엷은 휘장에 밝은 달 비치고

맑은 바람 내 옷깃 날리네.

외로운 기러기들 밖에서 울고

날아다니는 새는 북쪽 숲에서 우네.

서성거려본들 무엇을 볼 수 있으리?

근심 걱정으로 홀로 상심만 하네.

夜中不能寐, 起坐彈鳴琴.

薄帷鑒明月, 淸風吹我襟.

孤鴻號外野, 翔鳥鳴北林.

徘徊將何見? 憂思獨傷心.

　이 시는 그의 「영회시」 82수 중의 첫째 작품이다. 밤에 잠을 못 이루고 일어나 거문고를 타며 밝은 달을 바라보고 맑은 바람을 쐬어 보지만 마음은 별로 풀리지 않는다. 다시 기러기 소리와 숲속에서 우는 새소리가 들려 밖으로 나가 찾아보지만 기러기고 새고 전혀 보이지 않는다. 결국 아무런 도움도 받지 못하고 "근심 걱정으로 홀로 상심만 하는" 처지에 머물게 되었음을 읊은 것이다.

「영회시」(2)

옛날 열너덧 살 적엔

뜻을 세워 경전(經傳)을 숭상하고 좋아하였네.

허름한 옷을 입고도 마음속에는 주옥을 품고,

안회(顔回)나 민자건(閔子騫) 같은 사람 되려 하였네.

문을 열고 사방의 들판으로 나가기도 하고

높은 곳에 올라가 생각나는 곳을 바라보기도 하였네.

묘의 봉분이 산과 언덕 위를 덮고 있으니

만년의 세월이 한때나 같네.

천 년 만 년 뒤에

영예와 명성은 어디로 가 있을 것인가?

이에 신선 선문자(羨文子)가 하늘로 올라간 뜻을 깨닫게 되어

울고 있다가 스스로를 비웃게 되네.

昔年十四五, 志尙好書詩.

被褐懷珠玉, 顔閔相與期.

開軒臨四野, 登高望所思.

丘墓蔽山岡, 萬代同一時.

千秋萬歲後, 榮名安所之?

乃悟羨門子, 噭噭令自嗤.

위 시는 82수 중 열다섯 번째 작품이다. 시인은 먼저 자신은 열너덧 살 젊은 시절에는 『서경』과 『시경』 같은 경전을 중시하며, 어려운 중에도 주옥같은 아름답고 큰 뜻을 품고 공자의 제자인 안회(顔回)나 민자건(閔子騫) 같은 훌륭한 사람이 되려고 애썼음을 읊고 있다. 그것은 이 세상에서 출세하여 영예와 명성을 얻기 위함이었다는 것이다. 그러나 나이를 먹은 뒤 지금 와서 이 세상을 살펴보며 잘 생각해 보니, 모든 사람이 죽어서 땅속에 묻혔고 만 년이란 긴 세월도 실은 짧은 한때나 같은 것

임을 깨닫게 되었다는 것이다. 수많은 이전 사람들이 추구해서 이룬 영예와 명성이 지금 어디에 있는가? 왜 사람들이 신선이 되려 하였는가를 깨닫고는 "울고 있다가 스스로를 비웃게 되네."라고 시를 끝맺고 있다. 이 시에 보인 '신선 선문자'는 사마천(司馬遷, B.C. 145?~B.C. 86?)의 『사기(史記)』 진시황본기(秦始皇本紀)에 보이는 옛날의 신선이 된 사람이다. 작자는 인생의 덧없음을 절감하며 이 시를 읊고 있는 것이다.

「영회시」(3)

홀로 빈방 안에 앉아 있으니
누구와 더불어 즐겁게 지내야 하는가?
문을 나가 길게 뻗은 길을 바라보아도
다니는 수레와 말도 보이지 않네.
높은 곳에 올라가 온 세상 바라보니
아득히 넓은 들판이 펼쳐 있는데,
외로운 새들은 서북쪽으로 날아가고 있고
떠돌이 짐승들은 동남쪽으로 내려가고 있네.
해가 지면서 친한 벗 생각이 나니
만나서 이야기하면 자연히 걱정 사라질 것인데.

獨坐空堂上, 誰可與歡者?
出門臨永路, 不見行車馬.
登高望九州, 悠悠分曠野,
孤鳥西北飛, 離獸東南下.

日暮思親友, 晤言用自寫.

82수 중 열일곱 번째 시이다. 외로이 지내면서 친한 벗을 생각하는 정을 읊은 시이다. 외로이 지내면서 바라보는 세상이며 자연이 모두 쓸쓸하다. 날아가는 새나 달려가는 짐승을 보아도 친구만이 더 그리워진다.

그의 「영회시」는 위에 인용한 세 수를 통해서도 알 수 있듯이 세상이며 인생에 대한 태도가 매우 소극적이다. 적극적으로 노력하여 세상을 위하며 잘살아보겠다는 마음은 전혀 없다. 세상이 '무'이고 인생은 '공'이다. 이러한 도교와 불교의 영향 아래 현학이 발전하는 것이다.

혜강(嵇康, 223-262)은 자가 숙야(叔夜)이며, 위나라 왕실과 인척 관계가 있어 위나라에서 벼슬을 하였다. 노장(老莊)사상을 좋아하고 의기가 강하여 결국은 사마소(司馬昭)에게 사형을 당하였다. 특히 「추호행(秋胡行)」 7수, 「유분시(幽憤詩)」, 「증수재입군(贈秀才入軍)」 19수, 「주회시(酒會詩)」 7수, 「잡시(雜詩)」 등 오언시보다도 빼어난 사언시를 많이 지었다. 그러나 「유선시(遊仙詩)」, 「술지시(述志詩)」 2수 등 오언시에도 좋은 작품이 있다. 먼저 「증수재입군」 시 중에서 그 예로 두 수를 골라 읽어보기로 한다.

「증수재입군」(1)

좋은 말은 잘 길이 들어 있고,
멋진 옷에서는 빛이 나고 있네.
왼손으로는 좋은 활을 잡고
오른손에는 멋진 화살을 쥐고 있네.

바람이 불며 가고 번개가 치듯이
그림자를 밟으며 날아가듯 좇아가네.
맹렬히 중원 땅을 달리며
살아있는 것들을 둘러보네.

良馬旣閑, 麗服有暉.
左攬繁弱, 右接忘歸.
風馳電逝, 躡景追飛.
凌厲中原, 顧盼生姿.

  여기의 '입군'곧 군대에 들어가는 수재는 작가의 형인 혜희(嵇喜)이다.
과거시험에 수재로 합격한 일이 있기 때문에 여기에서 '수재'라 부르고
있는 것이다. 이 시는 19수 중 아홉 번째 작품으로, 그의 형이 군대에 들
어가 군복을 입고 작전에 참여하여 활동하는 모습과 쉬다가 새를 활로
쏘아 잡는 것을 읊은 것이다. 시 속에 보이는 번약(繁弱)은 옛날의 좋은
활 이름이고, 망귀(忘歸)는 좋은 화살 이름이다.

  「증수재입군」(2)

병사들은 난초가 우거진 들판에서 쉬면서
말은 꽃 핀 산에서 풀을 먹이고 있네.
평평한 늪가에선 돌 달린 주살 날리고,
긴 냇가에서는 낚싯줄을 드리우고 있네.
눈으로는 돌아가고 있는 큰 기러기 전송하고,

손으로는 다섯 줄 거문고를 켜고 있네.

하늘과 땅을 올려다보고 내려다보고 하며

위대한 도 안에 마음을 노니네.

저 물고기 잡은 영감이

고기를 잡고는 통발을 잊어버리는 멋진 경지에 와 있네.

자기를 알아주는 이 가버렸으니

누구에게 말을 다할 수 있겠는가?

息徒蘭圃, 秣馬華山.

流磻平皐, 垂綸長川.

目送歸鴻, 手揮五絃.

俯仰自得, 游心太玄.

嘉彼釣叟, 得魚忘筌.

郢人逝矣, 誰與盡言?

이 시는 19수 중 열네 번째 작품이다. 자기 형이 군대에 들어가 행군을 하다가 쉴 적의 모습을 상상하면서 읊은 것이다. 틈이 나면 새도 잡고 물고기도 낚다가 날아가는 기러기를 구경하기도 하고 거문고 같은 악기를 타면서 즐기기도 할 것이다. 어떻든 유유자적하며 위대한 도에 노닐 것이라 여기고 있다. 대도를 태현(太玄)이라 표현한 것도 도교의 영향일 것이다. 득어망전(得魚忘筌)은 "어부가 통발로 물고기를 잡은 뒤에는 통발에 대하여는 잊게 된다."는 뜻으로 『장자(莊子)』 외물(外物)편에 보이는 말이다. 영인(郢人)도 『장자』 서무귀(徐無鬼)에 보이는데 이런 이야기가 실려 있다. 초(楚)나라 영(郢)에 사는 사람 곧 '영인'이 자기 코끝에 찰

흙을 바르고 목수에게 도끼로 그 흙을 깎아내게 하였는데, 목수는 바람을 날리면서 도끼를 휘둘러 코는 조금도 다치지 않고 진흙을 깨끗이 깎아내었고 그 사람은 얼굴빛도 전혀 변하지 않고 앉아 있었다 한다. 그 이야기를 들은 임금이 그 목수를 불러 그 기술을 자기 앞에서 발휘해 보라고 하였다. 그러자 목수는 자기 기술을 받아줄 '영인'이 있어서 그 기술이 가능하였는데, 지금은 영인이 죽어버려 할 수가 없다고 대답하였다 한다. '영인'은 목수의 기술을 잘 받아준 사람인데, 여기서는 자기의 사상이나 행동을 제대로 이해해 줄 사람을 뜻한다. 뭐니 뭐니 해도 자기가 추구하는 '대도' 곧 태현(太玄)을 이해해 줄 사람은 이 세상에 하나도 없으니 만사가 허무하다는 것이다.

혜강의 사언시를 한 수 더 읽어보기로 한다.

「잡시(雜詩)」

산들바람 맑게 불어오니
구름 기운이 사방에 거치네.
휘영청 밝은 달이
아름답게 높은 한 편에 걸려 있네.
흥이 일어 젊은 친구 불러내어
손잡고 함께 수레에 오르니,
준마는 펄펄
자갈 물고 달려가네.
나는 듯 밤길 달려
내 친구 집 찾아가니,

밝은 등불 밝게 비치고
아름다운 장막 길게 드리워져 있네.
난새 새겨진 술잔에 단 술 따르고
멋진 솥에 물고기 삶아 내네.
거문고로는 멋진 가락 연주하고
기녀는 아름다운 노래를 하여주네.
흘러나오는 가락은 자연 그대로이고
머리 숙여 하늘과 땅을 찬미하는 것 같네.
그 누구나 훌륭하고 현명하니
당신과 나랏일 함께하지 않겠는가?

微風淸扇, 雲氣四除.
皎皎亮月, 麗於高隅.
興命公子, 攜手同車.
龍驥翼翼, 揚鑣踟躕.
肅肅宵征, 造我友廬.
光燈吐輝, 華幔長舒.
鸞觴酌醴, 神鼎烹魚.
絃超子野, 嘆過綿駒.
流詠太素, 俯讚玄虛.
孰克英賢, 與爾剖符?

　　표현이 아름다우면서도 『시경』의 정신을 살리려는 작가의 뜻이 엿보
인다. 혜강의 사언시에 대하여는 높이 평가해 주어야 할 것이다.

이렇게 사상 풍조가 바뀌어 가던 위나라 말엽에 나라의 권세를 좌우하던 사마염(司馬炎)은 결국 황제 자리를 뺏고 서진(西晉)나라를 세워 스스로 무제(武帝, 265-290)가 되었다. 그리고 15년 뒤(280)엔 남쪽의 오(吳)나라까지 멸하여 천하를 통일한다. 천하통일의 기운에 힘입어 서진나라는 사회를 안정시키고 파괴된 생산을 부활시켜 태강(太康) 연간(280-289)에는 상당한 학술과 문화의 번영을 이루었다. 그러나 안정 속에 귀족들의 세력도 너무 커져서 결국 시국의 혼란을 불러오게 된다. 무제 뒤 혜제(惠帝, 290-306)의 원강(元康) 원년(291)부터 앞뒤로 연이어 여덟 명의 왕이 서로 치고 죽이고 하는 이른바 팔왕의 난(八王之亂)이라 부르는 16년간에 걸친 반란을 일으켜 나라가 무척 어지러워졌다. 이 틈에 동한 때부터 세력을 키워오던 흉노(匈奴)족・지(氐)족・선비(鮮卑)족 등 주변의 여러 오랑캐 민족들이 중국 땅으로 들어와 나라를 멋대로 세우기 시작하였다. 그리고 서진이 망한 뒤에도 다섯 종류의 오랑캐(五胡)가 중국 땅으로 들어와 나라를 세웠다 망쳤다 하여 이후 100여 년 동안에 열여섯 개 나라가 흥했다가 망하여 이를 오호십륙국(五胡十六國)이라 부른다. 결국 서기 304년에 한(漢)이라는 나라를 세우고 황제를 자칭하던 흉노의 임금들이 계속 서진을 공격하여 마침내 서기 311년에는 낙양으로 쳐들어와 회제(懷帝, 306-311)를 포로로 잡고, 서기 313년에는 회제를 죽이고 민제(愍帝, 313-316)를 장안에 황제로 앉혀 놓았다가, 서기 316년에는 장안으로 쳐들어가 민제를 포로로 잡아 서진은 망해버린다.

이러한 정치적 혼란 중에도 낙양을 중심으로 문학 활동은 활발해져서 많은 시인들이 나왔다. 다만 이 시기엔 문벌 귀족들의 힘이 더욱 강해져서, 정치적인 면뿐만 아니라 문학적인 면에서도 그들의 영향력이 매우 뚜렷해졌다. 이들은 인간 세상의 문제는 밀어두고 귀족적 취미에 따라 화려한 문장과 아름다운 표현을 추구하는 방향으로 문학을 이끌어 갔다. 이전의 노장사상을 바탕으로 현묘(玄妙)한 경지를 추구하던 경향은 사라지고, 남조(南朝, 317-589)의 유미주의적인 문학을 탄생시키게 되는 것이다. 이들의 수사주의와 형식주의는 시를 짓는 데 화려한 표현과 교묘한 대우나 전고의 사용에만 힘을 기울이게 하였고, 창작 방법으로는 옛날 것을 흉내 내고 본뜨는 풍조가 성행하였다.

이 시대의 대표적인 작가는 "삼장(三張), 이륙(二陸), 양반(兩潘), 일좌(一左)"[20]라 불리던 장화(張華, 232-300)와 장재(張載, 289 전후), 장협(張協, 295 전후) 형제, 육기(陸機, 260-303), 육운(陸雲, 262-303) 형제, 반악(潘岳, 247-300)과 조카 반니(潘尼, ?-310?) 및 좌사(左思, 250?-305?)이다. 유협(劉勰, 465-521)은 『문심조룡(文心雕龍)』에서 이들에 대하여 다음과 같이 말하고 있다.

"진(晉)대의 여러 재사들은 좀 가볍고 화려한 면으로 흘렀다. 장 씨, 반 씨, 좌 씨, 육 씨 등이 시단에 어깨를 나란히 하였는데, 문채는 정시(正始) 때보다 화려하고 힘은 건안(建安) 때보다 유약하였다. 혹은 수사로써 묘함을 추구하기도 하고, 혹은 화사함을 추구하여 아름다운 글을 지으려 하였다. 이것이 그 시대의 개황이다."[21]

그들 중에서 그 예로 반악(潘岳)의 시를 한 수 든다.

---

20 『詩品』卷上에 보임.

21 『文心雕龍』明詩篇; "晋世羣才, 稍入輕綺. 張潘左陸, 比肩詩衢, 采縟於正始, 力柔於建安. 或柿文以爲妙, 或流靡以自妍, 此其大略也."

고내시(顧內詩)

고요히 지내려니 좋아하던 사람 그리워져
성 위에 올라가 사방의 호수 바라보네.
봄풀은 파랗게 우거지고
산뽕나무들은 얼마나 아름다운가?
향기로운 숲엔 붉은 꽃들 피어 있고
푸른 물은 흰 바위에 물결치네.
처음 길 떠날 적에는 얼음도 다 녹지 않았었는데
어느덧 칡베옷 떨쳐입었네.
까마득한 수천 리 되는 곳으로
아득히 멀리 님은 가셨네.
정은 달려가 아름다운 얼굴 그리노니
짧은 시간도 길게만 느껴지네.
밤이면 시름으로 새벽까지 지새우고
아침부터 슬퍼하여 저녁까지 이어지네.
산천은 진실로 오래도록 유유한데
바람은 정말로 이루어지지 않네.
목 길게 빼고 돌아올 날 있기를 호소하지만
깊은 시름 풀리지 않네.

靜居懷所歡, 登城望四澤.
春草鬱靑靑, 桑柘何奕奕?
芳林振朱榮, 綠水激素石.

初征冰未泮, 忽然振絺綌.

漫漫三千里, 迢迢遠行客.

馳情戀朱顔, 寸陰過盈尺.

夜愁極淸晨, 朝悲終日夕.

山川信悠永, 願言良弗獲.

引領訴歸期, 沈思不可釋.

　　육기(陸機, 260-303)는 자가 사형(士衡)이며, 오(吳)나라의 세족이었으나, 오나라가 망한 뒤 낙양으로 와서 장화(張華, 232-300)를 만나 그의 추천으로 벼슬도 하고 문명도 날리기 시작하였다. 그의 시는 내용보다도 수사와 대우 등 형식에만 치중하여, 감정이 결핍되고 내용이 공허한 그 시대 조류를 가장 잘 대표하고 있다. 그리고 시를 짓는 방법에서는 이전 작가의 작품을 모방하는 수법을 많이 썼다. 조조의 작품을 본뜬 「고한행(苦寒行)」, 「고시십구수(古詩十九首)」를 본뜬 「의행행중행행(擬行行重行行)」, 「의금일양연회(擬今日良宴會)」 등이 그것이다. 육기는 시인으로서보다도 「문부(文賦)」의 작가로 더욱 유명하다.[22]

　　좌사(左思, 250?-305?)는 자가 태충(太冲)이며 제(齊)나라 임치(臨淄, 지금의 山東省 臨淄縣) 사람이다. 그는 출신이 미천했으나 공부에 힘써 뒤에 「삼도부(三都賦)」의 저자로 유명해졌다.[23] 그러나 그는 부보다도 시에 더 좋은 작품들을 남기고 있다. 그의 시 중에서도 「영사(詠史)」 8수가 특히 빼어나다. 「영사」는 역사적인 인물을 노래한 내용이나 거기에 자신의 이상

---

22 뒤의 「제6절 위진남북조의 문학비평」 참조.

23 뒤의 「제4절 위진남북조의 사부와 산문」 참조.

과 포부를 깃들이는 한편 사회적인 모순과 정치적인 불평도 함께 표현하고 있다.

「영사」 기륙(其六)

형가가 연 땅, 저자에서 술 마실 때
술 거나해질수록 호기 더욱 떨쳤네.
슬픈 노래로 고점리에 화답할 적엔
방약무인한 태도였네.
비록 장사의 절조는 없었으나
세상 사람들과는 아주 달랐네.
높은 눈으로 세상 바라보았으니
호걸 이야기 어찌 할 수 있었겠나?
귀한 사람들 비록 자신을 귀중히 여긴다 하나
그들 보기를 티끌 먼지처럼 하였네.
천한 사람들 비록 자신을 천하게 여긴다 해도
그들 중시하기를 삼천 근이나 되는 듯이 하였네.

荊軻飲燕市, 酒酣氣益震.
哀歌和漸離, 謂若傍無人.
雖無壯士節, 與世亦殊倫.
高眄邈四海, 豪右何足陳?
貴者雖自貴, 視之若埃塵.
賤者雖自賤, 重之若千鈞.

연(燕)나라 태자 단(丹)의 부탁으로 진시황을 암살하려다 실패한 형가 (荊軻)를 읊은 시이다. 그런데 실제로 이 태강 연간의 시단을 주도하여 시의 수사주의와 형식주의적인 경향이 두드러지게 하는 데에는 장화(張華)와 장협(張協) 등의 역할이 이들보다도 더 컸던 것 같다.

서진이 망하자 왕족인 사마예(司馬睿)가 남쪽 건강(建康, 지금의 南京)으로 옮겨가 왕실을 유지하게 된다. 그가 원제(元帝, 317-322)이며 여기에서 동진(東晉, 317-420)이 시작된다. 정치가 어지러우면 오히려 백성들과 지식인들은 더욱 자유로워져 학술과 문화는 더욱 발전하게 된다. 다만 지식인들을 어지러운 현실로부터 도피하는 경향을 갖게 되어 일부 시인들은 황노(黃老)의 허무를 읊고 또 인간세계로부터 떨어져 있는 자연을 노래하는 경향이 생기게 된다. 그리고 이들은 세속적인 가치를 가벼이 여기고 자기가 하고 싶은 일에 몰두하기 때문에 학술이나 문학은 더욱 발전하게 된다.

그 결과 동진에 이르러서는 중국시의 경계를 한 수준 높게 올려놓은 전원시인 도연명(陶淵明, 365-427)이라는 대가가 나온다. 도연명을 뒤이어 남북조(南北朝)시대(420-581)에는 더욱 많은 문인들이 나와 문학을 발전시킨다. 시인들은 앞에서 유미주의적인 경향으로 흘렀다고 하였지만, 결국은 온갖 시를 짓는 기법을 발전시켜 고체시(古體詩)와 함께 수(隋, 581-618)·당(唐, 618-907)시대에 가서 성행한 근체시(近體詩)의 바탕을 이룬다. 그리고 산문에서는 모든 글자의 성조(聲調)의 해화(諧和)를 추구하는 변려문(駢儷文)을 이룬다. 사부(辭賦)와 소설도 새롭게 발전한다. 민간의 민요도 이전 시대에서는 볼 수 없었던 수준의 성행을 이룬다. 특히 문학비평이 본격적으로 발전하여 유협(劉勰, 465-521)의『문심조룡(文心雕龍)』과 종영(鍾嶸, 468?-518?)의『시품(詩品)』같은 중국 문학사상 기념비적인 저술이라 할 수 있는 평론서가 나온다.

　이상 서진 이후 대대적으로 발전한 중국 문학은 그 발전의 기반을 완전히 위나라 문학에 둔 것이다. 조조가 앞에서 논한 것과 같은 시를 쓰고 그의 아들 손자와 건안칠자(建安七子)가 그를 따라 문단을 이루었던 덕분에 후세에 그 문학이 위대한 발전을 이끌 수가 있었던 것이다.

제11장

슈비劉備 손권孫權과 삼국三國

1. 왜 이 글을 쓰는가?

중국에 널리 읽힌 나관중(羅貫中, 1367 전후)의 『삼국통속연의(三國通俗演義)』라는 소설과 기타 그 이야기를 바탕으로 이루어진 민간에 성행한 여러 가지 연예 덕분에, 일반 중국 사람들은 동한(25-220) 말엽은 조조(155-220)의 위(魏, 220-265)나라와 유비(劉備, 161-223)의 촉(蜀, 221-263)나라 및 손권(孫權, 182-252)의 오(吳, 222-280)나라라는 세 나라가 천하를 두고 서로 다투었던 '삼국시대'라고 알고 있다. 그리고 이 중 한(漢, B.C. 206-A.D. 220) 왕조를 이을 정통적인 제왕의 나라는 유비의 촉나라이며, 계속 어울려 전쟁을 한 조조는 간악하고 비열한 싸움만 잘하는 영웅 곧 간웅(奸雄)이라고 알고 있다. 그러나 이미 앞에서 조조의 일생 경력이며 그의 사람됨에 대하여 자세히 설명하였기 때문에 독자들은 그것은 잘못된 생각임을 알았을 것이다. 장군으로서의 자질은 물론 학술과 문학 및 양식과 인간성

등의 면에서 보더라도 유비와 손권은 전혀 조조의 상대가 되지 않는다. 그리고 조조는 생전에 별로 이들을 크게 적대시하고 이들을 없애려고 적극적으로 싸운 일도 없다. 다만 이들은 동한 말엽 서로 자기 나라를 세우고 자기 스스로 세상을 지배하는 황제가 되려고 노력하였기 때문에 다른 나라들과 대립하는 모양새를 보여주게 되었던 것이다.

여기에서는 중국의 정사(正史)인 진수(陳壽, 233-297)의 『삼국지』 권32 촉서(蜀書) 권2의 유비의 전기인 선주전(先主傳)과 『삼국지』 권47 오서(吳書) 권2의 손권의 전기인 오주전(吳主權傳)을 중심으로 하여 그들 일생 동안 장군으로서의 몸가짐을 훑어봄으로써 그들의 성격을 살펴보고자 한다. 그것은 이들 세 나라의 임금 중에서 특히 조조가 바르고 지조가 있는 인간성의 소유자였음을 증명하기 위해서이다. 그리고 이 정사의 기록을 바탕으로 이들 세 나라가 서로 엉겨 붙어 어느 정도 어지럽게 싸웠는지 그 실상을 따져보려는 것이다. 조조의 위나라는 바로 뒤의 아들 조비 시대에 이르러서는 동한의 황제인 헌제로부터 정식으로 황제 자리를 물려받아 정식으로 동한을 뒤이어 천하를 다스릴 수 있는 황제의 나라가 되었고, 또 조조의 뒤를 이은 위나라 임금들은 모두 나라만을 물려받았을 뿐만 아니라 나라를 다스리는 방법이나 공부를 하고 시를 짓고 세상과 사람들을 위하여 일하려는 뜻까지도 거의 그대로 조조로부터 이어받았기 때문이다. 간단히 말하면 조조는 유비나 손권과 비슷한 성품의 인물이라 보고 이야기할 사람이 아니고, 위나라도 촉나라나 오나라와 나란히 놓고 볼 성격의 나라가 아니기 때문이다.

2. 촉나라 임금 유비의 행적

「촉서」의 유비(161-223)의 전기를 보면 그는 "한나라 경제(景帝, B.C. 156-B.C. 141)의 아들 중산정왕(中山靖王) 승(勝)의 후손"이라 하였으니 혈통에서는 정식으로 한나라 왕실을 이었음에 틀림이 없다.

영제(靈帝, 168-189) 말엽에 황건적이 일어나자 여러 고을의 장수들이 이들을 치려고 의병을 일으킬 때, 유비는 그가 거느리던 사람들을 이끌고 황건적을 쳐서 공을 세운 덕분에 안희위(安喜尉)가 된다(184). 조금 뒤 대장군(大將軍) 하진(何進, ?-189) 밑으로 들어가 황건적을 치는 데 공을 세워 하밀승(下密丞)이 된다. 뒤에 고당령(高唐令)으로 있다가 반란자에게 공격을 받고 원소(袁紹, ?-202) 밑에 있던 중랑장(中郎將) 공손찬(公孫瓚, ?-199)에게로 도망가 별도사마(別都司馬)가 되었다가 싸움에 이긴 공로로 공손찬이 임명한 평원상(平原相)까지 되었는데, 그때 관우(關羽, ?-219)며 장비(張飛) 같은 명장들이 그의 밑으로 들어와 세력이 단단해진다. 그러나 공손찬이 원소를 배반하여 원소가 공손찬을 치게 된다.

초평(初平) 3년(192)에 원소가 공손찬을 칠 때 유비는 공손찬 밑에서 싸웠는데, 조조도 출정하여 공손찬과 그 밑에 있던 유비를 치게 된다. 다음 해(193) 유비는 다시 서주목(徐州牧) 도겸(陶謙, 132-194) 밑으로 들어가 원소와 싸운다. 조조는 아버지의 원수 도겸과 유비를 친다. 도겸이 죽자 유비가 대신해 서주목이 된다. 흥평(興平) 2년(195)에 조조가 반역자 여포(呂布, ?-198)를 치자, 여포는 유비에게로 도망쳤다.

건안(建安) 원년(196) 유비는 반역적인 원술(袁術, ?-199)과 싸우는 중에 여포의 공격을 받아 조조 밑으로 도망갔다. 그리고 원술이 유비를 공격해 오자 유비는 그를 물리쳤다. 조조는 유비를 진동장군(鎭東將軍)에 임명하고 의성정후(宜城亭侯)에 봉해주었다. 건안 3년(198) 여포가 다시 유비를 공격하자 유비는 패하여 조조에게로 도망하였는데, 조조는 다시 예주목(豫州牧)으로 후대하였다. 유비가 조조를 따라서 허(許)로 돌아오자 조조는 유비를 좌장군(左將軍)에 임명하고 각별한 대우를 하였다.

건안 4년(199) 유비는 헌제의 외척인 동승(董承)이 조조를 죽이려는 음모에 가담하였는데, 사전에 일이 발각되어 주모자들은 잡혀서 죽고 유비는 다시 원소 편으로 도망갔다. 건안 5년(200) 조조는 동쪽으로 나가 유비를 쳐 무찌르고 관우(關羽)를 사로잡았다. 다음 해에도 조조가 유비를 쳤다.

건안 12년(207) 조조가 오랑캐 오환족(烏桓族)을 정벌하러 나가자, 유비는 원소와 통하고 있는 유표(劉表, ?-208)에게 조조의 근거지인 허(許)를 습격할 것을 제의하였다. 건안 13년(208) 유표가 죽고 아들 유종(劉琮)이 뒤를 이었는데, 유종이 유비에게 항복하여 유비의 세력이 크게 늘었다. 유비는 존권과 손을 잡고 장강의 적벽(赤壁)에서 조조의 대군을 쳐서 격파하였다. 유비는 남쪽 여러 고을을 쳐서 빼앗고 또 여러 고을의 태수들이 항복해 와서 세력이 더욱 커지고 형주목(荊州牧)이 된다. 손권은 유비와 잘 지내기 위하여 자기 누이동생을 유비에게 시집보낸다.

건안 16년(211) 유비는 유표의 맏아들 익주목(益州牧) 유장(劉璋, ?-219)의 초청으로 익주(지금의 四川省을 중심으로 하고 주변 省의 일부 지역이 포함되는 땅)로 가서 매우 친밀한 관계를 맺는다. 다음 해 조조가 손권을 치자, 손권은 유비에게 구원을 요청하였다. 이 문제로 틈이 나 유비와 유장은 서로 싸운다. 건안 19년(214) 유비가 성도(成都)의 유장을 공격 포위하자 유장이 항복하였다. 유비는 촉(蜀) 땅(지금의 四川省 지역)을 완전히 차지하고 자신이 익주목의 자리도 차지하였다.

건안 20년(215) 유비는 익주 땅을 놓고 손권과 싸웠다. 그러나 유비는 조조가 한중(漢中, 지금의 陝西省 漢中市 동쪽 지방) 지역을 평정하였다는 말을 듣고 손권과 다시 손잡고, 조조의 군대와 싸워 물리치고 성도로 돌아온다. 건안 23년(218)에는 조조의 군대와 싸워 패한다.

건안 24년(219) 조조가 장안으로부터 남쪽으로 출정하여 유비의 군대와 몇 달 대치만 하다가 물러난다. 이해에 유비는 부하들이 한나라 헌제에게 상주하여 한중왕(漢中王)이 됨으로써 정식으로 왕관을 쓰게 되었다. 이에 유비는 조조에게서 받은 좌장군(左將軍)과 의성정후(宜城亭侯)라는 직위는 정식으로 내려놓고, 성도로 돌아와 촉나라를 다스리게 되었다. 이 무렵 유비의 장수 관우가 조조의 장수 조인(曹仁)을 쳐서 무찔렀다. 그러나 곧 손권이 관우를 습격하여 죽이고 형주(荊州, 지금의 湖北省 襄陽을 중심으로 한 지역)를 차지하였다.

건안 25년(220) 조비(曹丕)가 위나라 문제(文帝, 220-226)가 된다.

장무(章武) 원년(221) 유비가 성도에서 부하들의 권유로 황제 자리에 올라 소열제(昭烈帝, 221-223)라 부르며 연호를 장무(章武)라고 정하였다. 유비는 손권이 관우를 죽인 것을 분하게 여기고 손권을 치러 나섰다. 손권은 화의를 요청했으나 유비는 듣지 않았다. 장무 2년(222) 촉나라 군대가 오나라 군대에게 크게 패하기도 하였다. 유비는 이 해에 병이 나서 다음 해(223)에 63세로 죽는다.

유비의 생애에는 정말 변화가 많았다. 한나라 영제의 중평(中平) 원년(184) 유비가 24세 때 황건적의 반란이 일어나면서 그의 활약이 시작된다. 그는 의병을 일으켜 반란자들을 쳐서 공을 세워 안희위(安喜尉)가 된 뒤, 하진(何進, ?-189) 밑에 들어가 공을 세워 고당령(高唐令)이 된다. 이 시기는 동한을 위하여 반란자들과 싸우던 장군이었다.

그러나 다시 난적에게 패하여 공손찬 밑으로 도망갔는데, 공손찬은 원소 밑에 있다가 배반하고 나온 장수이다. 이때는 원소가 아직 반역의 뜻을 품지 않고 조조와 함께 동한의 장군으로 활약하던 때다. 유비는 원소의 군대와 싸워 많은 공을 세운 덕에 평원상(平原相)이 된다. 초평(初平) 4년(193) 조조가 서주목(徐州牧) 도겸을 칠 때 유비는 도겸을 구해주고, 그의 밑으로 들어간다. 곧 도겸이 죽자 유비가 대신해 서주목이 된다. 유비는 옳고 글음은 가리지 않고 자기에게 유리하면 동한에 등을 돌린 사람들과도 이리저리 손을 잡는다.

건안 원년(196) 유비가 조조 편에 서서 반역자 원술(袁術, ?-199)의 군대를 무찌른 공로로, 조조는 유비를 진동장군(鎭東將軍)에 임명하고 의성정후(宜城亭侯)에 봉해준다. 유비는 다시 조조 편으로 돌아온 것이다. 건안 3년(198) 유비가 여포(呂布, ?-198)와 싸우다 패하여 다시 조조에게로 오자, 조조는 그를 예주목(豫州牧)으로 후대한다. 조조가 본거지 허(許)로 돌아오자 유비도 따라왔는데, 조조는 유비를 좌장군(左將軍)으로 모시고, 극진한 대우를 한다. 외출할 때는 수레를 함께 타고, 들어와서는 자리를 함께하였다.[1]

건안 4년(199) 유비는 조조를 죽이려는 음모에 가담하는데, 그 음모가 들통나자 유비는 반역의 뜻을 품은 원소에게로 도망한다. 건안 5년과 6년 계속하여 조조가 유비를 친다. 그리고 그대로 두어 여러 해 평화로운 나날이 이어진다. 조조는 유비를 극진히 대우하는데도 유비는 조조를 배반하여 결국 싸우게 된다.

---

1 『三國志』卷32 蜀書 先主傳 第二 ; "從曹公還許, 表先主爲左將軍, 禮之愈重, 出則同輿, 坐則同席."

건안 12년(207)에 가서 조조가 북쪽 오랑캐 오환족을 치러 가자, 유비가 자기가 받드는 유표(劉表, ?-208)에게 이 기회에 조조의 허(許)를 습격할 것을 제의하였으나 유표가 따르지 않았다. 다음 해에 유비는 조조의 군대와 싸워 크게 패하였으나, 곧 손권(孫權)과 손을 잡고 적벽에서 조조의 대군을 크게 무찌른다. 건안 14년(209) 유비는 49세로 형주목(荊州牧)이 되고 손권의 누이동생과 결혼한다.

유비는 이렇게 친한 손권과도 건안 20년(215)에는 형주(荊州)를 놓고 전쟁을 한다. 그러나 조조가 공격해 오자 겁이 나 다시 손권과 손을 잡는다. 건안 24년(219) 손권이 유비의 장수 관우를 죽이고 형주를 차지한다. 앞에서 이미 말한 것처럼 장무(章武) 원년(211) 유비는 성도에서 촉나라 황제 자리에 오른 다음 다시 오나라의 손권을 공격한다. 유비는 다음 해 오나라 군대에게 패하고 병이 나 그 다음 해에 죽는다. 이처럼 손권과도 자기 편의에 따라 친해졌다 싸웠다 한다.

건안 13년(208)에 유비와 가까웠던 유표가 죽자 그의 아들 유종(劉琮)이 뒤를 이었다. 유비가 유종을 공격하려 하자 유종은 바로 항복하여 유비의 세력이 무척 커졌다. 건안 16년(211) 유비는 조조와 싸우기 위하여 익주목(益州牧) 유장(劉璋, ?-219)과 손을 잡고 세력을 크게 늘리는데, 곧 서로 싸우기 시작한다. 결국 건안 19년(214)에는 성도(成都)의 유장을 포위 공격하여 항복을 받고 자신이 익주목이 되어 촉(蜀) 땅을 완전히 차지한다.

유비는 전쟁을 잘하는 재주 있는 장군임에는 틀림없지만 이상 조조와 손권과의 관계만을 놓고 보더라도 지조가 없는 인물이다. 자기에게 편리한 대로 누구와도 손을 잡았다가 다시 등을 돌리고 싸우기를 잘한다. 심지어 자기가 의지하던 유표 밑의 유종이나 유장 같은 장수와도 화친을 하였다가도 쉽게 등을 돌리고 싸우고 있다. 뜻이 바르고 꿋꿋하지 못한 인물임이 분명하다.

3. 오나라 임금 손권의 행적

『삼국지』 권46 오서(吳書) 제1권은 손파로토역전(孫破虜討逆傳)인데, 거기에는 손권(孫權, 182-252)의 아버지 손견(孫堅, 156-192)과 형 손책(孫策, 175-200)의 전기가 실려 있다. 이들이 오나라를 초기에 건설한 사람들이다. 손견은 나이 17세 때에 배를 타고 가다가 해적을 만나자 위험을 무릅쓰고 싸워서 이들을 물리쳤고, 영제(靈帝)의 희평(熹平) 원년(168)에는 지방에 일어난 요적(妖賊)을 물리쳐 그 공로로 염독승(鹽瀆丞)을 거쳐 하비승(下邳丞) 등의 벼슬을 하였다. 그리고 중평(中平) 원년(184) 황건적(黃巾賊)이 일어나자 군사들을 모아 이들을 크게 격파하여 그 공로로 별부사마(別部司馬)가 되었다. 중평(中平) 3년(186)에는 장사(長沙, 지금의 湖南省 고을)에 난적이 일어나자 이들과 이들에게 호응한 자들을 물리쳐 손견은 오정후(烏程侯)로 봉해진다. 영제가 죽고 헌제(獻帝)의 초평(初平) 원년(190)에 멋대로 횡포를 부리는 동탁(董卓, 137-192)을 치려고 의병을 이끌고 일어나 어려운 싸움을 하면서 원술(袁術, ?-199)의 밑에 들어가 동탁을 무찌른다. 초평 3년(192) 원술의 명으로 형주(荊州)의 유표(劉表, ?-208)의 군대를 치다가 전사한다. 여하튼 손권의 아버지는 곧은 성격의 장군이었다.

손견의 뒤를 큰아들 손책이 계승한다. 손책은 처음엔 원술을 따랐으나, 건안 2년(197) 그가 스스로 황제를 자칭하자 손책은 원술과 손을 끊었다. 이에 조조는 손책을 토역장군(討逆將軍)에 임명하고 오후(吳侯)로 봉한다. 이때 손책은 남쪽에 더 많은 땅을 차지하고 부하를 보강하여 오나라의 터전을 이룬다. 조조는 다시 손책과 잘 지내고자 하여 동생의 딸을 손책의 막냇동생 손광(孫匡)에게 시집보내고 아들 조장(曹章)은 손책의 사촌동생 딸에게 장가보내어 손 씨와 사돈 관계를 맺는다. 그러나 건안 5년((200) 조조가 관도(官渡)에서 원소(袁紹, ?-202)와 큰 싸움을 벌이고 있을 때, 손책은 슬그머니 조조의 본거지 허(許)를 습격하여 그곳에 모시고 있던 한나라 헌제를 모셔오려 한다. 그러나 군사를 출동시키지도 못하고 한 병사에게 살해당한다. 그때 나이 한창 때인 25세인데, 사람됨은 별로 곧지 않았던 것 같다.

그 뒤를 15세의 손권(孫權, 182-252)이 잇는데 그의 전기는 『삼국지』권 47 오서 제2권의 오주권전(吳主權傳)에 실려 있다. 손권이 손책의 뒤를 잇자 조조는 그에게 토로장군(討虜將軍)에 회계태수(會稽太守)라는 벼슬을 주고 오(吳) 땅에 주둔토록 하였다. 손권은 그의 밑에 장소(張昭), 주유(周瑜), 노숙(魯肅), 정보(程普) 같은 유능하고 유력한 인사들을 자기 휘하로 끌어들이고 남쪽 지역에 기반을 든든히 한다. 그러나 조조가 남쪽으로 세력을 크게 뻗쳐 오자 건안 13년(208)에는 유비와 손잡고 장강의 적벽(赤壁)에서 조조의 대군을 격파한다. 건안 18년(213) 조조는 남쪽의 손권을 치러 가서 한 달 넘도록 대치만 하다가 그대로 돌아온다. 건안 20년(215)에는 손권과 유비가 형주(荊州, 지금의 湖北·湖南의 두 省과 河南·貴州·廣東·廣西 여러 성의 일부에 걸친 지역)를 서로 차지하려고 싸우게 된다. 그러나 조조가 쳐들어와 한중(漢中, 지금의 陝西省 漢中市 동쪽 지역)을 차지하자 이들은 다시 손을 잡는다. 건안 22년(217)에 유비는 한중을 두고 조조와 싸웠으나 손권은 조조의 공격을 받고 조조에게 항복하여 화친하면서 유비와는 등을 진다. 조조는 손권의 뜻을 받아들이며 사돈 관계를 잘 유지하자고 하였다. 건안 24년(219), 손권은 조조 편을 들고 유비의 장수 관우(關羽)와 싸우기 시작하여 다음 해에는 마침내 관우의 목을 베어 조조에게 바친다. 조조는 손권을 표기장군(驃騎將軍)에 형주목(荊州牧)을 맡도록 하고 남창후(南昌侯)에 봉하였다. 손권은 한나라에 공물을 바쳤다.

건안 25년(220) 조조가 죽고 조비가 위나라 문제가 되자 손권은 사신을 보내어 신하의 예를 갖춘다. 문제는 손권을 오왕(吳王)으로 봉해준다. 문제는 손권의 아들 손등(孫登)도 후왕으로 봉하려 하였으나 나이가 어리다고 손권이 사양하였다.

유비는 죽기 전 장무(章武) 원년(221) 직접 대군을 거느리고 손권을 공격하여 잃은 땅을 모두 되찾으려 한다. 유비를 맞은 오나라 장수는 슬슬 싸우며 후퇴하다가 이릉(夷陵, 지금의 湖北省 宜昌縣 동쪽 지역)에 이르러 방어만 하며 서로 7, 8개월 동안이나 대치한다. 결국 유비의 군대는 양식도 떨어지고 병사들도 지쳤는데, 오나라 군대가 갑자기 불로 공격을 해와 촉나라 40여 진영이 불에 타고 크게 패하고 돌아온다. 그리고 곧 유비는 죽는다.

이처럼 촉나라와 오나라의 연맹이 깨져서 서로 대립한다는 것은 강한 위나라가 북쪽에 있는 한 촉나라에 매우 불리한 일이었다. 이에 유비가 죽은 건흥(建興) 원년(223)에 제갈량은 사신을 오나라로 파견하여 두 나라의 연맹 관계를 다시 회복시킬 것을 제의하였다. 손권도 위나라의 위협을 느끼고 있었기 때문에 두 나라는 다시 친밀한 관계를 유지하게 된다. 이로부터 오나라 군대는 위나라 군대를 공격하여 싸우고 이후에도 대립은 계속되어, 위나라 명제(明帝, 226-239) 때에도 두 나라 군대는 두세 번 싸운다. 그러나 신봉(神鳳) 원년(252) 손권이 죽자, 아들들 사이에는 후계자 자리를 놓고 다툼이 벌어져 나라의 정치는 날로 어지러워져 손자 손호(孫皓) 대(264-280 재위)에 이르러 결국 서진(西晉)의 공격으로 오나라도 멸망하고 만다.

이상 본 바와 같이 손권과 유비는 손을 잡고 친하게 지내다가도 다시 서로 싸우는 짓을 여러 번 되풀이한다. 위나라에 대한 자세도 일정하지 않다. 손권도 역시 곧고 꿋꿋한 성격의 임금이라 할 수가 없다. 유비와 손권의 행적을 살펴보면, 이들은 장군으로서도 평생을 동한을 지키며 반란자들을 물리쳐 온 조조와는 전혀 다른 성격의 사람들임을 알 수가 있다. 그리고 나라를 위하려는 마음은 고사하고 백성이나 병졸들을 위하려는 정성도 이들은 전혀 조조를 따를 수가 없다. 그 밖의 시를 짓는 능력은 말할 것도 없고 교양이나 학식 면에서도 더욱 이들은 조조와 비교할 수도 없는 인물이다. 그러니 위나라와 촉·오의 세 나라 관계도 우리가 소설 『삼국연의』를 통해서 알고 있는 것과는 크게 다르다는 사실을 짐작할 수 있을 것이다.

4. 삼국 사이의 싸움 성격

조조는 헌신적으로 한나라 황제 자리를 넘보며 날뛰는 반역자들을 물리쳐서 헌제의 황제 자리를 유지시키며 동한을 지탱해 주었다. 한나라 황제인 헌제도 늘 조조 덕분에 자신이 한나라 황제 자리를 유지하고 있다고 생각했을 것이고 또 조조의 인품을 매우 높이 사고 있었다. 아마도 헌제는 황제 자리를 조조에게 물려주고 싶었을 것이다. 그러나 조조는 헌제가 그의 공로에 보답하려고 그를 후왕으로 봉해주며 여러 고을을 내려주었을 적에도, 조조는 늘 자신은 이미 충분한 땅을 차지하고 있다며 거듭 내려주는 땅을 사양하였다. 그러한 조조에게 황제 자리를 넘겨준다고 해도 절대로 받을 리가 없다고 헌제는 생각하고 있었을 것이다. 이 때문에 조조가 죽자마자 그의 뒤를 이은 아들 조비에게 바로 자기의 한나라 황제 자리를 넘겨주었던 것이다. 그리하여 조비는 위나라 문제(文帝)가 되고 아버지 조조는 무제(武帝)라고 높여서 부르게 되었다. 그러니 위나라 임금이야말로 정식으로 천자의 자리를 이어받은 천하를 다스리는 자격을 갖춘 황제다.

유비는 자기 밑의 세력을 늘리기 위하여 애쓰던 중, 건안 12년(207)에 삼고초려(三顧草廬)의 노력을 다한 끝에 제갈량(諸葛亮, 181-234)을 자기 밑으로 끌어들여 큰 힘을 얻는다. 그리고 다음 해에 '적벽의 대전'에서 손권과 손을 잡고 조조의 대군을 격파한 뒤 남쪽으로 진출하여 형주목(荊州牧)이 된 뒤 서남쪽 지방에 세력을 더욱 확장하여 동남쪽에 자리를 굳힌 손권과 함께 북쪽에 자리 잡은 조조와 삼국이 서로 버티는 기본 형세가 이루어졌다. 그러나 삼국이 실제로 이루어져 다툰 것은 조조가 죽은 뒤의 일이다.

『삼국지』권1 위서 무제기(武帝紀)를 보면, 건안 원년(196)에 하비(下邳)에서 여포(呂布, ?-198)의 습격을 받고 패하여 유비가 조조에게로 도망 왔을 적에 휘하의 명장 정욱(程昱)이 조조에게 권하였다. "유비를 보면 큰 재능을 지니고 있어 사람들의 마음을 깊이 사고 있어서, 끝까지 남의 밑으로 들어가지 않을 것이니 일찍이 그자를 처치하는 게 좋겠습니다." 조조는 "지금은 영웅을 거두어 드릴 때이니, 한 사람을 죽여 천하 사람들의 마음을 잃는 것은 안 될 말이오!" 하고 말하며 움직이지 않았다.[2] 조조는 함부로 싸워서 뛰어난 인물을 죽이고 싶지 않았던 것이다.

그리고 조조의 시대에는 서로 다투는 비슷한 세 나라가 되어져 있지도 않았다. 조비가 황제가 된 다음 해(221) 유비는 성도(成都)를 도읍으로 나라 이름을 한(漢)이라 하고 제갈량을 승상으로 임명한 뒤 스스로 황제가 되었다. 이에 촉한(蜀漢)이라고도 부르는 그의 촉(蜀)나라(221-263)가 이루어지는 것이다. 한편 손권은 아버지 손견의 뒤를 이어받은 형 손책(孫策)이 서기 194년에는 상당히 세력을 키워 강동(江東) 지역(長江 하류 남쪽의 江蘇·浙江·安徽省 일대 지역)으로 진출하고, 그가 죽는 200년에는 이미 오군(吳郡, 지금의 江蘇省 蘇州市)을 비롯한 여섯 군(郡)을 차지하고 있었다. 손책을 뒤이은 손권은 다시 많은 명사를 밑으로 끌어들여 동남 지역에 기반을 마련한다. 손권을 위나라 문제가 오왕(吳王)으로 봉해주었으나 곧 다시 다음 해(222)에 스스로 황제가 되어 오나라(222-280)를 세우게 된다.

이 세 나라가 대치하게 된 결과를 『후한서』권9 헌제기(獻帝紀)에는 다음과 같이 요약하여 기록하고 있다.

"건안 24년(219)에 유비는 한중(漢中, 지금의 陝西省 漢中市 동쪽 지역)을 차지한 뒤 7월에 스스로 한중왕(漢中王)이 되었고, … 11월에 손권은 형주(荊州, 지금의 湖北·湖南 두 省과 河南·貴州·廣東·廣西 여러 성 일부에 걸친 지대)를 차지하였다. … 그리고 건안 25년(220) 위왕 조조가 죽고… 황제가 자리를 내주어 위왕 조비가 천자가 되었다. 다음 해에 유비는 촉(蜀)에서 스스로 황제가 되고, 손권도 스스로 오(吳)에서 왕이 되었다. 이로써 천하가 마침내 셋으로 나뉘게 된 것이다."³

---

2 『三國志』卷一 魏書 武帝紀; "呂布襲劉備, 取下邳, 備來奔. 程昱說公曰; '觀劉備有雄才而甚得衆心, 終不爲人下, 不如早圖之.' 公曰; '方今收英雄時也. 殺一人而失天下之心, 不可!'"

역사적으로 위나라(220-265)는 동한(25-220)이 망하면서, 한나라를 뒤이은 황제의 나라이다. 그러나 조조는 그 전에 동한 헌제로부터 위공(魏公)과 위왕(魏王)으로 봉해져 한나라를 다스리면서 다시 한편으로는 위나라를 다스리면서 촉·오의 두 나라와도 갈등을 벌였던 것이다. 그리고 이들 세 나라는 쉴 새 없이 서로 싸움만 한 것으로 흔히 알고 있으나 사실은 그다지 심하게 싸우지 않았다.

『삼국지』 권1 위서의 무제기(武帝紀)를 보면 조조가 유비와 싸운 기록은 초평(初平) 3년(193)에서 시작하여 건안 24년(219)에 이르는 27년 사이의 10개년의 기록에만 보인다. 건안 13년(208) '적벽의 대전'에서 조조가 크게 패하여 유비가 제대로 자기 세력을 갖추기 이전의 조조와 유비의 싸움은 건안 6년(201)에 있었는데, 이때는 유비가 반역의 뜻을 품은 원소의 밑에 있던 때이며, 조조가 남쪽으로 유비를 치러 가자 별로 대항도 못하고 유비는 유표(劉表, ?-208)에게로 도망간다. 그리고는 7년 동안 두 사람은 아무런 접촉도 없었다. 건안 13년(208) 이후에도 9년 뒤인 건안 22년(217) 말엽에 가서야 유비가 자기 휘하의 장수인 장비(張飛) 등을 하변(下辯, 지금의 甘肅省 成縣 서쪽 지역)이라는 고장에 주둔시켰는데, 조조가 장수 조홍(曹洪)을 보내 이들을 방어하였다는 기록이 보인다. 그리고 싸움도 작은 고을에서 간단한 충돌을 한 것이지 많은 사람들을 죽이는 잔인한 전쟁은 하지 않은 것 같다. 그러한 충돌도 일 년에 두 번 있던 해는 4개년에 불과하다. 「촉서(蜀書)」의 유비의 전기에 보이는 싸움 기록도 이와 거의 같다. 중국의 다른 전쟁 실례와 견주어볼 적에 이들 사이

---

3 『後漢書』卷九 獻帝紀:"二十四年… 五月劉備取漢中. 秋七月庚子, 劉備自稱漢中王.… 冬十一月, 孫權取荊州. 二十五年,… 魏王曹操薨.… 十月乙卯, 皇帝遜位, 魏王丕稱天子. 明年, 劉備稱帝于蜀, 孫權亦自王於吳. 於是天河遂三分矣.'"

의 싸움은 '전쟁'이라 부르는 것이 어색하게 느껴질 정도이다.

　조조는 건안 25년(220)에 죽고 유비는 장무(章武) 3년(223)에 죽었기 때문에 실상 이들은 위나라와 촉나라의 싸움에 직접 관여할 여유가 별로 없었다. 이미 언급한 것처럼 유비는 죽기 전(221)에 자가 공명(孔明)인 제갈량(181-234)을 모셔다가 승상으로 삼아놓았기 때문에 위나라와 촉나라의 싸움은 위 문제 때에 촉 후주(223-263 재위) 유선(劉禪) 밑에서 나라를 다스리던 제갈량을 중심으로 이루어졌다. 『삼국지』 권35 촉서(蜀書) 제갈량전을 보면 건흥(建興) 5년(227)에 제갈량은 후주에게 유명한 「출사표(出師表)」를 올린다. 그는 「출사표」에서 돌아가신 선제 유비가 돌아가시기 전에 자기에게 맡기신 큰일을 이루기 위하여 이렇게 하여야만 하겠다고 임금에게 아뢰고 있다.

　　"5월에는 노수(瀘水)를 건너 깊이 불모의 땅으로 쳐들어가서, 지금은 남쪽 지역은 이미 안정되었고 병사와 무기도 이미 풍족해졌으니 마땅히 북쪽으로 가서 중원을 안정시켜야만 하겠습니다."[4]

　"북쪽으로 가서 중원을 안정시키겠다."는 것은 곧 중원을 차지하고 있는 위나라를 정벌하겠다는 것이다. 이 때문에 바로 제갈량은 적극적으로 위나라를 공격하기 시작한다. 「촉서」 제갈량전을 보면 그 뒤로 다음과 같은 다섯 차례의 전투 기록이 있다.

　제1차: 건흥 6년(228) 봄에 제갈량은 친히 대군을 거느리고 가서 기산(祁山, 지금의 甘肅省 禮縣 동쪽 지역)을 공격하였는데, 그의 군대의 위세를 보고

4　諸葛亮 「出師表」: "故五月渡瀘, 深入不毛, 今南方已定, 兵甲已足, 當獎率三軍, 北征中原."

위나라의 세 군(郡)이 위나라를 배반하고 촉나라에 투항한다. 위나라 명제는 장수 장합(張郃, ?-231)을 보내 방어를 하니 제갈량은 마속(馬謖)을 앞에 내세워 싸우게 하였는데 크게 패한다. 이에 제갈량은 서현(西縣, 지금의 甘肅省 天水市 서남 지역)의 천여 집을 점령했다가 한중(漢中)으로 물러나온다. 이때 제갈량은 패전의 책임을 물어 마속을 사형에 처한다.[5] 『삼국지』 권 3 위서(魏書) 명제기(明帝紀)에는 "태화(太和) 2년(228), 촉나라 대장 제갈량이 변경을 침략하자 천수(天水)·남안(南安)·안정(安定)의 세 군(郡)의 관리와 백성들이 배반하고 제갈량 편에 귀부했다.… 우장군(右將軍) 장합을 보내 가정(街亭, 지금의 甘肅省 庄浪縣 동남 지역)에서 제갈량을 쳐서 크게 격파하였다. 이에 제갈량은 패하여 도망치고 세 군도 평정되었다."[6]는 기록도 있다.

제2차: 같은 건흥 6년 겨울 제갈량이 산관(散關, 지금의 陝西省 寶鷄市 서남 지역)을 나와 진창(陳倉, 지금의 陝西省 寶鷄市 동쪽 지역)을 포위하였는데, 위나라 장수 조진(曹眞, ?-231)이 방어하여 제갈량은 양식이 떨어지자 그대로 돌아왔다. 위나라의 한 장수가 말을 타고 추격해 왔는데 제갈량이 그와 싸워 그의 목을 베었다. 「위서」 명제기에도 비슷한 기록이 있으나 추격하던 장수가 희생되었다는 기록은 없다.

제3차: 건흥 7년(229)에 제갈량이 진식(陳式)을 보내 위나라 무도(武都, 지금의 甘肅省 成縣 서쪽 지역)와 음평(陰平, 지금의 甘肅省 文縣 서북 지역)을 공격하게 하였다. 위나라 장수 곽회(郭淮)가 그를 치려 하자 제갈량이 직접 출동하니 곽회가 물러가 마침내 두 고을을 점령하고 돌아왔다. 「위서」에는 이에 관련된 기록이 없다.

---

5 『三國志演義』第96回 孔明揮淚斬馬謖은 이 사건을 소설로 쓴 대목이다.
6 『三國志』卷3 魏書 明帝紀; "二年春正月,…蜀大將諸葛亮寇邊, 天水·南安·安定三郡吏民叛應亮.… 右將軍張郃擊亮於街亭, 大破之, 亮敗走, 三郡平."

제4차: 건홍 9년(231)에 제갈량이 다시 출동하여 기산(祁山)을 공격하였는데, 나무로 만든 소로 물건을 운반하였으나 양식이 떨어지자 되돌아왔다. 그러나 자신을 추격하는 위나라 장수 장합(張郃)과 싸워서 그를 사살하였다. 「위서」 명제기에는 "태화 5년(231) 3월에 제갈량이 천수(天水, 지금의 甘肅省 甘谷縣 동남쪽)로 침입하였는데 대장군 사마의(司馬懿, 179~251)로 하여금 방어케 하였다. 7월에 제갈량이 퇴각하자 여러 사람들에게 공로를 따져 작위(爵位)를 내렸다."는 내용의 기록이 있다.

제5차: 건홍 12년(234) 봄에 제갈량은 대군을 이끌고 사곡(斜谷, 지금의 陝西省 眉縣 서남 지역)을 경유하여 무공(武功)의 오장원(五丈原, 지금의 陝西省 岐山縣 남쪽 지역)에 진을 치고 위나라의 사마의(司馬懿)와 위남(渭南, 지금의 陝西省 華陰縣 서쪽 지역)에서 마주치게 되었다. 제갈량은 위수 근처에서 둔전을 하여 군량을 대었으나, 사마의가 나와 싸워주지 않는 바람에 100여 일을 서로 버티기만 하였다. 팔월에 제갈량이 병으로 죽어, 촉나라 군대는 그대로 성도로 돌아왔다. 「위서」 명제기에는 "청룡(靑龍) 2년(234) 3월에 제갈량이 사곡을 나와 위남에 진을 쳤는데 사마의가 이들을 방어하였다. 이때 명제는 사마의에게 "다만 성벽을 튼튼히 하고 적을 막아 그 선봉(先鋒)을 무너뜨리기만 하라. 그들은 전진해도 뜻대로 되는 게 없고 후퇴해도 싸울 상대가 없게 될 것이며, 오래 가면 양식이 떨어지고 약탈을 하여도 얻을 것이 없게 될 것이니 반드시 물러가게 될 것이다. 물러갈 때 추격하면 우리는 편히 수고로운 자들을 상대로 싸우게 되니, 이것이 전승하는 도리이다."[7]라는 조칙을 내린다. 그리고 8월이 되도록 "사마

---

7 『三國志』卷3 魏書 明帝紀; "是月, 諸葛亮出斜谷, 屯渭南, 司馬宣王率諸軍拒之. 詔宣王; '但堅壁拒守以挫其鋒. 彼進不得志, 退無與戰, 久停則糧盡, 虜略無所獲, 則必走矣. 走而追之, 以逸待勞, 全勝之道也.'"

의와 제갈량은 계속 버텨 여러 번 포위하며 도전을 하였으나 사마의는 굳게 성을 지키고 싸움에 응하지 않았다. 마침 제갈량이 죽게 되어 촉나라 군대는 후퇴하였다."[8]는 기록이 있다.

이상의 기록들을 보면 제갈량도 별로 전쟁을 잘한 장수라 할 수 없다. 위 다섯 차례의 위나라 공격 중 1차와 2차 및 5차의 전투는 제갈량의 패배였다고 할 수 있고, 3차와 4차의 전투도 크게 실패하지는 않았지만 공격에 큰 성과를 올린 전쟁이라 할 수는 없다. 3차의 침공에 대해 「위서」에 전혀 기록이 없다는 것은 결과가 아주 작았기 때문일 것이다. 4차 때는 제갈량이 물러난 뒤에 위나라에서 공을 세운 사람들에게 작위를 봉해주기도 하고 벼슬을 올려주기도 한 것을 보면 역시 위나라의 승리였던 것 같다.

당대의 대시인 두보(杜甫, 712-770)에게는 성도(成都)를 여행하다가 그곳에 있는 제갈량의 사당을 찾아가서 지은 「촉상(蜀相)」이란 시가 있는데, 그 시는 제갈량은 "출정하여 승리하기도 전에 자신이 먼저 죽었으니, 길이 후세 영웅들로 하여금 눈물로 옷깃을 적시게 하네.(出師未捷身先死, 長使英雄淚滿襟.)"라는 구절로 끝맺고 있다. 두보도 제갈량은 전쟁에서 별로 승리를 하지는 못한 영웅이라 보았음에 틀림이 없다. 제갈량은 전쟁을 빼어나게 잘한 장군도 아니고 또 전쟁을 많이 하며 싸우기를 좋아한 사람도 아니었다. 결국 제갈량이 죽은 뒤에도 촉나라는 위나라를 상대로 계속 싸우다가 서기 263년에 위나라 장군 사마의(司馬懿)의 아들 사마소(司馬昭, 211-265)에게 멸망당하게 된다.

손권은 건안 5년(200)에야 형의 뒤를 이어 권력을 장악하였기 때문에

---

8 上同; "司馬宣王與亮相持, 連圍積日, 亮數挑戰, 宣王堅壘不應. 會亮卒, 其軍退還."

조조와의 싸움 기록은 유비에 비하여 더욱 적다. 조조의 전기를 보면 건안 13년(208) '적벽의 대전' 이후에는 건안 17, 18, 20, 21, 22의 4개년의 기록에만 싸웠다는 기록이 보인다. 「오서(吳書)」의 손권의 전기에는 위 기록 중 건안 17년과 20년의 기록에 싸웠다는 말이 전혀 없다. 조조의 전기에도 각각 "손권을 치다.(征孫權.)", "손권… 그를 쳐부쉈다.(孫權… 擊破之.)"라는 간단한 기록이니 대단한 싸움이 아니었음이 분명하다.

이상 조조를 중심으로 하여 조조가 유비와 손권을 상대로 어떻게 싸웠는지 훑어보았다. 다음에는 유비와 손권이 싸운 실상을 더듬어보자. 이들은 건안 13년(208)에 함께 손잡고 유명한 '적벽의 대전'에서 조조의 대군을 물리친다. 이로부터 천하가 위·촉·오의 세 나라로 갈라져 싸우기 시작한 것으로 보이기 때문에 대체로 촉나라와 오나라가 연합하여 위나라와 싸웠던 것으로 보기 쉽다. 그러나 「오서」의 손권의 전기에 의하면 건안 19년(214)에는 형주(荊州) 지역의 여러 고을을 놓고 유비와 손권이 서로 다툰다. 두 사람의 사이가 벌어지기 시작하는 것이다. 건안 24년(219)에는 유비의 장수 관우(關羽)가 위나라를 공격하자 조조의 요청으로 손권이 관우의 군대를 쳐서 막아준다. 그리고 건안 25년(220)에는 관우를 공격하여 그를 잡아 목을 베어 관우의 머리를 조조에게 바친다. 그런데 「오서」 황무(黃武) 원년(222)의 기록에 의하면 손권은 본시 겉으로만 위나라를 섬기고 내심은 달라서, 12월에는 사신을 유비에게 보내어 다시 서로 통하게 되었다 한다. 그러나 위나라 문제와도 그 후년까지는 서로 왕래하였다 한다. 이 뒤로는 명제(明帝)에 이르기까지 계속 이들 사이의 싸움은 없었다.

어떻든 위·촉·오의 세 나라는 서로 갈라져 대립을 하기는 하였지만 심하게 많은 사람을 죽이고 상대방 고을을 부숴버리는 전쟁을 하지는 않았다. 『삼국지』 권1 위서 무제기의 전쟁기록을 보면 모두 "쳐서 깨뜨렸다(擊, 破之.)", "쳤다(擊之.)", "정벌하였다(征之.)", "막았다(拒之.)"는 등의 간단한 표현뿐이다. '적벽의 대전'에서 크게 패한 기록도 "조조는 적벽에 이르러 유비와 싸웠는데 불리하였고, 그때 역병(疫病)이 크게 생겨 관리와 병사들 중에 죽는 자가 많아서 군사들을 이끌고 돌아왔다."[9]는 간단한 기록뿐이다. 전쟁은 별로 중시하지 않은 탓이라고 보아야 할 것이다.

5. 삼국의 정치와 학술 문화의 발전

(1) 위나라(220-263)

이미 앞에서 논한 것처럼 조조는 동한의 헌제를 받들고 장군으로서 수많은 반역자들을 쳐서 큰 공을 세웠고, 승상(丞相)이 되기 전부터도 건안 원년(196)에는 갈 곳이 마땅치 않은 황제인 헌제(190-220)를 자기의 근거지인 허(許)에 모시고 녹상서사(錄尙書事)로서 둔전(屯田)을 시행하는 등 동한의 정치 경제를 안정시키고 교육을 진흥시키는 성과를 이루었다. 그러한 공로로 건안 18년(213)에는 기주(冀州)의 10개 군(郡)을 하사받고 위공(魏公)에 봉해졌다. 이에 조조는 위나라에 상서(尙書), 시중(侍中), 육경(六卿) 등의 관직을 마련하여 나라의 체재를 갖추었다. 건안 21년에는 스스로 위왕(魏王)이라 자신을 부르게 되고, 천자나 같이 행동하며 조비(曹丕)를 태자(太子)로 삼는다. 조조는 건안 25년(220) 병으로 죽지만 만년에는

9　『三國志』卷1 魏書 武帝紀: "公至赤壁, 與備戰, 不利, 於是大疫, 吏士多死者, 乃引軍還."

계속 자기의 세력을 넓혀 죽기 전에 동한의 13개 주(州) 가운데 9개 주를 차지하게 된다. 그러나 조조는 시종 천자인 헌제를 받들어 모시고 동한 나라의 신하로서 활약하였다. 그리고 유비와 손권도 조조의 생전에는 제대로 나라를 세우지 못하여 별로 세 나라가 대립하고 싸우는 모습을 드러내지 못하였다.

조조(155-220)가 죽고 아들 조비(187-226)가 뒤를 잇자, 동한의 황제인 헌제는 자진하여 황제 자리를 조비에게 넘겨주어, 위나라는 정식으로 천하를 다스리는 천자의 나라가 되어 조비는 문제(文帝, 220-226)라 부르게 되고, 조조는 무제(武帝)라고 높여 부르게 된다. 문제는 자신에게 순종하는 손권(182-252)을 오왕(吳王, 222-252)으로 책봉해주었고, 다음 해 유비(161-223)도 스스로 황제인 소열제(昭烈帝, 221-223)가 되었다. 그리고 서기 229년에 손권도 역시 황제가 되어, 정식으로 세 나라가 대치하는 상태를 이루게 된다.

그런데 조조를 뒤이은 황제의 위나라 임금들은 모두 되도록 전쟁은 하지 않고 덕으로 나라를 다스리려 하였다. 이는 세력이 막강한 반역자들을 여러 번 싸워서 물리친 조조가 무력으로 천하를 통일하려는 노력은 전혀 하지 않은 정책을 계승한 것이다. 황제가 된 조조의 아들 문제나 손자 명제(明帝)도 모두 무력으로 반역자들을 쳐서 천하를 통일하려 하지 않았다. 덕으로 천하를 잘 다스리면 온 천하가 잘 따라주어 천하는 자연스럽게 통일될 것으로 믿었다.

위나라는 조조 다음에 문제(文帝, 220-226)·명제(明帝, 226-239)가 황제가 되어 나라를 다스리고 다시 조방(曹芳)이 제왕(齊王, 240-254)으로 뒤를 잇는데, 이때 위나라 정치를 돌봐주던 사마의(司馬懿, 179-251)가 서기 249년에 정변을 일으켜 제왕과 그 밑의 권신들을 죽이고 실상 위나라의 정권을 완전히 잡는다. 사마의가 죽은 다음 그 아들 사마사(司馬師, 208-255)와 사마소(司馬昭, 211-265)가 연이어 나라의 권력을 장악하였는데, 서기 254년에 사마사가 제왕을 몰아내고 고귀향공(高貴鄕公, 241-260) 조모(曹髦)를 그 자리에 앉힌다. 서기 260년에는 사마소가 다시 황제를 죽이고 조환(曹奐) 진류왕(陳留王)을 그 자리에 앉히는데 원제(元帝, 260-265)라 부르기도 한다. 서기 265년 사마소가 죽자 그의 아들 사마염(司馬炎, 236-290)이 위나라 황제 자리를 직접 물려받아 서진(西晉, 265-317)의 무제(武帝)가 되어 위나라는 완전히 멸망한다. 제왕 조방 이후로는 황제들이 전혀 정치에 손도 대지 못하였기 때문에 실은 사마의가 정변을 일으켰던 서기 249년에 위나라는 이미 멸망한 거나 다름없다.

따라서 이미 앞 장에서 논한 것처럼 조조의 아들 손자들은 조조가 밀고 가던 정책을 성실히 이어받아 더욱 발전시켰다. 둔전제도와 그에 따른 수리사업도 더욱 발전시킨 사실을 앞 장에서 조조의 업적을 논하면서 이미 자세히 언급하였다. 예를 들면 제왕(齊王) 조방의 정시(正始) 연간(240-248)에 이르러서는 사마의(司馬懿)의 적극적인 노력으로 회하(淮河)의 남북 양편 지방에 둔전을 시행하면서 군인들을 적극적으로 참여시켜, 결과적으로 수춘(壽春, 지금의 安徽省 壽縣)으로부터 도읍인 낙양(洛陽) 일대에 이르기까지 "농민과 관리와 병사들이 함께 농사를 지어, 닭이 울고 개가 짖는 소리가 밭두렁과 두렁길을 따라 연이어졌다."는 실상을 보이게 되었다. 이는 농업의 안정적인 발전을 뜻한다. 그 밖에 소금과 쇠의 생산과 판매를 계속 나라에서 관리하면서 상업과 공업도 더욱 발전시켰다. 그 결과 세력이 있는 장군들이 서로 싸우는 바람에 폐허처럼 되었던 이전 도읍인 낙양과 장안도 교통을 발전시키고 다시 건설하여 상업의 중심지가 되었다. 그리고 조조를 본받아 시를 짓고 학술과 문화의 발전도 이어갔다.

이러한 조조의 정치적 문화적인 업적은 영향이 전국적이어서, 결국 유비의 촉나라와 손권의 오나라도 각기 자기 땅을 차지하고 조조의 영향을 받아 나라의 정치와 경제를 비교적 안정적으로 이끌어 백성들은 비교적 편히 살아갈 수가 있었다. 이에 따라 중국의 학술 문화도 본격적인 발전을 시작하여 이후 서진(西晉, 265-317)·동진(東晉, 317-420)·남북조(南北朝, 420-581)로 이어지며 크게 발전을 이루게 되는 것이다.

(2) 촉나라(221-263)

건안(建安) 6년(201)에 조조는 남쪽으로 가 여남(汝南, 지금의 河南省 平興縣 북쪽 지역)에 있던 유비(劉備, 161-223)를 치자 그는 형주(荊州, 지금의 湖北·湖南 두 省에 서 河南·貴州·廣東·廣西 등 省 일부에 걸친 지역)의 유표(劉表, ?-208)에게로 도망쳤다. 그 뒤로 조조는 하북(河北) 지방의 평정과 오랑캐 오환족의 토벌에 신경을 쓰고 있어서 7년 동안 안락한 세월을 보냈다. 유비는 그의 밑에 관우(關羽, ?-219)·장비(張飛)·조운(趙雲) 같은 명장을 거느리고 있어서 세력을 정비할 수가 있었고, 건안 12년(207)에는 제갈량(諸葛亮, 181-234)이라는 지략에 뛰어난 장수까지 휘하에 거느리게 되었다. 이에 형주에서는 늙은 유표 대신 유비에게로 인기가 모여들고 있었다. 다시 건안 13년(208)에는 유표가 죽고 아들이 뒤이었으나 조조의 공격을 받아 유표의 아들은 조조에게 항복하고 유비는 목숨을 살려 하구(夏口, 지금의 湖北省 漢口)로 도망하였다. 다행히도 손권(孫權, 182-252)의 도움으로 장강 가의 적벽(赤壁, 지금의 湖北省 蒲圻縣 서북 지역)에서 수전에 서투른 조조의 대군을 공격하여 승리를 거두었다. 조조가 패하여 북쪽 초(譙)로 물러가자, 건안

446

14년(209) 유비는 형주목(荊州牧)이 되고, 손권의 누이동생과 결혼하여 깊은 관계를 맺는다. 건안 16년(211) 유비는 익주(益州, 지금의 四川省)로 들어가는데, 건안 19년(214)에는 도망가서 익주목(益州牧)으로 있던 유표의 아들 유장(劉璋, ?-219)을 쳐부수고 자신이 익주목이 된다. 다시 건안 24년(219)에 유비는 한중(漢中, 지금의 陝西省 漢中市 동쪽 지역)으로 쳐들어가 그곳을 제압하고 스스로 한중왕(漢中王)이 된다. 이에 유비는 형주(荊州)와 익주(益州)에 걸친 지방을 완전히 차지한 뒤, 위나라에서는 조조가 죽고 조비가 뒤를 이어 문제(文帝)가 된 장무(章武) 원년(221)에 스스로 황제가 되어 도읍을 성도(成都)에 정하고 나라 이름을 한(漢)이라 하였다. 뒤에는 이 나라를 촉한(蜀漢) 또는 촉(蜀)이라 부르게 된다. 그러나 건흥(建興) 원년(223)에 유비가 죽고 아들 유선(劉禪)이 후주(後主, 223-263)로 뒤를 잇는데, 나랏일은 주로 승상인 제갈량이 모두 처리하게 된다.

제갈량은 지략에 뛰어난 군사전문가로 알려져 있지만 이미 앞 절에서 밝힌 것처럼 전쟁은 별로 잘하지 못하였다. 그러나 나라를 다스리는 정치가로서는 뛰어난 인물이었다. 본시 익주는 지주와 호족들이 날뛰고 있던 지역이어서[10] 법이 잘 지켜지지 않아 백성들의 불만이 많던 곳이다. 유비가 익주를 점령하자 휘하의 대신들과 의논하여 나라를 다스리는 데 필요한 법령인 촉과(蜀科) 곧 '촉나라의 법'을 제정한다.[11] 그리고 법을 지키지 않고 멋대로 행동하던 호족 및 높은 관리들을 엄격히 법으로 다스리기 시작하였다. 법을 어기며 반란까지 시도하던 몇 명의 호족들을 법에 따라 체포하여 처결하고, 멋대로 행동하는 장군과 고급

---

10 『後漢書』卷74 劉表傳 참고.
11 『三國志』卷38 蜀書 伊籍傳 의거.

관리 몇 명의 벼슬을 빼앗고 이들을 처벌하였다. 그리고 법에 따라 일할 관리들을 공정히 뽑아 여러 자리에 임명하였다. 법을 엄정히 지키며 상벌을 분명히 시행하고 백성들을 위하는 정치를 하기에 힘썼다.

제갈량은 무엇보다도 농업 생산을 중시하여 먼저 한중(漢中)지역에 태수(太守)를 임명한 뒤 대대적으로 둔전(屯田)을 시행한다. 또 전쟁을 하는 사이에도 틈을 내어 병사들을 농촌으로 파견하여 둔전을 하도록 하여 오랫동안 주둔할 수 있는 기지로 삼을 수 있게 하였다. "농업 생산을 독려하면서 다시 군량도 댈 수 있도록 하기 위해서"였다.[12] 둔전과 함께 수리사업도 열심히 진행한 것은 더 말할 필요도 없다. 또 조조의 정책을 본받아 소금과 쇠의 생산 판매도 정부에서 관리하였다.

외교에서는 유비가 죽은 다음 해인 건흥(建興) 원년(223)에 사신을 오나라로 보내어 손권에게 위나라와 손을 끊고 오로지 촉나라와 친하게 지낼 것을 요청하였다. 이에 오나라는 위나라와 손을 끊고 오로지 촉나라와 잘 지내게 되었다.

당시 촉나라의 서남쪽인 지금의 귀주(貴州)·운남(雲南) 지역으로는 당시에 서남이(西南夷)라고 부르던 여러 오랑캐 민족들이 한족들 사이에 섞여 살고 있었다. 한족은 이들 서남이와 경제 문화상으로도 밀접한 관계 아래 있었다. 유비가 죽은 뒤 익주(益州, 지금의 四川省 대부분 지역과 주변 여러 성의 일부 땅을 포함하는 지역)의 호족들 중에 반란을 꾀하는 자들이 혼란을 일으키자 이를 틈타 오랑캐 지배자들 중에는 크게 세력을 키우며 반란을 꾀하는 자들이 나타났다. 그들의 움직임이 많아지자 건흥 3년(225)에는 제갈량이 직접 남쪽으로 출정하여 여러 반란자들을 무찔렀다. 최후로

---

12 『三國志』卷39 蜀書 呂乂傳: "兼領督農, 供繼軍糧."

남중(南中, 지금의 雲南省 曲靖縣)에 이르러서는 가장 강했던 오랑캐 반란자인 옹개(雍闓) 아래 장수였던 맹획(孟獲)과 싸우게 되었는데, 제갈량은 일곱 번 싸워서 일곱 번 그를 포로로 잡았으나 매번 그대로 다시 놓아주었다. 여덟 번째로 싸워서 그를 잡은 뒤 다시 놓아주려 하자 맹획은 떠나가지 않고 "공께서는 하늘의 위세를 갖고 계십니다. 남쪽 사람들은 다시는 배반하지 않을 것입니다."라고 말하며 굴복하였다 한다. 이에 남쪽 지방도 평화로워졌다고 한다. 그리고 여기에서 유명한 제갈량의 '칠종칠금(七縱七擒)'이라는 빼어난 전술의 일화가 전해지게 되었다.[13]

이 때문에 『삼국지』 촉서(蜀書)의 제갈량전에서도 끝머리에 "평왈(評曰)"하고 제갈량에 대하여 이런 말을 하고 있다.

"제갈량은 촉나라의 승상이 되어, 백성들을 돌봐주고 의법과 법률을 분명히 하고 관직은 간략하게 하였다. 공평한 제도를 따르고 성심을 다하여 공정한 도리를 널리 알렸다. 충성을 다하고 시대에 유익한 자라면 비록 원수라 하더라도 반드시 상을 주었고, 법을 어기고 일에 태만한 자는 비록 친한 사람이라 하더라도 반드시 벌하였으며, 죄를 반성하고 마음을 바꾸는 자는 비록 죄가 중하더라도 반드시 풀어주었고, 말재주를 부리며 교묘하게 변명하는 자는 비록 죄가 가볍다 하더라도 반드시 처결하였다. … 마침내 나라 안 사람들이 모두 그를 두려워하면서도 사랑하게 되어, 형벌을 다스리는 것이 비록 준엄하였으되

---

13 『三國志』卷35 蜀書 諸葛亮傳; "三年春, 亮率衆南征." 裵松之 注; "『漢晉春秋』曰; 亮至南中, 所在戰捷. 聞孟獲者, 爲夷漢所服, 募生致之. 旣得, 使觀於營陳之間, 問曰; 此軍何如? 獲對曰; 向者不知虛實, 故敗. 今蒙賜觀看營陳, 若秖如此, 卽定易勝耳. 亮笑, 縱使更戰, 七縱七禽, 而亮猶遣獲. 獲止不去, 曰; 公天威也. 南人不復反矣! … 南中平."

원망하는 자가 없었는데, 이는 그의 마음 쓰임이 공평하고 권장하고 경계하는 일이 분명했기 때문이다."[14]

제갈량은 시도 잘 지었다. 그의 시로 전해지고 있는 「양보음(梁甫吟)」한 수를 아래에 소개한다.

제(齊)나라 성문을 걸어 나와,
멀리 탕음리(蕩陰里) 바라보니,
마을 가운데 세 묘가 있는데,
연이어 있는 게 꼭 서로 비슷하네.
어느 집 무덤인가 물어보았더니,
전개강(田開疆)·고야자(古冶子)·공손접(公孫接)의 무덤이라네.
힘은 남산을 밀어낼 만하고,
학문은 땅 위의 이치를 꿰뚫고 있었다네.
하루아침에 모함을 받아,
두 개의 복숭아 때문에 세 사람이 죽었다네.
누가 이런 모의를 할 수 있었겠나?
제(齊)나라 재상 안영(晏嬰)이었지.

步出齊城門, 遙望蕩陰里,

14 『三國志』卷35 蜀書 諸葛亮傳; "評曰; 諸葛亮之爲相國也, 撫百姓, 示儀軌, 約官職. 從權制, 開誠心, 布公道. 盡忠益時者雖讎必賞, 犯法怠慢者雖親必罰, 服罪輸情者雖重必釋, 游辭巧飾者雖輕必戮.⋯ 終於邦域之內, 咸畏而愛之, 刑政雖峻而無怨者, 以其用心平而勸戒明也."

里中有三墳, 纍纍正相似.

問是誰家塚, 田疆古冶子.

力能排南山, 文能絶地理.

一朝被讒言, 二桃殺三士.

誰能爲此謀? 相國齊晏子.

「양보음(梁甫吟)」이란 옛날 악부(樂府)의 초조곡(楚調曲) 이름이고, 양보(梁甫)는 산동성(山東省) 태안(泰安)의 태산(泰山) 아래 있는 작은 산 이름으로, 보(甫)는 보(父)로도 쓴다. 양보산에는 무덤이 많아, 「양보음」은 일종의 장가(葬歌)로도 불렸다 한다. 제(齊)나라 경공(景公) 밑에는 전개강(田開疆)·고야자(古冶子)·공손접(公孫接)이라는 다른 사람들은 손도 댈 수 없을 정도로 뛰어난 세 용사가 있었다. 제나라의 재상 안영(晏嬰)은 나라를 위하여 이들을 없애버려야겠다고 생각하고 경공에게 말하였다. "대왕께서 두 개의 복숭아를 놓고서 이들을 불러 공이 많은 사람에게 한 개씩 주겠다고 하십시오." 그 결과 전개강과 고야자의 두 사람이 먼저 복숭아를 먹자, 복숭아에 손도 못 댄 공손접은 자살하고 말았다. 그러자 전개강과 고야자 두 사람도 부끄러운 마음이 생겨 역시 따라서 자살하였다고 한다.[15] 작자 제갈량은 힘과 능력이 뛰어난 세 사람이 지나치게 의기가 넘치는 바람에 죄도 없이 계략에 의하여 죽어간 것이 무엇보다도 가슴 아팠던 것 같다. 지금도 '이도살삼사(二桃殺三士)'란 성어(成語)는 매우 유명하다. 옛날 산동성 북부는 제나라 땅이었기 때문에 "제나라 성문을 걸어 나와 탕음리를 바라보니, 마을 가운데 세 묘가 있었다."고 읊

---

15 『晏氏春秋』기록 의거.

고 있는 것이다. 시에서는 편의상 세 용사 중 두 사람의 이름만을 들고 있고, 안자(晏子)는 그때의 제나라 재상이었던 안영(晏嬰, ?-B.C. 500)이다.

『삼국지』권42 촉서(蜀書)의 여러 사람들 전기 끝머리에 "평왈(評曰)" 하고는 두미(杜微)와 주군(周羣)·두경(杜瓊)을 각각 성실히 공부한 사람들 이라고 간단히 평하고, 허자(許慈)와 맹광(孟光), 내민(來敏), 이선(李譔), 윤 묵(尹默)은 모두 착실한 학자였다고 평하고 있다. 다시 초주(譙周)와 극정 (郤正)도 훌륭한 학자라고 논하고 있다. 그리고 이선과 초주는 여러 권의 저서도 남기고 있다. 그러니 촉나라에는 제갈량 이외에도 시를 쓴 사람 들이 많았을 것이고 학술도 금문(今文)과 고문(古文)에 매여 있던 동한의 경학 기풍을 벗어나 상당한 수준으로 발전하고 있었다. 촉나라의 정치 와 학술문화의 발전도 모두 조조의 영향으로 말미암은 것이다.

(3) 오나라(222-280)

오나라 손권(孫權, 182-252)은 건안 5년(200)에 넓은 강동(江東)[16]의 6군(郡)을 차지하고 있던 형 손책(孫策, 175-200)의 뒤를 계승하여 세력을 넓혀가며 강동 지역을 50년 넘도록 통치하였다. 특히 촉나라 유비와 손을 잡고 건 안(建安) 13년(208) 적벽의 싸움에서 조조의 대군을 물리친 뒤 장강 남쪽 지역에서 급속히 지반을 넓혀갔다. 지금의 강소(江蘇)·절강(浙江)·강서 (江西)성 지역으로부터 점차 호남(湖南)·복건(福建)·광동(廣東)·광서(廣西)성 지역에 이르기까지 세력을 뻗힌 것이다. 건안 24년(219)에는 유비가 차 지하고 있던 형주(荊州, 지금의 湖北·湖南 두 省과 河南·貴州·廣東·廣西 省의 일부를 포

---

16 長江 하류 지역을 널리 가리키는 말, 江西와 대가 되는 말로 썼다.

함하는 지역)도 점령하였다. 황초(黃初) 2년(221)에는 위나라 문제가 손권을 오왕(吳王)에 봉해주었고, 황룡(黃龍) 원년(229)에는 손권이 스스로 황제라 칭하고 건업(建業, 지금의 江蘇省 南京)에 도읍을 정하여 오나라가 본격적으로 출발한다.

삼국시대 초기에는 손견(孫堅, 156-192)을 이어 손책(孫策)이 양주(揚州, 지금의 安徽·江蘇 두 성의 남부 및 江西·福建·浙江·河南·廣東 등 여러 省 일부에 걸친 지역)에 자리를 잡고 사섭(士燮)은 교주(交州, 지금의 廣東·廣西 두 省에 걸친 지역)를 근거로 하여 땅을 개척하고 인구와 물자 생산을 발전시켰다.[17] 특히 동한 말엽에는 북쪽에 전란이 잦아 살 곳을 잃은 많은 유민들이 강남으로 옮겨와 오나라의 노동 인구를 늘려주었을 뿐만 아니라 땅도 널리 개발하고 농사짓는 방법도 발전시켰다. 종리목(鍾離牧) 같은 사람은 영흥(永興, 지금의 浙江省 고을)에서 논 20여 묘(畝)를 개간하여 벼를 심어 일 년에 쌀 60곡(斛)을 생산하여 농민들에게 본을 보였다.[18] 그러나 손권은 강남의 많은 땅이 아직도 개발도 되지 않은 채 있고 인구도 적어서 농업 생산이 아직도 형편없다고 판단하고 황무(黃武) 5년(226)에 둔전(屯田)을 시작한다.[19] 오나라의 둔전은 군둔(軍屯)과 민둔(民屯)으로 나뉘어 있었다. 군둔은 주로 사병들을 동원하여 군대의 조직을 농업 생산에 이용하는 것인데, 군둔에 동원되는 병사들을 작사(作士)라고 불렀으며, 생산되는 곡식은 모두 국가 소유가 되었다. 민둔은 농민을 동원하여 둔전객(屯田客)이라 부르며 일정한 땅에 농사를 짓도록 하고 생산되는 곡식은 대부분을 나라에 바쳐야 하였다. 오나라는 지주인 권력가들 중심으로 나라가

---

17 『三國志』卷49 吳書 士燮傳 참고.
18 『三國志』卷60 吳書 鍾離牧傳 의거.
19 『三國志』卷47 吳書 吳主傳 의거.

운영되고 있었다. 따라서 둔전을 시행할 때에도 농민이나 병사들은 노예나 비슷한 처지의 신분이었다. 손권은 밑의 사람들이 공로를 세웠을 적에 둔전에서 일할 인원들을 내려주기도 하였다. 그의 밑의 여몽(呂蒙)이 강남을 넘보는 조조의 군대를 물리치자 여러 가지 상과 함께 "둔전할 사람 600명과 관속 30명"을 내려주었다.[20] 손책 때부터 많은 공을 세운 장군 장흠(蔣欽)이 죽자 손권은 남아 있는 처자들에게 "무호(蕪湖, 지금의 安徽省 고을 이름)의 백성 200호(戶)와 밭 200경(頃[21])을 내려준다.[22] 다시 가화(嘉禾) 3년(234) 진표(陳表)가 산월(山越)이란 오랑캐 토벌에 참여 할 때, 손권은 그에게 둔전객(屯田客)으로 쓸 사람 200가(家)를 내려준다.[23] 장수 반장(潘璋)도 산적(山賊)을 토벌하는 데 많은 공을 세우고 죽자 손권은 그의 아들과 처에게 밭과 집과 함께 둔전객 50가를 내려준다.[24] 심지어 손권은 건안 20년(215)에 공을 많이 세운 장군 진무(陳武)가 그를 따라 위나라의 합비(合肥, 지금의 安徽省 合肥市)를 공격하다가 전사하자 무척 애도하면서 직접 장사를 치러주면서, 그의 애첩(愛妾)들과 함께 둔전객 200가를 함께 순장(殉葬)토록 한다.[25]

이상의 보기만 보더라도 손권은 둔전을 중시하였지만 둔전에서 일하는 농민이나 군사는 물건이나 노예처럼 취급하고 있었다. 손권은 군둔을 시행하면서 먼저 여러 장수들에게 경작할 밭을 널리 개간하도록 하

---

20 『三國志』卷54 吳書 呂蒙傳; "權嘉其功, 卽拜廬江太守, 所得人馬皆分與之, 別賜尋陽屯田六百人, 官屬三十人."

21 밭 1頃은 100畝, 1畝는 100步, 1步는 사방 6尺임.

22 『三國志』卷55 吳書 蔣欽傳; "(欽病卒)權素服擧哀, 以蕪湖民二百戶, 田二百頃, 給欽妻子."

23 『三國志』卷55 吳書 陳武傳; "弟表, … 嘉禾三年, …討平山越, … 表所受賜復人得二百家, 在會稽新安縣."

24 『三國志』卷55 吳書 潘璋傳; "(璋卒)賜田宅, 復客五十家."

25 『三國志』卷55 吳書 陳武傳 裴松之 注에 인용된 『江表傳』의거.

였다. 그는 나라의 병력을 늘리려고 무척 애를 썼는데 그것은 전쟁 능력을 늘리기 위해서가 아니라 주목적은 둔전을 시킬 병사 수를 확보하기 위해서였다.

황룡(黃龍) 2년(230)에는 장군 위온(衛溫)과 제갈직(諸葛直)에게 만 명의 군사를 거느리고 바다 멀리 이주(夷洲)와 단주(亶洲)[26]로 나가 사람들을 구해오도록 했는데, 단주는 멀어서 가지도 못하고 이주로 가서 수천 명을 데리고 돌아왔다. 위온과 제갈직은 제대로 일을 하지 못했다 하여 뒤에 처형을 당한다.[27]

오나라 경내에는 산월(山越)이라는 오랑캐 민족이 지금의 안휘(安徽)성 남쪽에서 강서(江西)·절강(浙江)·복건(福建) 등 여러 성에 이르는 산속에 한족과는 떨어져 살고 있었다. 그들은 나라에 조세도 내지 않고 산속에 숨어 살다 가끔 나와 약탈을 일삼았기 때문에 오나라에서는 수시로 이들을 정벌하였다. 손권의 전기에도 산월을 토벌한 기록이 여러 번 나온다. 특히 손권은 제갈각(諸葛恪)을 무월장군(撫越將軍) 겸 단양태수(丹陽太守)에 임명하고, 산월족들을 잡아 병졸이나 농부로 써먹을 수 있도록 하게 하였다. 제갈각은 임지에 부임하자 군대를 동원하여 이들과 싸우지 않고 포위만을 한다. 배가 고프거나 살기 힘들어 산으로부터 내려오는 자가 있으면 모두 잘 대우해 주었다. 결과적으로 병정으로 쓸 수 있는 자만도 10만 명이 넘게 평지로 내려오고 산월의 소동이 없어졌다. 이 산월 사람들은 대부분 군둔에 쓰일 병사로 동원되었다. 그러니 민둔이나

---

26 夷洲는 臺灣일 가능성이 가장 많고, 亶洲는 秦始皇이 蓬萊의 不老草를 구하려고 徐福을 바다로 내보냈는데, 亶洲에 도착하여 그대로 그곳에 머물러 산 곳이라 한다(『三國志』卷47 吳書 吳主傳 의거).

27 『三國志』卷47 吳書 吳主傳 참조.

군둔에 쓰인 농부와 병사는 거의 노예에 가까운 처우를 받는 수밖에 없었다. 그 공로로 재갈각은 위북장군(威北將軍)에 도향후(都鄉侯)로 봉해졌다. 손권은 바로 위나라 조조를 본떠서 둔전을 시행했지만 위나라의 둔전과는 성격이 완전히 다른 내용으로 전개되었다. 여하튼 강남의 논과 밭이 늘어나고 식량 생산도 무척 늘어서 오나라는 부유해졌지만 모두 농부들의 것은 아니었다.

손권은 건안 5년(200) 손책의 뒤를 이었을 적부터 주유(周瑜), 노숙(魯肅), 장소(張昭), 정보(程普) 등의 명사들을 자기 휘하로 끌어들이고 강남의 지주와 호족들을 자기 편으로 불러들여 그들의 힘을 빌려 나라를 다스렸다. 그러나 명사들이 하나둘 죽자 토착 호족들에게 더욱 많이 의지하게 되었다. 오군(吳郡)의 호족인 승상(丞相) 고옹(顧雍)에게는 많은 정권을 맡겨주었고, 대장군(大將軍) 육손(陸遜)에게는 많은 병권(兵權)을 맡겼다. 손권은 자기 밑의 문무 관리들에게 많은 경계심을 갖고 있었기 때문에 작은 죄를 지은 자에게도 중형을 가하고 백성들에게는 조세와 요역(徭役)을 중하게 과하였다. 따라서 오나라는 국력도 강해지고 국토도 개발되어 농업이 발전하였지만 백성들의 생활에는 아무런 도움도 주지 못하였다. 그것은 뒤에 이야기할 상공업의 발전이나 대도시의 발전도 마찬가지이다. 손권은 백성들에게는 포악한 집권자였다. 다시 말하면 오나라는 백성들과는 상관이 없는 집권자들과 지주 및 호족들의 것이었다.

오나라는 장강을 끼고 있어서 강물이 많고 바다에 접해 있어서 교통도 배를 중심으로 발전하고 군대도 수군(水軍)이 중심을 이루었다. 이 때문에 벼를 심을 논을 많이 개발하고 수리 사업을 중시하여 작고 큰 운하도 많이 개발하였다. 적오(赤烏) 8년(245)에는 교위(校尉) 진훈(陳勳)을 내

보내어 둔전을 지휘케 하면서 둔전병 3만 명을 동원하여 구용(句容)에서 시작하여 소기(小其)를 거쳐 운양(雲陽)과 서성(西城)에 이르는 파강독(破崗瀆)이라는 큰 운하도 개발하고 있다.[28] 오나라는 이렇게 하여 많이 수확된 곡식의 대부분을 농민들로부터 빼앗아 쌓아놓아, 오나라가 멸망할 적에도 나라의 창고 안에는 쌀 280만 곡(斛)이 쌓여 있었다.[29]

오나라는 수군의 수요와 수상 운송의 필요 때문에 조선업이 무엇보다도 발달하였다. 조선업의 중심지는 건안군(建安郡, 지금의 福建省 建甌縣)이었다. 지금의 복건성(福建省) 복주시(福州市)와 하포현(霞浦縣)에는 관용 조선공장이 있어서 화물 500석(石)을 실을 수 있는 큰 배를 만들었다 한다. 높이 5층으로 이루어진 배도 만들었고, 병사 3,000명을 실을 수 있는 배도 있었다 한다. 조선 기술이 매우 뛰어났었고 많은 배를 지니고 있었던 것도 사실이다. 앞에서 "황룡(黃龍) 2년(230)에는 장군 위온(衛溫)과 제갈직(諸葛直)에게 만 명의 군사를 거느리고 바다 멀리 이주(夷洲)와 단주(亶洲)[30]로 나가 사람들을 구해오도록 했다."고 하였는데, 그들은 1만 명의 군사들을 배에 싣고 먼 항해를 떠났다. 돌아올 때에는 이주의 백성 수천 명을 잡아 왔는데, 이들은 뒤에 임무를 제대로 수행하지 못하였다고 처형을 당하고 있으니 그들은 만 명 이상의 사람을 더 실을 수가 있을 정도의 배를 갖고 갔었음이 분명하다. 황무(黃武) 5년(2260에도 손권은 무창(武昌, 지금의 湖北省 鄂城縣)에서 장안(長安)이라 부르는 큰 배를 만들었다.[31]

---

28 『三國志』卷47 吳書 吳主傳 참조.

29 『三國志』卷47 吳書 孫皓傳 裴松之 注 所引『晉陽秋』기록 참조.

30 夷洲는 臺灣일 가능성이 가장 많고, 亶洲는 秦始皇이 蓬萊의 不老草를 구하려고 徐福을 바다로 내보냈는데, 亶洲에 도착하여 그대로 그곳에 머물러 산 곳이라 한다(『三國志』卷47 吳書 吳主傳 의거). 유구(琉球)나 일본일 것이다.

31 『三國志』卷47 吳書 孫皓傳 裴松之 注에 인용된 『江表傳』기록 의거.

그 밖에 오나라에서 장수와 관원을 해외로 파견한 기록은 여러 곳에 보인다. 가화(嘉禾) 2년(233)에 손권은 태상(太常) 장미(張彌)와 장군 하달(賀達) 등에게 1만 명의 군사를 거느리고 금은보화(金銀寶貨)와 여러 가지 의식에 쓰는 물건들을 가지고 바다를 건너 요동(遼東, 지금의 遼寧省 동남부 지역)으로 가 오나라에 머리를 숙이고 따르기로 한 태수 공손연(公孫淵)에게 전하도록 하였다. 적오(赤烏) 2년(239)에는 사신과 함께 장군 손이(孫怡)로 하여금 요동을 정벌케 하여 그곳 남녀들을 잡아오게 한다. 적오 5년(242)에는 장군 섭우(聶友)와 교위(校尉) 육개(陸凱)로 하여금 3만의 병력을 거느리고 주애(珠崖)와 담이(儋耳)[32]로 보냈다. 이상 모두 『삼국지』 권47 오서(吳書)의 오주전(吳主傳)의 기록만을 근거로 한 것이다.

서진(西晉)이 오나라를 멸했을 적에도 그 나라에 배가 5,000여 척이나 있었다.[33] 또 그들이 가지도 못하였던 단주의 백성들은 가끔 회계(會稽, 지금의 浙江省 紹興市)까지 물건을 갖고 와서 비단과 천을 바꾸어갔다 한다.[34] 배를 이용한 해외무역도 행해졌음을 알게 한다. 조조의 위나라도 육군은 강했지만 물길에는 익숙하지 못할뿐더러 수군은 오나라를 쉽게 무너뜨릴 수가 없어서 별로 손을 대지 못하였던 것이다.

오나라의 회계(會稽), 단양(丹陽, 지금의 安徽省 宜城縣), 예장(豫章, 지금의 江西省 南昌縣) 등의 고을에는 동광(銅鑛)과 철광(鐵鑛)이 많아서 동과 철을 이용하는 공업이 발달하였다. 황무(黃武) 4년(225)에는 무창(武昌)의 산에서 나는 동과 철을 이용하여 길이가 3척 9촌(寸)의 도검을 대량으로 생산하였다. 가화(嘉禾) 5년(236)에는 500전짜리 큰 동전을 주조하였다.[35] 조정

---

32 珠崖와 儋耳 모두 지금의 廣東省 海南島에 있던 옛 郡 이름. 『漢書』 地理志에 보임.

33 『三國志』 卷47 吳書 孫皓傳 裴松之 注 所引 『晉陽秋』 기록 의거.

34 『三國志』 卷47 吳書 吳主傳 의거.

에는 이러한 야주업(冶鑄業)을 관장하는 야령(冶令)과 야승(冶丞) 같은 관리가 있었다.[36] 그리고 바닷가 지역에는 많은 소금이 생산되어 사염교위(司鹽校尉)라는 관리를 두고 소금의 생산과 판매를 관장토록 하였다. 방직업도 발전하여 마포(麻布)와 갈포(葛布)는 각지에 널리 생산되었고, 도성인 건업(建業)을 중심으로 비단 생산도 날로 늘어갔다. 제기(諸暨, 지금의 浙江省 蕭山縣 남쪽 지역)와 영안(永安, 지금의 四川省 奉節縣 동쪽 지역)에서는 궁정에서 쓰는 비단을 주로 생산하였다.[37] 최근에는 강소(江蘇)성 남경(南京)과 절강(浙江)성 소흥(紹興) 같은 곳에서 오나라 때의 빼어난 청자(靑瓷)가 발견되고 있으니, 도자기의 생산도 상당히 발전했음을 알 수 있다.

강동 지역에는 오나라가 들어선 뒤 대도시가 여러 곳에 발전한다. 손권은 건안 5년(200) 형 손책의 뒤를 이어 강동 지방을 다스리게 되었는데, 건안 16년(211)에는 양주(揚州) 단양군(丹陽郡)의 작은 현이었던 말릉(秣陵, 지금의 南京市)으로 근거지를 옮기고 이름을 건업(建業)이라 바꾼 뒤 이곳을 도읍지로 삼는다. 그러자 상업이 흥성해지며 여러 장사꾼과 부자들이 모여들어 여러 지방에서 나는 물건들을 교역하면서 강남에서 가장 큰 도시로 발전한다. 무창(武昌)은 본시 악(鄂)이라 부르는 작은 고을이었는데, 건안 25년(220)년 손권은 오왕(吳王)으로 봉해지자 그곳으로 도읍을 옮기고 도시 이름을 무창이라 바꾼다. 그 뒤 스스로 황제가 된 황룡(黃龍) 원년에 도읍을 다시 건업으로 옮긴 것이다. 무창도 그때부터 장강 중류의 교통과 무역의 요지인 경제 중심 도시로 발전한다. 오나라는 장강 중류와 하류의 이 두 도시를 중심으로 상업이 발전하여 인구가

---

35 『三國志』卷47 吳書 吳主傳 의거.
36 『宋書』卷39 百官志 少府南冶令 條.
37 『太平御覽』卷814에 인용된 陸凱의 奏事 의거.

크게 증가하였다. 오나라가 망할 적에도 4개의 주(州)와 43개 군(郡)과 313개 현(縣)이 있었을 정도로 나라 땅이 개발되고 발전하였다.

손권은 50여 년에 걸쳐 오나라를 발전시킨 뒤 죽자 아들 손량(孫亮, 252-258 재위)과 손휴(孫休, 258-264 재위)를 뒤이어 손자 손호(孫皓, 264-280 재위)가 나라를 다스리다가 결국은 서진(西晉)의 공격을 받고 투항하여 멸망한다. 그래도 삼국 중에 위나라나 촉나라보다도 나라를 오랫동안 유지한 나라가 오나라이다.

정복보(丁福保)가 편찬한 『전한삼국진남북조시(全漢三國晉南北朝詩)』의 전삼국시(全三國詩)의 권6 오시(吳詩) 부분을 보면 손호(孫皓)와 위소(韋昭)·장순(張純)과 무명씨의 시가 실려 있다. 임금 손호의 이름 아래 실린 「그대의 노래(爾汝歌)」를 읽어보자.

전에는 그대와 이웃이었는데
지금은 그대는 신하가 되었네.
그대에게 한 잔의 술 올려
그대의 수만 년이 되게 하려네.

昔與汝爲鄰, 今與汝爲臣.
上汝一杯酒, 令汝壽萬春.

또 『삼국지』 권48 오서(吳書) 삼사주전(三嗣主傳)의 손호의 전기에는 "또 거기에 더 보태어 학문을 좋아하고 법도를 받들어 준수하였다."[38]는 말

---

38 『三國志』卷48 吳書 三嗣主傳; "孫皓… 又加之好學, 奉遵法度."

이 있다. 손권의 뒤를 이은 손휴에 대해서도 같은 책에 실린 그의 전기의 영안(永安) 원년(258)에 내린 조서(詔書)에 "옛날을 참고하여 학관(學官)을 설치하고 오경박사(五經博士)를 세우라!"[39]고 명하고 있고, 같은 책 끝머리의 "평왈(評曰)"에서 "비록 뜻은 착하고 학문을 좋아하였지만, 어지러움을 구하는 데 무슨 도움이 되겠는가?"[40]라고 말하고 있다. 손권의 아들 손휴도 학문을 좋아한 임금이다. 곧 손권을 뒤이은 임금들도 나라는 잘 다스리지 못했지만 학문을 좋아한 임금들이었다.

그 영향으로 휘하의 장수와 신하들도 거의 모두 학술을 존중하였다. 『삼국지』 오서의 전기만을 놓고 보더라도 그것은 분명한 사실이다. 장굉(張紘)은 "시부명뢰(詩賦銘誄) 10여 편"을 저술했다고 하였는데, 그 구절은 배송지(裴松之)의 주에도 「무고부(武庫賦)」와 「응기론(應機論)」을 지은 사실과 그는 "문학을 좋아할 뿐만 아니라 해서(楷書)와 전서(篆書)도 잘 썼음"을 밝히고 있다. 또 사섭(士燮)은 『좌씨춘추(左氏春秋)』 주해를 저술하고, 엄준(嚴畯)은 『효경전(孝經傳)』과 『조수론(潮水論)』을 저술하였고, 육적(陸績)은 『혼천도(渾天圖)』와 『역경(易經)』의 주해를 저술하고, 우번(虞翻)이 『역경(易經)』, 『노자(老子)』, 『논어(論語)』, 『국어(國語)』의 주를 저술하고 있다. 이들의 저술을 보면 그들도 이미 현학(玄學)의 풍조를 따르고 있음을 알 수 있다. 저술은 남기지 않았어도 그 시대에 활약한 대부분의 사람들이 학문은 모두 숭상하였다. 유개(陸凱) 같은 장수는 "비록 많은 군병을 지휘하면서도 손에서는 책을 놓은 일이 없다.(雖統軍衆, 手不釋書.)"고 하였다. 오나라도 학술과 문학이 존중되고 발전하였음을 알 수 있다.

---

39 『三國志』卷48 吳書 三嗣主傳: "詔曰:… 案古置學官, 立五經博士!"
40 『三國志』卷48 吳書 三嗣主傳: "評曰; … 雖志善好學, 何益救亂乎?"

이상을 모두 종합해 보면 위나라뿐만 아니라 유비의 촉나라와 손권의 오나라도 모두 나라를 잘 다스리고 문학과 학술을 잘 발전시키고 있다. 모두 위나라의 조조가 연 풍조를 그대로 이어 발전시켰기 때문이라 여겨진다. 그리고 그 시대는 위나라 임금이 천하를 다스릴 정식 황제의 자리에 있었고 세력이나 영향력도 가장 두드러졌기 때문에 '삼국'의 시대가 아니라 '위'나라의 시대였다. 중국의 역사는 서한 동한의 뒤를 위나라가 이었고, 다시 그 뒤는 서진과 동진 및 남북조시대로 이어지면서 중국의 역사가 발전하여 대국이 이루어지고 있는 것이다.

제12장

맺는말

널리 읽힌 대중소설 『삼국연의』의 영향으로 동한 말 위나라의 조조를 간웅(奸雄)이라 보고 그 시대 위·촉·오의 세 나라 중에서도 특히 위나라를 좋지 않게 생각하는 것이 일반적인 중국 사람들의 경향이다. 중국에는 소설 『삼국연의』 이야기의 바탕이 된 여러 가지 민간연예가 옛날부터 전국의 지방 어디에서나 늘 여러 가지 형식으로 연출되고 있어서 글을 모르는 아래 계층 사람들까지도 위·촉·오의 세 나라가 싸운 이야기는 모두가 매우 소상히 잘 알고 있다. 그리고 소설 『삼국연의』는 옛날부터 우리나라에서도 널리 읽혔다. 중국에서는 어린아이들까지도 모두 조조의 이야기를 듣고 조조를 간사한 장군이라고 믿고 있다.

이러한 조조의 올바른 정체를 밝히기 위하여 먼저 그의 생애의 특수 배경이 된 동한의 정치 사회 정황을 밝혔다. 그러고는 먼저 조조는 혈통부터 형편없는 조정의 환관인 내시 집안이라 욕하고 있는 사실을 바로잡아야 하였다. 그의 집안도 할아버지가 내시임에는 틀림없지만 동한 말은 환관들이 나라의 권세를 좌우하던 시대여서 형편없는 집안이 아니라고 할 수 있음을 밝혔다. 조조의 증조할아버지 조절(曹節)은 매우 인후(仁厚)한 사람이었고[1], 할아버지 조등(曹騰)은 젊어서 궁전으로 들어가 내시인 황문종관(黃門從官)으로 일하기 시작하여 안제(安帝, 106-125) 때 황태자서(皇太子書)를 시작으로 순제(順帝, 125-144) 때 소황문(小黃門)을 거쳐 중상시(中常侍)에 대장추(大長秋)가 되었으며, 환제(桓帝, 146-167)가 즉위하자 곧 대장추에 덧붙여 비정후(費亭侯)에 봉해졌다. 그리고 조등은 조정에서 일하면서 수많은 유능한 사람들을 추천하여 그 중에는 높은 공경(公卿)의 지위에 올라가 활약을 한 사람도 여러 명이나 된다. 조등의 시대는 환관이 전성기를 이루던 시대로 순제 때에는 19명의 환관이 왕후(王侯)로 봉해지고 식읍(食邑)을 하사받았을 정도이며, 그들의 후작(侯爵)을 자식들에게 물려줄 수가 있었다. 그리고 조조의 양아버지 조숭(曹嵩)도 바르고 훌륭한 사람이어서 "성격이 성실하고 신중했으며 충성과 효도를 다한" 인물이며, 벼슬은 사례교위(司隸校尉)에서 시작하여 영제(靈帝, 168-189) 때에는 대사농(大司農)과 대홍려(大鴻臚)를 거쳐 태위(太尉)의 지위까지 올랐던 분이다.[2] 이런 할아버지와 아버지에게서 나온 사람의 혈통을 나쁘다고 말할 수는 없을 것이다. 흔히 조숭은 벼슬을 돈을 주고 샀다고 하지만, 조정의 벼슬 중 가장 중요하고 가장 높은 태위의 자리까지 돈을 받고 팔았다는 것은 믿을 수가 없다. 이러한 사실들은 '제3장 조조의 할아버지와 아버지 및 조조의 출생'에서 자세히 밝혀 놓았다.

---

1 『三國志』卷一 魏書 武帝紀 裵松之 注引 司馬彪『續漢書』기록 의거.

2 이상 모두『三國志』卷一 魏書 武帝紀 裵松之 注引 司馬彪『續漢書』기록 의거.

조조의 일생 경력을 보더라도 그가 장군으로 유명해진 것은 싸움을 좋아해서가 아니라 어지러운 나라를 지키려는 충성심 때문이었다. 동한 말엽에는 황제들의 나라를 다스리는 능력이 매우 약하여 여러 지방의 장군들이 자기 세력을 키워 반역을 꾀하는 자들이 연이어 생겨났다. 조조는 30세 때 '황건적의 난'이 일어나자 그 난적을 물리친 이후부터 수많은 나라를 뒤엎으려는 반란자들을 토벌하였다. 수도인 낙양으로 군대를 이끌고 들어와 멋대로 황제를 황제 자리에서 끌어내리고 다른 사람을 황제로 세운 동탁(董卓)을 비롯하여, 자기 휘하의 세력을 키워 자신이 황제가 되려고 날뛰는 자들이 수없이 생겨났다. 조조보다 세력이 강한 자들도 많았지만 나라와 황제를 위하여 이들을 모두 물리치지 않을 수가 없었다. 심지어 당시의 황제인 헌제(獻帝, 189-220 재위)를 보호하기 위하여 황제를 자기의 근거지인 허(許)로 모셔 나라의 수도도 바뀌었다. 조조의 장군으로서의 활약은 소설 『삼국연의』를 통해서 유명해졌지만 실은 조조가 촉나라의 유비와 오나라의 손권을 상대로 하여 삼국이 싸운 것은 그의 생애에 있어서 작은 일에 불과하다. 그는 되도록 전쟁을 하지 않으려는 자세였기 때문이다. 여하튼 그처럼 강한 반역자들이 많았는데도 조조에 힘입어 무능한 헌제는 동한을 오랫동안 유지할 수가 있었다. 이러한 사실은 '제4장 조조의 일생 경력' 외에 따로 '제6장 조조가 한나라를 위해 올린 공적'에서 자세히 밝혔다. 그리고 무엇보다도 조조와 그의 아들 손자들이 삐뚤어진 사람들이 아님을 밝혀야 하기 때문에 '제5장 조조의 사람됨과 그의 아들 손자들'을 썼다. 그러나 사람들의 사람됨은 객관적인 증거를 들어 어떤 사실을 증명하기가 어려웠기 때문에 애를 먹었다. 그러나 이는 이 '신론' 중의 중요한 한 장이라 생각된다.

조조는 헌제를 자기의 근거지에 모셨기 때문에 결국은 동한 조정의 사공(司空)에서 승상(丞相)에 이르는 벼슬을 누리면서 온 천하를 다스리게 되었다. 그리고 자기에게 위나라가 주어져 위왕(魏王)이 되었기 때문에 위나라도 책임지고 잘 다스려야만 하였다. 그리하여 조조는 정치가로서도 큰 활약을 하여 많은 업적을 올렸다. 그의 정치가로서의 면모를 밝히려고 마련한 것이 '제7장 교육의 진흥과 학술의 발전 및 해서체(楷書體) 한자의 통용'과 '제8장 조조의 정치와 재정상의 업적'이다. 이 문제는 관련된 자료가 부족하여 제대로 쓸 수 없었음이 몹시 유감스럽게 느껴진다. 그러나 이 장을 통하여 정치가로서도 조조가 위대한 역할을 한 인물이라는 점을 인식하게 될 수만 있어도 다행이라 여기고 있다.

이 저서의 중심을 이루는 부분은, 필자의 『중국 문학사』의 세 가지 특징 중의 하나인 "중국의 전통문학이 바로 조조로부터 본격적인 발전을 시작했다."는 사실을 밝힌 '제9장 조조의 문학'으로부터 '제10장 조조를 바탕으로 발전한 건안 문학'이다. 조조는 장군일 뿐만 아니라 대시인이기도 하다. 중국 전통문학에서 본격적인 시인에 의한 제대로 된 시를 바탕으로 하는 문학의 창작은 동한 말엽 조조로부터 시작되고 있고, 중국 문학사상 최초의 문단도 조조에 의하여 이루어졌음을 분명히 한 것이다. 그리고 그의 문학의 특징과 후세 문학 발전에 끼친 영향 등을 논하였다. 중국의 전통문학은 조조로부터 본격적인 발전을 시작하고 있는 것이다.

조조와 그의 아들 손자들도 중국 역대의 어떤 임금보다도 학술과 문학을 중시하고 백성들을 생각하면서 올바른 정치를 한 사람들이다. 중국 문학사에서 처음으로 자기의 이름을 내걸고 자기의 생각과 느낌을 시로 쓰기 시작한 이들이 조조와 그의 아들 손자 및 그 휘하에서 활동한 시인들이었다. 그리고 지금 우리가 쓰고 있는 한자의 글씨체인 해서(楷書)와 행서(行書)를 본격적으로 쓰기 시작한 것도 위나라 시대이다. 그렇다면 위나라의 중국 문학과 학술 문화에 끼친 공로는 막대하다고 해야만 할 것이다. 중국 문학뿐만 아니라 중국이라는 나라 자체가 한자를 중심으로 하여 발전해 왔기 때문에 이는 전혀 가벼이 볼 수 있는 문제가 아니다.

위나라에 다음에 서진(西晉, 265-317)과 동진(東晉, 317-420)이 세상을 다스리게 되는데, 그 사이 이른바 오호십륙국(五胡十六國)의 어지러운 세상도 전개되지만 고전문학의 발전은 그대로 잘 계승된다. 남북조시대(南北朝時代, 420-581)로 들어와서는 세상이 더욱 어지러워졌지만 도교(道敎)가 크게 발전하고 불교(佛敎)도 들어와 성행하여 중국 사상계가 한 차원 더 높은 단계로 발전하며 중국 문화와 문학이 본격적인 발전을 이룬다. 산문은 독음과 형식의 아름다움을 극도로 추구하여 한 글자 한 글자의 성조(聲調)의 해화(諧和)까지 따지고 한 구절이 네 글자와 여섯 글자로 이루어지는 변려문(駢儷文)이 성행하고, 시도 성조의 해화와 형식의 아름다움 등을 극도로 추구하여 율체(律體)의 근체시(近體詩)가 이루어진다. 어지러웠던 천하를 다시 수(隋, 581-618)나라가 통일한 다음 이전의 문화와 문학을 이어받고, 다시 당(唐, 618-907)나라가 모든 것을 이어받아 대제국의 전통문화로 꽃을 피우게 된다. 시만을 놓고 보더라도 당시(唐詩)는 조조에게서 창작이 시작되어 위(魏)·진(晉) 남북조(南北朝)의 발전을 거침으로써 이루어진 것이다.

'제12장 유비·손권과 삼국'은 조조의 성격이나 사람됨을 밝히는 데에도 도움이 되겠지만 일반적으로 생각하고 있는 동한 말의 '삼국'의 개념을 바로잡기 위해서 쓴 것이다. 중국의 역사는 일반적으로 동한 이후에는 삼국의 시대로 이어졌다고 생각하고 있다. 그러나 그 시대는 '삼국의 시대'가 아니라 '위'나라의 시대였음을 밝히기 위하여 따로 마련한 부분이다. 조조는 유비와 손권을 상대로 별로 싸우지 않았고, 조조를 뒤이은 아들 조비는 동한의 헌제로부터 황제의 자리를 물려받아 천하를 다스리는 황제인 문제(文帝)가 되었다. 그 뒤를 계승한 명제(明帝)를 비롯한 손자들까지도 모두 전쟁을 되도록 하지 않으려 하였기 때문에 이들 세 나라의 대립은 별로 격렬하지 않았다. 오히려 이들 세 나라는 정치를 하는 성격은 서로 달랐지만 위나라를 본받아 나라를 잘 다스린 덕분에 백성들은 오히려 '삼국' 이전보다도 편안하고 풍요롭게 살면서 시는 물론 학술 문화를 계속 이어서 발전시킬 수가 있었다. 곧 동한 이후의 정치와 문화는 위나라를 중심으로 발전하였기 때문에 유비의 촉나라와 손권의 오나라까지 보태어 '삼국'이란 말로 함께 감싸서 그 시대 역사를 논하는 것이 부당함을 밝히는 데 역점을 두었다.

모든 것을 종합하여 볼 때 첫째 조조로부터 중국의 시와 문학이 본격적으로 발전하기 시작하였다. 그리고 한편으로 조조는 군대를 이끄는 장군으로 반역자들을 소탕하여 동한 제국을 지탱시켜 준 올바른 군인이었다. 조조는 중국의 정치와 학술 문화 전반에 걸쳐 그 발전에 크게 공헌하였다. 조조는 조금도 삐뚤어진 인물이 아니다. 조조는 모든 면에 걸쳐 지극히 위대한 인물이었다고 할 수 있다. 이 책의 내용이 『조조의 재조명』이라는 제명과 잘 부합되기를 간절히 바란다.

주요 참고서목

삼국지(三國志), 진수(陳壽) 저, 배송지(裴松之) 주, 서울: 경인문화사(景仁文化社),
　1975년 편간본(編刊本)

후한서(後漢書), 범엽(范曄) 저, 아현(李賢) 등 주, 경인문화사, 1975년 복사본

진서(晉書), 방현령(房玄齡) 등 저, 서울: 경인문화사, 1975년 복사본

자치통감(資治通鑒), 사마광(司馬光) 저, 중화서국(中華書局), 1956년 복사본

조조집(曹操集), 중화서국, 1974년 판

조조집주(曹操集注), 샤촨차이(夏傳才) 주, 중주고적출판사(中州古籍出版社),
　1986년 판

조집전평(曹集詮評), 조식(曹植) 작, 정안(丁晏) 편, 타이완(臺灣) 광문서국(廣文書
　局) 간행, 1961년

조조논집(曹操論集), 삼련서점편집부(三聯書店編輯部) 편, 베이징(北京) 삼련서
　점(三聯書店) 간행, 1960년

전한삼국진남북조시(全漢三國晉南北朝詩), 정복보(丁福保) 편, 타이완(臺灣): 예
　문인서관(藝文印書館) 영인, 1959년

전상고삼대진한삼국문(全上古三代秦漢三國文), 옌커쥔(嚴可均) 교집(校輯), 중화
　서국(中華書局) 간행, 1958년

한위육조악부문학사(漢魏六朝樂府文學史), 샤오디페이(蕭滌非) 저, 타이완(臺灣):
　장안출판사(長安出版社) 발행, 1981년

한위악부풍전(漢魏樂府風箋), 황절(黃節) 전석(箋釋), 타이완(臺灣): 학생서국(學
　生書局) 간행, 1972년

한위육조악부연구(漢魏六朝樂府硏究), 천이청(陳義成) 저, 타이완(臺灣): 사립보
　인대학중문연구소(私立輔仁大學中文硏究所) 간행, 1976년

문선(文選), 소통(蕭統) 편, 이선(李善) 주, 서울: 정문사(正文社) 복사, 1983년

악부시집(樂府詩集), 곽무천(郭茂倩) 편, 타이완(臺灣): 예문인서관(藝文印書館)
　영인, 1959년

삼국연의(三國演義), 나관중(羅貫中) 저, 인민문학출판사(人民文學出版社) 복사,
　1977년

세설신어(世說新語), 유의경(劉義慶) 저, 상해고적출판사(上海古籍出版社) 간행,
　1978년

위무제조조전(魏武帝曹操傳), 허신하오(葛鑫浩) 저, 하북인민출판사(河北人民出版
　社) 발행, 2018년

조조평전(曹操評傳), 장쮀야오(張作耀) 저, 상해인민출판사(上海人民出版社) 발
　행, 2018년

위무제조조전(魏武帝曹操傳), 류샤오샤(劉小沙) 저, 단결출판사(團結出版社) 발행,
　2016년

조조평전(曹操評傳), 위구이위안(余桂元) 저, 해방군출판사(解放軍出版社) 발행,
　2014년

설조조, 조조도(說曹操, 曹操到), 위타오(于濤) 저, 타이완(臺灣): 연경출판공사(聯
　經出版公司) 발행, 2011년

조조금론(曹操今論), 치우후싱(邱復興) 저, 북경대학출판사(北京大學出版社) 발

행, 2003년

조조전(曹操傳), 장쭤야오(張作耀) 저, 인민출판사(人民出版社) 발행, 2000년

조조대전(曹操大傳), 장야신(張亞新) 저, 중국문학출판사(中國文學出版社) 발행,
　1994년

조조신전(曹操新傳), 장잉꺼(章映閣) 저, 상해인민출판사(上海人民出版社) 발행,
　1989년

천하경영-조조의 삶과 문학, 오수형 편역, 문학과지성사 발행, 1998년

인간 조조(曹操)-천하의 지혜를 모아라, 이재하 저, 바다출판사 발행, 1998년